现代经济与管理类规划教材

纳税申报实务

（第 2 版）

梁文涛　著

清 华 大 学 出 版 社
北京交通大学出版社
·北京·

内 容 简 介

本书以最新税法和会计准则为依据，主要介绍企业会计工作所必需的各税种的认知、计算和纳税申报。作者根据不同税种的日常核算要求，整合了8个工作项目作为主要教学内容。为了培养应用型、技能型财税专业人才，本书采用“项目导向、任务驱动”模式，贯彻“理实一体、学做合一”理念，每个工作项目除了理论知识讲解外，均由“情境引例”“情境讨论”“实务咨询”“情境实例”“情境实战”等部分构成。

本书不仅可以作为高等院校的教材，也可以作为各种财税培训机构的培训教材，还适合企业董事长、经理、财务主管、会计人员、税务人员、税务律师、注册会计师、税务师、会计师、税务会计师、纳税筹划师等各类关心财税问题的人士阅读。

图书在版编目（CIP）数据

纳税申报实务 / 梁文涛著. —2版 .—北京：北京交通大学出版社 ：清华大学出版社，2017. 12

（现代经济与管理类规划教材）
ISBN 978-7-5121-3386-0

Ⅰ. ① 纳…　Ⅱ. ① 梁…　Ⅲ. ① 纳税-税收管理-中国-高等学校-教材　Ⅳ. ① F812. 423

中国版本图书馆 CIP 数据核字（2017）第 263224 号

纳税申报实务
NASHUI SHENBAO SHIWU

策划编辑：吴嫦娥　　责任编辑：郭东青　　助理编辑：崔　明
出版发行：清 华 大 学 出 版 社　　邮编：100084　　电话：010-62776969　　http://www. tup. com. cn
　　　　　北京交通大学出版社　　邮编：100044　　电话：010-51686414　　http://www. bjtup. com. cn
印 刷 者：北京鑫海金澳胶印有限公司
经　　销：全国新华书店
开　　本：185 mm×260 mm　　印张：20. 5　　字数：512 千字
版　　次：2017 年 12 月第 2 版　　2017 年 12 月第 1 次印刷
书　　号：ISBN 978-7-5121-3386-0/F · 1748
印　　数：1～3 000 册　　定价：42. 00 元

本书如有质量问题，请向北京交通大学出版社质监组反映。对您的意见和批评，我们表示欢迎和感谢。
投诉电话：010-51686043，51686008；传真：010-62225406；E-mail：press@bjtu. edu. cn。

前　　言

“纳税申报实务”课程是高校财经专业的一门专业核心课。《纳税申报实务》（第2版）是以新税法和会计准则为依据，主要介绍企业实际工作所必需的各税种的认知、计算及纳税申报，作者根据不同税种的日常核算要求，整合出8个工作项目作为主要教学内容。本书具有以下特色。

1. 按照新税法编写，体现最新的“营改增”内容。

从2012年1月1日起，我国在上海率先实行交通运输业和部分现代服务业“营改增”试点；从2013年8月1日起，我国将交通运输业和部分现代服务业“营改增”试点推广至全国，并适当扩大部分现代服务业范围，把广播影视作品的制作、播映、发行等纳入试点，实现区域和行业“双扩围”；从2014年1月1日起，我国将铁路运输和邮政业纳入“营改增”试点；从2014年6月1日起，我国将电信业纳入“营改增”试点；从2016年5月1日起，我国将建筑业、房地产业、金融业、生活服务业纳入“营改增”试点，至此，营业税全部改征增值税，营业税在我国退出历史舞台。本书是在全面营改增的背景下，根据截稿之日的最新税法进行编写（本次出版按照截至2017年12月1日的最新政策进行修订），重印、修订或再版时，将根据最新税法及时修正和完善。

2. 财税专家独立撰写

本书作者梁文涛作为知名财税专家，山东省精品课程“税务核算与实务”负责人，拥有注册税务师等资格，为“潍坊市社会科学研究十佳拔尖人才”“潍坊市中青年社会科学研究十佳拔尖人才”“潍坊市会计领军人才”，一方面作为本课程高校教学一线教师，另一方面作为多家企业财税顾问，是典型的双师型教师。本书正是基于“专业作者擅长撰写专业书籍的原则”，在借鉴大量优秀成果的基础上，充分利用作者近年来撰写的30余部专著或教材及发表的120余篇财税专业论文成果，同时结合作者对纳税申报实务理论与实践上的认识撰写而成。

3. 采用“项目导向、任务驱动”模式

本书采用“项目导向、任务驱动”模式，贯彻“理实一体、学做合一”理念，每个工作项目除了理论知识讲解以外，均由“情境引例”“情境讨论”“实务咨询”“情境实例”“情境实战”等部分构成，以此实现“教学做”一体化，让学生体验案例学习的趣味。

4. 设置“情境讨论”“实务咨询”等启发式栏目

任课教师可以根据实际情况对“情境讨论”和“实务咨询”进行合理运用，或是采用课堂讨论后提问的方式，或是采用课后作业的方式，目的在于启发学生的思维，锻炼学生课堂及课后独立解决问题的能力。

5. 教学资源丰富

本书提供电子课件、电子讲义资料、“情境讨论”与“实务咨询”，以及课后技能训练的参考答案（均可通过作者的电子邮箱索取）。

6. 创建教材 QQ 群和邮箱，提供互动、交流的空间

提供教材 QQ 群和邮箱，任课教师可借此与作者交流。本套教材的 QQ 群号是：607931545（仅供任课教师加入，加入时说明单位、姓名），邮箱地址是：caishuijiaocai@126.com。

7. 采用最新的纳税申报表

本套教材采用国税局和地税局网上申报系统中的最新纳税申报表，任课教师可以向作者索取最新的纳税申报表的电子版。

在本套教材出版过程中，得到了北京交通大学出版社相关工作人员的大力支持与帮助，在此表示特别的感谢。本套教材在撰写过程中，参考、借鉴了大量本学科相关著作、教材与论文，在此向其作者表示由衷的感谢。由于本人水平所限，并且税收法律法规政策不断变化，本套教材定会存在不当之处，请读者以最新的税收法律法规政策为准，同时竭诚欢迎广大读者批评指正。

梁文涛

2017 年 12 月

作 者 简 介

梁文涛，著名财税专家、注册税务师、注册纳税筹划师；潍坊市社会科学研究十佳拔尖人才，潍坊市首届中青年社会科学研究十佳拔尖人才；潍坊市会计领军人才，“潍坊市社会科学专家基层行”首批专家，潍坊市社会科学研究优秀人才，省级精品课程《税务核算与实务》负责人；中国注册会计师（CPA）税法课程考前培训主讲教师，中国注册纳税筹划师考试（CTP）认证培训主讲教师，会计职称考试考前主讲教师。梁文涛现执教于山东经贸职业学院，兼任河北省注册纳税筹划师协会副会长，潍坊汇力企业管理咨询有限责任公司项目经理与培训讲师，中企天华（北京）管理咨询有限责任公司财税咨询顾问与培训讲师；擅长税务会计与筹划理论与实践，长期从事税务会计与筹划的教学、培训、科研、咨询与实战工作；主要研究方向是：税务会计、纳税筹划等；主要培训课程是：税法、纳税实务、税务会计、纳税筹划等。

截至2017年12月，梁文涛已出版专著、主编教材《企业纳税方案优化设计120例》《纳税筹划》《税务会计》等30余部，主编的《企业纳税实务》等3部教材入选第一批教育部“十二五”职业教育国家规划教材，主持“山东省软科学研究计划资助项目”《营业税改征增值税后的相关企业税收政策应用研究》（项目编号：2013RKA07010）等各级各类课题多项，在《财会月刊》《企业管理》《会计之友》《财会通讯》《注册税务师》等各类报刊发表论文120余篇，其中，在全国中文核心期刊发表论文80余篇；《不同运输方式购销业务会计处理及其选择》等11项成果分别获山东软科学优秀成果二等奖1项，山东省社会科学普及与应用优秀作品二等奖1项，山东高等学校优秀科研成果奖二等奖、三等奖各1项，潍坊市社会科学优秀成果二等奖4项、三等奖3项；《现金净流量法在混合销售纳税筹划中的运用》等9篇论文分别被中国人民大学报刊复印资料《财务与会计导刊》《财政与税务》《财会文摘》全文转载。

目　录

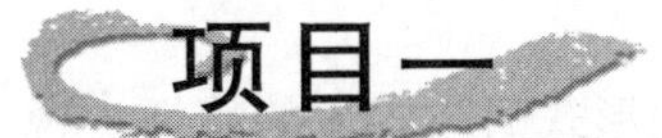

项目一

纳税申报实务认知

职业能力目标

(1) 能够明确税收的含义与特征、税收与税法的关系、税务机构的设置和税收征收管理范围的划分，熟悉税收的分类、税法的构成要素和中央政府与地方政府税收收入的划分。

(2) 能够识记税务登记的类型，能根据相关业务资料进行设立登记、变更登记、停业复业登记、注销登记和外出经营报验登记。

(3) 能够办理增值税一般纳税人的登记，能判定不办理一般纳税人资格登记的情况。

(4) 会领购发票及开具发票。

(5) 能够明确纳税申报的主体，区分纳税申报方式，并把握纳税申报的具体要求。

(6) 能够区分税款征收方式、税收保全措施和强制执行措施，能够明确税款征收的含义、税款的退还和追征制度，能够明确税款缴纳的程序、税款减免税的程序和应对税务检查。

任务一　税收与税法的认知

【情境引例】

个税起征点多少？对你有什么影响？(节选)[①]

截至目前，个税起征点在2006年、2008年和2011年提高过三次，由800元一路调高至3 500元。

刘剑文表示，从个税改革方向来看，提高起征点不再是改革的重点，重点应该是在征收模式上，把11类合并为综合所得，再保留一部分分类所得，成为综合和分类相结合的个税制度。

你认为上述关于“起征点”的说法正确吗？

一、税收的含义与特征

1. 税收的含义

税收是国家为行使其职能、满足社会公共需要，凭借公共权力，按照法律所规定的标准和程序，参与国民收入分配，强制地、无偿地且较为固定地取得财政收入的一种

① http://www.dyhjw.com/gold/20170111-99145.html.

方式。

2. 税收的特征

税收作为政府筹集财政收入的一种规范形式，具有区别于其他形式财政收入的特征。税收特征可以概括为强制性、无偿性和固定性。

(1) 强制性。税收的强制性是指国家凭借其公共权力以法律的形式对税收征纳双方的权利（权力）与义务进行制约，既不是由纳税主体按照个人意志自愿缴纳，也不是按照征税主体的意愿随意征税，而是按照法律进行征税。

(2) 无偿性。税收的无偿性是指国家征税以后，税款一律纳入国家财政预算，由财政统一分配，而不直接向具体的纳税人返还或支付报酬。税收的无偿性是对个体（具体）纳税人而言的，其享有的公共利益与其缴纳的税款并非一对一的对等；但就纳税人的整体而言则是对等的，政府使用税款的目的是向社会全体成员包括具体纳税人提供社会需要的公共产品和公共服务。因此，税收的无偿性表现为个体的无偿性、整体的有偿性。

(3) 固定性。税收的固定性是指国家征税预先规定了统一的征税标准，包括纳税人、征税对象、税率、纳税期限、纳税地点等。这些标准一经确定，在一定时间内是相对稳定的。

二、税收的分类

1. 按征税对象性质分类

按征税对象性质分类，税收可分为流转税、所得税、财产税、行为税、资源税、特定目的税6种。

(1) 流转税。流转税是指以商品或劳务买卖的流转额为征税对象征收的各种税，包括增值税、消费税、关税等。这些税种是在生产、流通或服务领域，按照纳税人取得的销售收入或营业收入等流转额征收，其特点是与商品生产、流通、消费有密切关系。

(2) 所得税。所得税是指以所得额为征税对象征收的各种税。其中，所得额一般情况下是指全部收入减除为取得收入耗费的各项成本费用后的余额，主要包括企业所得税、个人所得税等。

(3) 财产税。财产税是指以纳税人拥有或支配的财产为征税对象征收的各种税，包括房产税、车船税等。

(4) 行为税。行为税是指以纳税人发生的某种行为为征税对象征收的各种税，包括印花税、契税等。

(5) 资源税。资源税是指以各种应税自然资源为征税对象征收的各种税，包括资源税、土地增值税和城镇土地使用税等。

(6) 特定目的税。特定目的税是指为了达到某种特定目的，对特定对象和特定行为征收的一种税，包括车辆购置税、耕地占用税、城市维护建设税和烟叶税等。

2. 按计税依据分类

按计税依据分类，税收可分为从价税、从量税和复合税3种。

(1) 从价税。从价税是以征税对象的价值、价格、金额为标准，按一定比例税率计征的税种，如增值税、个人所得税、房产税等。一般而言，由于从价税的税额直接或间接与商品销售收入挂钩，因此可以随商品价格的变化而变化，适用范围很广。

（2）从量税。从量税是以征税对象的一定数量单位（重量、件数、容积、面积、长度等）为标准，采用固定单位税额征收的税种，如车船税、城镇土地使用税等。从量税的税额不随商品价格增减而变动，单位商品税负固定，由于通货膨胀等因素的影响，税负实际上处于下降的趋势，因此从量税不能大范围使用。

（3）复合税。复合税是从价税和从量税的结合，既按照征税对象的价格，又按照其数量为标准计征的税种，如卷烟和白酒的消费税。

3. 按税收与价格关系分类

按税收与价格的关系分类，税收可分为价内税和价外税两种。

（1）价内税。价内税是税金包含在商品价格中，作为价格构成部分的税种，如消费税，其计税依据为含税（消费税）价格。

（2）价外税。价外税是指税金不包含在商品价格之中，价税分列的税种，如增值税。增值税的计税价格为不含增值税的价格，买方在购买商品或服务时，除需要支付约定的价款（不含增值税价款）外，还须支付按规定的税率计算出来的税款，这二者是分开记载的。

4. 按税收管理权限和税收收入归属分类

按税收管理权限和税收收入归属分类，税收可分为中央税、地方税和中央地方共享税3种。

（1）中央税。中央税是指由中央政府负责征收管理，收入归中央政府支配使用的税种，由国家税务局征收管理，如消费税、关税等。

（2）地方税。地方税是指由地方政府负责征收管理，收入归地方政府支配使用的税种，由地方税务局征收管理，如城市维护建设税、城镇土地使用税等。

（3）中央地方共享税。中央地方共享税是指由中央和地方政府共同负责征收管理，收入由中央政府和地方政府按一定比例分享的税种，如增值税，中央分享50%，地方分享50%。

5. 按税收负担能否转嫁分类

按税收负担能否转嫁分类，税收可分为直接税和间接税2种。

（1）直接税。直接税是指纳税义务人同时是税收的实际负担人（负税人），纳税人不能或不便于把税收负担转嫁给别人的税种，如企业所得税、个人所得税、车辆购置税等。直接税的纳税人不仅在表面上有纳税义务，而且实际上也是税收承担者，即纳税人与负税人一致。

（2）间接税。间接税是指纳税义务人不是税收的实际负担人（负税人），纳税义务人能够通过销售产品或提供劳务把税收负担转嫁给别人的税种，如关税、消费税、增值税等。间接税的纳税人虽然表面上负有纳税义务，但实际上已将自己的税款加于所销售商品的价格上，从而由消费者负担或用其他方式转嫁给别人，即纳税人与负税人不一致。

三、税收与税法的关系

税收与税法密不可分，税法是税收的法律表现形式，税收则是税法所确定的具体内容。

有税必有法，无法不成税。

从二者的联系上看，两者是辩证统一、互为因果关系的。具体来说，税收与税法都是以国家为前提，与财政收入密切相关；国家对税收的需要决定了税法的存在，而税法的存在决定了税收的分配关系；税法是税收内容的具体规范和权力保障；税收是税法的执行结果，同时税收又是衡量税法科学性、合理性的重要标准。

从二者的区别上看，税收属于经济基础范畴，税法则属于上层建筑范畴。

四、税法的构成要素

各国的税法一般都比较复杂，但都由若干要素构成。了解这些要素，有助于全面掌握和执行税法规定。税法的构成要素包括总则、纳税义务人、征税对象、税目、税率、纳税期限、减税免税、纳税环节、纳税地点、罚则、附则等项目。具体说明如下。

1. 总则

总则主要包括税法的立法意图、立法依据、适用原则等。

2. 纳税义务人

纳税义务人又称“纳税主体”。我国税收法律关系的主体，一方是代表国家行使税收征收管理权的各级税务机关；另一方是履行纳税义务的自然人、法人及其他组织。根据各具体税收法律关系不同，各具体税法的调整对象不同，其纳税主体也有所不同。

情境讨论：什么叫自然人，什么叫法人及其他组织？

3. 征税对象

征税对象是指税收法律关系中征纳双方权利与义务所指向的物或行为，是区别一种税与另一种税的重要标志。

4. 税目

税目是指各个税种所规定的具体征税项目，反映征税的具体范围，是对课税对象质的界定。税目体现征税的广度。

5. 税率

税率是指税额与计税金额之间的比例，是计算税额的尺度。税率的高低直接关系国家的财政收入和纳税人的负担。税率体现征税的深度。我国现行的税率形式主要有以下 4 种。

（1）比例税率。这是对同一征税对象或同一税目不分大小，都按规定的同一比例征税。例如，我国增值税采用比例税率。

（2）超额累进税率。这是把计税金额按数额多少分成若干级距，对每个级距分别规定相应的差别税率，应税所得额每超过一个规定的级距，对超过的部分就按高一级的税率计算征收。例如，我国工资、薪金所得的个人所得税采用超额累进税率。

（3）超率累进税率。这是以征税对象数额的相对率划分若干级距，分别规定相应的差别税率，相对率每超过一个级距的，对超过的部分就按高一级的税率计算征税。例如，我国土地增值税采用超率累进税率。

（4）定额税率。这是按征税对象的计算单位，直接规定一个固定的税额。例如，我国啤酒的消费税采用定额税率。

情境讨论：全额累进税率和超额累进税率有什么区别？

6. 纳税期限

纳税期限是指纳税人按照税法规定缴纳税款的期限。

7. 减税免税

减税免税是指对某些纳税人或征税对象的鼓励或照顾措施。减税是对应纳税额少征一部分税款，而免税是对应纳税额全部免征税款。减税免税是税率的重要补充，它的最大优点是把税法的普遍性与特殊性、统一性与灵活性结合起来，可以对不同类型的纳税人和征税对象实行不同层次的减免，有利于全面地、因地制宜地贯彻国家社会经济政策。减税免税可以分为税基式减免、税率式减免和税额式减免3种形式。

（1）税基式减免。税基式减免是通过直接缩小计税依据的方式来实现的减税免税。其涉及的概念包括起征点、免征额、项目扣除和跨期结转等。

起征点是征税对象达到一定数额开始征税的起点，对征税对象数额未达到起征点的不征税，达到起征点的按全部数额征税。免征额是在征税对象的全部数额中免予征税的数额，对免征额的部分不征税，仅对超过免征额的部分征税。项目扣除则是指在征税对象中扣除一定项目的数额，以其余额作为依据计算税额。跨期结转是指将以前纳税年度的经营亏损从本纳税年度经营利润中扣除。

【情境引例解析】

情境引例中关于“起征点”的说法是不正确的。

起征点和免征额不一样。假设起征点和免征额都为3 500元，应该如何课税？若实际发生额为3 000元，则无论是按照起征点的规定，还是按照免征额的规定，都不用课税。若实际发生额为4 000元，情况就不一样了。按照免征额的规定，国家只能对超过部分的500元（4 000元-3 500元）进行征税；而按照起征点的规定，国家必须对所有金额4 000元进行征税。我国个人所得税中工资薪金所得的征收显然是按照500元的模式而不是按照4 000元的模式。因此，媒体上对个人所得税中工资薪金所得普遍采用“起征点”的说法是错误的，实际上应为“免征额”。

（2）税率式减免。税率式减免即通过直接降低税率的方式实现的减税免税。具体概念包括重新确定税率、选用其他税率和零税率。

（3）税额式减免。税额式减免即通过直接减少应纳税额的方式实现的减税免税。具体概念包括全部免征、减半征收、核定减免率和另定减征额等。

8. 纳税环节

纳税环节是指税法规定的征税对象在从生产到消费的流转过程中应当缴纳税款的环节。

9. 纳税地点

纳税地点是指根据各个税种纳税对象的纳税环节和有利于对税款的源泉进行控制而规定的纳税人（包括代征代缴、代扣代缴、代收代缴义务人）的具体纳税地点。

10. 罚则

罚则又称法律责任，是对违反税法的行为采取的处罚措施。

11. 附则

附则主要规定某项税法的解释权和生效时间。

五、税务机构的设置

根据我国经济和社会发展及实行分税制财政管理体制的需要，现行税务机构设置是中央政府设立国家税务总局（正部级），省及省以下税务机构分为国家税务局和地方税务局两个系统。

国家税务总局对国家税务局系统实行机构、编制、干部、经费的垂直管理，协同省级人民政府对省级地方税务局实行双重领导。

1. 国家税务局

国家税务局系统包括省、自治区、直辖市国家税务局，地区、地级市、自治州、盟国家税务局，县、县级市、旗国家税务局，征收分局、税务所。征收分局、税务所是县级国家税务局的派出机构，前者一般按照行政区划、经济区划或行业设置，后者一般按照经济区划或行政区划设置。

省级国家税务局是国家税务总局直属的正厅（局）级行政机构，是本地区主管国家税收工作的职能部门，负责贯彻执行国家的有关税收法律、法规和规章，并结合本地实际情况制定具体实施办法。局长、副局长均由国家税务总局任命。

2. 地方税务局

地方税务局系统包括省、自治区、直辖市地方税务局，地区、地级市、自治州、盟地方税务局，县、县级市、旗地方税务局，征收分局、税务所。省以下地方税务局实行上级税务机关和同级政府双重领导、以上级税务机关垂直领导为主的管理体制，即地区（市）、县（市）地方税务局的机构设置、干部管理、人员编制和经费开支均由所在省（自治区、直辖市）地方税务局垂直管理。

省级地方税务局是省级人民政府所属的主管本地区地方税收工作的职能部门，一般为正厅（局）级行政机构，实行地方政府和国家税务总局双重领导，以地方政府领导为主的管理体制。

国家税务总局对省级地方税务局的领导，主要体现在税收政策、业务的指导和协调，对国家统一的税收制度、政策的监督，组织经验交流等方面。省级地方税务局的局长人选由地方政府征求国家税务总局意见之后任免。

六、税收征收管理范围的划分

目前，我国的税收分别由税务、海关等系统负责征收管理。

（1）国家税务局系统负责征收和管理的税种有增值税，消费税，车辆购置税，铁道部门、各银行总行、各保险公司总公司集中缴纳的所得税、城市维护建设税，中央企业缴纳的所得税，中央与地方所属企业、事业单位组成的联营企业和股份制企业缴纳的所得税，地方银行、非银行金融企业缴纳的所得税，海洋石油企业缴纳的所得税、资源税，部分企业的企业所得税，证券交易税（开征之前为对证券交易征收的印花税）。

（2）地方税务局系统负责征收和管理的项目有城市维护建设税（不包括上述由国家税务局系统负责征收管理的部分）、部分企业所得税、个人所得税、资源税、城镇土地使用税、耕地占用税、土地增值税、房产税、车船税、除证券交易印花税以外的印花税。另外，纳税人销售取得的不动产和其他个人出租不动产的增值税，由国税局暂委托地税局代为征收。

（3）海关系统负责征收和管理的项目有关税、船舶吨税，同时负责代征进出口环节的增值税和消费税。

七、中央政府与地方政府税收收入的划分

根据国务院关于实行分税制财政管理体制的规定，我国的税收收入分为中央政府固定收入、地方政府固定收入和中央政府与地方政府共享收入。

1. 中央政府固定收入

中央政府固定收入包括消费税（含进口环节海关代征的部分）、车辆购置税、关税、海关代征的进口环节增值税、储蓄存款利息所得的个人所得税等。

2. 地方政府固定收入

地方政府固定收入包括城镇土地使用税、耕地占用税、土地增值税、房产税、车船税、契税。

3. 中央政府与地方政府共享收入

中央政府与地方政府共享收入主要包括以下内容。

（1）增值税（不含进口环节由海关代征的部分）：中央政府分享50%，地方政府分享50%。

（2）企业所得税：中国铁路总公司（原铁道部）、各银行总行及海洋石油企业缴纳的部分归中央政府，其余部分中央与地方政府按60%与40%的比例分享。

（3）个人所得税：除储蓄存款利息所得的个人所得税外，其余部分的分享比例与企业所得税相同。

（4）资源税：海洋石油企业缴纳的部分归中央政府，其余部分归地方政府。

（5）城市维护建设税：中国铁路总公司（原铁道部）、各银行总行、各保险公司总公司集中缴纳的部分归中央政府，其余部分归地方政府。

（6）印花税：证券交易印花税收入的97%归中央政府，其余3%和其他印花税收入归地方政府。为妥善处理中央与地方的财政分配关系，国务院决定，从2016年1月1日起，将证券交易印花税由现行按中央97%、地方3%比例分享全部调整为中央收入。

任务二 纳税申报

【情境引例】

华强公司从事免税项目，但未办理纳税申报。后来税务机关上门查出了该问题，对华强公司进行了处罚。请问税务机关的做法正确吗？

一、纳税申报的认知

1. 纳税申报的含义

纳税申报是指纳税人依照税法规定，定期就计算缴纳税款的有关事项向税务机关提交书面报告的法定手续。纳税申报是确定纳税人是否履行纳税义务，界定法律责任的主要依据。

2. 纳税申报的主体

凡是按照国家法律、行政法规的规定负有纳税义务的纳税人或代征人、扣缴义务人（含享受减免税的纳税人），无论本期有无应纳、应缴税款，都必须按税法规定的期限如实向主管税务机关办理纳税申报。

纳税人应指派专门办税人员持《办税员证》办理纳税申报。纳税人必须如实填报纳税申报表，并加盖单位公章，同时按照税务机关的要求提供有关纳税申报资料，纳税人应对其申报内容，承担完全的法律责任。

3. 纳税人需要报送的纳税资料

纳税人必须依照法律、行政法规规定，或者税务机关依照法律、行政法规的规定确定的申报期限、申报内容如实办理纳税申报，报送纳税申报表、财务会计报表，以及税务机关根据实际需要要求纳税人报送的其他纳税资料。其他纳税资料具体包括以下内容。

（1）财务会计报表及其他说明材料。

（2）与纳税有关的合同、协议书及凭证。

（3）税控装置的电子报税资料。

（4）外出经营活动税收管理证明和异地完税凭证。

（5）境内或境外公证机构出具的有关证明文件。

（6）税务机关规定应当报送的其他有关证件、资料。

二、纳税申报方式

目前，我国纳税申报方式主要有直接申报、数据电文申报、委托申报、邮寄申报、银行网点申报等。

1. 直接申报

直接申报是指纳税人直接到税务机关的办税服务厅进行纳税申报。

2. 数据电文申报

数据电文申报是指以税务机关确定的电话语音、电子数据交换和网络传输等电子方式进行纳税申报。这种方式运用了新的电子信息技术，代表纳税申报方式的发展方向，其使用范围逐渐扩大。纳税人、扣缴义务人采取数据电文方式办理纳税申报的，其申报日期以税务机关计算机网络系统收到该数据电文的时间为准，与数据电文相对应的纸质申报资料的报送期限由税务机关确定。

3. 委托申报

委托申报是指纳税人委托中介机构（如税务师事务所、会计代理记账公司等）代为纳税申报。

4. 邮寄申报

邮寄申报是指纳税人使用统一规定的纳税申报特快专递专用信封，通过邮政部门邮寄纳税申报表的方式。邮寄申报以寄出的邮戳日期为实际申报日期。

5. 银行网点申报

银行网点申报是在税银联网的基础上，主管税务机关委托指定银行受理纳税申报和代征税款，增值税小规模纳税人同税务机关指定银行签订《委托代缴税款协议》，开设缴税账户，并在规定的申报缴税期限内，到开户的缴税银行网点进行申报纳税，或者委托银行按照税务机关核定的应纳税额直接划缴入库的一种申报纳税方式。

6. 简易申报与简并征期

对实行定期定额方式缴纳税款的纳税人，可以实行简易申报、简并征期等申报纳税方式。这里所称的“简易申报”是指实行定期定额缴纳税款的纳税人在法律、行政法规规定的期限内，或者税务机关依照法律、行政法规的规定确定的期限内缴纳税款的，税务机关可以视同申报。“简并征期”则是指实行定期定额缴纳税款的纳税人，经税务机关批准，可以采取将纳税期限合并为按季、按半年、按1年的方式缴纳税款，具体期限由省级税务机关根据具体情况确定。

三、纳税申报的具体要求

（1）纳税人、扣缴义务人，无论当期是否发生纳税义务，除经税务机关批准外，均应当按照规定办理纳税申报，或者报送代扣代缴、代收代缴税款报告表。

（2）纳税人享受减税、免税待遇的，在减税、免税期间应当按照规定办理纳税申报。

【情境引例解析】

税务机关的做法是正确的。因为《中华人民共和国税收征收管理法实施细则》（以下简称《税收征管法实施细则》）第二十四条规定，纳税人享受减税、免税待遇的，在减税、免税期间应当按照规定办理纳税申报。《中华人民共和国税收征收管理法》（以下简称《税收征管法》）第六十二条规定，纳税人未按照规定的期限办理纳税申报和报送纳税资料的，或者扣缴义务人未按照规定的期限向税务机关报送代扣代缴、代收代缴税款报告表和有关资料的，由税务机关责令限期改正，可以处2 000元以下的罚款；情节严重的，可以处2 000元以上10 000元以下的罚款。

（3）纳税人、扣缴义务人按照规定的期限办理纳税申报，或者报送代扣代缴、代收代缴税款报告表确有困难，需要延期的，应当在规定的期限内向税务机关提出书面延期申请，经税务机关核准，在核准的期限内办理。

纳税人、扣缴义务人因不可抗力不能按期办理纳税申报，或者报送代扣代缴、代收代缴税款报告表的，可以延期办理；但是，应当在不可抗力情形消除后立即向税务机关报告。税务机关应当查明事实，予以批准。

经核准延期办理前款规定的申报、报送事项的，应当在纳税期内按照上期实际缴纳的税额或税务机关核定的税额预缴税款，并在核准的延期内办理税款结算。

实务咨询：我公司延期申报预缴税款小于实际应纳税额，请问对补缴的税款是否征收滞纳金？

（4）纳税人和扣缴义务人在有效期间内，没有取得应税收入或所得，没有应缴税款发生，或者已办理税务登记但未开始经营，或者开业期间没有经营收入的纳税人，除已办理停业审批手续的以外，必须按规定的纳税申报期间进行零申报。纳税人进行零申报，应在申报期间内向主管税务机关正常报送纳税申报表及有关资料，并在纳税申报表上注明“零”或“无收入”字样。

任务三　税款的征收与缴纳

【情境引例】

飞翔公司为一家工业企业，2017 年 10 月新任会计主管李丽在对该公司以往的涉税资料进行查阅时，无意中发现该公司于 2015 年 1 月多缴了一笔税款，金额多达 10 万元。于是，李丽及时向公司老总汇报，并准备要求税务机关退还。

你认为这笔税款飞翔公司可以要求税务机关退还吗？

一、税款征收的认知

税款征收是税务机关依照税收法律、法规的规定，将纳税人依法应当缴纳的税款组织入库的一系列活动的总称。

二、税款征收方式

税款征收方式是指税务机关根据各税种的不同特点和纳税人的具体情况而确定的计算、征收税款的形式和方法。目前，我国实行的税款征收方式有以下 7 种。

1. 查账征收

查账征收是指税务机关根据纳税人会计账簿等财务核算资料，依照税法规定计算征收税款的方式，适用于财务制度健全、核算严格规范、纳税意识较强的纳税人。

2. 查定征收

查定征收是指税务机关根据纳税人从业人数、生产设备、耗用原材料、经营成本、平均利润率等因素，查定核实其应纳税所得额，据以征收税款的方式，一般适用于经营规模较小、实行简易记账或会计核算不健全的纳税人。

3. 查验征收

查验征收是指税务机关对纳税人的应税商品通过查验数量，按照市场同类产品的平均价格，计算其收入并据以征收税款的方式，一般适用于纳税人财务制度不健全，生产经营不固定、零星分散、流动性大的税源。

4. 定期定额征收

定期定额征收是指税务机关根据纳税人自报和一定的审核评议程序，核定其一定时期应税收入和应纳税额，并按月或季度征收税款的方式，一般适用于生产经营规模小、不能准确计算营业额和所得额的小规模纳税人或个体工商户。

5. 代收、代扣代缴

代收、代扣代缴是指税务机关按照税法规定，对负有代收代缴、代扣代缴税款义务的单位和个人，在其向纳税人收取或支付交易款项的同时，依法从交易款项中扣收纳税人应纳税款并按规定期限和缴库办法申报解缴的税款征收方式，适用于有代收代缴、代扣代缴税款义务的单位和个人。

6. 委托代征

委托代征是指税务机关依法委托有关单位和个人，代其向纳税人征收税款的方式，主要适用于零星、分散、流动性大的税款征收，如集贸市场税收、车船税等。

7. 其他征收方式

其他征收方式包括利用网络申报、用 IC 卡纳税申报等方式。

三、税款缴纳程序

1. 正常缴纳税款

1）纳税人直接申报缴纳税款

纳税人根据税务机关的规定，可分别采取“预储划转”“现金缴税”“支票缴款”的缴库方式。

（1）“预储划转”缴库方式的程序。纳税人在办税服务厅内所设的银行专柜开设“税款预储”账户，在自行计算出应缴税款后，先将应纳税款转入“税款预储”账户，然后持纳税申报表到办税服务厅，办理申报缴税手续，由税务机关开具缴款书或完税证并通知银行将其应纳税款直接从其“税款预储”账户划转国库。

（2）“现金缴税”缴库方式的程序。现金缴税有两种情况：① 纳税人持现金到办税服务厅申报缴税，税务机关填开缴款书或完税证交纳税人，纳税人持现金和缴款凭证到办税服务厅内银行专柜办理缴款；② 纳税人持现金向税务机关缴税，税务机关收款后当即开具完税证，现金于当日由税务机关汇总缴入国库。

（3）“支票缴款”缴库方式的程序。纳税人持纳税申报表和应付税款等额支票向税务机关申报缴税，税务机关审核无误当即填开完税证交给纳税人，支票由税务机关当日集中送交国库办理缴款。

2）纳税人采用网上数据电文等方式申报缴纳税款

实行网上申报、电话语音和银行批量扣缴申报的纳税人办理申报纳税程序如下。

（1）纳税人在建立银税网络的银行网点开设税款结算账户，用于授权银行扣缴应纳税款，纳税人应保证在税务机关规定的纳税期之前在税款结算账户中存足不低于当月应纳税额的存款（也可一次存足数月应纳税额的存款）。

(2) 纳税人在税务机关规定的申报纳税期限内通过使用申报纳税客户端软件（网上申报方式）、拨打12366电话（电话申报方式）进行申报纳税，银行批量扣缴不需要纳税人主动申报，而由税务机关通知银行在申报期内直接扣缴税款。纳税人申报成功后，由税务机关通知银行及时扣缴税款并开具税收完税凭证。

(3) 纳税人申报后若需取得完税凭证的，可在申报纳税后6个月内持税务登记证副本到开设税款结算账户的银行网点领取。纳税人未按照规定期限缴纳税款的，扣缴义务人未按照规定期限解缴税款的，税务机关除责令其限期缴纳外，从滞纳税款之日起，按日加收滞纳税款0.5‰的滞纳金。

加收滞纳金的起止时间为法律、行政法规规定，或者税务机关依照法律、行政法规的规定确定的税款缴纳期限届满次日起至纳税人、扣缴义务人实际缴纳或解缴税款之日止。

【情境实例1-1】

1. 工作任务要求

计算甲企业因延期纳税而应缴纳的税收滞纳金。

2. 情境案例设计

甲企业2017年3月生产经营应纳增值税10 000元（以1个月为一个纳税期限），该企业于4月21日实际缴纳税款。

3. 任务实施过程

按照增值税纳税期限和结算交款期限，该企业应于4月15日前缴纳税款，该企业滞纳6天，则应加收滞纳金=10 000×0.5‰×6=30（元）。

2. 延期缴纳税款

纳税人或扣缴义务人必须按法律、法规规定的期限缴纳税款，但有特殊困难不能按期缴纳税款的，按照《税收征管法》的规定，可以申请延期缴纳税款。

纳税人申请延期缴纳税款应符合下列条件之一，并提供相应的证明材料。

(1) 水、火、风、雹、海潮、地震等自然灾害的灾情报告。

(2) 可供纳税的现金、支票，以及其他财产遭受查封、冻结、偷盗、抢劫等意外事故，有法院或公安机关出具的执行通告或事故证明。

(3) 国家经济政策调整的依据。

(4) 货款拖欠情况说明及所有银行账号的银行对账单、资产负债表。

纳税人延期缴纳税款申报的具体操作程序为：① 向主管税务机关填报“延期缴纳税款申请审批表”进行书面申请；② 主管税务机关审核无误后，必须经省（自治区、直辖市）国家税务局或地方税务局批准方可延期缴纳税款。

需要注意的是，延期期限最长不能超过3个月，且同一笔税款不得滚动审批。

四、税款的减免程序

1. 纳税人申请

纳税人应向主管税务机关提出书面申请减免税，并按规定附送有关资料。减免税的申请须经法律、行政法规规定的减税、免税审查批准机关审批。减免税审批是对纳税人提供的资料与减免税法定条件的相关性进行的审核，不改变纳税人的真实申报责任。纳税人在享受减免税待遇期间，仍应按规定办理纳税申报。减税、免税期满，纳税人应当自期满次日起恢复纳税。

2. 等待税务机关核准

税务机关收到纳税人的减免税申请后，应进行认真审核。税务机关受理或不予受理减免税申请的，应当出具加盖本机关专用印章和注明日期的书面凭证。税务机关做出的减免税审批决定，应当自做出决定之日起10个工作日内向纳税人送达减免税审批书面决定。减免税批复未下达前，纳税人应按规定办理申报缴纳税款。

3. 纳税人领取减免税审批申请

纳税人享受减税、免税的条件发生变化时，应当自发生变化之日起15日内向税务机关报告，经税务机关审核后，停止其减税、免税；对不报告的又不再符合减税、免税条件的，税务机关有权追回已减免的税款。

五、税款的退还和追征制度

1. 税款的退还

《税收征管法》第五十一条规定，纳税人超过应纳税额缴纳的税款，税务机关发现后应当立即退还；纳税人自结算缴纳税款之日起三年内发现的，可以向税务机关要求退还多缴的税款并加算银行同期存款利息，税务机关及时查实后应当立即退还；涉及从国库中退库的，依照法律、行政法规中有关国库管理的规定退还。

根据上述规定，税务机关在办理税款退还时应注意以下问题。

（1）税款退还的前提是纳税人已经缴纳了超过应纳税额的税款。

（2）税款退还的范围包括：① 技术差错和结算性质的退税；② 为加强对收入的管理，规定纳税人先按应纳税额如数缴纳入库，经核实后再从中退还应退的部分。

（3）退还的方式有：① 税务机关发现后立即退还；② 纳税人发现后申请退还。

（4）退还的时限如下。

① 纳税人发现的，可以自结算缴纳税款之日起3年内要求退还。

② 税务机关发现的多缴税款，《税收征管法》没有规定多长时间内可以退还。法律没有规定期限的，推定为无限期。因此，税务机关发现的多缴税款，无论多长时间，都应当退还给纳税人。

③ 对纳税人超过应纳税额缴纳的税款，无论是税务机关发现的，还是纳税人发现后提出退还申请的，税务机关经核实后都应当立即办理退还手续，不应当拖延。《税收征管法实施细则》第七十八条规定："税务机关发现纳税人多缴税款的，应当自发现之日起10日内办理退还手续；纳税人发现多缴税款，要求退还的，税务机关应当自接到纳税人退还申请之日起30日内查实并办理退还手续。"

【情境引例解析】

飞翔公司可以要求税务机关退还。因为《税收征管法》第五十一条规定，纳税人超过应纳税额缴纳的税款，税务机关发现后应当立即退还；纳税人自结算缴纳税款之日起三年内发现的，可以向税务机关要求退还多缴的税款并加算银行同期存款利息，税务机关及时查实后应当立即退还；涉及从国库中退库的，依照法律、行政法规中有关国库管理的规定退还。

飞翔公司于2017年8月发现该公司于2015年1月多缴了一笔税款，金额多达10万元，属于"纳税人自结算缴纳税款之日起3年内发现"的情况。因此，飞翔公司可以要求税务机关退还。

2. 税款的追征

《税收征管法》第五十二条规定：

“因税务机关责任，致使纳税人、扣缴义务人未缴或者少缴税款的，税务机关在三年内可要求纳税人、扣缴义务人补缴税款，但是不得加收滞纳金。

“因纳税人、扣缴义务人计算错误等失误，未缴或者少缴税款的，税务机关在三年内可以追征税款、滞纳金；有特殊情况的，追征期可以延长到五年。”

“对偷税、抗税、骗税的，税务机关追征其未缴或者少缴的税款、滞纳金或者所骗取的税款，不受前款规定期限的限制。”

根据上述规定，税务机关在追征税款时应注意以下方面。

（1）对于纳税人、扣缴义务人和其他当事人偷税、抗税和骗取税款的，应无限期追征。

（2）纳税人、扣缴义务人未缴或少缴税款的，其补缴和追征税款的期限，应自纳税人、扣缴义务人应缴未缴或少缴税款之日起计算。

（3）应注意明确划分征纳双方的责任。

六、责令提供纳税担保

税务机关有根据认为从事生产、经营的纳税人有逃避纳税义务行为，在规定的纳税期限之前经责令其限期缴纳应纳税款，在“限期内”发现纳税人有明显的转移、隐匿其应纳税的商品、货物以及其他财产或者应纳税收入的迹象，责成纳税人提供纳税担保。

七、税收保全措施和强制执行措施

税收保全措施和强制执行措施如表 1-1 所示。

表 1-1 税收保全措施和强制执行措施

不同点	保全	前提	税务机关责令具有税法规定情形的纳税人提供纳税担保而纳税人拒绝或不能提供担保
		具体措施	（1）书面通知银行冻结相当于应纳税款的存款； （2）扣押、查封相当于应纳税款的商品、货物或者其他财产
	强制执行	前提	从事生产经营的纳税人、扣缴义务人未按照规定的期限缴纳或者解缴税款，纳税担保人未按照规定的期限缴纳所担保的税款，由税务机关责令限期缴纳，逾期仍未缴纳
		具体措施	（1）书面通知银行从存款中扣缴税款； （2）扣押、查封、依法拍卖或者变卖相当于应纳税款的商品、货物或者其他财产，以拍卖或者变卖所得抵缴税款 滞纳金同时强制执行
相同点		批准	经县以上税务局（分局）局长批准
		不适用的财产	个人及其所扶养家属维持生活必需的住房和用品，单价 5 000 元以下的其他生活用品
关系		两项措施之间的关系	强制执行措施与税收保全措施之间只有可能的连续关系，但没有必然的因果连续关系。也就是说，强制执行措施之前不一定有税收保全措施做铺垫，而税收保全措施的结果也不一定就是强制执行措施

八、税务检查

税务检查的基本要点和主要规定如表 1-2 所示。

表 1-2 税务检查

基本要点	主 要 规 定
税务检查的形式	重点检查；分类计划检查；集中性检查；临时性检查；专项检查
税务检查的方法	全查法；抽查法；顺查法；逆查法；现场检查法；调账检查法；比较分析法；控制计算法；审阅法；核对法；观察法；外调法；盘存法；交叉稽核法
税务检查的权利	查账权、场地检查权、责成提供资料权、询问权、在交通要道和邮政企业的查证权、查核存款账户权
调账检查的基本规则	经县以上税务局（分局）局长批准，税务机关可以将纳税人、扣缴义务人以前会计年度的账簿、记账凭证、报表和其他有关资料调回检查，要开具清单并在 3 个月内完整退还
	经设区的市、自治州以上税务局局长批准，税务机关可以将纳税人、扣缴义务人当年的账簿、记账凭证、报表和其他有关资料调回检查，但税务机关必须在 30 日内退还
检查时应出具的证件	税务机关派出人员在进行检查时，必须出示税务检查证和税务检查通知书

技能训练

一、单项选择题

1. 下列关于征税对象、税目、税基的说法中，不正确的是（　　）。
   A. 征税对象又叫课税对象，决定着某一种税的基本征税范围，也决定了各个不同税种的名称
   B. 税基又叫计税依据，是据以计算征税对象应纳税款的直接数量依据，它解决对征税对象课税的计算问题，是对课税对象的量的规定
   C. 税目是在税法中对征税对象分类规定的具体的征税项目，反映具体的征税范围，是对课税对象质的界定
   D. 我国对所有的税种都设置了税目
2. 下列税种中不属于中央与地方共享收入的是（　　）。
   A. 资源税　B. 城镇土地使用税　C. 城市维护建设税　D. 增值税
3. 对账簿、凭证、会计等核算制度比较健全的纳税人应采取的税款征收方式为（　　）。
   A. 查账征收　B. 查定征收　C. 查验征收　D. 邮寄申报
4. 下列说法不正确的是（　　）。
   A. 征税对象是区分不同税种的重要标志
   B. 税目是征税对象的具体化
   C. 税率是衡量税负轻重的唯一标志
   D. 纳税义务人即纳税主体
5. 以下关于我国税法体系的说法正确的是（　　）。
   A. 我国现行的税法体系是由税收实体法构成的
   B. 车船税属于特定目的税类
   C. 由税务机关负责征收的税种的征收管理，按照全国人大常委会发布实施的《税收征管法》执行
   D. 由海关负责征收的税种的征收管理，按照全国人大常委会发布实施的《税收征管法》执行
6. 目前我国税收体系中单一比例税率的税种是（　　）。

A. 增值税　　B. 土地增值税　　C. 个人所得税　　D. 消费税

二、多项选择题

1. 下列应当办理纳税申报的有（　　）。

A. 负有纳税义务的单位和个人

B. 纳税期内没有应纳税款的纳税人

C. 扣缴义务人

D. 享受减税、免税待遇的纳税人

2. 下列税收收入中，属于中央政府和地方政府共享收入的有（　　）。

A. 印花税　　B. 车辆购置税　　C. 资源税　　D. 城市维护建设税

3. 下列税种中，属于资源税类的有（　　）。

A. 城镇土地使用税　　B. 土地增值税

C. 车船税　　D. 资源税

4. 下列税种中，全部属于中央政府固定收入的有（　　）。

A. 进口环节增值税　　B. 进口环节消费税

C. 车辆购置税　　D. 房产税

5. 全面营改增后，某房地产开发企业需要缴纳的下列税种中，应向该市地方税务局主管税务机关申请缴纳的有（　　）。

A. 房产税　　B. 车辆购置税　　C. 土地增值税　　D. 印花税

三、判断题

1. 我国个人所得税中工资薪金所得的“起征点”为 3 500 元/月。（　　）
2. 纳税人、扣缴义务人，当期不发生纳税义务，则不需要办理纳税申报。（　　）
3. 对于累进税率，一般情况下，课税数额越大，适用税率越高。（　　）
4. 纳税人和负税人是同一概念。（　　）
5. 我国黄酒的消费税采用比例税率。（　　）

四、实务题

纳税人王丽某月应纳税所得额为 12 000 元。全额累进税率表和超额累进税率表分别见表 1-3 和表 1-4。

表 1-3　三级全额累进税率表

级　数	全月应纳税所得额/元	税率/%
1	10 000 以下（含）	10
2	10 000（不含）～20 000（含）	20
3	20 000（不含）以上	30

表 1-4　三级超额累进税率表

级数	全月应纳税所得额/元	税率/%	速算扣除数
1	10 000 以下（含）	10	0
2	10 000（不含）～20 000（含）	20	1 000
3	20 000（不含）以上	30	3 000

要求：

（1）若采用全额累进税率，计算王丽当月的应纳税额。

（2）若采用超额累进税率，计算王丽当月的应纳税额。

项目二

增值税纳税申报实务

■ 职业能力目标

(1) 能判定一般纳税人和小规模纳税人的标准，会判断哪些业务应当征收增值税，会选择增值税适用税率，能充分运用增值税优惠政策，会使用增值税专用发票。

(2) 能根据相关业务资料计算一般计税方法下销项税额、进项税额、进项税转出额和应纳增值税税额，简易计税方法下应纳增值税税额，进口货物应纳增值税税额。

(3) 能合理选择和运用增值税出口货物或劳务退（免）税政策、出口服务或者无形资产退（免）税政策，能根据相关业务资料运用“免抵退”办法和“先征后退”（“免退”）办法计算增值税应退税额。

(4) 能确定增值税的纳税义务发生时间、纳税期限和纳税地点，能根据相关业务资料填写增值税纳税申报表，并能进行手工纳税申报及网上纳税申报。

任务一　增值税的认知

情境引例

我公司是一家物业公司，收取的停车费和电梯里面的广告位的出租费应按什么征税？

一、增值税纳税人的确定

增值税是对在我国境内销售货物、提供加工修理修配劳务、销售服务、无形资产或者不动产①、进口货物的企业单位和个人，就其销售货物、劳务、服务、无形资产或者不动产的增值额和进口货物金额为计税依据而课征的一种流转税。

在中华人民共和国境内销售货物、提供加工修理修配劳务、销售服务、无形资产或者不动产，以及进口货物的单位和个人，为增值税的纳税义务人②。

具体来说，在境内销售货物、提供加工修理修配劳务是指销售货物的起运地或者所在地在境内，提供的应税劳务发生在境内。

---

① 销售货物、提供加工修理修配劳务、销售服务、无形资产或者不动产，简称为“销售货物、加工修理修配劳务、服务、无形资产或者不动产”或者“销售货物、劳务、服务、无形资产或者不动产”。

② 根据学习的需要，本教材将增值税纳税人分为原增值税纳税人和营改增试点纳税人两大类。原增值税纳税人是指按照《中华人民共和国增值税暂行条例》（国务院令第 538 号）等文件缴纳增值税的纳税人，其主要涉税行为包括销售货物、提供加工修理修配劳务以及进口货物。营改增试点纳税人是指按照《关于全面推开营业税改征增值税试点的通知》（财税〔2016〕36 号）等文件缴纳增值税的纳税人，其主要涉税行为包括销售服务、无形资产或者不动产。

在境内销售服务、无形资产或者不动产，是指：① 服务（租赁不动产除外）或者无形资产（自然资源使用权除外）的销售方或者购买方在境内；② 所销售或者租赁的不动产在境内；③ 所销售自然资源使用权的自然资源在境内；④ 财政部和国家税务总局规定的其他情形。

下列情形不属于在境内销售服务或者无形资产：① 境外单位或者个人向境内单位或者个人销售完全在境外发生的服务。② 境外单位或者个人向境内单位或者个人销售完全在境外使用的无形资产。③ 境外单位或者个人向境内单位或者个人出租完全在境外使用的有形动产。④ 境外单位或者个人为出境的函件、包裹在境外提供的邮政服务、收派服务。⑤ 境外单位或者个人向境内单位或者个人提供的工程施工地点在境外的建筑服务、工程监理服务。⑥ 境外单位或者个人向境内单位或者个人提供的工程、矿产资源在境外的工程勘察勘探服务。⑦ 境外单位或者个人向境内单位或者个人提供的会议展览地点在境外的会议展览服务。⑧ 财政部和国家税务总局规定的其他情形。

单位是指企业、行政单位、事业单位、军事单位、社会团体及其他单位；个人是指个体工商户和其他个人。

情境讨论：如何判断境内税务机关对“营改增”业务是否具有税收管辖权？

对于销售货物、提供加工修理修配劳务或者进口货物的行为，单位租赁或者承包给其他单位或者个人经营的，以承租人或者承包人为纳税人。

对于销售服务、无形资产或者不动产的行为，单位以承包、承租、挂靠方式经营的，承包人、承租人、挂靠人（以下统称承包人）以发包人、出租人、被挂靠人（以下统称发包人）名义对外经营并由发包人承担相关法律责任的，以该发包人为纳税人。否则，以承包人为纳税人。2017 年 7 月 1 日（含）以后，资管产品运营过程中发生的增值税应税行为，以资管产品管理人为增值税纳税人。

建筑企业与发包方签订建筑合同后，以内部授权或者三方协议等方式，授权集团内其他纳税人（以下称“第三方”）为发包方提供建筑服务，并由第三方直接与发包方结算工程款的，由第三方缴纳增值税并向发包方开具增值税发票，与发包方签订建筑合同的建筑企业不缴纳增值税。发包方可凭实际提供建筑服务的纳税人开具的增值税专用发票抵扣进项税额。

境外的单位或者个人在境内提供加工修理修配劳务，在境内未设有经营机构的，以其境内代理人为增值税扣缴义务人；在境内没有代理人的，以购买方为增值税扣缴义务人。

境外单位或者个人在境内销售服务、无形资产或者不动产，在境内未设有经营机构的，以购买方为增值税扣缴义务人。财政部和国家税务总局另有规定的除外。

增值税纳税人分为小规模纳税人和一般纳税人两类，并实行不同的征收和管理方式。

（一）小规模纳税人和一般纳税人的标准

1. 小规模纳税人的标准

小规模纳税人是指年销售额在规定标准以下，并且会计核算不健全，不能按规定报送有关税务资料的增值税纳税人。

1）原增值税小规模纳税人的标准

（1）从事货物生产或者提供加工修理修配劳务的纳税人，以及以从事货物生产或者提供加工修理修配劳务为主，并兼营货物批发或者零售的纳税人，年应征增值税销售额（以下简称应税销售额）在50万元以下（含本数，下同）的。这里以从事货物生产或者提供加工修理修配劳务为主，是指纳税人的年货物生产或者提供加工修理修配劳务的销售额占年应税销售额的比重在50%以上。

（2）除上项规定以外的增值税纳税人（这主要是针对商业批发或者零售企业来说的），年应税销售额在80万元以下的。

（3）年应税销售额超过小规模纳税人标准的其他个人（指自然人）按小规模纳税人纳税。

（4）超过小规模纳税人标准的非企业性单位、不经常发生应税行为的企业可选择按小规模纳税人纳税。

2）营改增试点小规模纳税人的标准

（1）营改增应税行为的年应税销售额在500万元（含本数，下同）以下的。

（2）年应税销售额超过小规模纳税人标准的其他个人（指自然人）不属于一般纳税人。

（3）年应税销售额超过小规模纳税人标准但不经常发生应税行为的单位和个体工商户可选择按照小规模纳税人纳税。

2. 一般纳税人的标准

1）原增值税一般纳税人的标准

增值税纳税人（以下简称纳税人），年应税销售额超过财政部、国家税务总局规定的小规模纳税人标准（50万元或者80万元）的，应当向其机构所在地主管税务机关办理一般纳税人资格登记。其中“年应税销售额”，是指纳税人在连续不超过12个月的经营期内累计应征增值税销售额，包括纳税申报销售额、稽查查补销售额、纳税评估调整销售额、税务机关代开发票销售额和免税销售额。其中稽查查补销售额和纳税评估调整销售额计入查补税款申报当月的销售额，不计入税款所属期销售额。经营期，是指在纳税人存续期内的连续经营期间，含未取得销售收入的月份。

年应税销售额未超过财政部、国家税务总局规定的小规模纳税人标准以及新开业的纳税人，可以向其机构所在地主管税务机关办理一般纳税人资格登记。对提出申请并且同时符合下列条件的纳税人，主管税务机关应当为其办理一般纳税人资格登记：能够按照国家统一的会计制度规定设置账簿，根据合法、有效凭证核算，能够提供准确税务资料。

2）营改增试点一般纳税人的标准

（1）营改增试点实施前（以下简称试点实施前）销售服务、无形资产或者不动产（以下简称应税行为）的年应税销售额超过500万元的试点纳税人，应向主管国税机关办理增值税一般纳税人资格登记手续。

试点纳税人试点实施前的应税行为年应税销售额按以下公式换算：

应税行为年应税销售额=连续不超过12个月应税行为营业额合计/(1+3%)

按照原营业税规定差额征收营业税的试点纳税人，其应税行为营业额按未扣除之前的营业额计算。试点实施前，试点纳税人偶然发生的转让不动产的营业额，不计入应税行为年应税销售额。

（2）试点实施前已取得增值税一般纳税人资格并兼有应税行为的试点纳税人，不需要重新办理增值税一般纳税人资格登记手续，由主管国税机关制作、送达“税务事项通知书”，告知纳税人。

(3) 试点实施前应税行为年应税销售额未超过500万元的试点纳税人，会计核算健全，能够提供准确税务资料的，也可以向主管国税机关办理增值税一般纳税人资格登记。

(4) 试点实施后，符合条件的试点纳税人应当按照《增值税一般纳税人资格认定管理办法》（国家税务总局令第22号）、《国家税务总局关于调整增值税一般纳税人管理有关事项的公告》（国家税务总局公告2015年第18号）及相关规定，办理增值税一般纳税人资格登记。按照营改增有关规定，应税行为有扣除项目的试点纳税人，其应税行为年应税销售额按未扣除之前的销售额计算。

试点实施后，年应税销售额未超过规定标准的纳税人，会计核算健全，能够提供准确税务资料的，可以向主管税务机关办理一般纳税人资格登记，成为一般纳税人。会计核算健全，是指能够按照国家统一的会计制度规定设置账簿，根据合法、有效凭证核算。

增值税小规模纳税人偶然发生的转让不动产的销售额，不计入应税行为年应税销售额。

(5) 试点纳税人兼有销售货物、提供加工修理修配劳务和应税行为的，应税货物及劳务销售额与应税行为销售额分别计算，分别适用增值税一般纳税人资格登记标准。

兼有销售货物、提供加工修理修配劳务和应税行为，年应税销售额超过财政部、国家税务总局规定标准且不经常发生销售货物、提供加工修理修配劳务和应税行为的单位和个体工商户可选择按照小规模纳税人纳税。

实务咨询：我公司年应税销售额未超过小规模纳税人标准，可以办理增值税一般纳税人登记吗？

（二）小规模纳税人和一般纳税人的征税管理

小规模纳税人实行简易计税办法，不能自行领购和使用增值税专用发票，也不得抵扣进项税额。但对那些能认真履行纳税义务的小规模企业，经县（市）税务局批准，其销售货物、加工修理修配劳务、服务、无形资产或不动产可以由税务机关代开增值税专用发票（代开的增值税专用发票的税率一般为3%）。

符合增值税一般纳税人条件的纳税人应当向主管税务机关办理资格登记，以取得法定资格，未办理一般纳税人登记手续的，应按销售额依照增值税税率计算应纳税额，不得抵扣进项税，也不得使用增值税专用发票。经税务机关审核登记的一般纳税人，可按规定领购和使用增值税专用发票，按增值税条例规定计算缴纳增值税。需要注意的是，除国家税务总局另有规定外，纳税人一经登记为一般纳税人后，不得再转为小规模纳税人。

自2016年11月4日起，全国范围内月销售额超过3万元（或季销售额超过9万元）的住宿业小规模纳税人提供住宿服务、销售货物或发生其他应税行为，需要开具增值税专用发票的，可以通过增值税发票管理新系统自行开具，主管国税机关不再为其代开。住宿业小规模纳税人销售其取得的不动产，需要开具增值税专用发票的，仍须向地税机关申请代开。

自2017年3月1日起，全国范围内月销售额超过3万元（或季销售额超过9万元）的鉴证咨询业增值税小规模纳税人（以下简称“试点纳税人”）提供认证服务、鉴证服务、咨询服务、销售货物或发生其他增值税应税行为，需要开具专用发票的，可以通过增值税发票管理新系统自行开具，主管国税机关不再为其代开。试点纳税人销售其取得的不动产，需要开具专用发票的，仍须向地税机关申请代开。

自2017年6月1日起，将建筑业纳入增值税小规模纳税人自行开具增值税专用发票试点范围。月销售额超过 3 万元（或季销售额超过 9 万元）的建筑业增值税小规模纳税人（以下称“自开发票试点纳税人”）提供建筑服务、销售货物或发生其他增值税应税行为，需要开具增值税专用发票的，通过增值税发票管理新系统自行开具。自开发票试点纳税人销售其取得的不动产，需要开具增值税专用发票的，仍须向地税机关申请代开。

二、增值税征税范围的确定

（一）征税范围的一般规定

1. 销售或进口货物

销售货物是指有偿转让货物的所有权。货物是指有形动产，包括电力、热力、气体在内。有偿是指从购买方取得货币、货物或者其他经济利益。

进口货物是指申报进入中国海关境内的货物。只要是报关进口的应税货物，均属于增值税的征税范围，除享受免税政策外，在进口环节缴纳增值税。

2. 提供加工或修理修配劳务

“加工”是指接受来料承做货物，加工后的货物所有权仍属于委托方的业务，即通常所说的委托加工业务。“委托加工业务”是指由委托方提供原料及主要材料，受托方按照委托方的要求制造货物并收取加工费的业务。“修理修配”是指受托方对损伤和丧失功能的货物进行修复，使其恢复原状和功能的业务。这里的“提供加工或修理修配劳务”都是指有偿提供加工或修理修配劳务。单位或个体经营者聘用的员工为本单位或雇主提供加工或修理修配劳务则不包括在内。有偿，是指取得货币、货物或者其他经济利益。

3. 销售服务、无形资产或者不动产

销售服务、无形资产或者不动产是指有偿提供服务、有偿转让无形资产或者不动产，但属于下列非经营活动的情形除外。

（1）行政单位收取的同时满足以下条件的政府性基金或者行政事业性收费：① 由国务院或者财政部批准设立的政府性基金，由国务院或者省级人民政府及其财政、价格主管部门批准设立的行政事业性收费；② 收取时开具省级以上（含省级）财政部门监（印）制的财政票据；③ 所收款项全额上缴财政。

（2）单位或者个体工商户聘用的员工为本单位或者雇主提供取得工资的服务。

（3）单位或者个体工商户为聘用的员工提供服务。

（4）财政部和国家税务总局规定的其他情形。

有偿，是指取得货币、货物或者其他经济利益。

（二）征税范围的具体规定

1. 销售服务

销售服务是指提供交通运输服务、邮政服务、电信服务、建筑服务、金融服务、现代服务、生活服务。

1）交通运输服务

交通运输服务是指利用运输工具将货物或者旅客送达目的地，使其空间位置得到转移的业务活动。包括陆路运输服务、水路运输服务、航空运输服务和管道运输服务。

（1）陆路运输服务。

陆路运输服务是指通过陆路（地上或者地下）运送货物或者旅客的运输业务活动，包括铁路运输服务和其他陆路运输服务。

出租车公司向使用本公司自有出租车的出租车司机收取的管理费用，按照陆路运输服务缴纳增值税。

（2）水路运输服务。

水路运输服务是指通过江、河、湖、川等天然、人工水道或者海洋航道运送货物或者旅客的运输业务活动。

水路运输的程租、期租业务，属于水路运输服务。

程租业务是指运输企业为租船人完成某一特定航次的运输任务并收取租赁费的业务。

期租业务是指运输企业将配备有操作人员的船舶承租给他人使用一定期限，承租期内听候承租方调遣，不论是否经营，均按天向承租方收取租赁费，发生的固定费用均由船东负担的业务。

（3）航空运输服务。

航空运输服务是指通过空中航线运送货物或者旅客的运输业务活动。

航空运输的湿租业务属于航空运输服务。

湿租业务是指航空运输企业将配备有机组人员的飞机承租给他人使用一定期限，承租期内听候承租方调遣，不论是否经营，均按一定标准向承租方收取租赁费，发生的固定费用均由承租方承担的业务。

航天运输服务按照航空运输服务缴纳增值税。

航天运输服务是指利用火箭等载体将卫星、空间探测器等空间飞行器发射到空间轨道的业务活动。

（4）管道运输服务。

管道运输服务是指通过管道设施输送气体、液体、固体物质的运输业务活动。

2）邮政服务

邮政服务是指中国邮政集团公司及其所属邮政企业提供邮件寄递、邮政汇兑和机要通信等邮政基本服务的业务活动。包括邮政普遍服务、邮政特殊服务和其他邮政服务。

（1）邮政普遍服务。

邮政普遍服务是指函件、包裹等邮件寄递，以及邮票发行、报刊发行和邮政汇兑等业务活动。

（2）邮政特殊服务。

邮政特殊服务是指义务兵平常信函、机要通信、盲人读物和革命烈士遗物的寄递等业务活动。

（3）其他邮政服务。

其他邮政服务是指邮册等邮品销售、邮政代理等业务活动。

3）电信服务

电信服务是指利用有线、无线的电磁系统或者光电系统等各种通信网络资源，提供语音通话服务，传送、发射、接收或者应用图像、短信等电子数据和信息的业务活动。包括基础电信服务和增值电信服务。

（1）基础电信服务。

基础电信服务是指利用固网、移动网、卫星、互联网，提供语音通话服务的业务活动，以及出租或者出售带宽、波长等网络元素的业务活动。

（2）增值电信服务。

增值电信服务是指利用固网、移动网、卫星、互联网、有线电视网络，提供短信和彩信服务、电子数据和信息的传输及应用服务、互联网接入服务等业务活动。

卫星电视信号落地转接服务，按照增值电信服务缴纳增值税。

4）建筑服务

建筑服务是指各类建筑物、构筑物及其附属设施的建造、修缮、装饰，线路、管道、设备、设施等的安装以及其他工程作业的业务活动。包括工程服务、安装服务、修缮服务、装饰服务和其他建筑服务。物业服务企业为业主提供的装修服务，按照“建筑服务”缴纳增值税。纳税人将建筑施工设备出租给他人使用并配备操作人员的，按照“建筑服务”缴纳增值税。

（1）工程服务。

工程服务是指新建、改建各种建筑物、构筑物的工程作业，包括与建筑物相连的各种设备或者支柱、操作平台的安装或者装设工程作业，以及各种窑炉和金属结构工程作业。

（2）安装服务。

安装服务是指生产设备、动力设备、起重设备、运输设备、传动设备、医疗实验设备以及其他各种设备、设施的装配、安置工程作业，包括与被安装设备相连的工作台、梯子、栏杆的装设工程作业，以及被安装设备的绝缘、防腐、保温、油漆等工程作业。

情境讨论：固定电话、有线电视、宽带、水、电、燃气、暖气等经营者向用户收取的安装费、初装费、开户费、扩容费按何税目缴纳增值税？

（3）修缮服务。

修缮服务是指对建筑物、构筑物进行修补、加固、养护、改善，使之恢复原来的使用价值或者延长其使用期限的工程作业。

（4）装饰服务。

装饰服务是指对建筑物、构筑物进行修饰装修，使之美观或者具有特定用途的工程作业。

（5）其他建筑服务。

其他建筑服务是指上列工程作业之外的各种工程作业服务。

5）金融服务

金融服务是指经营金融保险的业务活动。包括贷款服务、直接收费金融服务、保险服务和金融商品转让。

（1）贷款服务。

贷款是指将资金贷与他人使用而取得利息收入的业务活动。

各种占用、拆借资金取得的收入，包括金融商品持有期间（含到期）利息（保本收益、报酬、资金占用费、补偿金等）收入、信用卡透支利息收入、买入返售金融商品利息收入、融资融券收取的利息收入，以及融资性售后回租、押汇、罚息、票据贴现、转贷等业务取得的利息及利息性质的收入，按照贷款服务缴纳增值税。

融资性售后回租是指承租方以融资为目的，将资产出售给从事融资性售后回租业务的企业后，从事融资性售后回租业务的企业将该资产出租给承租方的业务活动。

以货币资金投资收取的固定利润或者保底利润，按照贷款服务缴纳增值税。

（2）直接收费金融服务。

直接收费金融服务是指为货币资金融通及其他金融业务提供相关服务并且收取费用的业务活动。包括提供货币兑换、账户管理、电子银行、信用卡、信用证、财务担保、资产管理、信托管理、基金管理、金融交易场所（平台）管理、资金结算、资金清算、金融支付等服务。

（3）保险服务。

保险服务是指投保人根据合同约定，向保险人支付保险费，保险人对于合同约定的可能发生的事故因其发生所造成的财产损失承担赔偿保险金责任，或者当被保险人死亡、伤残、疾病或者达到合同约定的年龄、期限等条件时承担给付保险金责任的商业保险行为。包括人身保险服务和财产保险服务。

（4）金融商品转让。

金融商品转让是指转让外汇、有价证券、非货物期货和其他金融商品所有权的业务活动。

其他金融商品转让包括基金、信托、理财产品等各类资产管理产品和各种金融衍生品的转让。

6）现代服务

现代服务是指围绕制造业、文化产业、现代物流产业等提供技术性、知识性服务的业务活动。包括研发和技术服务、信息技术服务、文化创意服务、物流辅助服务、租赁服务、鉴证咨询服务、广播影视服务、商务辅助服务和其他现代服务。

（1）研发和技术服务。

研发和技术服务包括研发服务、合同能源管理服务、工程勘察勘探服务、专业技术服务。

（2）信息技术服务。

信息技术服务是指利用计算机、通信网络等技术对信息进行生产、收集、处理、加工、存储、运输、检索和利用，并提供信息服务的业务活动。包括软件服务、电路设计及测试服务、信息系统服务、业务流程管理服务和信息系统增值服务。

（3）文化创意服务。

文化创意服务包括设计服务、知识产权服务、广告服务和会议展览服务。宾馆、旅馆、旅社、度假村和其他经营性住宿场所提供会议场地及配套服务的活动，按照“会议展览服务”缴纳增值税。

（4）物流辅助服务。

物流辅助服务包括航空服务、港口码头服务、货运客运场站服务、打捞救助服务、装卸搬运服务、仓储服务和收派服务。

（5）租赁服务。

租赁服务包括融资租赁服务和经营租赁服务。

水路运输的光租业务、航空运输的干租业务属于经营租赁。

光租业务是指运输企业将船舶在约定的时间内出租给他人使用，不配备操作人员，不承担运输过程中发生的各项费用，只收取固定租赁费的业务活动。

干租业务是指航空运输企业将飞机在约定的时间内出租给他人使用，不配备机组人员，不承担运输过程中发生的各项费用，只收取固定租赁费的业务活动。

【情境引例解析】

车辆停放服务、道路通行服务（包括过路费、过桥费、过闸费等）等按照不动产经营租赁服务缴纳增值税。将建筑物、构筑物等不动产或者飞机、车辆等有形动产的广告位出租给其他单位或者个人用于发布广告，按照经营租赁服务缴纳增值税。所以，均属于现代服务业的租赁服务。

（6）鉴证咨询服务。

鉴证咨询服务包括认证服务、鉴证服务和咨询服务。

（7）广播影视服务。

广播影视服务包括广播影视节目（作品）的制作服务、发行服务和播映（含放映，下同）服务。

（8）商务辅助服务。

商务辅助服务包括企业管理服务、经纪代理服务、人力资源服务、安全保护服务。纳税人提供武装守护押运服务，按照“安全保护服务”缴纳增值税。

（9）其他现代服务。

其他现代服务是指除研发和技术服务、信息技术服务、文化创意服务、物流辅助服务、租赁服务、鉴证咨询服务、广播影视服务和商务辅助服务以外的现代服务。

纳税人对安装运行后的电梯提供的维护保养服务，按照“其他现代服务”缴纳增值税。纳税人提供植物养护服务，按照“其他生活服务”缴纳增值税。

7）生活服务

生活服务是指为满足城乡居民日常生活需求提供的各类服务活动。包括文化体育服务、教育医疗服务、旅游娱乐服务、餐饮住宿服务、居民日常服务和其他生活服务。

（1）文化体育服务。

文化体育服务包括文化服务和体育服务。纳税人在游览场所经营索道、摆渡车、电瓶车、游船等取得的收入，按照“文化体育服务”缴纳增值税。

（2）教育医疗服务。

教育医疗服务包括教育服务和医疗服务。

（3）旅游娱乐服务。

旅游娱乐服务包括旅游服务和娱乐服务。

（4）餐饮住宿服务。

餐饮住宿服务包括餐饮服务和住宿服务。提供餐饮服务的纳税人销售的外卖食品，按照“餐饮服务”缴纳增值税。纳税人以长（短）租形式出租酒店式公寓并提供配套服务的，按照“住宿服务”缴纳增值税。

（5）居民日常服务。

居民日常服务是指主要为满足居民个人及其家庭日常生活需求提供的服务，包括市容市政管理、家政、婚庆、养老、殡葬、照料和护理、救助救济、美容美发、按摩、桑拿、氧吧、足疗、沐浴、洗染、摄影扩印等服务。

（6）其他生活服务。

其他生活服务是指除文化体育服务、教育医疗服务、旅游娱乐服务、餐饮住宿服务和居民日常服务之外的生活服务。

2. 销售无形资产

销售无形资产是指转让无形资产所有权或者使用权的业务活动。无形资产是指不具实物形态，但能带来经济利益的资产，包括技术、商标、著作权、商誉、自然资源使用权和其他权益性无形资产。

技术包括专利技术和非专利技术。

自然资源使用权包括土地使用权、海域使用权、探矿权、采矿权、取水权和其他自然资源使用权。

其他权益性无形资产包括基础设施资产经营权、公共事业特许权、配额、经营权（包括特许经营权、连锁经营权、其他经营权）、经销权、分销权、代理权、会员权、席位权、网络游戏虚拟道具、域名、名称权、肖像权、冠名权、转会费等。

3. 销售不动产

销售不动产是指转让不动产所有权的业务活动。不动产是指不能移动或者移动后会引起性质、形状改变的财产，包括建筑物、构筑物等。

建筑物包括住宅、商业营业用房、办公楼等可供居住、工作或者进行其他活动的建造物。

构筑物包括道路、桥梁、隧道、水坝等建造物。

转让建筑物有限产权或者永久使用权的，转让在建的建筑物或者构筑物所有权的，以及在转让建筑物或者构筑物时一并转让其所占土地的使用权的，按照销售不动产缴纳增值税。

个人转让住房，在2016年4月30日前已签订转让合同，2016年5月1日以后办理产权变更事项的，应缴纳增值税，不缴纳营业税。

（三）属于征税范围的特殊项目

（1）货物期货（包括商品期货和贵金属期货），应当征收增值税，在期货的实物交割环节纳税。

（2）银行销售金银的业务，应当征收增值税。

（3）典当业的死当物品销售业务和寄售业代委托人销售寄售物品的业务，均应征收增值税。

（4）电力公司向发电企业收取的过网费，应当征收增值税。

（四）属于征税范围的特殊行为

1. 视同销售货物

单位或个体工商户的下列行为，视同销售货物，征收增值税：

（1）将货物交付其他单位或个人代销；

（2）销售代销货物；

(3) 设有两个以上机构并实行统一核算的纳税人，将货物从一个机构移送其他机构用于销售，但相关机构设在同一县（市）的除外；

(4) 将自产或者委托加工的货物用于非增值税应税项目[①]；

(5) 将自产、委托加工的货物用于集体福利或个人消费；

(6) 将自产、委托加工或者购进的货物作为投资，提供给其他单位或者个体工商户；

(7) 将自产、委托加工或者购进的货物分配给股东或投资者；

(8) 将自产、委托加工或者购进的货物无偿赠送其他单位或者个人。

根据《中华人民共和国增值税暂行条例》（以下简称《增值税暂行条例》）规定，对上述行为视同销售货物或提供应税劳务，按规定计算销售额并征收增值税。企业若发生固定资产视同销售行为，对已使用过的固定资产无法确定销售额的，以固定资产净值为销售额。

2. 视同销售服务、无形资产或者不动产

下列情形视同销售服务、无形资产或者不动产：

(1) 单位或者个体工商户向其他单位或者个人无偿提供服务，但用于公益事业或者以社会公众为对象的除外；

(2) 单位或者个人向其他单位或者个人无偿转让无形资产或者不动产，但用于公益事业或者以社会公众为对象的除外；

(3) 财政部和国家税务总局规定的其他情形。

需要注意的是，纳税人出租不动产，租赁合同中约定免租期的，不属于视同销售服务。

3. 混合销售行为

具体内容请见本项目任务二。

4. 兼营行为

具体内容请见本项目任务二。

（五）不征收增值税项目

(1) 根据国家指令无偿提供的铁路运输服务、航空运输服务，属于《营业税改征增值税试点实施办法》第十四条规定的用于公益事业的服务。

(2) 存款利息。

(3) 被保险人获得的保险赔付。

(4) 房地产主管部门或者其指定机构、公积金管理中心、开发企业以及物业管理单位代收的住宅专项维修资金。

(5) 在资产重组过程中，通过合并、分立、出售、置换等方式，将全部或者部分实物资产以及与其相关联的债权、负债和劳动力一并转让给其他单位和个人，其中涉及的不动产、土地使用权转让行为。

三、增值税税率和征收率的判定

一般纳税人缴纳增值税采用一般计税方法适用三种情况的比例税率。第一种是基本税率；第二种是低税率；第三种是出口货物、服务或者无形资产适用的零税率。自 2017 年 7

---

① 由于自 2016 年 5 月 1 日起全面营改增，因此营业税退出了历史舞台，此处的“非增值税应税项目”已经失去了意义。根据财税〔2016〕36 号文件精神及增值税相关原理，本条失效。

月1日起，简并增值税税率结构，取消原来的13%的增值税税率。一般纳税人特殊情况下采用简易计税方法适用征收率。小规模纳税人缴纳增值税采用简易计税方法适用征收率。具体适用范围如下。

（一）基本税率

增值税的基本税率为17%，适用于纳税人销售或者进口货物（适用11%的低税率的除外）、提供加工修理修配劳务、销售有形动产租赁服务。

（二）低税率

增值税的低税率分为以下两档。

1. 低税率11%

（1）一般纳税人销售或者进口下列货物，税率为11%。

农产品（含粮食，不含淀粉；含干姜、姜黄，不含麦芽、复合胶、人发制品）、自来水、暖气、石油液化气、天然气、食用植物油（含橄榄油，不含肉桂油、桉油、香茅油）、冷气、热水、煤气、居民用煤炭制品、食用盐、农机、饲料、农药、农膜、化肥、沼气、二甲醚、图书、报纸、杂志、音像制品、电子出版物。

（2）纳税人销售交通运输服务、邮政服务、基础电信服务、建筑服务、不动产租赁服务，销售不动产，转让土地使用权，税率为11%。

2. 低税率6%

纳税人销售增值电信服务、金融服务、现代服务和生活服务，销售土地使用权以外的无形资产，税率为6%。

实务咨询：我公司准备在本地开办一家矿泉水厂，请问对矿泉水、纯净水可否比照自来水征收增值税？

（三）零税率

1. 货物适用的零税率

零税率适用于纳税人出口货物，是税收优惠的一种体现，是为了鼓励企业出口货物而采用的一种税率。但是，国务院另有规定的除外。

2. 服务或者无形资产适用的零税率

中华人民共和国境内（以下称境内）的单位和个人销售的下列服务或者无形资产，适用增值税零税率。

（1）国际运输服务：

① 在境内载运旅客或者货物出境；

② 在境外载运旅客或者货物入境；

③ 在境外载运旅客或者货物。

（2）航天运输服务。

（3）向境外单位提供的完全在境外消费的服务：

① 研发服务；

② 合同能源管理服务；

③ 设计服务；

④ 广播影视节目（作品）的制作和发行服务；

⑤ 软件服务；
⑥ 电路设计及测试服务；
⑦ 信息系统服务；
⑧ 业务流程管理服务；
⑨ 离岸服务外包业务；

离岸服务外包业务包括信息技术外包服务（ITO）、技术性业务流程外包服务（BPO）、技术性知识流程外包服务（KPO），其所涉及的具体业务活动，按照《销售服务、无形资产、不动产注释》相对应的业务活动执行。

⑩ 转让技术。

完全在境外消费是指服务的实际接受方在境外，且与境内的货物和不动产无关；无形资产完全在境外使用，且与境内的货物和不动产无关；财政部和国家税务总局规定的其他情形。

（4）财政部和国家税务总局规定的其他服务。

（四）征收率

一般纳税人特殊情况下采用简易计税方法适用征收率。小规模纳税人缴纳增值税采用简易计税方法适用征收率。我国增值税的法定征收率是 3%；一些特殊项目适用于减按 2% 的征收率执行。全面营改增后的与不动产有关的特殊项目适用于 5% 的征收率；一些特殊项目适用于 1. 5% 的征收率执行（详见本项目任务二）。

四、增值税优惠政策的运用

（一）原增值税纳税人的增值税减免税政策

1. 《增值税暂行条例》规定的免税政策

（1）农业生产者销售自产农产品。

指农业生产者销售的自产初级农产品，包括制种、“公司+农户” 经营模式的畜禽饲养。

（2）避孕药品和用具。

（3）古旧图书

指向社会收购的古书和旧书。

（4）直接用于科学研究、科学试验和教学的进口仪器、设备。

（5）外国政府、国际组织无偿援助的进口物资和设备。

（6）由残疾人的组织直接进口供残疾人专用的物品。

（7）销售的自己使用过的物品

指其他个人[①]自己使用过的物品。

实务咨询：我公司生产并销售用砍伐的野生红柳枝做成的烤肉扦子，是否免征增值税？

2. 财政部、税务总局规定的增值税优惠政策

1）资源综合利用产品和劳务增值税优惠政策

（1）优惠内容：纳税人销售自产的资源综合利用产品和提供资源综合利用劳务，可享

---

① 个人有两种：一种是个体工商户，另一种是其他个人。因此，其他个人指的是个体工商户以外的个人。

受增值税即征即退政策。

(2) 同时符合的5项条件：

① 属于增值税一般纳税人；

② 销售综合利用产品和劳务，不属于发改委规定的禁止类、限制类项目；

③ 销售综合利用产品和劳务，不属于环境保护部名录中的“高污染、高环境风险”产品或者重污染工艺；

④ 综合利用的资源，属于环境保护部列明的危险废物的，应当取得省级及以上环境保护部门颁发的许可证，且许可经营范围包括该危险废物的利用；

⑤ 纳税信用等级不属于税务机关评定的C级或D级等。

2) 医疗卫生的增值税优惠政策

(1) 非营利性医疗机构：自产自用的制剂免征增值税。

(2) 营利性医疗机构：取得的收入，按规定征收各项税收。自执业登记起3年内对自产自用的制剂免征增值税。

(3) 疾病控制机构和妇幼保健机构等的服务收入：按国家规定价格取得的卫生服务收入免征增值税。

(4) 血站：供应给医疗机构的临床用血免征增值税。

(5) 供应非临床用血：可按简易办法计算应纳税额。

3) 修理修配劳务的增值税优惠政策

飞机修理，增值税实际税负超过6%的部分可享受即征即退政策。

4) 软件产品的增值税优惠政策

增值税一般纳税人销售其自行开发生产的软件产品，按17%税率征收增值税后，对其增值税实际税负超过3%的部分实行即征即退政策：

$$即征即退税额=当期软件产品增值税应纳税额-当期软件产品销售额\times 3\%$$

【情境实例2-1】

1. 工作任务要求

计算甲企业下列业务应退增值税。

2. 情境实例设计

甲软件开发企业为增值税一般纳税人，2016年10月销售自行开发生产的软件产品，取得不含税销售额68 000元，从某小规模纳税人购买软件（购买时取得增值税普通发票）进行改造后对外销售，取得不含税销售额200 000元。本月购进一批电脑用于软件设计，取得的增值税专用发票上注明的金额为100 000元。

3. 任务实施过程

$$当期软件产品增值税应纳税额=68\,000\times 17\%+200\,000\times 17\%-100\,000\times 17\%$$
$$=28\,560（元）$$

税负率 $=[28\,560/(68\,000+200\,000)]\times 100\%=10.66\%>3\%$，所以：

$$即征即退税额=28\,560-(68\,000+200\,000)\times 3\%=20\,520（元）$$

5) 采暖费增值税优惠政策

对供热企业向居民个人供热而取得的采暖费收入继续免征增值税。

6）蔬菜流通环节增值税优惠政策

（1）对从事蔬菜批发、零售的纳税人销售的蔬菜免征增值税。各种蔬菜罐头不属于免税范围。

（2）纳税人既销售蔬菜又销售其他增值税应税货物的，应分别核算蔬菜和其他增值税应税货物的销售额；未分别核算的，不得享受蔬菜增值税免税政策。

7）制种行业增值税优惠政策

制种企业生产经营模式下生产种子，属于农业生产者销售自产农产品，免征增值税。

（二）营业税改征增值税优惠政策的运用

1. 营业税改征增值税过渡期间免税政策

下列项目免征增值税。

（1）托儿所、幼儿园提供的保育和教育服务。

（2）养老机构提供的养老服务。

（3）残疾人福利机构提供的育养服务。

（4）婚姻介绍服务。

（5）殡葬服务。

（6）残疾人员本人为社会提供的服务。

（7）医疗机构提供的医疗服务。

（8）从事学历教育的学校提供的教育服务。

（9）学生勤工俭学提供的服务。

（10）农业机耕、排灌、病虫害防治、植物保护、农牧保险以及相关技术培训业务，家禽、牲畜、水生动物的配种和疾病防治。

（11）纪念馆、博物馆、文化馆、文物保护单位管理机构、美术馆、展览馆、书画院、图书馆在自己的场所提供文化体育服务取得的第一道门票收入。

（12）寺院、宫观、清真寺和教堂举办文化、宗教活动的门票收入。

（13）行政单位之外的其他单位收取的符合《营业税改征增值税试点实施办法》（以下简称《试点实施办法》）第十条规定条件的政府性基金和行政事业性收费。

（14）个人转让著作权。

（15）个人销售自建自用住房。

（16）2018 年 12 月 31 日前，公共租赁住房经营管理单位出租公共租赁住房。

（17）台湾航运公司、航空公司从事海峡两岸海上直航、空中直航业务在大陆取得的运输收入。

（18）纳税人提供的直接或者间接国际货物运输代理服务。

（19）符合条件的利息收入。

（20）被撤销金融机构以货物、不动产、无形资产、有价证券、票据等财产清偿债务。

（21）保险公司开办的一年期以上人身保险产品取得的保费收入。

（22）符合条件的金融商品转让收入。

（23）金融同业往来利息收入。

（24）符合条件的担保机构从事中小企业信用担保或者再担保业务取得的收入（不含信用评级、咨询、培训等收入）3 年内免征增值税。

（25）国家商品储备管理单位及其直属企业承担商品储备任务，从中央或者地方财政取得的利息补贴收入和价差补贴收入。

（26）纳税人提供技术转让、技术开发和与之相关的技术咨询、技术服务。

（27）符合条件的合同能源管理服务。

（28）2017 年 12 月 31 日前，科普单位的门票收入，以及县级及以上党政部门和科协开展科普活动的门票收入。

（29）政府举办的从事学历教育的高等、中等和初等学校（不含下属单位），举办进修班、培训班取得的全部归该学校所有的收入。

实务咨询：我单位是政府举办的从事学历教育的高等学校，举办进修班、培训班取得的哪些收入可以免征增值税？

（30）政府举办的职业学校设立的主要为在校学生提供实习场所、并由学校出资自办、由学校负责经营管理、经营收入归学校所有的企业，从事《销售服务、无形资产或者不动产注释》中“现代服务”（不含融资租赁服务、广告服务和其他现代服务）、“生活服务”（不含文化体育服务、其他生活服务和桑拿、氧吧）业务活动取得的收入。

（31）家政服务企业由员工制家政服务员提供家政服务取得的收入。

（32）福利彩票、体育彩票的发行收入。

（33）军队空余房产租赁收入。

（34）为了配合国家住房制度改革，企业、行政事业单位按房改成本价、标准价出售住房取得的收入。

（35）将土地使用权转让给农业生产者用于农业生产。

（36）纳税人采取转包、出租、互换、转让、入股等方式将承包地流转给农业生产者用于农业生产。

（37）涉及家庭财产分割的个人无偿转让不动产、土地使用权。

（38）土地所有者出让土地使用权和土地使用者将土地使用权归还给土地所有者。

（39）县级以上地方人民政府或自然资源行政主管部门出让、转让或收回自然资源使用权（不含土地使用权）。

（40）随军家属就业。

（41）军队转业干部就业。

2. 营业税改征增值税过渡期间即征即退政策

（1）一般纳税人提供管道运输服务，对其增值税实际税负超过 3% 的部分实行增值税即征即退政策。

（2）经人民银行、银监会或者商务部批准（含备案）从事融资租赁业务的试点纳税人中的一般纳税人，提供有形动产融资租赁服务和有形动产融资性售后回租服务，对其增值税实际税负超过 3% 的部分实行增值税即征即退政策。商务部授权的省级商务主管部门和国家经济技术开发区批准（含备案）的从事融资租赁业务和融资性售后回租业务的试点纳税人中的一般纳税人，2016 年 5 月 1 日后实收资本达到 1.7 亿元的，从达到标准的当月起按照上述规定执行；2016 年 5 月 1 日后实收资本未达到 1.7 亿元但注册资本达到 1.7 亿元的，在 2016 年 7 月 31 日前仍可按照上述规定执行，2016 年 8 月 1 日后开展的有形动产融资租赁业务和有形动产融资性售后回租业务不得按照上述规定执行。

（3）增值税实际税负是指纳税人当期提供应税服务实际缴纳的增值税额占纳税人当期提供应税服务取得的全部价款和价外费用的比例。

3. 营业税改征增值税优惠承继政策

本地区试点实施之日前，如果试点纳税人已经按照有关政策规定享受了营业税税收优惠，在剩余税收优惠政策期限内，可以按照《试点实施办法》继续享受有关增值税优惠。

4. 试点前发生业务的处理

（1）试点纳税人发生应税行为，按照国家有关营业税政策规定差额征收营业税的，因取得的全部价款和价外费用不足以抵减允许扣除项目金额，截至纳入营改增试点之日前尚未扣除的部分，不得在计算试点纳税人增值税应税销售额时抵减，应当向原主管地税机关申请退还营业税。

（2）试点纳税人发生应税行为，在纳入营改增试点之日前已缴纳营业税，营改增试点后因发生退款减除营业额的，应当向原主管地税机关申请退还已缴纳的营业税。

（3）试点纳税人纳入营改增试点之日前发生的应税行为，因税收检查等原因需要补缴税款的，应按照营业税政策规定补缴营业税。

5. 营业税改征增值税零税率政策

见本任务中"三、增值税税率和征收率的判定/（三）零税率"。

6. 营业税改征增值税境外服务或者无形资产免税政策

境内的单位和个人销售的下列服务或者无形资产免征增值税，但财政部和国家税务总局规定适用零税率的除外。

（1）下列服务包括：

① 工程项目在境外的建筑服务；

② 工程项目在境外的工程监理服务；

③ 工程、矿产资源在境外的工程勘察勘探服务；

④ 会议展览地点在境外的会议展览服务；

⑤ 存储地点在境外的仓储服务；

⑥ 标的物在境外使用的有形动产租赁服务；

⑦ 在境外提供的广播影视节目（作品）的播映服务；

⑧ 在境外提供的文化体育服务、教育医疗服务、旅游服务。

（2）为出口货物提供的邮政服务、收派服务、保险服务。

为出口货物提供的保险服务，包括出口货物保险和出口信用保险。

（3）向境外单位提供的完全在境外消费的下列服务和无形资产：

① 电信服务；

② 知识产权服务；

③ 物流辅助服务（仓储服务、收派服务除外）；

④ 鉴证咨询服务；

⑤ 专业技术服务；

⑥ 商务辅助服务；

⑦ 广告投放地在境外的广告服务；

⑧ 无形资产。

(4) 以无运输工具承运方式提供的国际运输服务。

(5) 为境外单位之间的货币资金融通及其他金融业务提供的直接收费金融服务，且该服务与境内的货物、无形资产和不动产无关。

(6) 财政部和国家税务总局规定的其他服务。

7. 税额抵减

试点增值税纳税人在制度转换以后，初次购买增值税税控系统专用设备（包括分开票机）所支付的费用，可凭购买增值税税控系统专用设备取得的增值税专用发票，在增值税应纳税额中全额抵减（抵减额为价税合计额），不足抵减的可结转下期继续抵减。非初次购买所支付的费用由纳税人自行负担。

增值税纳税人在制度转换以后，缴纳的技术维护费（不含补缴的转换日以前的技术维护费），可凭技术维护服务单位开具的技术维护费发票，在增值税应纳税额中全额抵减，不足抵减的可结转下期继续抵减。技术维护费按照价格主管部门核定的标准执行。

增值税一般纳税人支付的两项费用在增值税应纳税额中全额抵减的，其增值税专用发票不作为增值税抵扣凭证，其进项税额不得从销项税额中抵扣。

8. 选择或者放弃税收减免的规定

纳税人发生应税行为适用免税、减税规定的，可以放弃免税、减税，依照税法规定缴纳增值税。放弃免税、减税后，36 个月内不得再申请免税、减税。纳税人发生应税行为同时适用免税和零税率规定的，纳税人可以选择适用免税或者零税率。[注：比如对于出口设计服务（服务外包）可以适用增值税零税率，但同时也可以继续免征增值税（原免征营业税的延续）。在这种情况下，允许纳税人优先选择适用零税率，这部分纳税人可以适用出口退税政策。]

（三）增值税的起征点

个人发生应税行为的销售额未达到增值税起征点的，免征增值税；达到起征点的，全额计算缴纳增值税。增值税起征点的适用范围仅限于个人，不包括登记为一般纳税人的个体工商户。

(1) 原增值税纳税人的增值税起征点的幅度规定如下：

① 销售货物的，为月销售额 5 000～20 000 元；

② 销售加工修理修配劳务的，为月销售额 5 000～20 000 元；

③ 按次纳税的，为每次（日）销售额 300～500 元。

(2) 营改增试点纳税人的增值税起征点的幅度规定如下：

① 按期纳税的，为月销售额 5 000～20 000 元（含本数）；

② 按次纳税的，为每次（日）销售额 300～500 元（含本数）。

起征点的调整由财政部和国家税务总局规定。省、自治区、直辖市财政厅（局）和国家税务局应当在规定的幅度内，根据实际情况确定本地区适用的起征点，并报财政部和国家税务总局备案。

（四）小微企业暂免征收增值税的优惠政策

对增值税小规模纳税人中月销售额未达到 2 万元（按季纳税 6 万元）的企业或非企业性单位，免征增值税。2017 年 12 月 31 日前，对月销售额 2 万元（含本数）至 3 万元（按季纳税 6 万元（含本数）至 9 万元）的增值税小规模纳税人，免征增值税。为支持小微企业发展，自 2018 年 1 月 1 日至 2020 年 12 月 31 日，继续对月销售额 2 万元（含本数）至 3

万元的增值税小规模纳税人，免征增值税。

适用增值税差额征收政策的增值税小规模纳税人，以差额前的销售额确定是否可以享受3万元（按季纳税9万元）以下免征增值税政策。

增值税小规模纳税人应分别核算销售货物，提供加工、修理修配劳务的销售额，以及销售服务、无形资产的销售额。增值税小规模纳税人销售货物，提供加工、修理修配劳务月销售额不超过3万元（按季纳税9万元）的，销售服务、无形资产月销售额不超过3万元（按季纳税9万元）的，自2016年5月1日起至2017年12月31日，可分别享受小微企业暂免征收增值税优惠政策。

按季纳税申报的增值税小规模纳税人，实际经营期不足一个季度的，以实际经营月份计算当期可享受小微企业免征增值税政策的销售额度。

其他个人采取一次性收取租金的形式出租不动产，取得的租金收入可在租金对应的租赁期内平均分摊，分摊后的月租金收入不超过3万元的，可享受小微企业免征增值税优惠政策。

五、增值税专用发票的使用和管理

增值税专用发票，是增值税一般纳税人销售货物或者提供应税劳务开具的发票，是购买方支付增值税额并可按照增值税有关规定据以抵扣增值税进项税额的凭证。一般纳税人应通过增值税防伪税控系统使用专用发票。使用，包括领购、开具、缴销、认证纸质专用发票及其相应的数据电文。

（一）增值税专用发票的领购和开具范围

1. 领购范围

专用发票只限于增值税一般纳税人领购和使用，增值税小规模纳税人不得领购和使用。一般纳税人有下列情形之一者，不得领购和使用专用发票，如已领购和使用专用发票，税务机关应收缴其结存的专用发票。

（1）会计处理不健全，即不能按会计制度和税务机关的要求准确核算增值税的销项税额、进项税额和应纳税额及其他有关增值税税务资料的。

（2）有《税收征管法》规定的税收违法行为，拒不接受税务机关处理的。

（3）有以下行为，经税务机关责令限期改正而仍未改正者。

① 虚开增值税专用发票。

② 私自印制专用发票。

③ 向税务机关以外的单位和个人买取专用发票。

④ 借用他人专用发票。

⑤ 未按规定的要求开具专用发票。

⑥ 未按规定保管专用发票和专用设备。

有下列情形之一的，为未按规定保管专用发票和专用设备：未设专人保管专用发票和专用设备；未按税务机关要求存放专用发票和专用设备；未将认证相符的专用发票抵扣联、“认证结果通知书”和“认证结果清单”装订成册；未经税务机关检查，擅自销毁专用发票基本联次。

⑦ 未按规定申请办理防伪税控系统变更发行。

⑧ 未按规定接受税务机关检查。

有上列情形的，如已经购买专用发票，主管税务机关应暂扣其结存的专用发票和IC卡。

2. 开具范围

一般纳税人销售货物或者提供应税劳务，应向购买方（前提是购买方也是一般纳税人）开具专用发票。

商业企业一般纳税人零售的烟、酒、食品、服装、鞋帽（不包括劳保专用部分）、化妆品等消费品不得开具专用发票。

小规模纳税人需要开具专用发票的，可向主管税务机关申请代开。

销售免税货物不得开具专用发票，法律、法规及国家税务总局另有规定的除外。

（二）增值税专用发票的基本内容和开具要求

1. 增值税专用发票的联次

增值税专用发票由基本联次或者基本联次附加其他联次构成，基本联次为三联：发票联、抵扣联和记账联。发票联，作为购买方核算采购成本和增值税进项税额的记账凭证；抵扣联，作为购买方报送主管税务机关认证和留存备查的凭证；记账联，作为销售方核算销售收入和增值税销项税额的记账凭证。其他联次用途，由一般纳税人自行确定。

2. 增值税专用发票的基本内容

增值税专用发票的基本内容如下。

（1）购销双方的纳税人名称，购销双方地址。

（2）购销双方的增值税纳税人识别号。

（3）发票字轨号码。

（4）销售货物或劳务的名称、计量单位、数量。

（5）不包括增值税在内的单价及货物总金额。

（6）增值税税率、增值税税额、填开的日期。

3. 增值税专用发票的开具要求

增值税专用发票的开具要求如下。

（1）项目齐全，与实际交易相符。

（2）字迹清楚，不得压线、错格。

（3）发票联和抵扣联加盖财务专用章或发票专用章。

（4）按照增值税纳税义务发生时间开具。

（5）不得涂改。

如填写有误，应另行开具专用发票，并在误填的专用发票上注明“误填作废”四字。如专用发票开具后，因购货方不索取而成为废票的，也应按填写有误办理。

（6）票、物相符，票面金额与实际收取的金额相符。

（7）各项目内容正确无误。

（8）全部联次一次填开，上、下联内容的金额一致。

（9）不得开具伪造的专用发票。

（10）不得拆本使用专用发票。

（11）不得开具票样与国家税务总局统一制定的票样不相符合的专用发票。

开具的专用发票有不符合上述要求者，不得作为扣税凭证，购买方有权拒收。

（三）增值税专用发票进项税额的抵扣

除国家税务总局另有规定外，用于抵扣增值税进项税额的专用发票应经税务机关认证相符。纳税人可以自行采集增值税专用发票抵扣联电子信息报送税务部门批量认证（企业自行扫描、识别或人工录入抵扣联票面信息，生成电子数据，以磁盘或通过互联网方式报送税务机关，由税务机关完成认证比对，并将认证结果信息返回企业）。2010 年 1 月 1 日以后由防伪税控系统开具的增值税专用发票，必须自开具之日起 180 日内到税务机关认证，否则不予抵扣进项税额。经过认证的增值税专用发票，应在认证通过的当月按规定核算当期进项税额并申报抵扣，否则不予抵扣进项税额。税务机关认证后，应向纳税人提供一份《增值税专用发票抵扣联认证清单》，以备企业作为纳税申报附列资料。未经认证或未在规定时间内认证的增值税专用发票，以及认证不符的增值税专用发票，其进项税额不得抵扣。

自 2016 年 3 月 1 日起，纳税信用 A 级纳税人取得销售方使用增值税发票系统升级版开具的增值税发票，可以不再进行扫描认证，通过增值税发票税控开票软件登录本省增值税发票查询平台，查询、选择用于申报抵扣或者出口退税的增值税发票信息。2016 年 5 月 1 日营改增试点全面推开后，取消增值税发票认证的纳税人范围进一步扩大，由纳税信用 A 级扩大到 B 级。自 2016 年 12 月 1 日起，将取消增值税发票认证的纳税人范围由纳税信用 A 级、B 级的增值税一般纳税人扩大到纳税信用 C 级的增值税一般纳税人。

自 2017 年 7 月 1 日起，增值税一般纳税人取得的 2017 年 7 月 1 日及以后开具的增值税专用发票和机动车销售统一发票，应自开具之日起 360 日内认证或登录增值税发票选择确认平台进行确认，并在规定的纳税申报期内，向主管国税机关申报抵扣进项税额。

（四）开具红字专用发票的处理流程

2016 年 8 月 1 日起，针对红字发票开具的有关问题规定如下。

（1）增值税一般纳税人开具增值税专用发票（以下简称“专用发票”）后，发生销货退回、开票有误、应税服务中止等情形但不符合发票作废条件，或者因销货部分退回及发生销售折让，需要开具红字专用发票的，按以下方法处理。

① 购买方取得专用发票已用于申报抵扣的，购买方可在增值税发票管理新系统（以下简称“新系统”）中填开并上传“开具红字增值税专用发票信息表”（以下简称“信息表”），在填开“信息表”时不填写相对应的蓝字专用发票信息，应暂依“信息表”所列增值税税额从当期进项税额中转出，待取得销售方开具的红字专用发票后，与“信息表”一并作为记账凭证。

购买方取得专用发票未用于申报抵扣、但发票联或抵扣联无法退回的，购买方填开“信息表”时应填写相对应的蓝字专用发票信息。

销售方开具专用发票尚未交付购买方，以及购买方未用于申报抵扣并将发票联及抵扣联退回的，销售方可在新系统中填开并上传“信息表”。销售方填开“信息表”时应填写相对应的蓝字专用发票信息。

② 主管税务机关通过网络接收纳税人上传的“信息表”，系统自动校验通过后，生成带有“红字发票信息表编号”的“信息表”，并将信息同步至纳税人端系统中。

③ 销售方凭税务机关系统校验通过的“信息表”开具红字专用发票，在新系统中以销项负数开具。红字专用发票应与“信息表”一一对应。

④ 纳税人也可凭“信息表”电子信息或纸质资料到税务机关对“信息表”内容进行系统校验。

（2）税务机关为小规模纳税人代开专用发票，需要开具红字专用发票的，按照一般纳税人开具红字专用发票的方法处理。

（3）纳税人需要开具红字增值税普通发票的，可以在所对应的蓝字发票金额范围内开具多份红字发票。红字机动车销售统一发票需与原蓝字机动车销售统一发票一一对应。

（五）增值税专用发票不得作为抵扣进项税额凭证的规定

（1）经认证，有下列情形之一的，不得作为增值税进项税额的抵扣凭证，税务机关退还原件，购买方可要求销售方重新开具专用发票。

① 无法认证。无法认证是指专用发票所列密文或者明文不能辨认，无法产生认证结果。

② 纳税人识别号认证不符。纳税人识别号认证不符是指专用发票所列购买方纳税人识别号有误。

③ 专用发票代码、号码认证不符。专用发票代码、号码认证不符是指专用发票所列密文解译后与明文的代码或者号码不一致。

（2）经认证，有下列情形之一的，暂时不得作为增值税进项税额的抵扣凭证，税务机关扣留原件，查明原因，分别情况进行处理。

① 重复认证。重复认证是指已经认证相符的同一张专用发票再次认证。

② 密文有误。密文有误是指专用发票所列密文无法解译。

③ 认证不符。认证不符是指纳税人识别号有误，或者专用发票所列密文解译后与明文不一致。本项所称认证不含（1）项的第②、③所列情形。

④ 列为失控专用发票。列为失控专用发票是指认证时的专用发票已被登记为失控专用发票。

（3）专用发票抵扣联无法认证的，可使用专用发票的发票联到主管税务机关认证。专用发票的发票联复印件留存备查。

（六）增值税专用发票的丢失

一般纳税人丢失已开具专用发票的发票联和抵扣联，如果丢失前已认证相符的，购买方凭销售方提供的相应专用发票记账联复印件及销售方所在地主管税务机关出具的“丢失增值税专用发票已报税证明单”，经购买方主管税务机关审核同意后，可作为增值税进项税额的抵扣凭证；如果丢失前未认证的，购买方凭销售方提供的相应专用发票记账联复印件到主管税务机关进行认证，认证相符的凭该专用发票记账联复印件及销售方所在地主管税务机关出具的“丢失增值税专用发票已报税证明单”，经购买方主管税务机关审核同意后，可作为增值税进项税额的抵扣凭证。

一般纳税人丢失已开具专用发票的抵扣联，如果丢失前已认证相符的，可使用专用发票发票联复印件留存备查；如果丢失前未认证的，可使用专用发票的发票联到主管税务机关认证，专用发票的发票联复印件留存备查。

一般纳税人丢失已开具专用发票的发票联，可将专用发票抵扣联作为记账凭证，专用发票抵扣联复印件留存备查。

（七）营业税改征增值税发票的使用和管理

1. 关于增值税发票使用的问题

（1）增值税一般纳税人销售货物、提供加工修理修配劳务和应税行为，使用“新系统”开具增值税专用发票、增值税普通发票、机动车销售统一发票、增值税电子普通发票。

（2）增值税小规模纳税人销售货物、提供加工修理修配劳务月销售额超过 3 万元（按季纳税 9 万元），或者销售服务、无形资产月销售额超过 3 万元（按季纳税 9 万元），使用新系统开具增值税普通发票、机动车销售统一发票、增值税电子普通发票。

(3) 增值税普通发票(卷式)启用前，纳税人可通过新系统使用国税机关发放的现有卷式发票。

(4) 门票、过路(过桥)费发票、定额发票、客运发票和二手车销售统一发票继续使用。

(5) 采取汇总纳税的金融机构，省、自治区所辖地市以下分支机构可以使用地市级机构统一领取的增值税专用发票、增值税普通发票、增值税电子普通发票；直辖市、计划单列市所辖区县及以下分支机构可以使用直辖市、计划单列市机构统一领取的增值税专用发票、增值税普通发票、增值税电子普通发票。

(6) 国税机关、地税机关使用新系统代开增值税专用发票和增值税普通发票。代开增值税专用发票使用六联票，代开增值税普通发票使用五联票。

(7) 自2016年5月1日起，地税机关不再向试点纳税人发放发票。试点纳税人已领取地税机关印制的发票以及印有本单位名称的发票，可继续使用至2016年6月30日，特殊情况经省国税局确定，可适当延长使用期限，最迟不超过2016年8月31日。

纳税人在地税机关已申报营业税未开具发票，2016年5月1日以后需要补开发票的，可于2016年12月31日前开具增值税普通发票(税务总局另有规定的除外)。

2. 增值税发票开具

(1) 税务总局编写了《商品和服务税收分类与编码(试行)》，并在新系统中增加了编码相关功能。自2016年5月1日起，纳入新系统推行范围的试点纳税人及新办增值税纳税人，应使用新系统选择相应的编码开具增值税发票。北京市、上海市、江苏省和广东省已使用编码的纳税人，应于5月1日前完成开票软件升级。5月1日前已使用新系统的纳税人，应于8月1日前完成开票软件升级。

(2) 按照现行政策规定适用差额征税办法缴纳增值税，且不得全额开具增值税发票的(财政部、税务总局另有规定的除外)，纳税人自行开具或者税务机关代开增值税发票时，通过新系统中差额征税开票功能，录入含税销售额(或含税评估额)和扣除额，系统自动计算税额和不含税金额，备注栏自动打印“差额征税”字样，发票开具不应与其他应税行为混开。

(3) 提供建筑服务，纳税人自行开具或者税务机关代开增值税发票时，应在发票的备注栏注明建筑服务发生地县(市、区)名称及项目名称。

(4) 销售不动产，纳税人自行开具或者税务机关代开增值税发票时，应在发票“货物或应税劳务、服务名称”栏填写不动产名称及房屋产权证书号码(无房屋产权证书的可不填写)，“单位”栏填写面积单位，备注栏注明不动产的详细地址。

(5) 出租不动产，纳税人自行开具或者税务机关代开增值税发票时，应在备注栏注明不动产的详细地址。

(6) 个人出租住房适用优惠政策减按1.5%征收，纳税人自行开具或者税务机关代开增值税发票时，通过新系统中征收率减按1.5%征收开票功能，录入含税销售额，系统自动计算税额和不含税金额，发票开具不应与其他应税行为混开。

(7) 税务机关代开增值税发票时，“销售方开户行及账号”栏填写税收完税凭证字轨及号码或系统税票号码(免税代开增值税普通发票可不填写)。

(8) 国税机关为跨县(市、区)提供不动产经营租赁服务、建筑服务的小规模纳税人

(不包括其他个人)，代开增值税发票时，在发票备注栏中自动打印“YD”字样。

3. 扩大取消增值税发票认证的纳税人范围

(1) 纳税信用B级增值税一般纳税人取得销售方使用新系统开具的增值税发票（包括增值税专用发票、机动车销售统一发票，下同），可以不再进行扫描认证，登录本省增值税发票查询平台，查询、选择用于申报抵扣或者出口退税的增值税发票信息，未查询到对应发票信息的，仍可进行扫描认证。

(2) 2016年5月1日新纳入营改增试点的增值税一般纳税人，2016年5月至7月期间不需要进行增值税发票认证，登录本省增值税发票查询平台，查询、选择用于申报抵扣或者出口退税的增值税发票信息，未查询到对应发票信息的，可进行扫描认证。2016年8月起按照纳税信用级别分别适用发票认证的有关规定。

任务二　增值税的计算

【情境引例】

我公司是一家酒店，请问酒店业一般纳税人提供的单独收费的货物、服务如何征税?

一、增值税一般计税方法下应纳税额的计算

增值税的计税方法主要包括一般计税方法和简易计税方法。我国目前对一般纳税人增值税的计算一般情况下采用一般计税方法，某些特殊情况下采用或者选择采用简易计税方法；我国目前对小规模纳税人增值税的计算采用简易计税方法。

一般计税方法，也就是国际上通行的购进扣税法，即先按当期销售额和适用税率计算出销项税额（这是对销售全额的征税），然后对当期购进项目已经缴纳的税款（所含税款）进行抵扣，从而间接计算出对当期增值额部分的应纳税额。

增值税一般纳税人一般计税方法下的应纳税额等于本期销项税额减本期进项税额。应纳增值税税额的计算公式为：

应纳增值税税额=本期销项税额-本期准予抵扣进项税额

境外的单位或者个人在境内提供加工修理修配劳务，在境内未设有经营机构的，以其境内代理人为扣缴义务人；在境内没有代理人的，以购买方为扣缴义务人。

境外的单位或者个人在境内销售服务、无形资产或不动产，在境内未设有经营机构的，以购买方为增值税扣缴义务人。

上述扣缴义务人按照下列公式计算应扣缴税额：

应扣缴税额=[购买方支付的价款/(1+税率)]×税率

(一) 销项税额的计算

销项税额，是指一般纳税人在一般计税方法下销售货物、提供加工修理修配劳务、销售服务、无形资产或者不动产按照销售额和增值税税率计算并收取的增值税额。销项税额的计算公式如下：

销项税额=销售额×税率

因此，要计算销项税额，关键在于确定销售额。

1. 一般销售方式下的销售额的确定

1）一般销售方式下销售货物、提供加工修理修配劳务的销售额的确定

在增值税税率确定的情况下，计算销项税额的关键在于正确、合理地确定增值税销项税的税基，即销售额。

销售额是指纳税人销售货物或提供应税劳务向购买方收取的全部价款和价外费用。价外费用包括价外向购买方收取的手续费、补贴、基金、集资费、返还利润、奖励费、违约金、滞纳金、延期付款利息、赔偿金、代收款项、代垫款项、包装费、包装物租金、储备费、优质费、运输装卸费及其他各种性质的价外收费。但下列项目不包括在内。

（1）受托加工应征消费税的消费品所代收代缴的消费税。

（2）同时符合以下条件的代垫运输费用：承运部门的运输费用发票开具给购买方的；纳税人（销售方）将该项发票转交给购买方的（这里指的是销售方为购买方代垫的运输费用）。

（3）同时符合以下条件代为收取的政府性基金或者行政事业性收费：由国务院或者财政部批准设立的政府性基金，由国务院或者省级人民政府及其财政、价格主管部门批准设立的行政事业性收费；收取时开具省级以上财政部门印制的财政票据；所收款项全额上缴财政。

（4）销售货物的同时代办保险等而向购买方收取的保险费，以及向购买方收取的代购买方缴纳的车辆购置税、车辆牌照费。

应当注意的是，一般情况下，价外费用本身都为含增值税的价外费用，在计算增值税销项税时，需换算成不含增值税的价外费用。其换算公式为：

$$不含税价外费用=含税价外费用/(1+税率)$$

销售额应以人民币计算。如果纳税人以外汇结算销售额的，应当以外币价格折合成人民币计算。其销售额的人民币折合率，可以选择销售额发生的当天或当月1日中国人民银行公布的市场汇价。纳税人应事先确定采用何种汇率，一旦确定后，在一年内不得变更。

【情境实例 2-2】

1. 工作任务要求

计算甲企业当期的增值税销项税。

2. 情境实例设计

甲企业为增值税一般纳税人，2017 年 1 月，销售给乙企业一批货物，增值税专用发票上注明的销售额为 50 000 元，适用税率为 17%，同时向购买方收取包装物租金 1 330 元。

3. 任务实施过程

$$不含税价外费用=1\ 330/(1+17\%)=1\ 136.75\ (元)$$

$$甲企业当期销项税额=(50\ 000+1\ 136.75)\times17\%=8\ 693.25\ (元)$$

2）一般销售方式下销售服务、无形资产或者不动产的销售额的确定

销售服务、无形资产或者不动产的销售额是指纳税人销售服务、无形资产或者不动产向购买方收取的全部价款和价外费用，财政部和国家税务总局另有规定的除外。

价外费用，是指价外收取的各种性质的价外收费，但不包括代为收取的政府性基金或者行政事业性收费；以委托方名义开具发票代委托方收取的款项。

（1）贷款服务，以提供贷款服务取得的全部利息及利息性质的收入为销售额。自 2018 年 1 月 1 日起，金融机构开展贴现、转贴现业务，以其实际持有票据期间取得的利息收入作

为贷款服务销售额计算缴纳增值税。此前贴现机构已就贴现利息收入全额缴纳增值税的票据，转贴现机构转贴现利息收入继续免征增值税。

（2）直接收费金融服务，以提供直接收费金融服务收取的手续费、佣金、酬金、管理费、服务费、经手费、开户费、过户费、结算费、转托管费等各类费用为销售额。

（3）试点纳税人销售电信服务时，附带赠送用户识别卡、电信终端等货物或者电信服务的，应将其取得的全部价款和价外费用进行分别核算，按各自适用的税率计算缴纳增值税。

（4）差额征收销售额的确定。详见本任务本条目“（三）一般纳税人一般计税方法下差额征收应纳税额的计算”。

2. 价税合并收取情况下销售额的确定

普通发票上的含税销售额需换算成不含税销售额，作为增值税的计税依据。其换算公式为：

销售额=含税销售额/(1+税率)

3. 需要核定的销售额的确定

（1）纳税人销售货物价格明显偏低并无正当理由或者有视同销售货物行为而无销售额者，在计算时，其销售额要按照如下规定的顺序来确定：

① 按纳税人最近时期同类货物的平均销售价格确定。

② 按其他纳税人最近时期同类货物的平均销售价格确定。

③ 用以上两种方法均不能确定其销售额的情况下，可按组成计税价格确定销售额。其计算公式为：

组成计税价格=成本×(1+成本利润率)

若属于应征消费税的货物，其组成计税价格应加计消费税税额。其计算公式为：

组成计税价格=成本×(1+成本利润率)+消费税税额

或　组成计税价格=成本×(1+成本利润率)/(1-消费税税率)

公式中的成本是指：销售自产货物的为实际生产成本，销售外购货物的为实际采购成本。公式中的成本利润率由国家税务总局确定，一般为10%。但属于应采用从价定率及复合计税办法征收消费税的货物，其组成计税价格中的成本利润率，为国家税务总局确定的应税消费品的成本利润率（具体见表3-3应税消费品的平均成本利润率）。

【情境实例2-3】

1. 工作任务要求

计算甲公司本月视同销售的增值税销项税。

2. 情境实例设计

甲公司为增值税一般纳税人，本月将一批新研制的产品赠送给老顾客使用，甲公司并无同类产品销售价格，其他公司也无同类货物，已知该批产品的生产成本为16万元。

3. 任务实施过程

甲公司本月视同销售的增值税销项税=160 000×(1+10%)×17%=29 920（元）

（2）纳税人销售服务、无形资产或者不动产价格明显偏低或者偏高且不具有合理商业目的的，或者发生视同销售服务、无形资产或者不动产行为而无销售额的，主管税务机关有权按照下列顺序确定销售额。

第一，按照纳税人最近时期销售同类服务、无形资产或者不动产的平均价格确定。

第二，按照其他纳税人最近时期销售同类服务、无形资产或者不动产的平均价格确定。

第三，按照组成计税价格确定。组成计税价格的公式为：

组成计税价格=成本×(1+成本利润率)

成本利润率由国家税务总局确定。

不具有合理商业目的，是指以谋取税收利益为主要目的，通过人为安排，减少、免除、推迟缴纳增值税税款，或者增加退还增值税税款。

4. 特殊销售方式销售额的确定

1）采取折扣方式销售

（1）折扣销售，在会计上又叫商业折扣，它是指销货方在销售货物时，因购货方购货数量较大或与销售方有特殊关系等原因而给予对方价格上的优惠（直接打折）。其销售额和折扣额在同一张发票上的“金额”栏分别注明的，可按折扣后的销售额征收增值税。未在同一张发票“金额”栏分别注明折扣额，而仅在发票的“备注”栏注明折扣额的，折扣额不得从销售额中扣除。折扣销售仅限于货物价格的折扣，如果销货方将自产、委托加工或购买的货物用于实物折扣的，则该实物款额不能从货物销售额中减除，且该实物应按增值税条例“视同销售货物”中的“赠送他人”计算征收增值税。

【情境实例 2-4】

1. 工作任务要求

计算甲企业该项业务的增值税销项税额。

2. 情境实例设计

甲企业是增值税一般纳税人，向乙商场销售服装 1 000 件，每件不含税价格为 80 元。由于乙商场购买量大，甲企业按原价 7 折优惠销售，乙商场付款后，甲企业为乙商场开具的专用发票上“金额”栏分别注明了销售额和折扣额。

3. 任务实施过程

纳税人采取折扣方式销售货物，销售额和折扣额在同一张发票上“金额”栏分别注明的，按折扣后的销售额征收增值税。

甲企业该项业务的增值税销项税额=1 000×80×70%×17%=9 520（元）

（2）销售折扣，在会计上又叫现金折扣，它是指销货方在销售货物或提供应税劳务后，为了鼓励购货方及早偿还货款而协议许诺给予购货方的一种折扣优待（例如，10 天内付款，货款折扣 2%；20 天内付款，货款折扣 1%；30 天内全价付款）。销售折扣发生在销货之后，是一种融资性质的理财费用，因此，销售折扣不得从销售额中扣除。

（3）纳税人向购买方开具专用发票后，由于累计购买到一定量或市场价格下降等原因，销货方给予购货方的价格优惠或补偿等折扣、折让行为，可按规定开具红字增值税专用发票。

（4）纳税人销售服务、无形资产或者不动产，将价款和折扣额在同一张发票上分别注明的，以折扣后的价款为销售额；未在同一张发票上分别注明的，以价款为销售额，不得扣减折扣额。

（5）纳税人销售服务、无形资产或者不动产，开具增值税专用发票后，发生开票有误或者销售折让、中止、退回等情形的，应当按照国家税务总局的规定开具红字增值税专用发票；未按照规定开具红字增值税专用发票的，不得扣减销项税额或者销售额。

2）采取以旧换新方式销售

（1）金银首饰以外的以旧换新业务，应按新货物的同期销售价格确定销售额，不得减除旧货物的收购价格。收取旧货物，若取得增值税专用发票，则专用发票上注明的进项税额可以抵扣。

（2）金银首饰以旧换新业务，按销售方实际收到的不含增值税的全部价款征税。

【情境实例 2-5】

1. 工作任务要求

计算甲金店该项业务的销项税额。

2. 情境实例设计

甲金店是增值税的一般纳税人，当月采取以旧换新方式销售纯金项链 8 条，每条新项链的不含税销售额为 3 200 元，收购旧项链的不含税金额为每条 2 000 元。

3. 任务实施过程

$$销项税额=(3\ 200-2\ 000)\times 8\times 17\%=1\ 632（元）$$

3）采取还本销售方式销售

还本销售是指销售方将货物出售之后，按约定的时间，一次或分次将货款部分或全部退还给购货方，退还的货款即为还本支出。采取还本销售方式销售货物，其销售额就是货物的销售价格，不得从销售额中减除还本支出。

4）采取以物易物方式销售

（1）以物易物双方以各自发出货物核算销售额并计算销项税。

（2）以物易物双方是否可以抵扣进项税还要看能否取得对方专用发票、是否是换入不能抵扣进项税的货物等因素。若能取得对方专用发票且换入的是能够抵扣进项税的货物，则可以抵扣进项税。

5）包装物押金是否计入销售额

包装物是指纳税人包装本单位货物的各种物品。纳税人销售货物时另收取包装物押金，目的是促使购货方及早退回包装物以便周转使用。

根据税法规定，纳税人为销售货物而出租出借包装物收取的押金，单独记账核算的，时间在 1 年以内，又未过期的，不并入销售额征税，但对因逾期未收回包装物不再退还的押金，应按所包装货物的适用税率计算销项税额。

上述规定中，“逾期”是指按合同约定实际逾期或以 1 年为期限，对收取 1 年以上的押金，无论是否退还均并入销售额征税。当然，在将包装物押金并入销售额征税时，需要先将该押金换算为不含税价，再并入销售额征税。纳税人为销售货物出租出借包装物而收取的押金，无论包装物周转使用期限长短，超过 1 年（含 1 年）以上仍不退还的均并入销售额征税。

另外，包装物押金不应混同于包装物租金，包装物租金在销货时作为价外费用并入销售额计算销项税额。国税发〔1995〕192 号文件规定，从 1995 年 6 月 1 日起，对销售除啤酒、黄酒外的其他酒类产品而收取的包装物押金，无论是否返还以及会计上如何核算，均应并入当期销售额征税。对销售啤酒、黄酒所收取的押金，按上述一般押金的规定处理。

5. 特殊销售行为销售额的确定

1）混合销售行为

一项销售行为如果既涉及货物又涉及服务，称为混合销售。从事货物的生产、批发或者零售的单位和个体工商户的混合销售行为，按照销售货物缴纳增值税；其他单位和个体工商户的混合销售行为，按照销售服务缴纳增值税。

上述从事货物的生产、批发或者零售的单位和个体工商户，包括以从事货物的生产、批发或者零售为主，并兼营销售服务的单位和个体工商户在内。

纳税人销售活动板房、机器设备、钢结构件等自产货物的同时提供建筑、安装服务，不属于混合销售，应分别核算货物和建筑服务的销售额，分别适用不同的税率或者征收率。

情境讨论：如何理解混合销售行为？

2）兼营行为

纳税人销售货物、加工修理修配劳务、服务、无形资产或者不动产适用不同税率或者征收率的，应当分别核算适用不同税率或者征收率的销售额，未分别核算销售额的，按照以下方法从高适用税率或者征收率。

（1）兼有不同税率的销售货物、加工修理修配劳务、服务、无形资产或者不动产，从高适用税率。

（2）兼有不同征收率的销售货物、加工修理修配劳务、服务、无形资产或者不动产，从高适用征收率。

（3）兼有不同税率和征收率的销售货物、加工修理修配劳务、服务、无形资产或者不动产，从高适用税率。

需要注意的是，纳税人兼营免税、减税项目应当分别核算免税、减税项目的销售额；未分别核算销售额的，不得免税、减税。

【情境实例 2-6】

1. 工作任务要求

计算甲公司当期销项税额。

2. 情境实例设计

甲公司为增值税一般纳税人，本月兼营货物销售、运输业务、咨询服务，当期共取得含税销售收入 117 万元，且未分别核算。

3. 任务实施过程

按照“纳税人兼营销售货物、加工修理修配劳务、服务、无形资产或者不动产，适用不同税率或者征收率的，应当分别核算适用不同税率或者征收率的销售额；未分别核算的，从高适用税率”的规定，从高适用销售货物 17% 的税率，则该公司当期销项税额 = [117/(1+17%)]×17% = 17（万元）。

【情境引例解析】

（1）长包房、餐饮、洗衣、商务中心的打印、复印、传真、秘书翻译、快递服务收入，按 6% 的税率计税。

（2）电话费收入按 11% 的税率计税。

（3）酒店商品部、迷你吧的收入按所售商品的适用税率计税。

（4）避孕药品和用具可免征增值税。应向主管国税机关办理备案，免税收入应分开核算，按规定进行申报，且不得开具专用发票。

（5）接送客人取得的收入按 11% 的税率计税。

（6）停车费收入、将场地出租给银行安放ATM机、给其他单位或个人做卖场取得的收入，均为不动产租赁服务收入，按11%的税率计税。该不动产在2016年4月30日前取得的，可选择简易办法按5%征收率计税。

（7）酒店送餐到房间的服务，按照6%的税率计税。

需要注意的是，纳税人兼营销售货物、劳务、服务、无形资产或者不动产，适用不同税率或者征收率的，应当分别核算适用不同税率或者征收率的销售额；未分别核算的，从高适用税率。因此你公司作为酒店业，也应当分别核算适用不同税率或者征收率的销售额。

（二）进项税额的计算

进项税额，是指纳税人购进货物、加工修理修配劳务、服务、无形资产或者不动产，支付或者负担的增值税额。

1. 准予从销项税额中抵扣的进项税额

增值税一般纳税人下列进项税额准予从销项税额中抵扣。

（1）从销售方取得的增值税专用发票（含税控机动车销售统一发票，下同）上注明的增值税额。

具体来说，购进货物或接受加工、修理修配劳务，从销售方或提供劳务方取得的增值税专用发票上注明的增值税额为进项税额，准予从销项税额中抵扣；购进服务、无形资产或者不动产，取得的增值税专用发票上注明的增值税额为进项税额，准予从销项税额中抵扣。

2016年5月1日后取得并在会计制度上按固定资产核算的不动产或者2016年5月1日后取得的不动产在建工程，其进项税额应自取得之日起分2年从销项税额中抵扣，第一年抵扣比例为60%，第二年抵扣比例为40%。

情境讨论：不动产进项税额如何分期抵扣？

（2）进口货物，从海关取得的海关进口增值税专用缴款书上注明的增值税额。

（3）纳税人购进农产品，按下列规定抵扣进项税额。

① 除第（2）项规定外，纳税人购进农产品，取得一般纳税人开具的增值税专用发票或海关进口增值税专用缴款书的，以增值税专用发票或海关进口增值税专用缴款书上注明的增值税额为进项税额；从按照简易计税方法依照3%征收率计算缴纳增值税的小规模纳税人取得增值税专用发票的，以增值税专用发票上注明的金额和11%的扣除率计算进项税额；取得（开具）农产品销售发票或收购发票的，以农产品销售发票或收购发票上注明的农产品买价和11%的扣除率计算进项税额（买价是指纳税人购进农产品，在农产品收购发票或者销售发票上注明的价款和按照规定缴纳的烟叶税）。

② 营业税改征增值税试点期间，纳税人购进用于生产销售或委托受托加工17%税率货物的农产品维持原扣除力度不变（原扣除力度指的是13%的扣除率）。

③ 继续推进农产品增值税进项税额核定扣除试点，纳税人购进农产品进项税额已实行核定扣除的，仍按照《财政部 国家税务总局关于在部分行业试行农产品增值税进项税额核定扣除办法的通知》（财税〔2012〕38号）、《财政部 国家税务总局关于扩大农产品增值税进项税额核定扣除试点行业范围的通知》（财税〔2013〕57号）执行。其中，《农产品增值税进项税额核定扣除试点实施办法》（财税〔2012〕38号印发）第四条第（二）项规定的扣除率调整为11%；第（三）项规定的扣除率调整为按上述第①项、第②项规定执行。

④ 纳税人从批发、零售环节购进适用免征增值税政策的蔬菜、部分鲜活肉蛋而取得的普通发票，不得作为计算抵扣进项税额的凭证。

⑤ 纳税人购进农产品既用于生产销售或委托受托加工 17%税率货物又用于生产销售其他货物服务的，应当分别核算用于生产销售或委托受托加工 17%税率货物和其他货物服务的农产品进项税额。未分别核算的，统一以增值税专用发票或海关进口增值税专用缴款书上注明的增值税额为进项税额，或以农产品收购发票或销售发票上注明的农产品买价和 11%的扣除率计算进项税额。

⑥ 销售发票，是指农业生产者销售自产农产品适用免征增值税政策而开具的普通发票。

餐饮行业增值税一般纳税人购进农业生产者自产农产品，可以使用国税机关监制的农产品收购发票，按照现行规定计算抵扣进项税额。

有条件的地区，应积极在餐饮行业推行农产品进项税额核定扣除办法，按照《财政部 国家税务总局关于在部分行业试行农产品增值税进项税额核定扣除办法的通知》（财税〔2012〕38 号）的有关规定计算抵扣进项税额。

（4）自用的应征消费税的摩托车、汽车、游艇，2013 年 8 月 1 日（含）以后购入的，其进项税额准予从销项税额中抵扣。

（5）从境外单位或者个人购进服务、无形资产或者不动产，自税务机关或者扣缴义务人取得的解缴税款的完税凭证上注明的增值税额。

纳税人凭完税凭证抵扣进项税额的，应当具备书面合同、付款证明和境外单位的对账单或者发票。资料不全的，其进项税额不得从销项税额中抵扣。

【情境实例 2-7】

1. 工作任务要求

计算甲公司 2017 年 1 月支付境外公司咨询服务费可以抵扣的进项税额。

2. 情境实例设计

甲公司（增值税一般纳税人）于 2017 年 1 月接受某境外公司为其提供的咨询服务，12 月份咨询工作完成，甲公司支付境外公司咨询服务费折合人民币 100 万元。境外公司在境内未设有经营机构。

3. 任务实施过程

中华人民共和国境外（以下称境外）单位或者个人在境内发生应税行为，在境内未设有经营机构的，以购买方为增值税扣缴义务人。因此由接受服务方（购买方）甲公司代扣代缴境外公司咨询服务费收入的增值税税额 = 100/(1+6%)×6% = 5.66（万元），甲公司取得解缴税款的完税凭证。那么甲公司在计算当月应纳税额时可凭完税凭证抵扣进项税额 5.66 万元。

（6）购进货物或者接受加工修理修配劳务，用于《销售服务、无形资产或者不动产注释》所列项目的，不属于《增值税暂行条例》第十条所称的用于非增值税应税项目，其进项税额准予从销项税额中抵扣。

【情境实例 2-8】

1. 工作任务要求

计算甲公司当期的进项税额。

2. 情境实例设计

甲公司为增值税一般纳税人，主要生产A、B两种产品，2017年1月发生下列业务。

(1) 1日，购入原材料一批，取得增值税专用发票，价款为300 000元，税额51 000元，且专用发票本月认证。同时支付运费价税合计33 300元，取得增值税专用发票，注明运费金额30 000元，税额3 300元。货款及运费均以银行存款支付。

(2) 3日，购进一批免税农产品作为原材料用于生产增值税税率为17%的货物，农产品收购凭证上注明价款为95 000元，款项以银行存款支付。

(3) 9日，收到乙企业投资的原材料，双方协议不含税作价1 000 000元，该原材料的增值税税率为17%，取得防伪税控增值税专用发票一张，且专用发票本月认证。

3. 任务实施过程

甲公司当期的进项税额=51 000+3 300+95 000×13%+1 000 000×17%=236 650（元）

【情境实例2-9】

1. 工作任务要求

计算甲建筑公司2016年10月的应纳增值税。

2. 情境实例设计

甲建筑公司为增值税一般纳税人，2016年10月1日承接A工程项目，10月30日发包方按进度支付工程价款222万元，该项目当月发生工程成本为100万元，其中，购买材料、动力、机械等取得增值税专用发票上注明的金额为60万元。对A工程项目甲建筑公司选择适用一般计税方法计算增值税。

3. 任务实施过程

甲公司增值税销项税=[222/(1+11%)]×11%=22（万元）

甲公司增值税进项税=60×17%=10.2（万元）

甲公司应纳增值税=22-10.2=11.8（万元）

2. 不得从销项税额中抵扣的进项税额

下列项目的进项税额不得从销项税额中抵扣。

(1) 纳税人取得的增值税扣税凭证不符合法律、行政法规或者国家税务总局有关规定的。

增值税扣税凭证是指增值税专用发票、海关进口增值税专用缴款书、农产品收购发票或者销售发票（含农产品核定扣除的进项税额）、代扣代缴税收完税凭证、加计扣除农产品进项税额和其他符合政策规定的抵扣凭证。

纳税人凭完税凭证抵扣进项税额的，应当具备书面合同、付款证明和境外单位的对账单或者发票。资料不全的，其进项税额不得从销项税额中抵扣。

(2) 未在规定期限内认证或者申报抵扣的增值税进项税额抵扣凭证。

增值税一般纳税人取得的增值税专用发票（包括增值税专用发票、机动车销售统一发票）和海关进口增值税专用缴款书，未在规定期限内到税务机关办理认证或者申报抵扣的，不得作为合法的增值税扣税凭证，不得计算进项税额抵扣。

(3) 用于简易计税方法计税项目、免征增值税项目、集体福利或者个人消费的购进货物、加工修理修配劳务、服务、无形资产和不动产。其中涉及的固定资产、无形资产、不动产，仅指专用于上述项目的固定资产、无形资产（不包括其他权益性无形资产）、不动产。

纳税人的交际应酬消费属于个人消费（业务招待活动中所耗用的各类礼品，包括烟、酒、服装，不得抵扣进项税额）。

实务咨询：我公司既有简易计税项目，又有一般计税项目，营改增后购进不动产既用于简易计税项目，又用于一般计税项目，能否抵扣进项税额?

（4）非正常损失的购进货物，以及相关的加工修理修配劳务和交通运输服务。

（5）非正常损失的在产品、产成品所耗用的购进货物（不包括固定资产）、加工修理修配劳务和交通运输服务。

（6）非正常损失的不动产，以及该不动产所耗用的购进货物、设计服务和建筑服务。

（7）非正常损失的不动产在建工程所耗用的购进货物、设计服务和建筑服务。

纳税人新建、改建、扩建、修缮、装饰不动产，均属于不动产在建工程。

（8）购进的旅客运输服务、贷款服务、餐饮服务、居民日常服务和娱乐服务。

实务咨询：我公司对客户支付的住宿费能否开具增值税专用发票？如能开具，须提供哪些资料?

（9）财政部和国家税务总局规定的其他情形。

上述第（6）、（7）项所称的货物，是指构成不动产实体的材料和设备，包括建筑装饰材料和给排水、采暖、卫生、通风、照明、通讯、煤气、消防、中央空调、电梯、电气、智能化楼宇设备及配套设施。

纳税人接受贷款服务向贷款方支付的与该笔贷款直接相关的投融资顾问费、手续费、咨询费等费用，其进项税额不得从销项税额中抵扣。

固定资产是指使用期限超过12个月的机器、机械、运输工具以及其他与生产经营有关的设备、工具、器具等有形动产。

不动产、无形资产的具体范围，按照《销售服务、无形资产或者不动产注释》执行。

非正常损失是指因管理不善造成货物被盗、丢失、霉烂变质，以及因违反法律法规造成货物或者不动产被依法没收、销毁、拆除的情形。

（10）适用一般计税方法的纳税人，兼营简易计税方法计税项目、免征增值税项目而无法划分不得抵扣的进项税额，按照下列公式计算不得抵扣的进项税额：

不得抵扣的进项税额=当期无法划分的全部进项税额×（当期简易计税方法计税项目销售额+免征增值税项目销售额）/当期全部销售额

主管税务机关可以按照上述公式依据年度数据对不得抵扣的进项税额进行清算。

（11）已抵扣进项税额的购进货物（不含固定资产）、劳务、服务，发生上述（3）至（9）项规定情形（简易计税方法计税项目、免征增值税项目除外）的，应当将该进项税额从当期进项税额中扣减（即进项税额转出）；无法确定该进项税额的，按照当期实际成本计算应扣减的进项税额。

（12）已抵扣进项税额的固定资产、无形资产或者不动产，发生上述（3）至（9）项规定情形的，按照下列公式计算不得抵扣的进项税额：

不得抵扣的进项税额=固定资产、无形资产或者不动产净值×适用税率

固定资产、无形资产或者不动产净值是指纳税人根据财务会计制度计提折旧或摊销后的余额。

【情境实例 2-10】

1. 工作任务要求

计算甲公司 2017 年 3 月须转出的进项税额。

2. 情境实例设计

甲公司为增值税一般纳税人，以前年度购入车间生产用的锅炉，2017 年 3 月改变用途用于职工浴室。已知其购入原值 100 万元，进项税额 17 万元已进行进项税额抵扣，累计折旧金额为 40 万元。

3. 任务实施过程

已抵扣过进项税额的固定资产、无形资产或不动产发生不得抵扣情形的，以净值为计税依据进行进项税额转出。

$$须转出的进项税额=(100-40)\times17\%=10.20\ (万元)$$

【情境实例 2-11】

1. 工作任务要求

计算 A 公司 2017 年 1 月可以抵扣的进项税额。

2. 情境实例设计

A 公司为增值税一般纳税人，以前年度购入职工浴室用的锅炉，2017 年 1 月改变用途用于生产车间。已知该固定资产原值 117 万元，累计折旧金额为 40 万元。

3. 任务实施过程

$$可以抵扣的进项税额=[(117-40)/(1+17\%)]\times17\%=11.19\ (万元)$$

另外，按照《增值税暂行条例》第十条和上述（3）至（9）项规定情形不得抵扣且未抵扣进项税额的固定资产、无形资产、不动产，发生用途改变，用于允许抵扣进项税额的应税项目，可在用途改变的次月按照下列公式，依据合法有效的增值税扣税凭证，计算可以抵扣的进项税额，公式如下：

可以抵扣的进项税额=固定资产、无形资产、不动产净值/(1+适用税率)×适用税率

上述可以抵扣的进项税额应取得合法有效的增值税扣税凭证。

实务咨询：我公司 2016 年 11 月将一台职工食堂用的空调调整到财务科使用，该空调购置时间为 2016 年 1 月，原值 3 510 元（不含税价格 3 000 元、进项税额 510 元，取得增值税专用发票），折旧年限 5 年，残值率 5%。该空调原来在职工食堂时属于集体福利使用，进项税额未抵扣。怎样计算固定资产改变用途后可以抵扣的进项税额？

（13）纳税人适用一般计税方法计税的，因销售折让、中止或者退回而退还给购买方的增值税额，应当从当期的销项税额中扣减；因销售折让、中止或者退回而收回的增值税额，应当从当期的进项税额中扣减。

（14）对商业企业向供货方收取的与商品销售量、销售额挂钩（如以一定比例、金额、数量计算）的各种返还收入，均应按照平销返利行为的有关规定冲减当期增值税进项税额。

（15）生产企业出口货物实行“免、抵、退”办法，其中，免抵退税不得免征和抵扣税额，作进项税转出处理；外贸企业出口货物实行“先征后退”办法，其出口货物购进时的进项税额与按国家规定的退税率计算的应退税额的差额，作进项税额转出处理。

（16）有下列情形之一者，应当按照销售额和增值税税率计算应纳税额，不得抵扣进项税额，也不得使用增值税专用发票。

① 一般纳税人会计核算不健全，或者不能够提供准确税务资料的。

② 应当办理一般纳税人资格登记而未办理的。

【情境实例 2-12】

1. 工作任务要求

计算甲企业当期不可抵扣的进项税额。

2. 情境实例设计

甲企业为增值税一般纳税人，2017 年 1 月外购一批材料用于应税货物的生产，取得增值税专用发票，价款 20 000 元，增值税 3 400 元；外购一批材料用于应税货物和免税货物的生产，取得增值税专用发票，价款 30 000 元，增值税 5 100 元，但无法划分不得抵扣的进项税额，当月应税货物销售额 60 000 元，免税货物销售额 65 000 元。

3. 任务实施过程

甲企业当期不可抵扣的进项税额 = 5 100×65 000/(60 000+65 000) = 2 652（元）

注：计算不得抵扣进项税时，仅对不能准确划分的进项税进行分摊计算。

3. 进项税额结转抵扣、留抵税额等情况的税务处理

（1）纳税人在计算应纳税额时，如果出现当期销项税额小于当期进项税额不足抵扣的情况，当期进项税额不足抵扣的部分可以结转下期继续抵扣。

（2）增值税一般纳税人（以下称原纳税人）在资产重组中将全部资产、负债、劳动力一并转让给其他增值税一般纳税人（以下称新纳税人），并按程序办理注销税务登记的，其在办理注销税务登记前尚未抵扣的进项税额可以结转至新纳税人处继续抵扣。

（3）一般纳税人注销或取消辅导期一般纳税人资格，转为小规模纳税人时，其存货不作进项税额转出处理，其留抵税额也不予以退税。

（4）原增值税一般纳税人兼有销售服务、无形资产或者不动产的，截止到纳入营改增试点之日前的增值税期末留抵税额，不得从销售服务、无形资产或者不动产的销项税额中抵扣。也就是说这部分留抵税额只能从以后的原增值税业务的销项税额中继续抵扣，具体来说，即按照一般货物及劳务销项税额比例来计算可抵扣税额及应纳税额。上述规定简称“挂账留抵税额”。

但 2016 年 12 月 1 日发布的《国家税务总局 关于调整增值税一般纳税人留抵税额申报口径的公告》（国家税务总局公告 2016 年第 75 号）规定：自 2016 年 12 月 1 日起，《国家税务总局关于全面推开营业税改征增值税试点后增值税纳税申报有关事项的公告》（国家税务总局公告 2016 年第 13 号）附件 1“增值税纳税申报表（一般纳税人适用）”（以下称“申报表主表”）第 13 栏“上期留抵税额”“一般项目”列“本年累计”和第 20 栏“期末留抵税额”“一般项目”列“本年累计”栏次停止使用，不再填报数据。本公告发布前，申报表主表第 20 栏“期末留抵税额”“一般项目”列“本年累计”中有余额的增值税一般纳税人，在本公告发布之日起的第一个纳税申报期，将余额一次性转入第 13 栏“上期留抵税额”“一般项目”列“本月数”中。也就是说，自 2016 年 12 月 1 日起，“挂账留抵税额”的规定被取消了。

4. 进项税额的抵扣时限

（1）增值税一般纳税人取得 2010 年 1 月 1 日以后开具的增值税专用发票、公路内河货物运输业统一发票（“营改增”以后为货物运输业增值税专用发票①）和机动车销售统一发票，应在开具之日起180日内到税务机关办理认证，并在认证通过的次月申报期内，向主管税务机关申报抵扣进项税额。自2016年3月1日起，纳税信用A级纳税人取得销售方使用增值税发票系统升级版开具的增值税发票，可以不再进行扫描认证，通过增值税发票税控开票软件登录本省增值税发票查询平台，查询、选择用于申报抵扣或者出口退税的增值税发票信息。2016年5月1日营改增试点全面推开后，取消增值税发票认证的纳税人范围进一步扩大，由纳税信用A级扩大到B级。自2016年12月1日起，将取消增值税发票认证的纳税人范围由纳税信用A级、B级的增值税一般纳税人扩大到纳税信用C级的增值税一般纳税人。

自2017年7月1日起，增值税一般纳税人取得的2017年7月1日及以后开具的增值税专用发票和机动车销售统一发票，应自开具之日起360日内认证或登录增值税发票选择确认平台进行确认，并在规定的纳税申报期内，向主管国税机关申报抵扣进项税额。

（2）自2013年7月1日起，增值税一般纳税人（以下简称纳税人）进口货物取得的属于增值税扣税范围的海关缴款书，需经税务机关稽核比对相符后，其增值税额方能作为进项税额在销项税额中抵扣。纳税人进口货物取得的属于增值税扣税范围的海关缴款书，应按照《国家税务总局关于调整增值税扣税凭证抵扣期限有关问题的通知》（国税函〔2009〕617号）规定，自开具之日起180天内向主管税务机关报送《海关完税凭证抵扣清单》（电子数据），申请稽核比对，逾期未申请的其进项税额不予抵扣。对稽核比对结果为相符的海关缴款书，纳税人应在税务机关提供稽核比对结果的当月纳税申报期内申报抵扣，逾期的其进项税额不予抵扣。

增值税一般纳税人取得的2017年7月1日及以后开具的海关进口增值税专用缴款书，应自开具之日起360日内向主管国税机关报送《海关完税凭证抵扣清单》，申请稽核比对。

（3）对企业接受投资、捐赠和分配的货物，则以收到增值税专用发票的时间为申报抵扣进项税额的时限。

（4）一般纳税人发生真实交易但由于客观原因造成增值税扣税凭证（包括增值税专用发票、海关进口增值税专用缴款书）逾期的，经主管税务机关审核、逐级上报，由国家税务总局认证、稽核比对后，对比对相符的增值税扣税凭证，允许纳税人继续抵扣其进项税额。

客观原因是指：①因自然灾害、社会突发事件等不可抗力因素造成增值税扣税凭证逾期；②增值税扣税凭证被盗、抢，或者因邮寄丢失、误递逾期；③有关司法、行政机关在办理业务或者检查中，扣押增值税扣税凭证，纳税人不能正常履行纳税申报义务，或者税务机关信息系统、网络故障，未能及时处理纳税人网上认证数据等导致增值税扣税凭证逾期；④买卖双方因经济纠纷，未能及时传递增值税扣税凭证，或者纳税人变更纳税地点，注销旧户和重新办理税务登记的时间过长，导致增值税扣税凭证逾期；⑤由于企业办税人员伤亡、突发危重疾病或者擅自离职，未能办理交接手续，导致增值税扣税凭证逾期；⑥国家税务总局规定的其他情形。如果不属于以上客观原因造成增值税扣税凭证逾期的，仍应按照

① 自2016年1月1日起，增值税一般纳税人提供货物运输服务，使用增值税专用发票和增值税普通发票，开具发票时应将起运地、到达地、车种车号以及运输货物信息等内容填写在发票备注栏中，如内容较多可另附清单。为避免浪费，方便纳税人发票使用衔接，货运专票最迟可使用至2016年6月30日，7月1日起停止使用。

增值税扣税凭证抵扣期限的有关规定执行。

（三）一般纳税人一般计税方法下差额征收应纳税额的计算

一般纳税人一般计税方法下差额征收应纳税额的计算公式：

计税销售额=（取得的全部含税价款和价外费用-支付给其他单位或个人的含税价款）/（1+税率）

应纳税额=计税销售额×税率

试点一般纳税人允许差额征收的具体情况如下。

（1）融资租赁和融资性售后回租业务。

① 经人民银行、银监会或者商务部批准从事融资租赁业务的试点纳税人，提供融资租赁服务，以取得的全部价款和价外费用，扣除对外支付的借款利息（包括外汇借款和人民币借款利息）、发行债券利息和车辆购置税后的余额为销售额。

② 经人民银行、银监会或者商务部批准从事融资租赁业务的试点纳税人，提供融资性售后回租服务，以取得的全部价款和价外费用（不含本金），扣除对外支付的借款利息（包括外汇借款和人民币借款利息）、发行债券利息后的余额作为销售额。

③ 试点纳税人根据 2016 年 4 月 30 日前签订的有形动产融资性售后回租合同，在合同到期前提供的有形动产融资性售后回租服务，可继续按照有形动产融资租赁服务缴纳增值税。

继续按照有形动产融资租赁服务缴纳增值税的试点纳税人，经人民银行、银监会或者商务部批准从事融资租赁业务的，根据 2016 年 4 月 30 日前签订的有形动产融资性售后回租合同，在合同到期前提供的有形动产融资性售后回租服务，可以选择以下方法之一计算销售额。

a）以向承租方收取的全部价款和价外费用，扣除向承租方收取的价款本金，以及对外支付的借款利息（包括外汇借款和人民币借款利息）、发行债券利息后的余额为销售额。

纳税人提供有形动产融资性售后回租服务，计算当期销售额时可以扣除的价款本金，为书面合同约定的当期应当收取的本金。无书面合同或者书面合同没有约定的，为当期实际收取的本金。

试点纳税人提供有形动产融资性售后回租服务，向承租方收取的有形动产价款本金，不得开具增值税专用发票，可以开具普通发票。

b）以向承租方收取的全部价款和价外费用，扣除支付的借款利息（包括外汇借款和人民币借款利息）、发行债券利息后的余额为销售额。

④ 经商务部授权的省级商务主管部门和国家经济技术开发区批准的从事融资租赁业务的试点纳税人，2016 年 5 月 1 日后实收资本达到 1.7 亿元的，从达到标准的当月起按照上述第①、②、③点规定执行；2016 年 5 月 1 日后实收资本未达到 1.7 亿元但注册资本达到 1.7 亿元的，在 2016 年 7 月 31 日前仍可按照上述第①、②、③点规定执行；2016 年 8 月 1 日后开展的融资租赁业务和融资性售后回租业务不得按照上述第①、②、③点规定执行。

（2）航空运输企业的销售额，不包括代收的机场建设费和代售其他航空运输企业客票而代收转付的价款。

（3）试点纳税人中的一般纳税人（以下称一般纳税人）提供客运场站服务，以其取得的全部价款和价外费用，扣除支付给承运方运费后的余额为销售额。

（4）试点纳税人提供旅游服务，可以选择以取得的全部价款和价外费用，扣除向旅游服务购买方收取并支付给其他单位或者个人的住宿费、餐饮费、交通费、签证费、门票费和支付给其他接团旅游企业的旅游费用后的余额为销售额。

选择上述办法计算销售额的试点纳税人，向旅游服务购买方收取并支付的上述费用，不得开具增值税专用发票，可以开具普通发票。

（5）试点纳税人提供建筑服务适用简易计税方法的，以取得的全部价款和价外费用扣除支付的分包款后的余额为销售额。

（6）房地产开发企业中的一般纳税人销售其开发的房地产项目（选择简易计税方法的房地产老项目除外），以取得的全部价款和价外费用，扣除受让土地时向政府部门支付的土地价款后的余额为销售额。

房地产老项目是指《建筑工程施工许可证》注明的合同开工日期在2016年4月30日前的房地产项目。

（7）试点纳税人按照上述规定从全部价款和价外费用中扣除的价款，应当取得符合法律、行政法规和国家税务总局规定的有效凭证。否则，不得扣除。

上述凭证是指：

① 支付给境内单位或者个人的款项，以发票为合法有效凭证；

② 支付给境外单位或者个人的款项，以该单位或者个人的签收单据为合法有效凭证，税务机关对签收单据有疑义的，可以要求其提供境外公证机构的确认证明；

③ 缴纳的税款，以完税凭证为合法有效凭证；

④ 扣除的政府性基金、行政事业性收费或者向政府支付的土地价款，以省级以上（含省级）财政部门监（印）制的财政票据为合法有效凭证。

二、增值税简易计税方法下应纳税额的计算

简易计税方法既适用于小规模纳税人的应税行为，又适用于一般纳税人适用该计税方法的特定应税行为。简易计税方法的应纳税额是指按照销售额和增值税征收率计算的增值税税额，不得抵扣进项税额。其计算公式为：

$$应纳税额=销售额\times征收率$$

我国增值税的法定征收率是3%；一些特殊项目适用于减按2%的征收率执行。全面营改增后的与不动产有关的特殊项目适用5%的征收率；一些特殊项目适用于1.5%的征收率执行。

（一）增值税一般纳税人按照简易计税方法适用征收率的情况

1. 原增值税一般纳税人按照简易计税方法适用征收率的情况

1）暂按简易办法依照3%的征收率

一般纳税人销售货物属于下列情形之一的，暂按简易办法，自2014年7月1日起依照3%（2014年6月30日之前为4%）的征收率计算缴纳增值税。

① 寄售商店代销寄售物品（包括居民个人寄售的物品在内）。

② 典当业销售死当物品。

③ 经国务院或国务院授权机关批准的免税商店零售的免税品。

2）按照简易办法依照 3% 征收率减按 2% 征收

（1）一般纳税人销售使用过的固定资产。

一般纳税人销售自己使用过的不得抵扣且未抵扣进项税额的固定资产，按照简易办法，自 2014 年 7 月 1 日起依照 3% 征收率减按 2% 征收增值税（2014 年 6 月 30 日之前为 4% 征收率减半征收增值税）。上述业务应当开具普通发票，不得开具专用发票，其销售额和应纳税额的计算公式如下：

$$销售额=含税销售额/(1+3\%)$$

$$应纳税额=销售额\times2\%$$

（2）一般纳税人（一般指旧货经营单位）销售旧货。

一般纳税人（一般指旧货经营单位）销售旧货，按照简易办法，自 2014 年 7 月 1 日起依照 3% 征收率减按 2% 征收增值税（2014 年 6 月 30 日之前为 4% 征收率减半征收增值税），且应该开具普通发票，不得开具专用发票。小规模纳税人销售旧货，减按 2% 征收率征收增值税（这里指的是小规模纳税人适用 3% 征收率计算出不含税销售额后再减按 2% 征收率征收）。“旧货”是指进入二次流通的具有部分使用价值的货物（含 2013 年 8 月 1 日之前购入不得抵扣进项税且未抵扣进项税的旧汽车、旧摩托车和旧游艇），但不包括个人自己使用过的物品。

需要注意的是，一般纳税人销售自己使用过的抵扣过进项税额的固定资产，应当按照适用税率征收增值税；一般纳税人销售自己使用过的固定资产以外的物品，应当按照适用税率征收增值税。与此相关的税务处理归纳见表 2-1。

表 2-1　与一般纳税人销售使用过的固定资产等相关的税务处理

<table>
<tr><th colspan="3">具体情形</th><th>税务处理</th></tr>
<tr><td rowspan="3">销售自己使用过的物品</td><td rowspan="2">固定资产（动产）</td><td>按规定不得抵扣且未抵扣过进项税</td><td>应纳增值税=含税售价/（1+3%）×2%</td></tr>
<tr><td>按规定可以抵扣进项税</td><td rowspan="2">增值税销项税额=含税售价/（1+适用税率 17% 或 11%）×适用税率 17% 或 11%</td></tr>
<tr><td colspan="2">固定资产以外的其他物品</td></tr>
<tr><td colspan="3">销售旧货（他人用旧的）</td><td>应纳增值税=含税售价/（1+3%）×2%</td></tr>
</table>

【情境实例 2-13】

1. 工作任务要求

计算甲企业当月的应纳增值税。

2. 情境实例设计

甲企业为增值税一般纳税人，主营二手车交易，2016 年 11 月取得含税销售额 103 万元；除上述收入外，该企业当月又将本企业于 2007 年 6 月购入自用的一辆货车和 2010 年 10 月购入自用的一辆货车分别以 10.3 万元和 35.1 万元的含税价格出售。假设本月无其他业务，且可抵扣的进项税额为 0。

3. 任务实施过程

（1）一般纳税人销售旧货依照 3% 征收率减按 2% 征收增值税：

该笔业务应纳增值税=[103/(1+3%)]×2%=2（万元）

（2）一般纳税人销售自己使用过的2009年1月1日以前购入的固定资产，依照3%征收率减按2%征收增值税：

该笔业务应纳增值税=[10.3/(1+3%)]×2%=0.2（万元）

（3）一般纳税人销售自己使用过的2009年1月1日以后购入的固定资产，按适用税率征收：

该笔业务的增值税销项税额=[35.1/(1+17%)]×17%=5.1（万元）

（4）应纳增值税合计=2+0.2+5.1-0=7.3（万元）。

3）可选择按照简易办法依照3%的征收率

一般纳税人销售自产的下列货物，可选择按照简易办法，自2014年7月1日起依照3%（2014年6月30日之前为6%）的征收率计算缴纳增值税。

① 县级及县级以下小型水力发电单位生产的电力。小型水力发电单位，是指各类投资主体建设的装机容量为5万千瓦以下（含5万千瓦）的小型水力发电单位。

② 建筑用和生产建筑材料所用的砂、土、石料。

③ 以自己采掘的砂、土、石料或其他矿物连续生产的砖、瓦、石灰（不含黏土实心砖、瓦）。

④ 用微生物、微生物代谢产物、动物毒素、人或动物的血液或组织制成的生物制品。

⑤ 自来水。对自来水公司销售自来水按简易办法依照3%的征收率征收增值税时，不得抵扣其购进自来水取得增值税扣税凭证上注明的增值税税款。

⑥ 商品混凝土（仅限于以水泥为原料生产的水泥混凝土）。

⑦ 属于增值税一般纳税人的单采血浆站销售的非临床用人体血液（此项一旦选择按照简易办法适用的征收率计税，不得对外开具增值税专用发票）。

应当注意的是，一般纳税人选择简易办法计算缴纳增值税后，36个月内不得变更。

2. 营改增试点一般纳税人按照简易计税方法适用征收率的情况

1）应税服务

（1）公共交通运输服务。

公共交通运输服务包括轮客渡、公交客运、地铁、城市轻轨、出租车、长途客运、班车。

班车是指按固定路线、固定时间运营并在固定站点停靠的运送旅客的陆路运输服务。

（2）经认定的动漫企业为开发动漫产品提供的动漫脚本编撰、形象设计、背景设计、动画设计、分镜、动画制作、摄制、描线、上色、画面合成、配音、配乐、音效合成、剪辑、字幕制作、压缩转码（面向网络动漫、手机动漫格式适配）服务，以及在境内转让动漫版权（包括动漫品牌、形象或者内容的授权及再授权）。

动漫企业和自主开发、生产动漫产品的认定标准和认定程序，按照《文化部 财政部 国家税务总局关于印发〈动漫企业认定管理办法（试行）〉的通知》（文市发〔2008〕51号）的规定执行。

（3）电影放映服务、仓储服务、装卸搬运服务、收派服务和文化体育服务。

（4）以纳入营改增试点之日前取得的有形动产为标的物提供的经营租赁服务。

（5）在纳入营改增试点之日前签订的尚未执行完毕的有形动产租赁合同。

（6）提供物业管理服务的纳税人，向服务接受方收取的自来水水费，以扣除其对外支付的自来水水费后的余额为销售额，按照简易计税方法依3%的征收率计算缴纳增值税。

（7）非企业性单位中的一般纳税人提供的研发和技术服务、信息技术服务、鉴证咨询服务，以及销售技术、著作权等无形资产，可以选择简易计税方法按照3%征收率计算缴纳增值税。

非企业性单位中的一般纳税人提供"技术转让、技术开发和与之相关的技术咨询、技术服务"，可以参照上述规定，选择简易计税方法按照3%征收率计算缴纳增值税。

（8）一般纳税人提供教育辅助服务，可以选择简易计税方法按照3%征收率计算缴纳增值税。

2）建筑服务

（1）一般纳税人以清包工方式提供的建筑服务，可以选择适用简易计税方法计税。

以清包工方式提供建筑服务是指施工方不采购建筑工程所需的材料或只采购辅助材料，并收取人工费、管理费或者其他费用的建筑服务。

（2）一般纳税人为甲供工程提供的建筑服务，可以选择适用简易计税方法计税。

甲供工程是指全部或部分设备、材料、动力由工程发包方自行采购的建筑工程。

一般纳税人销售电梯的同时提供安装服务，其安装服务可以按照甲供工程选择适用简易计税方法计税。

（3）一般纳税人为建筑工程老项目提供的建筑服务，可以选择适用简易计税方法计税。

建筑工程老项目是指：《建筑工程施工许可证》注明的合同开工日期在2016年4月30日前的建筑工程项目；未取得《建筑工程施工许可证》的，建筑工程承包合同注明的开工日期在2016年4月30日前的建筑工程项目。

（4）一般纳税人跨县（市）提供建筑服务，选择适用一般计税方法计税的，应以取得的全部价款和价外费用为销售额计算应纳税额。纳税人应以取得的全部价款和价外费用扣除支付的分包款后的余额，按照2%的预征率在建筑服务发生地预缴税款后，向机构所在地主管税务机关进行纳税申报。

（5）一般纳税人跨县（市）提供建筑服务，选择适用简易计税方法计税的，应以取得的全部价款和价外费用扣除支付的分包款后的余额为销售额，按照3%的征收率计算应纳税额。纳税人应按照上述计税方法在建筑服务发生地预缴税款后，向机构所在地主管税务机关进行纳税申报。

纳税人在同一地级行政区范围内跨县（市、区）提供建筑服务，不适用《纳税人跨县（市、区）提供建筑服务增值税征收管理暂行办法》（国家税务总局公告2016年第17号印发）。

（6）建筑工程总承包单位为房屋建筑的地基与基础、主体结构提供工程服务，建设单位自行采购全部或部分钢材、混凝土、砌体材料、预制构件的，适用简易计税方法计税。

【情境实例2-14】

1. 工作任务要求

计算甲建筑公司10月该项目应纳增值税税额。

2. 情境实例设计

甲建筑公司为增值税一般纳税人，机构所在地为N县。2016年10月1日以清包工方式到M县承接A工程项目，并将A工程项目中的部分施工项目分包给了乙公司，10月30日发包方按进度支付工程价款222万元。当月该项目甲建筑公司购进材料取得增值税专用发票上注明的税额8万元；10月甲建筑公司支付给乙公司工程分包款60万元，乙公司开具给甲建筑公司增值税发票，税额5.95万元。对A工程项目甲建筑公司选择使用简易计税方法计算应纳税额。

3. 任务实施过程

一般纳税人跨县（市）提供建筑服务，选择适用简易计税方法计税的，应以取得的全部价款和价外费用扣除支付的分包款后的余额为销售额，按照3%的征收率计算应纳税额。纳税人应按照上述计税方法在建筑服务发生地预缴税款后，向机构所在地主管税务机关进行纳税申报。

甲建筑公司10月在M县预缴增值税=[(222-60)/(1+3%)]×3%=4.72（万元）

在N县全额申报，扣除预缴增值税后应纳增值税=4.72-4.72=0（万元）

甲公司10月应纳增值税合计=4.72+0=4.72（万元）

3）销售不动产

（1）一般纳税人销售其2016年4月30日前取得（不含自建）的不动产，可以选择适用简易计税方法，以取得的全部价款和价外费用减去该项不动产购置原价或者取得不动产时的作价后的余额为销售额，按照5%的征收率计算应纳税额。纳税人应按照上述计税方法在不动产所在地预缴税款后，向机构所在地主管税务机关进行纳税申报。

（2）一般纳税人销售其2016年4月30日前自建的不动产，可以选择适用简易计税方法，以取得的全部价款和价外费用为销售额，按照5%的征收率计算应纳税额。纳税人应按照上述计税方法在不动产所在地预缴税款后，向机构所在地主管税务机关进行纳税申报。

（3）房地产开发企业中的一般纳税人，销售自行开发的房地产老项目，可以选择适用简易计税方法按照5%的征收率计税。

（4）房地产开发企业采取预收款方式销售所开发的房地产项目，在收到预收款时按照3%的预征率预缴增值税。

（5）个体工商户销售购买的住房，应按照《营业税改征增值税试点过渡政策的规定》第五条的规定免征增值税。纳税人应按照上述计税方法在不动产所在地预缴税款后，向机构所在地主管税务机关进行纳税申报。

【情境实例2-15】

1. 工作任务要求

计算下列业务应当缴纳的增值税。

2. 情境实例设计

甲企业2016年12月转让5年前建造的办公楼，取得销售收入1 800万元，该办公楼账面原值1 000万元，已提折旧300万元，该企业为一般纳税人，选择按简易计税方法计税。

3. 任务实施过程

一般纳税人销售其2016年4月30日前自建的不动产，可以选择适用简易计税方法，以取得的全部价款和价外费用为销售额，按照5%的征收率计算应纳税额。

该企业应纳增值税=[1 800/(1+5%)]×5%=85.71（万元）

4）不动产经营租赁服务

（1）一般纳税人出租其2016年4月30日前取得的不动产，可以选择适用简易计税方法，按照5%的征收率计算应纳税额。纳税人出租其2016年4月30日前取得的与机构所在地不在同一县（市）的不动产，应按照上述计税方法在不动产所在地预缴税款后，向机构所在地主管税务机关进行纳税申报。

（2）公路经营企业中的一般纳税人收取试点前开工的高速公路的车辆通行费，可以选择适用简易计税方法，减按3%的征收率计算应纳税额。

试点前开工的高速公路是指相关施工许可证明上注明的合同开工日期在2016年4月30日前的高速公路。

（3）一般纳税人出租其在2016年5月1日后取得的、与机构所在地不在同一县（市）的不动产，应按照3%的预征率在不动产所在地预缴税款。

5）销售使用过的固定资产

“营改增”后的一般纳税人，销售自己使用过的“本地区试点实施之日（含）”以后购进或自制的固定资产，按照适用税率征收增值税；销售自己使用过的“本地区试点实施之日”以前购进或者自制的固定资产，按照3%征收率减按2%征收增值税。具体公式为：

销售额=含税销售额/(1+3%)

应纳增值税税额=销售额×2%

使用过的固定资产是指纳税人根据财务会计制度已经计提折旧的固定资产。

6）其他情况

（1）2016年4月30日前签订的不动产融资租赁合同，或以2016年4月30日前取得的不动产提供的融资租赁服务，可以选择适用简易计税方法，按照5%的征收率计算缴纳增值税。一般纳税人以经营租赁方式出租其2016年4月30日前取得的不动产，可以选择适用简易计税方法，按照5%的征收率计算应纳税额。

（2）纳税人提供人力资源外包服务，按照经纪代理服务缴纳增值税，其销售额不包括受客户单位委托代为向客户单位员工发放的工资和代理缴纳的社会保险、住房公积金。向委托方收取并代为发放的工资和代理缴纳的社会保险、住房公积金，不得开具增值税专用发票，可以开具普通发票。一般纳税人提供人力资源外包服务，可以选择适用简易计税方法，按照5%的征收率计算缴纳增值税。

（3）纳税人以经营租赁方式将土地出租给他人使用，按照不动产经营租赁服务缴纳增值税。纳税人转让2016年4月30日前取得的土地使用权，可以选择适用简易计税方法，以取得的全部价款和价外费用减去取得该土地使用权的原价后的余额为销售额，按照5%的征收率计算缴纳增值税。

综上所述，营改增试点一般纳税人的征收率运用归纳见表2-2。

表 2-2　营改增试点一般纳税人的征收率运用归纳一览表

营改增试点一般纳税人的销售行为	可选征收率
转让试点前取得或自建的不动产	5%
出租试点前取得的不动产	5%
收取试点前开工的高速公路的车辆通行费	减按 3%
其他“营改增”服务可选择简易计税的	3%

（二）小规模纳税人按照简易计税方法计税的规定

小规模纳税人销售货物、提供加工修理修配劳务、销售服务、无形资产或者不动产，按照取得的销售额和增值税的征收率计算应纳的增值税税额，但不得抵扣进项税额。

其中，销售额为对外销售货物、提供加工修理修配劳务、销售服务、无形资产或者不动产时，向对方收取的全部价款和价外费用。具体的确定标准与一般纳税人的销售额相同。

增值税小规模纳税人按征收率征税。小规模纳税人因销售退回或销售折让而退还给购买方的销售额，应从发生销货退回或折让当期的销售额中扣减，而不必追究其原发票的处理。对于营改增增值税小规模纳税人来说，其纳税人适用简易计税方法计税的，因销售折让、中止或者退回而退还给购买方的销售额，应当从当期销售额中扣减，扣减当期销售额后仍有余额造成多缴的税款，可以从以后的应纳税额中扣减。

小规模纳税人销售货物、提供加工修理修配劳务、销售服务、无形资产或者不动产，向对方收取的款项往往包含了增值税，因此，在计算应纳增值税税额时，需将含税销售额换算成不含税销售额，具体计算公式为：

销售额＝含税销售额/（1+征收率 3%）

增值税一般纳税人购置税控收款机所支付的增值税税额（以购进税控收款机取得的增值税专用发票上注明的增值税税额为准），准予在该企业当期的增值税销项税额中抵扣。增值税小规模纳税人购置税控收款机，经主管税务机关审核批准后，可凭购进税控收款机取得的增值税专用发票，按照发票上注明的增值税税额，抵免当期应纳增值税税额，或者按照购进税控收款机取得的普通发票上注明的价款，依下列公式计算可抵免税额：

可抵免税额＝［价款/（1+17%）］×17%

1. 原增值税小规模纳税人按照简易计税方法适用征收率的特殊规定

1）小规模纳税人（除其他个人外）销售使用过的固定资产

小规模纳税人（除其他个人外）销售自己使用过的固定资产，减按 2% 征收率征收增值税。这里指的是小规模纳税人适用 3% 征收率计算出不含税销售额后再减按 2% 征收率征收，其销售额和应纳税额的计算公式如下：

销售额＝含税销售额/（1+3%）

应纳增值税税额＝销售额×2%

值得注意的是，其他个人销售自己使用过的固定资产，属于上文中的个人（其他个人）销售自己使用过的物品，免征增值税。下同。

2）小规模纳税人（除其他个人外）销售自己使用过的除固定资产以外的物品

小规模纳税人（除其他个人外）销售自己使用过的除固定资产以外的物品，应按 3% 的征收率征收增值税。其销售额和应纳税额的计算公式如下：

销售额=含税销售额/(1+3%)

应纳增值税税额=销售额×3%

2. 营改增试点小规模纳税人按照简易计税方法适用征收率的特殊规定

（1）小规模纳税人（除其他个人外）销售使用过的固定资产，同原增值税小规模纳税人的情况。

（2）小规模纳税人（除其他个人外）销售自己使用过的除固定资产以外的物品，同原增值税小规模纳税人的情况。

（3）小规模纳税人跨县（市）提供建筑服务。

小规模纳税人跨县（市）提供建筑服务，应以取得的全部价款和价外费用扣除支付的分包款后的余额为销售额，按照3%的征收率计算应纳税额。

应纳税额=含税销售额/(1+3%)×3%

（4）小规模纳税人出售不动产，按5%征收率计算应纳税额。

小规模纳税人出售不动产归纳见表2-3。

表2-3　小规模纳税人出售不动产归纳一览表

纳税人	不动产性质	计税依据	征收率	计税公式
1. 非房企	销售取得的不动产（不含自建）	全部价款和价外费用减去该项不动产购置原价或取得不动产时的作价后的余额	5%	税额=[含税计税依据/(1+5%)]×5%
	销售自建的不动产	全部价款和价外费用	5%	税额=[含税计税依据/(1+5%)]×5%
2. 房企	销售开发项目	全部价款和价外费用	5%	税额=[含税计税依据/(1+5%)]×5%
3. 其他个人	销售取得的不动产（不含购买住房）	全部价款和价外费用减去该项不动产购置原价或取得不动产时的作价后的余额	5%	税额=[含税计税依据/(1+5%)]×5%

（5）个人销售其购买的住房。

个人将购买不足2年的住房对外销售的，按照5%的征收率全额缴纳增值税；个人将购买2年以上（含2年）的住房对外销售的，免征增值税。上述政策适用于北京市、上海市、广州市和深圳市之外的地区。

个人将购买不足2年的住房对外销售的，按照5%的征收率全额缴纳增值税；个人将购买2年以上（含2年）的非普通住房对外销售的，以销售收入减去购买住房价款后的差额按照5%的征收率缴纳增值税；个人将购买2年以上（含2年）的普通住房对外销售的，免征增值税。上述政策仅适用于北京市、上海市、广州市和深圳市。

（6）小规模纳税人出租不动产。

小规模纳税人出租不动产归纳见表2-4。

表 2-4 小规模纳税人出租不动产归纳一览表

纳 税 人	征 收 率	计税公式
1. 小规模出租取得的不动产（不含个人出租住房）	按 5%的征收率计算税额	税额 = [含税租金收入/(1+5%)]×5%
2. 其他个人出租取得的不动产（非住房）	按 5%的征收率计算税额	税额 = [含税租金收入/(1+5%)]×5%
3. 个人出租住房	按 5%的征收率减按 1.5%计算税额	税额 = [含税租金收入/(1+5%)]×1.5%

综上所述，小规模纳税人的征收率运用归纳见表 2-5。

表 2-5 小规模纳税人的征收率运用归纳一览表

小规模纳税人的销售标的		适用的征收率
自己使用过的	固定资产（动产）	减按 2%
	物品	3%
自己未使用过的	固定资产（动产）	
	旧货	减按 2%
取得或自建的	不动产	5%
出租	不动产	5%
	个人出租住房	1.5%
其他“营改增”应税行为		3%

【情境实例 2-16】

1. 工作任务要求

（1）计算甲修理厂 2017 年第一季度的销售额；

（2）计算甲修理厂 2017 年第一季度应纳增值税税额。

2. 情境实例设计

甲修理厂为小规模纳税人，按季度进行增值税纳税申报，2017 年 1 月至 3 月取得含税商品销售收入共计 103 000 元。

3. 任务实施过程

销售额 = 103 000/(1+3%) = 100 000（元）

应纳增值税 = 100 000×3% = 3 000（元）

【情境实例 2-17】

1. 工作任务要求

计算甲公司当月应纳增值税税额。

2. 情境实例设计

甲公司为营改增小规模纳税人。2017 年 1 月，甲公司向一般纳税人乙企业提供资讯信息服务，取得含增值税销售额 4.12 万元；向小规模纳税人丙企业提供注册信息服务，取得含增值税销售额 1.03 万元；购进办公用品，支付价款 2.06 万元，并取得增值税普通发票。

已知增值税征收率为3%。

3. 任务实施过程

小规模纳税人提供应税服务，采用简易办法征税，销售额中含有增值税款的，应换算为不含税销售额计算应纳税额，购进货物支付的增值税款不允许抵扣。

销售额=(4.12+1.03)/(1+3%)=5（万元）

应纳增值税税额=5×3%=0.15（万元）

（三）营改增试点纳税人简易计税方法下差额征收应纳税额的计算方法

营改增试点纳税人简易计税方法下差额征收应纳税额的计算公式：

计税销售额=(取得的全部含税价款和价外费用-支付给其他单位或个人的含税价款)/(1+征收率)

应纳税额=计税销售额×征收率

营改增试点纳税人简易计税方法下允许差额征收的具体情况与一般计税方法下允许差额征收的具体情况相同。

情境讨论：（1）全面推开营改增试点有关劳务派遣服务政策是如何规定的？

（2）纳税人跨县（市、区）提供建筑服务增值税征收管理是如何规定的？

（3）纳税人提供不动产经营租赁服务增值税征收管理是如何规定的？

（4）纳税人转让不动产增值税征收管理是如何规定的？

（5）房地产开发企业销售自行开发的房地产项目增值税征收管理是如何规定的？

三、进口货物应纳税额的计算

不管是一般纳税人还是小规模纳税人进口货物，其都按照组成计税价格和税法规定的税率（17%）计算应纳税额。也就是说，一方面，进口货物增值税的计税依据是组成计税价格而非其他金额；另一方面，小规模纳税人进口货物时使用税率计税，而不使用征收率。进口货物计算增值税组成计税价格和应纳税额计算公式如下：

组成计税价格=关税完税价格+关税(若进口货物不属于消费税应税消费品)

组成计税价格=(关税完税价格+关税)/(1-消费税税率)

或 =关税完税价格+关税+消费税（若进口货物属于消费税应税消费品）

应纳税额=组成计税价格×税率

纳税人在计算进口货物的增值税时应该注意以下问题。

(1) 进口货物增值税的组成计税价格中包括已纳关税税额，如果进口货物属于消费税应税消费品，其组成计税价格中还要包括进口环节已纳消费税税额。

(2) 按照《中华人民共和国海关法》和《中华人民共和国进出口关税条例》（以下简称《进出口关税条例》）的规定，一般贸易下进口货物的关税完税价格以海关审定的成交价格为基础的到岸价格作为完税价格。所谓成交价格是指一般贸易项下进口货物的买方为购买该项货物向卖方实际支付或应当支付的价格；到岸价格，包括货价，加上货物运抵我国关境内输入地点起卸前的包装费、运费、保险费和其他劳务费等费用构成的一种价格。特殊贸易下进口的货物，由于进口时没有“成交价格”可作依据，为此，《进出口关税条例》对这些进口货物制定了确定其完税价格的具体办法。

【情境实例 2-18】

1. 工作任务要求

计算甲公司该批进口高档化妆品的增值税。

2. 情境实例设计

甲公司为增值税一般纳税人，5 月份进口一批高档化妆品，海关核定的关税完税价格为 75 万元，甲公司缴纳进口关税 10 万元、进口消费税 15 万元，已知增值税税率为 17%。

3. 任务实施过程

$$进口高档化妆品的增值税 = (75+10+15) \times 17\% = 17\ （万元）$$

【情境实战 2-1】

1. 工作任务要求

计算河北顺达贸易有限公司下列业务的增值税销项税额、进项税额和应纳增值税额。

2. 情境实战设计

企业名称：河北顺达贸易有限公司

企业性质：国有企业（一般纳税人）

法定代表人姓名：王光明

企业地址及电话：河北省保定市光华路 53 号，0312-7777777

企业所属行业：批发和零售业

开户银行及账号：工行光华路分理处，3301022009011503958

纳税人识别号：91370722900456789D

河北顺达贸易有限公司为试点一般纳税人。主营货物批发零售，兼营国际货运代理和运输服务。2016 年 12 月应缴未缴增值税 10 万元。2017 年 1 月发生业务如下。

① 10 日，上缴上月应缴未缴的增值税 10 万元。

② 12 日，国内采购货物一批，取得防伪税控增值税专用发票 1 张，本月通过认证，增值税专用发票上注明的金额 20 万元、税额 3.4 万元，通过银行支付了上述款项。

③ 13 日，进口货物 1 批，取得海关出具的《海关进口增值税专用缴款书》3 张，注明的金额 10 万元、税额 1.7 万元。

④ 15 日，销售货物一批，已取得并通过认证的防伪税控开具增值税专用发票 1 张，销售额 150 万元、销项税额 25.5 万元，款项已经收妥（假设不考虑成本结转）。

⑤ 20 日，购进货物改变用途，将货物 25 万元（购买价）用于发放职工福利，该批货物进项税额为 4.25 万元，已于上月抵扣。

⑥ 21 日，提供联运运输服务，共取得收入 111 万元，并开具增值税专用发票，注明运输费用 100 万元，税金 11 万元，同时支付给联运方运费 55.5 万元（含税），并取得增值税专用发票。

⑦ 24 日，提供国际货运代理服务，该公司放弃国际货运代理服务的免税权，取得应税服务收入并开具增值税专用发票，注明销售额 180 万元、税额 10.8 万元。为取得该收入，支付给一般纳税人代理公司代理费用金额 60 万元、税额 3.6 万元，取得增值税专用发票 1 张；支付给小规模纳税人代理公司代理费用金额 30.9 万元，取得税务机关代开的专用发票 1 张；支付给小规模纳税人货物运输公司运费金额 10 万元，取得普通发票 1 张。

⑧ 26 日，购进销售货物的设备 4 台，价值 30 万元，款项已经支付，获得增值税专用发票 1 张，进项税额 5.1 万元。

3. 实战操作步骤

第一步：逐笔分析经济业务，确定是销项税额还是进项税额，并计算出具体数额。

业务②：进项税额＝200 000×17%＝34 000（元）

业务③：进项税额＝100 000×17%＝17 000（元）

业务④：销项税额＝1 500 000×17%＝255 000（元）

业务⑤：进项税额转出＝250 000×17%＝42 500（元）

业务⑥：销项税额＝1 000 000×11%＝110 000（元）

进项税额＝[555 000/(1+11%)]×11%＝55 000（元）

业务⑦：销项税额＝1 800 000×6%＝108 000（元）

进项税额＝600 000×6%+[309 000/(1+3%)]×3%＝45 000（元）

业务⑧：进项税额＝300 000×17%＝51 000（元）

销项税额合计＝255 000+110 000+108 000＝473 000（元）

进项税额合计＝34 000+17 000+55 000+45 000+51 000＝202 000（元）

进项税额转出合计＝42 500 元

第二步：计算出应纳增值税额。

应纳增值税额＝473 000−(202 000−42 500)＝313 500（元）

其中，本月销售货物应缴增值税＝255 000−(34 000+17 000+51 000−42 500)＝195 500（元）

本月提供服务应缴增值税＝(110 000+108 000)−(45 000+55 000)＝118 000（元）

第三步：计算出应缴增值税。

本月合计应缴增值税＝195 500+118 000＝313 500（元）

任务三　增值税出口退（免）税的计算

【情境引例】

我公司是一家外贸企业，不慎丢失增值税专用发票抵扣联，请问还能否办理出口退税？

一、增值税出口退（免）税政策的认知

（一）出口货物或者劳务增值税退（免）税政策的认知

1. 出口货物或者劳务退（免）税的基本政策

目前，我国的出口货物或者劳务税收政策分为以下三种形式：

1）出口免税并退税

出口免税是指对货物或者劳务在出口销售环节不征增值税、消费税，这是把货物或者劳务出口环节和出口前的销售环节同样视为一个征税环节；出口退税是指对货物或者劳务在出口前实际承担的税收负担，按规定的退税率计算后予以退还。

2）出口免税不退税

出口免税与上述第 1）项含义相同。出口不退税是指适应这个政策的出口货物或者劳务因在前一道生产、销售环节或进口环节是免税的，因此，出口时该货物或者劳务的价格中本

身就不含税，也无须退税。

3）出口不免税也不退税

出口不免税是指对国家限制或禁止出口的某些货物或者劳务的出口环节视同内销环节，照常征税；出口不退税是指对这些货物或者劳务出口不退还出口前其所负担的税款。

2. 出口货物或者劳务退（免）税办法的种类

适用增值税退（免）税政策的出口货物或者劳务，按照下列规定实行增值税免抵退税办法或免退税办法（又叫先征后退办法）。

1）免抵退税办法

生产企业出口自产货物和视同自产货物及对外提供加工修理修配劳务，以及《财政部国家税务总局关于出口货物劳务增值税和消费税政策的通知》（财税〔2012〕39号）附件5列名生产企业出口非自产货物，免征增值税，相应的进项税额抵减应纳增值税额（不包括适用增值税即征即退、先征后退政策的应纳增值税额），未抵减完的部分予以退还。

2）免退税办法

不具有生产能力的出口企业（以下称外贸企业）或其他单位出口货物或者劳务，免征增值税，相应的进项税额予以退还。

3. 出口货物或者劳务退（免）税的计税依据

出口货物或者劳务的增值税退（免）税的计税依据，按出口货物或者劳务的出口发票（外销发票）、其他普通发票或购进出口货物或者劳务的增值税专用发票、海关进口增值税专用缴款书确定。

（1）生产企业出口货物或者劳务（进料加工复出口货物除外）增值税退（免）税的计税依据，为出口货物或者劳务的实际离岸价（FOB）。实际离岸价应以出口发票上的离岸价为准，但如果出口发票不能反映实际离岸价，主管税务机关有权予以核定。

（2）对进料加工出口货物，企业应以出口货物人民币离岸价扣除出口货物耗用的保税进口料件金额的余额为增值税退（免）税的计税依据。“保税进口料件”是指海关以进料加工贸易方式监管的出口企业从境外和特殊区域等进口的料件。包括出口企业从境外单位或个人购买并从海关保税仓库提取且办理海关进料加工手续的料件，以及保税区外的出口企业从保税区内的企业购进并办理海关进料加工手续的进口料件。

（3）生产企业国内购进无进项税额且不计提进项税额的免税原材料加工后出口的货物的计税依据，按出口货物的离岸价（FOB）扣除出口货物所含的国内购进免税原材料的金额后确定。

（4）外贸企业出口货物（委托加工修理修配货物除外）增值税退（免）税的计税依据，为购进出口货物的增值税专用发票注明的金额或海关进口增值税专用缴款书注明的完税价格。

（5）外贸企业出口委托加工修理修配货物增值税退（免）税的计税依据，为加工修理修配费用增值税专用发票注明的金额。外贸企业应将加工修理修配使用的原材料（进料加工海关保税进口料件除外）作价销售给受托加工修理修配的生产企业，受托加工修理修配的生产企业应将原材料成本并入加工修理修配费用开具发票。

（6）出口进项税额未计算抵扣的已使用过的设备增值税退（免）税的计税依据，按下列公式确定：

退（免）税计税依据=增值税专用发票上的金额或海关进口增值税专用缴款书注明的完税价格×已使用过的设备固定资产净值/已使用过的设备原值

已使用过的设备固定资产净值=已使用过的设备原值-已使用过的设备已提累计折旧

“已使用过的设备”是指出口企业根据财务会计制度已经计提折旧的固定资产。

（7）免税品经营企业销售的货物增值税退（免）税的计税依据，为购进货物的增值税专用发票注明的金额或海关进口增值税专用缴款书注明的完税价格。

（8）中标机电产品增值税退（免）税的计税依据，为生产企业为销售机电产品的普通发票注明的金额，外贸企业为购进货物的增值税专用发票注明的金额或海关进口增值税专用缴款书注明的完税价格。

（9）生产企业向海上石油天然气开采企业销售的自产的海洋工程结构物增值税退（免）税的计税依据，为销售海洋工程结构物的普通发票注明的金额。

（10）输入特殊区域的水电气增值税退（免）税的计税依据，为作为购买方的特殊区域内生产企业购进水（包括蒸汽）、电力、燃气的增值税专用发票注明的金额。

4. 出口货物或者劳务退（免）税的退税率

1）退税率的一般规定

除财政部和国家税务总局根据国务院决定而明确的增值税出口退税率（以下简称退税率）外，出口货物的退税率为其适用税率。国家税务总局根据上述规定将退税率通过出口货物劳务退税率文库予以发布，供征纳双方执行。退税率有调整的，除另有规定外，其执行时间以货物（包括被加工修理修配的货物）出口货物报关单（出口退税专用）上注明的出口日期为准。

2）退税率的特殊规定

（1）外贸企业购进按简易办法征税的出口货物、从小规模纳税人购进的出口货物，其退税率分别为简易办法实际执行的征收率、小规模纳税人征收率。上述出口货物取得增值税专用发票的，退税率按照增值税专用发票上的税率和出口货物退税率孰低的原则确定。

（2）出口企业委托加工修理修配货物，其加工修理修配费用的退税率，为出口货物的退税率。

（3）中标机电产品、出口企业向海关报关进入特殊区域销售给特殊区域内生产企业生产耗用的列名原材料、输入特殊区域的水电气，其退税率为适用税率。如果国家调整列名原材料的退税率，列名原材料应当自调整之日起按调整后的退税率执行。

（4）海洋工程结构物退税率的适用。具体范围根据财税〔2012〕39号文件附件3确定。

适用不同退税率的货物或者劳务，应分开报关、核算并申报退（免）税，未分开报关、核算或划分不清的，从低适用退税率。

（二）出口服务或者无形资产退（免）税政策的认知

1. 出口服务或者无形资产退（免）税的基本政策

出口服务或者无形资产退（免）税分为出口免税（适用增值税免税政策）和出口免税并退税（适用增值税零税率）两种。

1）出口服务或者无形资产免征增值税的项目

境内的单位和个人销售的免征增值税的服务或者无形资产，具体详见本项目的“任务

一 增值税的认知”。

2）出口服务或者无形资产适用零税率增值税的项目

零税率增值税项目是指试点单位和个人提供的国际运输服务、航天运输服务、向境外单位提供的完全在境外消费的某些服务以及财政部和国家税务总局规定的其他服务。具体详见本项目的“任务一 增值税的认知”。

纳税人发生应税行为同时适用免税和零税率规定的，纳税人可以选择适用免税或者零税率。境内的单位和个人销售适用增值税零税率的服务或者无形资产的，可以放弃适用增值税零税率，选择免税或按规定缴纳增值税。放弃适用增值税零税率后，36 个月内不得再申请适用增值税零税率。

实行增值税退（免）税办法的增值税零税率服务或者无形资产不得开具增值税专用发票。

2. 出口服务或者无形资产退（免）税办法的种类

适用增值税退（免）税政策的出口服务或者无形资产，按照下列规定实行增值税免抵退税办法或免退税办法（又叫先征后退办法）。

1）免抵退税办法

境内的单位和个人提供适用增值税零税率的服务或者无形资产，如果属于适用增值税一般计税方法的，生产企业实行免抵退税办法，外贸企业直接将服务或自行研发的无形资产出口，视同生产企业连同其出口货物统一实行免抵退税办法。

2）免退税办法

外贸企业外购服务或者无形资产出口实行免退税办法。

另外，出口服务或者无形资产退（免）税有以下几项特殊规定。

（1）境内的单位或个人提供适用增值税零税率的服务或者无形资产，如果属于适用简易计税方法的，实行免征增值税办法。

（2）按照国家有关规定应取得相关资质的国际运输服务项目，纳税人取得相关资质的，适用增值税零税率政策；未取得的，适用增值税免税政策。

（3）境内的单位或个人提供程租服务，如果租赁的交通工具用于国际运输服务和港澳台运输服务，由出租方按规定申请适用增值税零税率。

（4）境内的单位或个人向境内单位或个人提供期租、湿租服务，如果承租方利用租赁的交通工具向其他单位或个人提供国际运输服务和港澳台运输服务，由承租方适用增值税零税率。境内的单位或个人向境外单位或个人提供期租、湿租服务，由出租方适用增值税零税率。

（5）境内单位或个人以无运输工具承运方式提供的国际运输服务，由境内实际承运人适用增值税零税率；无运输工具承运业务的经营者适用增值税免税政策。

3. 出口服务或者无形资产退（免）税的计税依据

1）实行免抵退税办法的零税率服务或者无形资产免抵退税计税依据

（1）以铁路运输方式载运旅客的，为按照铁路合作组织清算规则清算后的实际运输收入。

（2）以铁路运输方式载运货物的，为按照铁路运输进款清算办法，对“发站”或“到站（局）”名称包含“境”字的货票上注明的运输费用以及直接相关的国际联运杂费清算后的实际运输收入。

（3）以航空运输方式载运货物或旅客的，如果国际运输或港澳台运输各航段由多个承运人承运的，为中国航空结算有限责任公司清算后的实际收入；如果国际运输或港澳台运输各航段由一个承运人承运的，为提供航空运输服务取得的收入。

（4）其他实行免抵退税办法的增值税零税率服务或者无形资产，为提供增值税零税率服务或者无形资产取得的收入。

2）外贸企业兼营的零税率服务或者无形资产免退税计税依据

（1）从境内单位或者个人购进出口零税率服务或者无形资产的，为取得提供方开具的增值税专用发票上注明的金额。

（2）从境外单位或者个人购进出口零税率服务或者无形资产的，为取得的解缴税款的完税凭证上注明的金额。

3）核定的出口价格作为计税依据计算退（免）税的情况

如果主管税务机关认定出口价格偏高的，有权按照核定的出口价格计算退（免）税，核定的出口价格低于外贸企业购进价格的，低于部分对应的进项税额不予退税，转入成本。

4. 出口服务或者无形资产的退税率

出口服务或者无形资产的退税率为其按照销售服务或者无形资产规定适用的增值税税率。

二、出口货物或劳务增值税退（免）税的计算

（一）出口货物或劳务增值税免抵退税的计算

以出口货物为例，生产企业自营或委托外贸企业代理出口的自产货物，除另有规定外，增值税一律实行免抵退办法。“免”是指对生产企业出口的自产货物，免征本企业生产销售环节增值税（指的是免征出口销售环节的增值税销项税）；“抵”是指生产企业出口自产货物所耗用的原材料、零部件、燃料、动力等所含应予退还的进项税额，先抵顶内销货物的应纳税额（指的是内销产品销项税-内销产品进项税-上期留抵税额）；“退”是指生产企业出口的自产货物，在当月内应抵顶的进项税额大于内销货物的应纳税额时，对未抵顶完的进项税额部分按规定予以退税。

免抵退办法计算步骤如下。

第一步：免。

免征生产销售环节的增值税（即出口货物时免征增值税销项税）。

第二步：剔。

免抵退税不得免征和抵扣税额（属于进项税转出额）= 当期出口货物离岸价格×外汇人民币牌价×（出口货物征税率-退税率）-免抵退税不得免征和抵扣税额抵减额

免抵退税不得免征和抵扣税额抵减额 = 免税购进原材料价格×（出口货物征税率-退税率）

第三步：抵。

当期应纳税额 = 当期内销货物的销项税额-（当期全部进项税额-当期免抵退税不得免征和抵扣的税额）-上期留抵税额

本步计算结果如为正数，则是应纳税额，不涉及退税，但涉及免抵；如为负数，则其绝对值便为当期期末退税前的留抵税额。这样，才进入下一步骤对比大小并计算应退税额。

第四步：退。

首先计算免抵退税总额：

免抵退税额=当期出口货物离岸价格×外汇人民币牌价×出口货物退税率-免抵退税额抵减额

免抵退税额抵减额=免税购进原材料价格×出口货物退税率

其次运用孰低原则确定出口退税额，并确定退税之外的免抵税额：

（1）当期期末退税前的留抵税额≤当期免抵退税额时：

当期应退税额=期末留抵税额

当期免抵税额=当期免抵退税额-当期应退税额

当期期末退税后的留抵税额=0

（2）当期期末退税前的留抵税额>当期免抵退税额时：

当期应退税额=当期免抵退税额

当期免抵税额=0

当期期末退税后的留抵税额=当期期末退税前的留抵税额-当期应退税额

【情境实例 2-19】

1. 工作任务要求

（1）计算甲企业当期免抵退税不得免征和抵扣税额。

（2）计算甲企业当期应纳税额。

（3）计算甲企业当期免抵退税额。

（4）计算甲企业当期应退税额、免抵税额及当期期末留抵税额。

2. 情境实例设计

2017 年甲生产企业（增值税一般纳税人）进口货物，海关审定的关税完税价格为 500 万元，关税税率为 10%，海关代征了进口环节增值税。进料加工免税进口料件一批，海关暂免征税，予以放行，组成计税价格为 100 万元，从国内市场购进材料支付的价款为 1 400 万元，取得增值税专用发票上注明的税金为 238 万元。外销进料加工货物的离岸价为 1 000 万元人民币。内销货物的销售额为 1 200 万元（不含税）。该企业适用“免、抵、退”的办法，上期留抵税额 60 万元。（假定上述货物内销时均适用 17% 的增值税税率，出口退税率为 11%）

3. 任务实施过程

（1）免抵退税不得免征和抵扣税额抵减额=100×（17%-11%）=6（万元）；

免抵退税不得免征和抵扣税额=1 000×（17%-11%）-6=54（万元）。

（2）当期应纳税额=1 200×17%-[238+500×（1+10%）×17%-54]-60=-133.5（万元）。

（3）免抵退税额抵减额=100×11%=11（万元）；

免抵退税额=1 000×11%-11=99（万元）。

（4）由于当期期末退税前的留抵税额 133.5 万元>当期免抵退税额 99 万元；

所以当期应退税额为 99 万元；

当期免抵税额为 0 万元；

当期期末退税后留抵税额=133.5-99=34.5（万元）。

（二）出口货物或者劳务增值税免退税的计算

以出口货物为例，“免退”即“先征后退”是指出口货物在生产（购货）环节按规定缴纳增值税（指的是进项税），货物出口环节免征增值税（销项税），货物出口后由外贸企业（指收购货物后出口的外贸出口企业）向主管出口退税的税务机关申请办理出口货物的退税。该办法目前主要适用于外贸出口企业。

1. 外贸企业出口委托加工修理修配货物以外的货物

增值税应退税额=购进出口货物的增值税专用发票或海关进口增值税专用缴款书注明的金额×出口货物退税率

2. 外贸企业出口委托加工修理修配货物

增值税应退税额=加工修理修配费用增值税专用发票注明的金额×出口货物退税率

退税率低于适用税率的，相应计算出的差额部分的税款为不予退税金额，需作进项税额转出处理，计入出口货物劳务成本。

不予退税金额(进项税额转出)=购进出口货物的增值税专用发票或海关进口增值税专用缴款书注明的金额或者加工修理修配费用增值税专用发票注明的金额×(出口货物征税率-出口货物退税率)

【情境引例解析】

根据《国家税务总局关于外贸企业丢失增值税专用发票抵扣联出口退税有关问题的通知》（国税函〔2010〕162号）第2条规定：外贸企业丢失已开具增值税专用发票抵扣联的，在增值税专用发票认证相符后，可凭增值税专用发票发票联复印件向主管出口退税的税务机关申报出口退税。

【情境实例 2-20】

1. 工作任务要求

(1) 计算乙外贸公司应退的增值税税额。

(2) 计算乙外贸公司增值税进项税额转出额。

2. 情境实例设计

乙外贸公司为增值税一般纳税人。2017年2月，乙外贸公司（具有进出口经营权）从某日用化妆品公司购进出口用护发用品1 000箱，取得增值税专用发票注明的价款为200万元，进项税额为34万元，货款已用银行存款支付。当月该批产品已全部出口，售价为每箱180美元（当日汇率为1美元=6.8元人民币），申请退税的单证齐全。该护发品增值税退税率为9%。

3. 任务实施过程

(1) 应退增值税税额=2 000 000×9%=180 000（元）。

(2) 增值税进项税额转出额=340 000-180 000=160 000（元）。

三、出口服务或者无形资产退（免）税的计算

（一）出口服务或者无形资产增值税免抵退税的计算

境内的单位和个人提供适用增值税零税率的服务或者无形资产，如果属于适用增值税一般计税方法的，生产企业实行免抵退税办法。外贸企业直接将服务或自行研发的无形资产出口，视同生产企业连同其出口货物统一实行免抵退税办法。

按照纳税人是否兼营货物出口，零税率服务或者无形资产增值税免抵退税纳税人可分为专营零税率服务或者无形资产纳税人、兼营货物出口的零税率服务或者无形资产纳税人。

1. 专营零税率服务或者无形资产纳税人免抵退增值税的计算

专营零税率服务或者无形资产免抵退税的计算程序和方法如下。

1）零税率服务或者无形资产当期免抵退税额的计算

当期零税率服务或者无形资产免抵退税额=当期零税率服务或者无形资产免抵退税计税价格×外汇人民币牌价×零税率服务或者无形资产增值税退税率

2）当期应退税额和当期免抵税额的计算

（1）当期期末留抵税额≤当期免抵退税额时：

当期应退税额=当期期末留抵税额

当期免抵税额=当期免抵退税额-当期应退税额

（2）当期期末留抵税额>当期免抵退税额时：

当期应退税额=当期免抵退税额

当期免抵税额=0

“当期期末留抵税额”为当期“增值税纳税申报表”的“期末留抵税额”。

（3）当期应纳税额=当期销项税额-当期进项税额-上期留抵进项税额

情境讨论：与出口货物免抵退办法相比，零税率服务和无形资产免抵退办法有什么特点？

【情境实例 2-21】

1. 工作任务要求

计算甲设计公司下列业务的出口退税额。

2. 情境实例设计

山西甲设计公司，为试点一般纳税人，已办理了出口退（免）税认定手续，设计服务的征退税率为6%，期初留抵税额为10 000元。2016年12月和2017年1月发生如下业务。

（1）2016年12月10日，为山东乙公司提供设计服务，开具增值税专用发票，专用发票注明的金额200万元，税额12万元，款项未收。

（2）2016年12月15日，为法国的一家企业提供设计服务，《技术出口合同登记证》上的成交价格为10万欧元，12月1日的人民币对欧元的汇率中间价为8.0；12月18日收到法国客户支付的全部设计费，该项设计服务的部分业务由山西的丙设计公司承担，当日甲设计公司就该设计服务支付丙设计公司设计费26.5万元人民币（含税），并取得丙公司开具的增值税专用发票，注明价款25万元，税金1.5万元。

（3）2016年12月12日购进一台专用设备，取得增值税专用发票，专用发票注明的金额50万元，税额8.5万元，设备款转账付讫。

（4）2016年12月20日，支付北京市某律师事务所（试点一般纳税人）法律顾问费，取得的增值税专用发票上注明的金额70万元，税额4.2万元，顾问费转账付讫30万元。

（5）2017年1月8日，该公司向主管税务机关办理了免抵退申报，2017年1月25日收到税务机关审批的汇总表。

(6) 2017 年 1 月 27 日，收到退税款。

3. 任务实施过程

本期免抵退增值税的计算如下：

$$当期应纳税额=120\ 000-(15\ 000+85\ 000+42\ 000)-10\ 000=-32\ 000（元）$$

$$当期期末留抵税额=32\ 000 元$$

$$当期免抵退税额=100\ 000\times8\times6\%=48\ 000（元）$$

当期应退税额的计算如下：

由于当期期末留抵税额（32 000 元）小于当期免抵退税额（48 000 元），故：

$$当期应退税额=32\ 000 元$$

$$当期免抵税额=48\ 000-32\ 000=16\ 000（元）$$

【情境实例 2-22】

1. 工作任务要求

计算甲设计公司以上业务的出口退税额。

2. 情境实例设计

仍以【情境实例 2-21】为例，其他业务不变，假设期初留抵税额为 30 000 元。

3. 任务实施过程

本期免抵退增值税的计算如下：

$$当期应纳税额=120\ 000-(15\ 000+85\ 000+42\ 000)-30\ 000=-52\ 000（元）$$

$$当期期末留抵税额=52\ 000 元$$

$$当期免抵退税额=100\ 000\times8\times6\%=48\ 000（元）$$

当期应退税额的计算如下：

由于当期期末留抵税额（52 000 元）大于当期免抵退税额（48 000 元），故：

$$当期应退税额=48\ 000 元$$

$$当期免抵税额=48\ 000-48\ 000=0（元）$$

【情境实例 2-23】

1. 工作任务要求

计算甲设计公司下列业务的出口退税额。

2. 情境实例设计

仍以【情境实例 2-21】为例，其他业务不变，假设 2016 年 12 月份的进项税额共 105 000 元，期初留抵税额为 10 000 元。

3. 任务实施过程

本期免抵退增值税的计算如下：

$$当期应纳税额=120\ 000-105\ 000-10\ 000=5\ 000（元）$$

$$当期期末留抵税额=0 元$$

$$当期免抵退税额=100\ 000\times8\times6\%=48\ 000（元）$$

当期应退税额的计算如下：

由于当期期末留抵税额（0）小于当期免抵退税额（48 000 元），故：

$$当期应退税额=0 元$$

$$当期免抵税额=48\ 000-0=48\ 000（元）$$

2. 兼营货物出口的零税率服务或者无形资产纳税人免抵退增值税的计算

实行免抵退税办法的增值税零税率服务或者无形资产提供者如果同时出口货物劳务（劳务指对外加工修理修配劳务，下同）且未分别核算的，应一并计算免抵退税。税务机关在审批时，应按照增值税零税率服务或者无形资产、出口货物劳务免抵退税额的比例划分其退税额和免抵税额。

出口货物征税率和退税率不一致，产生免抵退税不得免征和抵扣税额，出口货物必须在出口业务单证齐全和系统信息齐全的条件下方可办理申报，两个因素共同影响出口退税免抵退增值税的计算。

兼营货物出口的零税率服务或者无形资产纳税人免抵退增值税计算公式调整如下：

（1）当期免抵退税额=当期零税率服务或者无形资产免抵退税额+当期出口货物免抵退税额

=当期零税率服务或者无形资产免抵退税计税价格×外汇人民币牌价×零税率服务或者无形资产退税率+当期出口货物的离岸价格×外汇人民币牌价×出口货物退税率

（2）当期应纳税额=当期内销货物劳务的销项税额-（当期进项税额-当期免抵退税不得免征和抵扣税额）-上期留抵进项税额

其中，当期免抵退税不得免征和抵扣税额=当期出口货物离岸价×外汇人民币牌价×（出口货物征税税率-出口货物退税率）-免抵退税不得免征和抵扣税额抵减额

其中：免抵退税不得免征和抵扣税额抵减额=免税购进原材料价格×（出口货物征税率-出口货物退税率）

① 当期应纳税额<0，且当期期末留抵税额≤当期免抵退税额时：

当期应退税额=当期期末留抵税额

当期免抵税额=当期免抵退税额-当期应退税额

② 当期应纳税额<0，且当期期末留抵税额>当期免抵退税额时：

当期应退税额=当期免抵退税额

当期免抵税额=0

当期期末留抵税额为当期“增值税纳税申报表”的“期末留抵税额”。

（3）当期有应纳税额时（即应纳税额>0时）：当期免抵税额=当期免抵退税额

【情境实例 2-24】

1. 工作任务要求

计算甲物流公司下列业务的出口退税额。

2. 情境实例设计

山东甲物流公司主要从事仓储、运输、港口以及货物销售等业务，为增值税一般纳税人，具有进出口经营权，并办理了出口退（免）税认定手续。2016 年 12 月和 2017 年 1 月发生如下业务。

（1）2016 年 12 月 1 日，接受日本一家国际货物运输代理公司的委托，从青岛承运一批重型设备到悉尼，承运合同的运费金额为 120 万美元，运输费用已全部收讫。

（2）2016 年 12 月 4—8 日，共报关出口一批外协生产的 A 产品 120 万美元。

（3）2016 年 12 月 10 日，支付联运方运输费用 333 万元，银行转账付讫，且收到对方

开具的增值税专用发票，注明运费金额300万元，税金33万元。

(4) 2016年12月25日，取得国内运输收入250万元，销项税额27.5万元，支付当月的油料费，取得增值税专用发票注明的金额300万元，税额51万元。

(5) 2016年12月30日，当月出口产品中出口单证全部收齐并且信息齐全的只有70万美元，剩下50万美元的出口到2017年1月份才能收到出口报关单。

(6) 2017年1月25日，收到主管税务机关审批的免抵退税申报汇总表。

(7) 2017年2月2日，开户行通知收到退税款423 800元。

假设当月1日人民币对美元汇率中间价为6.30，A产品的征税率为17%，退税率为15%，运输服务征退税率为11%，上期留抵税额为10 000元。

3. 任务实施过程

当期免抵退税不得免征和抵扣税额=1 200 000×6.3×(17%−15%)=151 200（元）

当期应纳税额=275 000−(330 000+510 000−151 200)−10 000=−423 800（元）

当期免抵退税额=700 000×6.3×15%+1 200 000×6.3×11%=1 493 100（元）

当期的期末留抵税额=423 800元

由于当期期末留抵税额（423 800元）小于当期免抵退税额（1 493 100元），

当期应退税额=当期期末留抵税额=423 800元

当期免抵税额=1 493 100−423 800=1 069 300（元）

（二）出口服务或者无形资产增值税免退税的计算

外贸企业外购服务或者无形资产出口免退税，又叫作外贸企业兼营零税率服务或者无形资产出口免退税。

境内的单位和个人提供适用增值税零税率的服务或者无形资产，如果属于适用增值税一般计税方法的，外贸企业外购服务或者无形资产出口实行免退税办法。

外贸企业外购服务或者无形资产出口时，免征增值税，其对应的外购服务或者无形资产的进项税额予以退还。外贸企业外购服务或者无形资产出口免退税的计算公式为：

外贸企业外购服务或者无形资产出口应退税额=外贸企业外购服务或者无形资产出口免退税计税依据×零税率服务或者无形资产增值税退税率

【情境实例2-25】

1. 工作任务要求

计算甲公司下列业务的出口退税额。

2. 情境实例设计

甲公司是一家外贸企业，为增值税一般纳税人，2017年1月从国内乙公司外购一批产品，该产品的购买价为468 000元（取得乙公司开具的增值税专用发票，注明价款400 000元，税额68 000元），然后甲公司以600 000元的价格出口给韩国丙公司，该产品的出口退税率为11%。另外，甲公司外购国内丁设计公司服务106 000元（取得丁设计公司开具的增值税专用发票，注明价款100 000元，税额6 000元），然后甲公司以120 000元的价格出口给日本戊公司。

3. 任务实施过程

外贸企业甲公司出口货物应退税额=400 000×11%=44 000（元）

外贸企业甲公司出口服务应退税额=100 000×6%=6 000（元）

任务四　增值税的纳税申报

【情境引例】

我公司2017年1月销售一批货物，因为业务需要，本月尚未收到货款就已开具发票。你认为该公司本月需要针对该项业务申报缴纳增值税吗？

一、增值税的征收管理要求

（一）增值税的纳税义务发生时间

（1）采取直接收款方式销售货物的，不论货物是否发出，均为收到销售款项或取得索取销售款项凭据的当天。

销售应税劳务，为提供劳务同时收讫销售款项或者取得索取销售款项凭据的当天。

（2）纳税人发生销售服务、无形资产或者不动产行为的，为收讫销售款或者索取销售款项凭据的当天；先开具发票的，为开具发票的当天。

（3）采取托收承付和委托银行收款方式销售货物的，为发出货物并办妥托收手续的当天。

（4）采取赊销和分期收款方式销售货物的，为书面合同约定的收款日期的当天，无书面合同的或者书面合同没有约定收款日期的，为货物发出的当天。

（5）采取预收货款方式销售货物的，为货物发出的当天，但生产销售生产工期超过12个月的大型机械设备、船舶、飞机等货物，为收到预收款或者书面合同约定的收款日期的当天。

纳税人提供租赁服务采取预收款方式的，其纳税义务发生时间为收到预收款的当天。

纳税人提供建筑服务取得预收款，应在收到预收款时，以取得的预收款扣除支付的分包款后的余额，按照规定的预征率预缴增值税。按照现行规定应在建筑服务发生地预缴增值税的项目，纳税人收到预收款时在建筑服务发生地预缴增值税。按照现行规定无须在建筑服务发生地预缴增值税的项目，纳税人收到预收款时在机构所在地预缴增值税。适用一般计税方法计税的项目预征率为2%，适用简易计税方法计税的项目预征率为3%。

（6）委托其他纳税人代销货物的，为收到代销单位的代销清单或者收到全部或者部分货款的当天。未收到代销清单及货款的，为发出代销货物满180天的当天。

（7）纳税人从事金融商品转让的，为金融商品所有权转移的当天。

（8）证券公司、保险公司、金融租赁公司、证券基金管理公司、证券投资基金以及其他经人民银行、银监会、证监会、保监会批准成立且经营金融保险业务的机构发放贷款后，自结息日起90天内发生的应收未收利息按现行规定缴纳增值税，自结息日起90天后发生的应收未收利息暂不缴纳增值税，待实际收到利息时按规定缴纳增值税。

（9）纳税人提供建筑服务，被工程发包方从应支付的工程款中扣押的质押金、保证金，未开具发票的，以纳税人实际收到质押金、保证金的当天为纳税义务发生时间。

（10）纳税人发生视同销售货物行为（不包括代销行为），为货物移送的当天。纳税人发生视同销售服务、无形资产或者不动产行为的，其纳税义务发生时间为销售服务、无形资产或者不动产权属变更的当天。

（11）纳税人进口货物，纳税义务发生时间为报关进口的当天。

（12）增值税扣缴义务发生时间为纳税人增值税纳税义务发生的当天。

【情境引例解析】

根据《增值税暂行条例》第十九条规定，销售货物或者应税劳务的增值税纳税义务发生时间，为收讫销售款项或者取得索取销售款项凭据的当天；先开具发票的，为开具发票的当天。因此，你公司未收款而先开具发票时，便应确认为增值税纳税义务发生并申报缴纳增值税。

情境讨论：单用途商业预付卡（以下简称"单用途卡"）业务应当如何进行税务处理？

（二）增值税的纳税期限

增值税的纳税期限分别为1日、3日、5日、10日、15日、1个月或者1个季度。纳税人的具体纳税期限，由主管税务机关根据纳税人应纳税额的大小分别核定。以1个季度为纳税期限的规定适用于小规模纳税人、银行、财务公司、信托投资公司、信用社，以及财政部和国家税务总局规定的其他纳税人。不能按照固定期限纳税的，可以按次纳税。

纳税人以1个月或者1个季度为1个纳税期的，自期满之日起15日内申报纳税；以1日、3日、5日、10日或者15日为1个纳税期的，自期满之日起5日内预缴税款，于次月1日起15日内申报纳税并结清上月应纳税款。

扣缴义务人解缴税款的期限，按照上述规定执行。

（三）增值税的纳税地点

1. 原增值税纳税人增值税的纳税地点

（1）固定业户应当向其机构所在地主管税务机关申报纳税。总机构和分支机构不在同一县（市）的，应当分别向各自所在地主管税务机关申报纳税；经国务院财政、税务主管部门或者其授权的财政、税务机关批准，可以由总机构汇总向总机构所在地主管税务机关申报纳税。

固定业户到外县（市）销售货物或者应税劳务，应当向其机构所在地主管税务机关申请开具外出经营活动税收管理证明，并向其机构所在地主管税务机关申报纳税；未开具证明的，应当向销售地或者劳务发生地的主管税务机关申报纳税；未向销售地或劳务发生地的主管税务机关申报纳税的，由其机构所在地主管税务机关补征税款。

（2）非固定业户销售货物或者应税劳务，应当向其销售地或者劳务发生地的主管税务机关申报纳税；未向销售地或者劳务发生地的主管税务机关申报纳税的，由其机构所在地或者居住地主管税务机关补征税款。

（3）进口货物，应当向报关地海关申报纳税。

（4）扣缴义务人应当向其机构所在地或者居住地的主管税务机关申报缴纳其扣缴的税款。

2. 营改增试点增值税纳税人增值税的纳税地点

（1）固定业户应当向其机构所在地或者居住地主管税务机关申报纳税。总机构和分支机构不在同一县（市）的，应当分别向各自所在地的主管税务机关申报纳税；经财政部和国家税务总局或者其授权的财政和税务机关批准，可以由总机构汇总向总机构所在地的主管税务机关申报纳税。

（2）非固定业户应当向应税行为发生地主管税务机关申报纳税；未申报纳税的，由其机构所在地或者居住地主管税务机关补征税款。

（3）原以地市一级机构汇总缴纳营业税的金融机构，营改增后继续以地市一级机构汇总缴纳增值税。

同一省（自治区、直辖市、计划单列市）范围内的金融机构，经省（自治区、直辖市、计划单列市）国家税务局和财政厅（局）批准，可以由总机构汇总向总机构所在地的主管国税机关申报缴纳增值税。

（4）其他个人提供建筑服务，销售或者租赁不动产，转让自然资源使用权，应向建筑服务发生地、不动产所在地、自然资源所在地主管税务机关申报纳税。

（5）扣缴义务人应当向其机构所在地或者居住地主管税务机关申报缴纳扣缴的税款。

二、增值税的纳税申报实务

（一）一般纳税人增值税的纳税申报实务

1. 申报及缴纳程序

一般纳税人办理纳税申报，需要经过发票认证、抄税、报税、申报、缴纳等工作。

1）发票认证

增值税一般纳税人本期申报抵扣的增值税专用发票必须先进行认证，纳税人可以持增值税专用发票的抵扣联在办税服务厅认证窗口认证，或进行远程认证（指的是网上增值税专用发票认证）。网上增值税专用发票认证是指增值税一般纳税人月底前使用扫描仪采集专用发票抵扣联票面信息，扫入认证专用软件（增值税发票抵扣联企业信息采集系统），生成电子数据，通过互联网报送税务机关，由税务机关进行解密认证，并将认证结果信息返回纳税人的一种专用发票认证方式。税务机关认证后，向纳税人下达“认证结果通知书”和“认证结果清单”。对于认证不符及密文有误的抵扣联，税务机关暂不予抵扣，并当场扣留作调查处理。未经认证的，不得申报抵扣。专用发票认证一般在月末进行。

2）抄税

抄税是指开票纳税人将防伪税控中当月开具的增值税发票的信息读入纳税人开发票使用的IC卡中，然后将IC卡带到国税局去报税。抄税在次月初进行，开票子系统到了每月1日，当企业进入开票系统时，系统就会提示：“金税卡已到抄税期，请您及时抄税”，此时企业就必须进行抄税处理工作。

3）纳税申报

本步纳税申报主要是指提交纳税申报表等资料，而广义的纳税申报包括上一步抄税和下一步报税。

纳税申报工作可分为上门申报和网上申报。纳税人在次月1日起15日内，不论有无销售额，均应按主管税务机关核定的纳税期限按期向当地税务机关申报。

上门申报是指纳税人到办税服务大厅纳税申报窗口请购，或到国税局网站下载、打印整套“增值税纳税申报表（一般纳税人适用）”，依填报说明，填写一式两份纸质报表或在税务局网站上直接填写申报表。纳税人携带填写好的“增值税纳税申报表（一般纳税人适用）”和相关资料到办税服务厅纳税窗口进行纳税申报。

网上申报是指纳税人通过网络，填写增值税纳税申报相关表格，并向主管税务机关提交纳税申报表等资料的一种纳税申报方法。目前，我国绝大多数地区已经实行网上申报。

4）报税

报税是纳税人在抄税和提交纳税申报表等资料之后，将IC卡拿到税务机关，由税务人员将IC卡的信息读入税务机关的金税系统。通过前面的抄税，税务机关确保了所有开具的销项税发票都读入了金税系统；通过本步报税，税务机关确保了所有可抵扣的进项税发票都读入了金税系统。这样，税务机关便可以在系统内由系统自动进行比对，确保任何一张可抵扣的进项发票都有销项发票与其对应。报税同样在次月初进行，是抄税之后的一个工作环节。

5）税款缴纳

对于实行税库银联网的纳税人，税务机关将纳税申报表单据送到纳税人的开户银行，由银行进行自动转账处理；而对于未实行税库银联网的纳税人应当到税务机关指定的银行进行现金缴纳。

2. 纳税申报时需提交的资料

增值税一般纳税人（以下简称纳税人）对增值税进行纳税申报时，必须实行电子信息采集。使用防伪税控系统开具增值税专用发票的纳税人必须在抄报税成功后，方可向所在地国家税务局办税服务厅进行纳税申报。

纳税申报资料包括纳税申报表及其附列资料和纳税申报其他资料。具体需要提报的纳税申报资料如下。

（1）增值税一般纳税人（以下简称一般纳税人）纳税申报表及其附列资料包括以下。

①“增值税纳税申报表（一般纳税人适用）”（表2-15）。

②“增值税纳税申报表附列资料（一）”（本期销售情况明细）（表2-7）。

③“增值税纳税申报表附列资料（二）”（本期进项税额明细）（表2-8）。

④“增值税纳税申报表附列资料（三）”（服务、不动产和无形资产扣除项目明细）（表2-9）。

一般纳税人销售服务、不动产和无形资产，在确定服务、不动产和无形资产销售额时，按照有关规定可以从取得的全部价款和价外费用中扣除价款的，需填报“增值税纳税申报表附列资料（三）”。其他情况不填写该附列资料。

⑤“增值税纳税申报表附列资料（四）”（税额抵减情况表）（表2-10）。

⑥“增值税纳税申报表附列资料（五）”（不动产分期抵扣计算表）（表2-11）。

⑦“固定资产（不含不动产）进项税额抵扣情况表”（表2-12）。

⑧“本期抵扣进项税额结构明细表”（表2-13）。

⑨“增值税减免税申报明细表”（表2-14）。

⑩“营改增税负分析测算明细表”（表2-6）（营改增一般纳税人需要填报该表）。

为配合全面推开营业税改征增值税试点工作，国家税务总局对增值税纳税申报有关事项进行了调整，自2016年6月1日起施行：在增值税纳税申报其他资料中增加“营改增税负分析测算明细表”，由从事建筑、房地产、金融或生活服务等经营业务的增值税一般纳税人在办理增值税纳税申报时填报，具体名单由主管税务机关确定。

（2）纳税申报其他资料包括以下。

① 已开具的税控“机动车销售统一发票”和普通发票的存根联。

② 符合抵扣条件且在本期申报抵扣的防伪税控“增值税专用发票”、税控“机动车销售统一发票”的抵扣联。

③ 符合抵扣条件且在本期申报抵扣的海关进口增值税专用缴款书、购进农产品取得的普通发票。

④ 符合抵扣条件且在本期申报抵扣的中华人民共和国税收完税证及其清单，书面合同、付款证明和境外单位的对账单或者发票。

⑤ 已开具的农产品收购凭证的存根联或报查联。

⑥ 纳税人销售服务、不动产和无形资产，在确定服务、不动产和无形资产销售额时，按照有关规定从取得的全部价款和价外费用中扣除价款的合法凭证及其清单。

⑦ 主管税务机关规定的其他资料。

（3）纳税申报表及其附列资料为必报资料。纳税申报其他资料的报备要求由各省、自治区、直辖市和计划单列市国家税务局确定。

实务咨询：我公司纳税申报时，对于营改增后的销售服务、无形资产或者不动产，是否应在“增值税纳税申报表”第2栏应税劳务销售额中单独反映？

【情境实战2-2】

1. 工作任务要求

河北顺达贸易有限公司2017年2月8日进行纳税申报，填写“增值税纳税申报表”及其附表。

2. 情境实战设计

同【情境实战2-1】。

3. 实战操作步骤

第一步：申报期内，凭“应交税费——应交增值税”明细账，填写表2-6、表2-7、表2-8、表2-9、表2-10、表2-11、表2-12、表2-13、表2-14。

注：本案例中，表2-9、表2-10、表2-11、表2-13、表2-14无内容可填。

第二步：根据“应交税费——应交增值税”明细账，以及表2-7、表2-8、表2-9、表2-12、表2-13，填写表2-15（网上申报时主表大部分数据自动生成）。

表 2－6　营改增税负分析测算明细表

税款所属时间：2017 年 01 月 01 日至 2017 年 01 月 31 日

纳税人名称：（公章）河北顺达贸易有限公司　　　　金额单位：元至角分

项目及栏次			增值税							营业税					
			不含税销售额	销项（应纳）税额	价税合计	服务、不动产和无形资产扣除项目本期实际扣除金额	扣除后		增值税应纳税额（测算）	原营业税税制下服务、不动产和无形资产差额扣除项目					应税营业额
							含税销售额	销项（应纳）税额		期初余额	本期发生额	本期应扣除金额	本期实际扣除金额	期末余额	
应税项目代码及名称	增值税税率或征收率	营业税税率	1	2=1×增值税税率或征收率	3=1+2	4	5=3－4	6=5÷（100%+增值税税率或征收率）×增值税税率或征收率	7	8	9	10=8+9	11（11≤3 且 11≤10）	12=10－11	13=3－11
合计	—	—	2 800 000.00	218 000.00	3 018 000.00										3 018 000.00
010202	11%		1 000 000.00	110 000.00	1 110 000.00										1 110 000.00
069900	6%		1 800 000.00	108 000.00	1 908 000.00										1 908 000.00

表 2－7 增值税纳税申报表附列资料（一）

（本期销售情况明细）

税款所属时间：2017 年 01 月 01 日至 2017 年 01 月 31 日

纳税人名称：河北顺达贸易有限公司（公章）　　　　金额单位：元至角分

项目及栏次				开具增值税专用发票		开具其他发票		未开具发票		纳税检查调整		合计			服务、不动产和无形资产扣除项目本期实际扣除金额	扣除后	
				销售额	销项（应纳）税额	销售额	销项（应纳）税额	销售额	销项（应纳）税额	销售额	销项（应纳）税额	销售额	销项（应纳）税额	价税合计		含税（免税）销售额	销项（应纳）税额
				1	2	3	4	5	6	7	8	9=1+3+5+7	10=2+4+6+8	11=9+10	12	13=11－12	14=13/（100%+税率或征收率）×税率或征收率
一、一般计税方法计税	全部征税项目	17%税率的货物及加工修理修配劳务	1	1 500 000.00	255 000.00	0.00	0.00	0.00	0.00	0.00	0.00	1 500 000.00	255 000.00	—	—	—	—
		17%税率的服务、不动产和无形资产	2	0.00	0.00	0.00	0.00	0.00	0.00	0.00	0.00	0.00	0.00	0.00	0.00	0.00	0.00
		13%税率	3	0.00	0.00	0.00	0.00	0.00	0.00	0.00	0.00	0.00	0.00	—	0.00	—	0.00
		11%税率的货物及加工修理修配劳务	4a	0.00	0.00	0.00	0.00	0.00	0.00	0.00	0.00	0.00	0.00	—	—	—	—
		11%税率的服务、不动产和无形资产	4b	1 000 000.00	110 000.00	0.00	0.00	0.00	0.00	0.00	0.00	1 000 000.00	110 000.00	1 110 000.00	0.00	1 110 000.00	110 000.00
		6%税率	5	1 800 000.00	108 000.00	0.00	0.00	0.00	0.00	0.00	0.00	1 800 000.00	108 000.00	1 908 000.00	0.00	1 908 000.00	108 000.00
	其中：即征即退项目	即征即退货物及加工修理修配劳务	6	—	—	—	—	—	—	—	—	0.00	0.00	—	—	—	—
		即征即退服务、不动产和无形资产	7	—	—	—	—	—	—	—	—	0.00	0.00	0.00	0.00	0.00	0.00
二、简易计税方法计税	全部征税项目	6%征收率	8	0.00	0.00	0.00	0.00	0.00	0.00	—	—	0.00	0.00	—	—	—	—
		5%征收率的货物及加工修理修配劳务	9a	0.00	0.00	0.00	0.00	0.00	0.00	—	—	0.00	0.00	—	—	—	—
		5%征收率的服务、不动产和无形资产	9b	0.00	0.00	0.00	0.00	0.00	0.00	—	—	0.00	0.00	0.00	0.00	0.00	0.00

续表

项目及栏次				开具增值税专用发票		开具其他发票		未开具发票		纳税检查调整		合计			服务、不动产和无形资产扣除项目本期实际扣除金额	扣除后	
				销售额	销项（应纳）税额	销售额	销项（应纳）税额	销售额	销项（应纳）税额	销售额	销项（应纳）税额	销售额	销项（应纳）税额	价税合计		含税（免税）销售额	销项（应纳）税额
				1	2	3	4	5	6	7	8	9=1+3+5+7	10=2+4+6+8	11=9+10	12	13=11－12	14=13/（100%+税率或征收率）×税率或征收率
二、简易计税方法计税	全部征税项目	4%征收率	10	0.00	0.00	0.00	0.00	0.00	0.00	—	—	0.00	0.00	—	—	—	—
		3%征收率的货物及加工修理修配劳务	11	0.00	0.00	0.00	0.00	0.00	0.00	—	—	0.00	0.00	—	—	—	—
		3%征收率的服务、不动产和无形资产	12	0.00	0.00	0.00	0.00	0.00	0.00	—	—	0.00	0.00	0.00	0.00	0.00	0.00
		预征率　%	13a	0.00	0.00	0.00	0.00	0.00	0.00	—	—	0.00	0.00	0.00	0.00	0.00	0.00
		预征率　%	13b	0.00	0.00	0.00	0.00	0.00	0.00	—	—	0.00	0.00	0.00	0.00	0.00	0.00
		预征率　%	13c	0.00	0.00	0.00	0.00	0.00	0.00	—	—	0.00	0.00	0.00	0.00	0.00	0.00
	其中：即征即退项目	即征即退货物及加工修理修配劳务	14	—	—	—	—	—	—	—	—	0.00	0.00	—	—	—	—
		即征即退服务、不动产和无形资产	15	—	—	—	—	—	—	—	—	0.00	0.00	0.00	0.00	0.00	0.00
三、免抵退税	货物及加工修理修配劳务		16	—	—	—	0.00	—	0.00	—	—	—	0.00	—	—	—	—
	服务、不动产和无形资产		17	—	—	—	0.00	—	0.00	—	—	—	0.00	—	0.00	0.00	0.00
四、免税	货物及加工修理修配劳务		18	—	0.00	0.00	0.00	—	0.00	—	—	—	0.00	—	—	—	—
	服务、不动产和无形资产		19	—	—	—	0.00	—	0.00	—	—	—	0.00	—	0.00	0.00	0.00

表 2-8 增值税纳税申报表附列资料（二）

（本期进项税额明细）

税款所属时间：2017 年 01 月 01 日至 2017 年 01 月 31 日

纳税人名称：（公章）河北顺达贸易有限公司　　　　金额单位：元至角分

一、申报抵扣的进项税额				
项　目	栏次	份数	金额	税额
（一）认证相符的增值税专用发票	1=2+3	5	1 900 000.00	185 000.00
其中：本期认证相符且本期申报抵扣	2	5	1 900 000.00	185 000.00
前期认证相符且本期申报抵扣	3	0	0.00	0.00
（二）其他扣税凭证	4=5+6+7+8a+8b	1	100 000.00	17 000.00
其中：海关进口增值税专用缴款书	5	1	100 000.00	17 000.00
农产品收购发票或者销售发票	6	0	0.00	0.00
代扣代缴税收缴款凭证	7	0	—	0.00
加计扣除农产品进项税额	8a	—	—	0.00
其他	8b	0	0.00	0.00
（三）本期用于构建不动产的扣税凭证	9	—	—	—
（四）本期不动产允许抵扣进项税额	10	—	—	—
（五）外贸企业进项税额抵扣证明	11	—	—	0.00
当期申报抵扣进项税额合计	12=1+4-9+10+11	6	2 000 000.00	202 000.00

二、进项税额转出额		
项　目	栏次	税　额
本期进项税转出额	13=14 至 23 之和	42 500.00
其中：免税项目用	14	0.00
集体福利、个人消费	15	42 500.00
非正常损失	16	0.00
简易计税方法征税项目用	17	0.00
免抵退税办法不得抵扣的进项税额	18	0.00
纳税检查调减进项税额	19	0.00
红字专用发票信息表注明的进项税额	20	0.00
上期留抵税额抵减欠税	21	0.00
上期留抵税额退税	22	0.00
其他应作进项税额转出的情形	23	0.00

续表

三、待抵扣进项税额				
项　　目	栏次	份数	金额	税额
（一）认证相符的增值税专用发票	24	—	—	—
期初已认证相符但未申报抵扣	25	0.00	0.00	0.00
本期认证相符且本期未申报抵扣	26	0.00	0.00	0.00
期末已认证相符但未申报抵扣	27	0.00	0.00	0.00
其中：按照税法规定不允许抵扣	28	0.00	0.00	0.00
（二）其他扣税凭证	29=30至33之和	0.00	0.00	0.00
其中：海关进口增值税专用缴款书	30	0.00	0.00	0.00
农产品收购发票或者销售发票	31	0.00	0.00	0.00
代扣代缴税收缴款凭证	32	0.00	—	0.00
其他	33	0.00	0.00	0.00
	34	0.00	0.00	0.00
四、其他				
项　　目	栏次	份数	金额	税额
本期认证相符的增值税专用发票	35	5	1 900 000.00	185 000.00
代扣代缴税额	36	—	—	0.00

表 2-9　增值税纳税申报表附列资料（三）

（服务、不动产和无形资产扣除项目明细）

税款所属时间：2017 年 01 月 01 日至 2017 年 01 月 31 日

纳税人名称：（公章）河北顺达贸易有限公司　　　　金额单位：元至角分

项目及栏次		本期服务、不动产和无形资产价税合计额（免税销售额）	服务、不动产和无形资产扣除项目				
			期初余额	本期发生额	本期应扣除金额	本期实际扣除金额	期末余额
		1	2	3	4=2+3	5（5≤1 且 5≤4）	6=4−5
17%税率的项目	1	0.00	0.00	0.00	0.00	0.00	0.00
11%税率的项目	2	0.00	0.00	0.00	0.00	0.00	0.00
6%税率的项目（不含金融商品转让）	3	0.00	0.00	0.00	0.00	0.00	0.00
6%税率的金融商品转让项目	4	0.00	0.00	0.00	0.00	0.00	0.00
5%征收率的项目	5	0.00	0.00	0.00	0.00	0.00	0.00

续表

项目及栏次		本期服务、不动产和无形资产价税合计额（免税销售额）	服务、不动产和无形资产扣除项目				
			期初余额	本期发生额	本期应扣除金额	本期实际扣除金额	期末余额
		1	2	3	4=2+3	5（5≤1 且 5≤4）	6=4-5
3%征收率的项目	6	0.00	0.00	0.00	0.00	0.00	0.00
免抵退税的项目	7	0.00	0.00	0.00	0.00	0.00	0.00
免税的项目	8	0.00	0.00	0.00	0.00	0.00	0.00

表 2-10　增值税纳税申报表附列资料（四）

（税额抵减情况表）

税款所属时间：2017 年 01 月 01 日至 2017 年 01 月 31 日

纳税人名称：（公章）河北顺达贸易有限公司　　　　金额单位：元至角分

序号	抵减项目	期初余额	本期发生额	本期应抵减税额	本期实际抵减税额	期末余额
		1	2	3=1+2	4≤3	5=3-4
1	增值税税控系统专用设备费及技术维护费	0.00	0.00	0.00	0.00	0.00
2	分支机构预征缴纳税款	0.00	0.00	0.00	0.00	0.00
3	建筑服务预征缴纳税款	0.00	0.00	0.00	0.00	0.00
4	销售不动产预征缴纳税款	0.00	0.00	0.00	0.00	0.00
5	出租不动产预征缴纳税款	0.00	0.00	0.00	0.00	0.00

表 2-11　增值税纳税申报表附列资料（五）

（不动产分期抵扣计算表）

税款所属时间：2017 年 01 月 01 日至 2017 年 01 月 31 日

纳税人名称：（公章）河北顺达贸易有限公司　　　　金额单位：元至角分

期初待抵扣不动产进项税额	本期不动产进项税额增加额	本期可抵扣不动产进项税额	本期转入的待抵扣不动产进项税额	本期转出的待抵扣不动产进项税额	期末待抵扣不动产进项税额
1	2	3≤1+2+4	4	5≤1+4	6=1+2-3+4-5
0.00	0.00	0.00	0.00	0.00	0.00

表 2-12　固定资产（不含不动产）进项税额抵扣情况表

纳税人名称（公章）：河北顺达贸易有限公司　　填表日期：2017 年 02 月 08 日　　金额单位：元至角分

项　　目	当期申报抵扣的固定资产进项税额	申报抵扣的固定资产进项税额累计
增值税专用发票	51 000.00	51 000.00

续表

项　　目	当期申报抵扣的固定资产进项税额	申报抵扣的固定资产进项税额累计
海关进口增值税专用缴款书	0.00	0.00
合　　计	51 000.00	51 000.00

表 2-13　本期抵扣进项税额结构明细表

税款所属时间：2017 年 01 月 01 日至 2017 年 01 月 31 日

纳税人名称：（公章）河北顺达贸易有限公司　　　　金额单位：元至角分

项　　目	栏　　次	金额	税　　额
合计	1=2+4+5+11+16+18+27+29+30	2 000 000.00	202 000.00
一、按税率或征收率归集（不包括购建不动产、通行费）的进项			
17%税率的进项	2	600 000.00	102 000.00
其中：有形动产租赁的进项	3	0.00	0.00
13%税率的进项	4	0.00	0.00
11%税率的进项	5	500 000.00	55 000.00
其中：运输服务的进项	6	500 000.00	55 000.00
电信服务的进项	7	0.00	0.00
建筑安装服务的进项	8	0.00	0.00
不动产租赁服务的进项	9	0.00	0.00
受让土地使用权的进项	10	0.00	0.00
6%税率的进项	11	600 000.00	36 000.00
其中：电信服务的进项	12	0.00	0.00
金融保险服务的进项	13	0.00	0.00
生活服务的进项	14	0.00	0.00
取得无形资产的进项	15	0.00	0.00
5%征收率的进项	16	0.00	0.00
其中：不动产租赁服务的进项	17	0.00	0.00
3%征收率的进项	18	300 000.00	9 000.00
其中：货物及加工、修理修配劳务的进项	19	0.00	0.00
运输服务的进项	20	0.00	0.00
电信服务的进项	21	0.00	0.00
建筑安装服务的进项	22	0.00	0.00
金融保险服务的进项	23	0.00	0.00
有形动产租赁服务的进项	24	0.00	0.00
生活服务的进项	25	0.00	0.00
取得无形资产的进项	26	0.00	0.00
减按 1.5%征收率的进项	27	0.00	0.00

续表

项　　目	栏　　次	金额	税　　额
	28		
二、按抵扣项目归集的进项			
用于购建不动产并一次性抵扣的进项	29	0.00	0.00
通行费的进项	30	0.00	0.00
	31		
	32		

表 2-14　增值税减免税申报明细表

税款所属时间：自 2017 年 01 月 01 日至 2017 年 01 月 31 日

纳税人名称（公章）：河北顺达贸易有限公司　　　　金额单位：元至角分

一、减税项目						
减税性质代码及名称	栏次	期初余额	本期发生额	本期应抵减税额	本期实际抵减税额	期末余额
		1	2	3＝1+2	4≤3	5＝3−4
合计	1	0.00	0.00	0.00	0.00	0.00
	2	0.00	0.00	0.00	0.00	0.00
	3	0.00	0.00	0.00	0.00	0.00
	4	0.00	0.00	0.00	0.00	0.00
	5	0.00	0.00	0.00	0.00	0.00
	6	0.00	0.00	0.00	0.00	0.00
二、免税项目						
免税性质代码及名称	栏次	免征增值税项目销售额	免税销售额扣除项目本期实际扣除金额	扣除后免税销售额	免税销售额对应的进项税额	免税额
		1	2	3＝1−2	4	5
合　　计	7	0.00				
出口免税	8	0.00	—	—	—	—
其中：跨境服务	9	0.00	—	—	—	—
	10	0.00	0.00	0.00	0.00	0.00
	11	0.00	0.00	0.00	0.00	0.00
	12	0.00	0.00	0.00	0.00	0.00
	13	0.00	0.00	0.00	0.00	0.00
	14	0.00	0.00	0.00	0.00	0.00
	15	0.00	0.00	0.00	0.00	0.00
	16	0.00	0.00	0.00	0.00	0.00

表 2－15　增值税纳税申报表

（一般纳税人适用）

根据国家税收法律法规及增值税相关规定制定本表。纳税人不论有无销售额，均应按税务机关核定的纳税期限填写本表，并向当地税务机关申报。

税款所属时间：自 2017 年 01 月 01 日至 2017 年 01 月 31 日　　填表日期：2017 年 02 月 08 日　　金额单位：元至角分

纳税人识别号	91370722900456789D			所属行业：批发和零售业			
纳税人名称	河北顺达贸易有限公司（公章）	法定代表人姓名	王光明	注册地址	河北省保定市光华路 53 号	生产经营地址	河北省保定市光华路 53 号
开户银行及账号	工行光华路分理处，3301022009011503958	登记注册类型		有限责任公司		电话号码	0312－7777777

项目		栏次	一般货物、劳务和应税服务		即征即退货物、劳务和应税服务	
			本月数	本年累计	本月数	本年累计
销售额	（一）按适用税率计税销售额	1	4 300 000.00	4 300 000.00	0.00	0.00
	其中：应税货物销售额	2	1 500 000.00	1 500 000.00	0.00	0.00
	应税劳务销售额	3	2 800 000.00	2 800 000.00	0.00	0.00
	纳税检查调整的销售额	4	0.00	0.00	0.00	0.00
	（二）按简易办法计税销售额	5	0.00	0.00	0.00	0.00
	其中：纳税检查调整的销售额	6	0.00	0.00	0.00	0.00
	（三）免抵退办法出口销售额	7	0.00	0.00	—	—
	（四）免税销售额	8	0.00	0.00	—	—
	其中：免税货物销售额	9	0.00	0.00	—	—
	免税劳务销售额	10	0.00	0.00	—	—
税款计算	销项税额	11	473 000.00	473 000.00	0.00	0.00
	进项税额	12	202 000.00	202 000.00	0.00	0.00
	上期留抵税额	13	0.00	—	0.00	—
	进项税额转出	14	42 500.00	42 500.00	0.00	0.00
	免抵退应退税额	15	0.00	0.00	—	—
	按适用税率计算的纳税检查应补缴税额	16	0.00	0.00	—	—
	应抵扣税额合计	17=12+13－14－15+16	159 500.00	159 500.00	0.00	0.00
	实际抵扣税额	18（如 17<11，则为 17，否则为 11）	159 500.00	159 500.00	0.00	0.00

续表

项目		栏次	一般货物、劳务和应税服务		即征即退货物、劳务和应税服务	
			本月数	本年累计	本月数	本年累计
税款计算	应纳税额	19=11－18	313 500.00	313 500.00	0.00	0.00
	期末留抵税额	20=17－18	0.00	—	0.00	—
	简易计税办法计算的应纳税额	21	0.00	0.00	0.00	0.00
	按简易计税办法计算的纳税检查应补缴税额	22	0.00	0.00	—	—
	应纳税额减征额	23	0.00	0.00	0.00	0.00
	应纳税额合计	24=19+21－23	313 500.00	313 500.00	0.00	0.00
税款缴纳	期初未缴税额（多缴为负数）	25	100 000.00	100 000.00	0.00	0.00
	实收出口开具专用缴款书退税额	26	0.00	0.00	—	—
	本期已缴税额	27=28+29+30+31	100 000.00	100 000.00	0.00	0.00
	① 分次预缴税额	28	0.00	—	0.00	—
	② 出口开具专用缴款书预缴税额	29	0.00	—	—	—
	③ 本期缴纳上期应纳税额	30	100 000.00	100 000.00	0.00	0.00
	④ 本期缴纳欠缴税额	31	0.00	0.00	0.00	0.00
	期末未缴税额（多缴为负数）	32=24+25+26－27	313 500.00	313 500.00	0.00	0.00
	其中：欠缴税额（≥0）	33=25+26－27	0.00	—	0.00	—
	本期应补（退）税额	34=24－28－29	313 500.00	—	0.00	—
	即征即退实际退税额	35	0.00	—	0.00	0.00
	期初未缴查补税额	36	0.00	0.00	—	—
	本期入库查补税额	37	0.00	0.00	—	—
	期末未缴查补税额	38=16+22+36－37	0.00	0.00	—	—
授权声明	如果你已委托代理人申报，请填写下列资料： 为代理一切税务事宜，现授权 （地址）　　　　　　为本纳税人的代理申报人，任何与本申报表有关的往来文件，都可寄予此人。 授权人签字：		申报人声明	本纳税申报表是根据国家税收法律法规及相关规定填报的，我确定它是真实的、可靠的、完整的。 声明人签字：		

主管税务机关：　　　　　　接收人：　　　　　　接收日期：

（二）小规模纳税人增值税的纳税申报实务

小规模纳税人对增值税进行纳税申报时，应填报“增值税纳税申报表（小规模纳税人适用）附列资料”（表 2-16）、“增值税纳税申报表（小规模纳税人适用）”（表 2-17）。

表 2-16　增值税纳税申报表（小规模纳税人适用）附列资料

税款所属期：2017 年 01 月 01 日至 2017 年 03 月 31 日　　填表日期：2017 年 04 月 08 日

纳税人名称：山东正信财务咨询有限公司（公章）　　金额单位：元至角分

应税行为（3%征收率）扣除额计算			
期初余额	本期发生额	本期扣除额	期末余额
1	2	3（3≤1+2 之和，且 3≤5）	4=1+2-3
应税行为（3%征收率）计税销售额计算			
全部含税收入（适用 3%征收率）	本期扣除额	含税销售额	不含税销售额
5	6=3	7=5-6	8=7/1.03
1 215 400.00	0.00	1 215 400.00	1 180 000.00
应税行为（5%征收率）扣除额计算			
期初余额	本期发生额	本期扣除额	期末余额
9	10	11（11≤9+10 之和，且 11≤13）	12=9+10-11
应税行为（5%征收率）计税销售额计算			
全部含税收入（适用 5%征收率）	本期扣除额	含税销售额	不含税销售额
13	14=11	15=13-14	16=15/1.05

表 2-17 增值税纳税申报表

（小规模纳税人适用）

纳税人识别号：9137070572481267A

纳税人名称：山东正信财务咨询有限公司（公章） 金额单位：元至角分

税款所属期：2017 年 01 月 01 日至 2017 年 03 月 31 日 填表日期：2017 年 04 月 08 日

	项目	栏次	本期数		本年累计	
			货物及劳务	服务、不动产和无形资产	货物及劳务	服务、不动产和无形资产
一、计税依据	（一）应征增值税不含税销售额	1	0.00	1 100 000.00	0.00	1 100 000.00
	税务机关代开的增值税专用发票不含税销售额	2	0.00	1 000 000.00	0.00	1 000 000.00
	税控器具开具的普通发票不含税销售额	3	0.00	100 000.00	0.00	100 000.00
	（二）销售、出租不动产不含税销售额	4	—	0.00	—	0.00
	税务机关代开的增值税专用发票不含税销售额	5	—	0.00	—	0.00
	税控器具开具的普通发票不含税销售额	6	0.00	—	0.00	—
	（三）销售使用过的固定资产不含税销售额	7（7≥8）	80 000.00	—	80 000.00	—
	其中：税控器开具的普通发票不含税销售额	8	80 000.00	—	80 000.00	—
	（四）免税销售额	9=10+11+12	0.00	0.00	0.00	0.00
	其中：小微企业免税销售额	10	0.00	0.00	0.00	0.00
	未达起征点销售额	11	0.00	0.00	0.00	0.00
	其他免税销售额	12	0.00	0.00	0.00	0.00
	（五）出口免税销售额	13（13≥14）	0.00	0.00	0.00	0.00
	其中：税控器具开具的普通发票销售额	14	0.00	0.00	0.00	0.00
二、税款计算	本期应纳税额	15	2 400.00	33 000.00	2 400.00	33 000.00
	本期应纳税额减征额	16	800.00	0.00	800.00	0.00
	本期免税额	17	0.00	0.00	0.00	0.00
	其中：小微企业免税额	18	0.00	0.00	0.00	0.00
	未达起征点免税额	19	0.00	0.00	0.00	0.00
	应纳税额合计	20=15-16	1 600.00	33 000.00	1 600.00	33 000.00
	本期预缴税额	21	0.00	0.00	—	—
	本期应补（退）税额	22=20-21	1 600.00	33 000.00	—	—
纳税人或代理人声明：本纳税申报表是根据国家税收法律法规及相关规定填报的，我确定它是真实的、可靠的、完整的。	如纳税人填报，由纳税人填写以下各栏：					
	办税人员： 财务负责人：					
	法定代表人： 联系电话：					
	如委托代理人填报，由代理人填写以下各栏：					
	代理人名称（公章）： 经办人：					
	联系电话：					

受理人： 受理日期： 年 月 日 受理税务机关（签章）

【情境实例 2-26】

1. 工作任务要求

(1) 计算正信公司 2017 年第 1 季度的应纳增值税额。

(2) 正信公司 2017 年 4 月 8 日进行第 1 季度纳税申报，填写“增值税纳税申报表”及其附表。

2. 情境实例设计

山东正信财务咨询有限公司（纳税人识别号为 9137070572481267A）在“营改增”后为小规模纳税人，2017 年第 1 季度，该公司发生如下经济业务。

① 1 月 10 日为北京某工业企业（一般纳税人）提供纳税筹划方案，取得服务收入 103 万元，由税务机关代开增值税专用发票。

② 2 月 18 日为河北某商业企业（小规模纳税人）提供财税咨询服务，取得服务收入 10.3 万元，开具普通发票。

③ 3 月 12 日销售使用了 3 年的设备一台，该设备原值为 10 万元，累计折旧为 3 万元，现售价为 8.24 万元。

3. 任务实施过程

(1) 本期应纳的增值税税额=[1 030 000/(1+3%)]×3%+[103 000/(1+3%)]×3%+[82 400/(1+3%)]×2%=30 000+3 000+1 600=34 600（元）。

(2) 填写“增值税纳税申报表（小规模纳税人适用）附列资料”（表 2-16）、“增值税纳税申报表（小规模纳税人适用）”（表 2-17）。

■ 技能训练

一、单项选择题

1. 下列纳税人中，不属于增值税一般纳税人的是（　　）。

A. 年销售额为 60 万元的从事货物生产的个体经营者

B. 年销售额为 70 万元的从事货物批发的其他个人

C. 年销售额为 60 万元的从事货物生产的企业

D. 年销售额为 100 万元的从事货物批发零售的企业

2. 某从事商品零售的小规模纳税人，2017 年 3 月份销售商品取得含税收入 12 360 元，当月该企业应纳的增值税是（　　）元。

A. 1 550　　B. 309　　C. 1 475　　D. 360

3. 下列各项中，进项税额可以从销项税额中抵扣的是（　　）。

A. 集体福利或者个人消费的购进货物或者应税劳务

B. 非正常损失的购进货物及相关的应税劳务

C. 向农业生产者购买的免税农业产品

D. 非正常损失的在产品、产成品所耗用的购进货物或者应税劳务

4. 纳税人提供的下列应税服务，适用增值税零税率的是（　　）。

A. 国际运输服务

B. 国际货物运输代理服务

C. 存储地点在境外的仓储服务

D. 标的物在境外使用的有形动产租赁服务

5. 北京市某公司专门从事商业咨询服务，为增值税小规模纳税人。2017 年 1 月 15 日，向某一般纳税人企业提供咨询服务，取得含增值税销售额 5 万元，1 月 25 日，向小规模纳税人提供咨询服务，取得含增值税收入 3 万元。已知增值税征收率为 3%，则该公司当月应纳增值税税额为（　　）万元。

A. 0.45　　B. 0.30　　C. 0.23　　D. 0.15

6. 根据营改增的有关规定，下列各项中，属于增值税的征税范围的是（　　）。

A. 单位员工为本单位提供交通运输业服务

B. 个体工商户为员工提供交通运输业服务

C. 向其他单位无偿提供产品设计服务

D. 向社会公众提供咨询服务

7. 采取预收货款方式销售货物的，增值税纳税人纳税义务的发生时间为（　　）。

A. 购买方收到货物当天　　B. 销售方发出货物当天

C. 销售方收到剩余货款当天　　D. 销售方收到第一笔货款当天

8. 根据营改增的有关规定，下列各项中，增值税税率为 6% 的是（　　）。

A. 不动产租赁服务　　B. 人力资源服务

C. 有形动产租赁服务　　D. 转让土地使用权

9. 关于试点纳税人增值税纳税义务确定时点说法不正确的有（　　）。

A. 纳税人提供建筑服务、租赁服务采取预收款方式的，为应税服务完成的当天

B. 纳税人发生应税行为并收讫销售款项或者取得索取销售款项凭据的当天；先开具发票的，为开具发票的当天

C. 纳税人从事金融商品转让的，为金融商品所有权转移的当天

D. 纳税人发生视同销售服务、无形资产或者不动产行为的，为服务、无形资产转让完成的当天或者不动产权属变更的当天

10. 某增值税一般纳税人于 2017 年 4 月购进免税农产品一批，支付给农业生产者收购价格为 40 000 元，该项业务准予抵扣的进项税额为（　　）。

A. 4 000 元　　B. 5 200 元　　C. 6 800 元　　D. 0 元

二、多项选择题

1. 下列有关增值税起征点的说法中，正确的有（　　）。

A. 个人的销售额未达到规定的起征点的，免征增值税

B. 个人的销售额超过起征点的，应就其超过起征点的销售额减半缴纳增值税

C. 个人的销售额超过起征点的，应就其销售全额缴纳增值税

D. 个人的销售额超过起征点的，应就其超过起征点的销售额部分缴纳增值税

2. 增值税一般纳税人是指年应税销售额超过规定的小规模纳税人标准的企业和企业性单位。其中年应税销售额包括（　　）。

A. 免税销售额　　B. 稽查查补销售额

C. 纳税评估调整销售额　　D. 税务机关代开发票销售额

3. 根据营改增的有关规定，下列各项中，属于文化创意服务的有（　　）。

A. 技术咨询服务　　　　　　　B. 著作权转让服务
C. 知识产权服务　　　　　　　D. 广告服务

4. 增值税的纳税期限包括（　　）日。

A. 1　　B. 3　　C. 4　　D. 5

5. 甲设计服务公司2017年2月发生了下列业务（均取得了合法的扣税凭证），其中，相应的进项税额不得从销项税额中抵扣的有（　　）。

A. 购进设计用绘图纸一批
B. 购进职工工间饮用的冲调饮品一批
C. 组织职工春游，接受A公司提供的客运服务
D. 本月刚动工兴建的展览厅，因管理不善发生火灾，全部工程及购进的建筑用物资毁损

6. 下列各项中，属于增值税价外费用的有（　　）。

A. 销项税额
B. 违约金
C. 受托加工应征消费税的消费品所代收代缴的消费税
D. 包装物租金

7. 按照营改增的最新政策，纳税人发生的下列转让行为中，按照销售无形资产征收增值税的有（　）。

A. 转让专利技术使用权　　　　B. 转让商标专用权
C. 转让土地使用权　　　　　　D. 转让有价证券

三、判断题

1. 一般纳税人与小规模纳税人的计税依据相同，都是不含税的销售额。（　　）

2. 增值税扣缴义务发生时间为纳税人增值税纳税义务发生的次日。（　　）

3. 增值税一般纳税人资格实行认定制，认定事项由增值税纳税人向其主管税务机关办理。（　　）

4. 按照增值税法律制度的有关规定，商业折扣如果和销售额开在同一张发票上的，可以从销售额中扣除。（　　）

5. 小规模纳税人实行简易计税办法，不能自行领购和使用增值税专用发票，可以抵扣进项税额。（　　）

6. 私营企业进口供残疾人专用的物品免征增值税。（　　）

7. 纳税人提供电信业服务时，附带赠送用户识别卡、电信终端等货物或者电信业服务的，应将其取得的全部价款和价外费用进行分别核算，按各自适用的税率计算缴纳增值税。（　　）

四、实务题

1. 甲企业是增值税一般纳税人，3月从国外进口一批原材料，海关审定的完税价格为120万元，该批原材料分别按10%和17%的税率向海关缴纳了关税和进口环节增值税，并取得了相关完税凭证。该批原材料当月加工成产品后全部在国内销售，取得销售收入300万元（不含增值税），同时支付运输费6万元（取得增值税专用发票）。已知该企业适用的增值税税率为17%。

要求：计算甲企业当月的应纳增值税。

2. 甲企业为增值税一般纳税人，2017 年 1 月外购一批材料用于应税货物的生产，取得增值税专用发票，价款 20 000 元，增值税 3 400 元；外购一批材料用于应税货物和免税货物的生产，取得增值税专用发票，价款 30 000 元，增值税 5 100 元，但无法划分不得抵扣的进项税额，当月应税货物销售额 60 000 元，免税货物销售额 65 000 元。

要求：计算甲企业当期不可抵扣的进项税额。

3. 甲工业企业是增值税小规模纳税人，3 月取得销售收入 10.3 万元（含增值税）；购进原材料一批，支付货款 3.09 万元（含增值税）。

要求：计算甲企业当月的应纳增值税。

4. 北京甲广告公司已登记为增值税一般纳税人。2017 年 1 月，该公司取得广告制作费 763.2 万元（含税），支付给山西某媒体的广告发布费为 280 万元（不含税），取得增值税专用发票。此外，当期该广告公司可抵扣的进项税额为 15 万元。

要求：计算当月甲广告公司的应纳增值税。

5. 甲传媒有限责任公司主要经营电视剧、电影等广播影视节目的制作和发行，为营改增一般纳税人。2017 年 1 月企业发生如下业务。

（1）9 日，传媒公司为某电视剧提供片头、片尾、片花制作服务，取得含税服务费 106 万元。

（2）9 日，公司购入 8 台计算机，用于公司的日常业务制作，支付含税价款 4.68 万元，取得增值税专用发票，当月通过认证。

（3）10 日，公司购入一台小汽车，取得机动车销售统一发票，支付价税合计金额 11.7 万元。

（4）11 日，取得设计服务收入含税价款 53 万元。

（5）22 日，该电影在某影院开始上映，传媒公司向影院支付含税上映费用 15 万元，取得税务局代开的增值税专用发票。（影院选择采用增值税简易计税方法）

（6）25 日，支付增值税税控系统技术维护费用合计付款 700 元，取得增值税专用发票注明价款 660.38 元，税额 39.62 元。

要求：

（1）提供片头、片尾、片花制作服务取得收入应计算的增值税销项税；

（2）购入计算机可以抵扣的增值税进项税；

（3）购入小汽车允许抵扣的增值税进项税；

（4）收取的设计服务收入应计算的增值税销项税；

（5）支付影院的上映费用允许抵扣的增值税进项税；

（6）该传媒公司当月应纳的增值税税额。

项目三

消费税纳税申报实务

■ 职业能力目标

(1) 能够界定消费税纳税人，判断哪些产品应当缴纳消费税，会选择消费税适用税率，能确定不同类别的应税消费品的消费税纳税义务环节。

(2) 能根据相关业务资料计算直接对外销售应税消费品的应纳税额、自产自用应税消费品的应纳税额、委托加工应税消费品的应纳税额及对进口应税消费品的应纳税额。

(3) 能够判断哪些应税消费品出口业务予以免税和出口业务予以退税，并能计算退税额，能对发生退关或国外退货的应税消费品进行处理。

(4) 能确定消费税的纳税义务发生时间、纳税期限和纳税地点，根据相关业务资料填写消费税纳税申报表，并能进行手工纳税申报及网上纳税申报。

任务一　消费税的认知

【情境引例】

云峰酒厂将自产的白酒与外购的礼品搭配成套对外销售。你认为这部分收入应如何计算消费税?

一、消费税纳税人的确定

消费税是对特定的消费品及消费行为征收的一种税。在我国，消费税是对我国境内从事生产、委托加工和进口应税消费品（属于应当征收消费税的消费品，以下简称应税消费品）的单位和个人，就其销售额或销售数量，在特定环节征收的一种税。

凡在中华人民共和国境内生产、委托加工和进口《中华人民共和国消费税暂行条例》（以下简称《消费税暂行条例》）规定的应税消费品的单位和个人，以及国务院确定的销售（批发或零售）《消费税暂行条例》规定的某些应税消费品的单位和个人，均为消费税纳税义务人。“境内”是指生产、委托加工和进口应税消费品的起运地或所在地在境内。具体来说，单位是指企业、行政单位、事业单位、军事单位、社会团体及其他单位；个人是指个体工商户及其他个人。

二、消费税征税范围的确定

1. 征税范围的确定原则

(1) 一些过度消费会对人身健康、社会秩序、生态环境等方面造成危害的特殊消费品，如烟、酒、鞭炮、焰火等。

（2）非生活必需品，如高档化妆品、贵重首饰、珠宝玉石等。

（3）高能耗及高档消费品，如摩托车、小汽车等。

（4）不可再生和替代的稀缺消费品，如汽油、柴油等。

（5）税基宽广、消费普遍、征税后不影响居民基本生活并具有一定财政意义的消费品，如汽车轮胎。

消费税的征税范围不是一成不变的，随着我国经济的发展，可以根据国家的政策和经济状况及消费结构的变化进行适当的调整。

2. 征税范围的具体规定

1）烟

烟是指凡是以烟叶为原料加工生产的产品。烟的征收范围包括卷烟（进口卷烟、白包卷烟、手工卷烟和未经国务院批准纳入计划的企业及个人生产的卷烟）、雪茄烟和烟丝。

2）酒[①]

酒是指酒精度在1度以上的各种酒类饮料。酒类包括粮食白酒、薯类白酒、黄酒、啤酒、果啤和其他酒。

3）高档化妆品

高档化妆品包括高档美容、修饰类化妆品，高档护肤类化妆品和成套化妆品。高档美容、修饰类化妆品和高档护肤类化妆品是指生产（进口）环节销售（完税）价格（不含增值税）在10元/毫升（克）或15元/片（张）及以上的美容、修饰类化妆品和护肤类化妆品。

舞台、戏剧、影视演员化妆用的上妆油、卸妆油、油彩，不属于本税目的征收范围。

4）贵重首饰及珠宝玉石

贵重首饰及珠宝玉石包括凡以金、银、白金、宝石、珍珠、钻石、翡翠、珊瑚、玛瑙等高贵稀有物质，以及其他金属、人造宝石等制作的各种纯金银首饰及镶嵌首饰和经采掘、打磨、加工的各种珠宝玉石。对出国人员免税商店销售的金银首饰也征收消费税。

实务咨询：金店销售的黄金摆件和金条是否应当缴纳消费税?

5）鞭炮、焰火

鞭炮、焰火包括各种鞭炮、焰火。体育上用的发令纸、鞭炮药引线，不按本税目征收。

6）成品油

成品油包括汽油、柴油、石脑油、溶剂油、航空煤油、润滑油、燃料油7个子目。

实务咨询：我公司为一家成品油批发企业，将外购的各种标号汽油与乙醇混掺制成乙醇汽油后对外销售，是否需要缴纳消费税?

7）小汽车

小汽车是指由动力驱动，具有4个或4个以上车轮的非轨道承载的车辆，电动车、沙滩车、雪地车、卡丁车、高尔夫车不属于消费税征税范围，不征收消费税。

---

① 自2014年12月1日起，取消酒精消费税。取消酒精消费税后，“酒及酒精”品目相应改为“酒”，并继续按现行消费税政策执行；同时取消汽车轮胎消费税。

8）摩托车

摩托车包括轻便摩托车和摩托车两种。对最大设计车速不超过 50 千米/小时，发动机汽缸总工作容量不超过 50 毫升的三轮摩托车不征收消费税。

9）高尔夫球及球具

高尔夫球及球具是指从事高尔夫球运动所需的各种专用装备，包括高尔夫球、高尔夫球杆和高尔夫球包（袋）等。高尔夫球杆的杆头、杆身和握把属于本税目的征收范围。

10）高档手表

高档手表是指销售价格（不含增值税）每只在 10 000 元（含）以上的各类手表。本税目征收范围包括符合以上标准的各类手表。

11）游艇

游艇是指长度大于 8 米（含）小于 90 米（含），船体由玻璃钢、钢、铝合金、塑料等多种材料制作，可以在水上移动的水上浮载体。

12）木制一次性筷子

木制一次性筷子又称卫生筷子，是指以木材为原料经过锯段、浸泡、旋切、刨切、烘干、筛选、打磨、倒角、包装等环节加工而成的各类供一次性使用的筷子。

13）实木地板

实木地板是指以木材为原料，经锯割、干燥、刨光、截断、开榫、涂漆等工序加工而成的块状或条状的地面装饰材料。

14）电池

电池，是一种将化学能、光能等直接转换为电能的装置，一般由电极、电解质、容器、极端，通常还由隔离层组成的基本功能单元，以及用一个或多个基本功能单元装配成的电池组。范围包括：原电池、蓄电池、燃料电池、太阳能电池和其他电池。

15）涂料

涂料是指涂于物体表面能形成具有保护、装饰或特殊性能的固态涂膜的一类液体或固体材料之总称。自 2015 年 2 月 1 日起，施工状态下挥发性有机物含量低于 420 克/升（含）的涂料免征消费税。

三、消费税税率的判定

消费税实行从价定率的比例税率、从量定额的定额税率和从价定率与从量定额相结合计算应纳税额的复合计税三种形式，设置了不同的税率（税额）。多数消费品采用比例税率，最高税率为 56%，最低税率为 1%；对成品油和黄酒、啤酒等实行定额税率；对卷烟、粮食白酒、薯类白酒实行从价定率与从量定额相结合计算应纳税额的复合计税办法。现行消费税税目税率（税额）如表 3-1 所示。

表 3-1 现行消费税税目税率（税额）表

税 目	税 率
一、烟	
1. 卷烟	
（1）甲类卷烟（生产环节）	56%加 0.003 元/支（生产环节）
（2）乙类卷烟（生产环节）	36%加 0.003 元/支（生产环节）
（3）甲类卷烟和乙类卷烟（批发环节）	5%（批发环节）
2. 雪茄烟（生产环节）	36%（生产环节）
3. 烟丝（生产环节）	30%（生产环节）
二、酒	
1. 白酒（含粮食白酒和薯类白酒）	20%加 0.5 元/500 克（或者 500 毫升）
2. 黄酒	240 元/吨
3. 啤酒	
（1）甲类啤酒	250 元/吨
（2）乙类啤酒	220 元/吨
4. 其他酒	10%
三、高档化妆品	15%
四、贵重首饰及珠宝玉石	
1. 金银首饰、铂金首饰和钻石及钻石饰品（零售环节）	5%（零售环节）
2. 其他贵重首饰和珠宝玉石	10%
五、鞭炮、焰火	15%
六、成品油	
1. 汽油	1.5 元/升
2. 柴油	1.20 元/升
3. 航空煤油	1.20 元/升（暂缓征收）
4. 石脑油	1.52 元/升
5. 溶剂油	1.52 元/升
6. 润滑油	1.52 元/升
7. 燃料油	1.20 元/升
七、摩托车	
1. 气缸容量（排气量，下同）为 250 毫升的	3%
2. 气缸容量在 250 毫升以上的	10%
八、小汽车	
1. 乘用车	
（1）气缸容量（排气量，下同）在 1.0 升（含 1.0 升）以下的	1%
（2）气缸容量在 1.0 升以上至 1.5 升（含 1.5 升）的	3%
（3）气缸容量在 1.5 升以上至 2.0 升（含 2.0 升）的	5%
（4）气缸容量在 2.0 升以上至 2.5 升（含 2.5 升）的	9%
（5）气缸容量在 2.5 升以上至 3.0 升（含 3.0 升）的	12%
（6）气缸容量在 3.0 升以上至 4.0 升（含 4.0 升）的	25%
（7）气缸容量在 4.0 升以上的	40%
2. 中轻型商用客车	5%
3. 超豪华小汽车（零售环节）	10%（零售环节），生产环节同乘用车和中轻型商用客车

续表

税目	税率
九、高尔夫球及球具	10%
十、高档手表	20%
十一、游艇	10%
十二、木制一次性筷子	5%
十三、实木地板	5%
十四、电池	4%
十五、涂料	4%

在消费税税率运用中应注意以下具体问题。

(1) 对兼营不同税率的应税消费品适用税目、税率的规定。

对纳税人兼营不同税率的应税消费品，应当分别核算其销售额或销售数量。未分别核算销售额或销售数量的，或者将不同税率的应税消费品组成成套消费品销售的，从高适用税率征收。

【情境引例解析】

根据《财政部 国家税务总局关于调整和完善消费税政策的通知》（财税〔2006〕33号）第五条有关"组成套装销售的计税依据"的规定，纳税人将自产的应税消费品与外购或自产的非应税消费品组成套装销售的，以套装产品的销售额（不含增值税）为计税依据，应按照不含增值税的全部收入额计算缴纳消费税。

(2) 对卷烟适用税目、税率的具体规定。

对白包卷烟、手工卷烟、自产自用没有同牌号规格调拨价格的卷烟、委托加工没有同牌号规格调拨价格的卷烟、未经国务院批准纳入计划的企业和个人生产的卷烟，除按定额税率征收外，一律按56%的比例税率征收。

(3) 甲类卷烟是指每标准条（200 支，下同）调拨价格在 70 元（不含增值税）以上（含 70 元）的卷烟；乙类卷烟是指每标准条调拨价格在 70 元（不含增值税）以下的卷烟。

甲类啤酒是指每吨出厂价（含包装物及包装物押金）在 3 000 元（不含增值税）以上（含 3 000 元）的啤酒；乙类啤酒是指每吨出厂价（含包装物及包装物押金）在 3 000 元以下的啤酒。

(4) 消费税税目、税率（税额）的调整由国务院确定，地方无权调整。

四、消费税纳税义务环节的归类

消费税的纳税环节主要有生产环节、委托加工环节、进口环节、批发环节（仅适用于卷烟）、零售环节（仅适用于超豪华小汽车、金银首饰等）。

1. 消费税的基本纳税环节

纳税人生产的应税消费品，于纳税人销售（这里主要指出厂销售）时纳税。

纳税人自产自用的应税消费品，用于连续生产应税消费品的，不纳税；用于其他方面的，于移送使用时纳税。

委托加工的应税消费品，除受托方为个人外，由受托方在向委托方交货时代收代缴税款。

进口的应税消费品，于报关进口时纳税。

实务咨询：我公司进口小汽车的零部件，是否需要缴纳消费税？我公司使用进口的零件组装成小汽车，是否需要缴纳消费税？

2. 金银首饰的纳税环节

自 1995 年 1 月 1 日起，金银首饰消费税由生产销售环节征收改为零售环节征收。改在零售环节征收消费税的金银首饰仅限于金基、银基合金首饰以及金、银和金基、银基合金的镶嵌首饰。从 2002 年 1 月 1 日起，钻石及钻石饰品消费税改为零售环节征收。从 2003 年 5 月 1 日起，铂金首饰消费税改为零售环节征收。金银首饰消费税适用税率为 5%，在纳税人销售金银首饰、铂金首饰、钻石及钻石饰品时征收。其计税依据是不含增值税的销售额。

对既销售金银首饰，又销售非金银首饰的生产、经营单位，应将两类商品划分清楚，分别核算销售额。凡划分不清楚或不能分别核算的，在生产环节销售的，一律从高适用税率征收消费税；在零售环节销售的，一律按金银首饰征收消费税。金银首饰与其他产品组成成套消费品销售，应按销售额全额征收消费税。

金银首饰连同包装物销售的，无论包装物是否单独计价，也无论会计上如何核算，均应并入金银首饰的销售额，计征消费税。

带料加工的金银首饰，应按受托方销售同类金银首饰的销售价格确定计税依据征收消费税。没有同类金银首饰销售价格的，按照组成计税价格计算纳税。

纳税人采用以旧换新（含翻新改制）方式销售的金银首饰，应按实际收取的不含增值税的全部价款确定计税依据征收消费税。

实务咨询：根据税法规定，销售金银首饰在零售环节缴纳消费税。而我公司委托其他单位加工金银首饰，我公司是否需要缴纳消费税？

3. 卷烟的纳税环节

卷烟消费税在生产和批发两个环节征收。自 2009 年 5 月 1 日起，在卷烟批发环节加征一道从价税，在中华人民共和国境内从事卷烟批发业务的单位和个人，批发销售的所有牌号规格的卷烟，按其销售额（不含增值税）征收 5% 的消费税。纳税人应将卷烟销售额与其他商品销售额分开核算，未分开核算的，一并征收消费税。纳税人销售给纳税人以外的单位和个人的卷烟于销售时纳税。纳税人之间销售的卷烟不缴纳消费税。卷烟批发企业的机构所在地，总机构与分支机构不在同一地区的，由总机构申报纳税。自 2015 年 5 月 10 日起，将卷烟批发环节从价税税率由 5% 提高至 11%，并按 0.005 元/支加征从量税。纳税人兼营卷烟批发和零售业务的，应当分别核算批发和零售环节的销售额、销售数量；未分别核算批发和零售环节销售额、销售数量的，按照全部销售额、销售数量计征批发环节消费税。

实务咨询：我公司从事卷烟批发，按规定从 2009 年 5 月 1 日起缴纳批发环节的消费税，请问在计算应纳消费税时能否扣除生产厂家已经缴纳的消费税？

4. “小汽车”税目下“超豪华小汽车”子税目的纳税环节

自2016年12月1日起，“小汽车”税目下增设“超豪华小汽车”子税目。征收范围为每辆零售价格130万元（不含增值税）及以上的乘用车和中轻型商用客车，即乘用车和中轻型商用客车子税目中的超豪华小汽车。对超豪华小汽车，在生产（进口）环节按现行税率征收消费税基础上，在零售环节加征消费税，税率为10%。将超豪华小汽车销售给消费者的单位和个人为超豪华小汽车零售环节纳税人。

对我国驻外使领馆工作人员、外国驻华机构及人员、非居民常住人员、政府间协议规定等应税（消费税）进口自用，且完税价格130万元及以上的超豪华小汽车消费税，按照生产（进口）环节税率和零售环节税率（10%）加总计算，由海关代征。

任务二 消费税的计算

【情境引例】

甲企业委托乙企业加工一批烟丝，甲企业提供原材料烟叶，已知成本为30万元，支付加工费12万元，增值税额2.04万元，乙企业无同类产品销售价格。烟丝的消费税税率为30%。要求：(1) 计算甲企业委托乙企业加工的烟丝的组成计税价格；(2) 计算乙企业应代收代缴消费税额。

一、直接对外销售应税消费品应纳税额的计算

1. 从价定率法下应纳税额的计算

从价定率法下应纳税额的基本计算公式为：

实行从价定率办法计算的应纳税额=应税消费品销售额×比例税率

应税消费品销售额的确定如下。

（1）销售额为纳税人销售应税消费品向购买方收取的全部价款和价外费用。其中，价外费用是指价外向购买方收取的手续费、补贴、基金、集资费、返还利润、奖励费、违约金、滞纳金、延期付款利息、赔偿金、代收款项、代垫款项、包装费、包装物租金、储备费、优质费、运输装卸费，以及其他各种性质的价外收费。但下列项目不包括在内。

① 同时符合以下条件的代垫运输费用：承运部门的运输费用发票开具给购买方的；纳税人将该项发票转交给购买方的。

② 同时符合以下条件代为收取的政府性基金或行政事业性收费：由国务院或财政部批准设立的政府性基金，由国务院或省级人民政府及其财政、价格主管部门批准设立的行政事业性收费；收取时开具省级以上财政部门印制的财政票据；所收款项全额上缴财政。

（2）由于应税消费品在缴纳消费税时，与一般货物一样，都还要缴纳增值税。因此，《中华人民共和国消费税暂行条例实施细则》明确规定，应税消费品的销售额，不包括应向购货方收取的增值税税额。如果纳税人应税消费品的销售额中未扣除增值税税款，或者因不得开具增值税专用发票而导致价款和增值税税款合并收取的，在计算消费税时，应当换算为不含增值税税款的销售额。其换算公式为：

应税消费品的销售额=含增值税的销售额/(1+增值税税率或征收率)

(3) 应税消费品连同包装物销售的，无论包装物是否单独计价，以及在会计上如何核算，均应并入应税消费品的销售额中缴纳消费税。如果包装物不作价随同产品销售，而是收取押金，此项押金则不应并入应税消费品的销售额中征税。但对因逾期未收回的包装物不再退还的，或者已收取的时间超过 12 个月的押金，应并入应税消费品的销售额，按照应税消费品的适用税率缴纳消费税。对既作价随同应税消费品销售，又另外收取押金的包装物，凡纳税人在规定的期限内没有退还的，其押金均应并入应税消费品的销售额，按照应税消费品的适用税率缴纳消费税。

从 1995 年 6 月 1 日起，对酒类（黄酒、啤酒除外）生产企业销售酒类产品而收取的包装物押金，无论押金是否返还及在会计上如何核算，均需并入酒类产品销售额中，依据酒类产品的适用税率计征消费税。

情境讨论：从 1995 年 6 月 1 日起，对酒类（黄酒、啤酒除外）生产企业销售酒类产品而收取的包装物押金，无论押金是否返还及在会计上如何核算，均需并入酒类产品销售额中，依据酒类产品的适用税率计征消费税。为什么黄酒、啤酒除外？

(4) 纳税人销售的应税消费品，以人民币以外的货币结算销售额的，其销售额的人民币折合率可以选择销售额发生的当天或当月 1 日的人民币汇率中间价。纳税人应在事先确定采用何种折合率，确定后 1 年内不得变更。

(5) 纳税人通过自设非独立核算门市部销售自产应税消费品，应当按照门市部对外销售数额计算征收消费税。

情境讨论：纳税人通过自设独立核算门市部和非独立核算门市部销售自产应税消费品，应当分别如何计算征收消费税？

实务咨询：我公司是一家直销经营模式的高档化妆品生产企业，在直销经营模式下产品的生产与销售是实行“产销一体”的，对于直销经营模式下销售的消费税应税产品，在计征消费税时税基如何确定？

【情境实例 3-1】

1. 工作任务要求

(1) 计算甲化妆品生产企业 12 月份销售高档化妆品的应税销售额。

(2) 计算甲化妆品生产企业 12 月份销售高档化妆品的增值税销项税。

(3) 计算甲化妆品生产企业 12 月份销售高档化妆品应缴纳的消费税。

2. 情境实例设计

甲化妆品生产企业为增值税一般纳税人，12 月 15 日向 A 企业销售高档化妆品一批，开具增值税专用发票，取得不含增值税销售额 100 万元；12 月 20 日向 B 企业销售高档化妆品一批，开具普通发票，取得含增值税销售额 4.68 万元。高档化妆品适用消费税税率为 15%。

3. 任务实施过程

(1) 高档化妆品的应税销售额 = 100+4.68/(1+17%) = 104（万元）。

(2) 增值税销项税 = 100×17% = 17（万元）。

(3) 应纳消费税 = 104×15% = 15.6（万元）。

2. 从量定额法下应纳税额的计算

从量定额法下应纳税额的基本计算公式为：

按从量定额办法计算的应纳税额=应税消费品的数量×定额税率

1）应税消费品数量的确定

根据应税消费品的应税行为，应税消费品的数量具体规定如下。

（1）销售（一般是指出厂销售）应税消费品的，为应税消费品的销售数量。纳税人通过自设的非独立核算门市部销售自产应税消费品的，应当按照门市部对外销售数量征收消费税。

（2）自产自用应税消费品的（用于连续生产应税消费品的除外①），为应税消费品的移送使用数量。

（3）委托加工应税消费品的，为纳税人收回的应税消费品数量。

（4）进口的应税消费品，为海关核定的应税消费品进口征税数量。

2）计量单位的换算标准

按照消费税的规定，对黄酒、啤酒、成品油等应税消费品采取从量定额办法计算应纳税额。其计量单位的换算标准如表3-2所示。

表3-2　应税消费品计量单位的换算标准

序　号	名　称	计量单位的换算单位
1	黄酒	1吨=962升
2	啤酒	1吨=988升
3	汽油	1吨=1 388升
4	柴油	1吨=1 176升
5	航空煤油	1吨=1 246升
6	石脑油	1吨=1 385升
7	溶剂油	1吨=1 282升
8	润滑油	1吨=1 126升
9	燃料油	1吨=1 015升

【情境实例3-2】

1. 工作任务要求

计算甲啤酒厂10月份、11月份应纳消费税税额。

2. 情境实例设计

甲啤酒厂10月份销售啤酒420吨，每吨出厂价格3 300元（含增值税），收取包装物及包装物押金100元；11月份销售啤酒550吨，每吨出厂价格3 500元（含增值税），收取包装物及包装物押金100元。

3. 任务实施过程

每吨出厂价（含包装物及包装物押金，下同）在3 000元（不含增值税）以上（含3 000元）的啤酒，适用定额税率为250元/吨；每吨出厂价在3 000元以下的啤酒，适用定额税率为220元/吨。

10月份每吨出厂价=(3 300+100)/(1+17%)= 2 905.98（元）

① 注：将自产自用的应税消费品用于连续生产应税消费品，在此移送环节不纳税。

10 月份应纳消费税额 = 销售数量×定额税率 = 420×220 = 92 400（元）

11 月份每吨出厂价 =（3 500+100）/（1+17%）= 3 076. 92（元）

11 月份应纳消费税额 = 销售数量×定额税率 = 550×250 = 137 500（元）

3. 从价定率和从量定额复合计税法下应纳税额的计算

现行消费税的征税范围中，只有卷烟及白酒（粮食白酒和薯类白酒）采用复合计征方法。其基本计算公式为：

应纳税额 = 应税消费品的销售额×比例税率 + 应税消费品的销售数量×定额税率

生产销售卷烟或白酒从量定额的计税依据为实际销售数量。进口、委托加工、自产自用卷烟或白酒从量定额的计税依据分别为海关核定的进口征税数量、委托方收回数量、移送使用数量。

1）卷烟最低计税价格的核定

根据国家税务总局令第 26 号，自 2012 年 1 月 1 日起，卷烟消费税最低计税价格核定范围为卷烟生产企业在生产环节销售的所有牌号、规格的卷烟。

计税价格由国家税务总局按照卷烟批发环节销售价格扣除卷烟批发环节批发毛利核定并发布。计税价格的核定公式如下：

某牌号、规格卷烟计税价格 = 批发环节销售价格×（1−适用批发毛利率）

卷烟批发环节销售价格，按照税务机关采集的所有卷烟批发企业在价格采集期内销售的该牌号、规格卷烟的数量与销售额进行加权平均计算。其计算公式如下：

$$\text{批发环节销售价格}=\frac{\sum \text{该牌号、规格卷烟各采集点的销售额}}{\sum \text{该牌号、规格卷烟各采集点的销售数量}}$$

实际销售价格高于核定计税价格的卷烟，按实际销售价格征收消费税；反之，按计税价格征税。

2）白酒计税依据中从价定率部分的特殊规定

（1）白酒生产企业向商业销售单位收取的“品牌使用费”是随着应税白酒的销售而向购货方收取的，属于应税白酒销售价款的组成部分，因此无论企业采取何种方式或以何种名义收取价款，均应并入白酒的销售额中缴纳消费税。

（2）从 2009 年 8 月 1 日起，白酒生产企业销售给销售单位的白酒，生产企业消费税计税价格低于销售单位对外销售价格 70% 以下的，税务机关应核定消费税最低计税价格；白酒生产企业销售给销售单位的白酒，生产企业消费税计税价格高于销售单位对外销售价格 70%（含）以上的，税务机关暂不核定消费税最低计税价格。

（3）最低计税价格的核定。

① 最低计税价格的核定标准。白酒生产企业销售给销售单位的白酒，生产企业消费税计税价格低于销售单位对外销售价格 70% 以下的，消费税最低计税价格由税务机关根据生产规模、白酒品牌、利润水平等情况，在销售单位对外销售价格 50% ～70% 范围内自行核定。其中，生产规模较大、利润水平较高的企业生产的需要核定消费税最低计税价格的白酒，税务机关核价幅度原则上应选择在销售单位对外销售价格 60% ～70% 范围内。

② 从高适用计税价格。已核定最低计税价格的白酒，生产企业实际销售价格高于消费税最低计税价格的，按实际销售价格申报纳税；实际销售价格低于消费税最低计税价格的，

按最低计税价格申报纳税。

③ 重新核定计税价格。已核定最低计税价格的白酒，销售单位对外销售价格持续上涨或下降时间达到3个月以上、累计上涨或下降幅度在20%（含）以上的白酒，税务机关重新核定最低计税价格。

白酒生产企业在办理消费税纳税申报时，应附已核定最低计税价格白酒清单。

【情境实例3-3】

1. 工作任务要求

计算甲酒厂应纳消费税税额。

2. 情境实例设计

甲酒厂2017年5月生产白酒200箱，每箱净重30千克，取得不含税销售收入50 000元，收取包装物押金1 170元，押金单独记账，货款及押金均收到。

3. 任务实施过程

甲酒厂应纳消费税=[50 000+1 170/(1+17%)]×20%+200×30×2×0.5=16 200（元）

3）外购应税消费品已纳消费税扣除的计算

由于某些应税消费品是用外购已缴纳消费税的应税消费品连续生产出来的，在对这些连续生产出来的应税消费品计算征税时，税法规定应按当期生产领用数量计算准予扣除外购的应税消费品已纳的消费税税款。其扣除范围包括以下内容。

（1）外购已税烟丝生产的卷烟。

（2）外购已税高档化妆品生产的高档化妆品。

（3）外购已税珠宝玉石生产的贵重首饰及珠宝玉石。

（4）外购已税鞭炮焰火生产的鞭炮焰火。

（5）外购已税摩托车生产的摩托车（如用外购两轮摩托车改装三轮摩托车）。

（6）外购已税杆头、杆身和握把为原料生产的高尔夫球杆。

（7）外购已税木制一次性筷子为原料生产的木制一次性筷子。

（8）外购已税实木地板为原料生产的实木地板。

（9）外购已税汽油、柴油、石脑油、燃料油、润滑油生产的应税成品油。

上述当期准予扣除外购应税消费品已纳消费税税款的计算公式为：

当期准予扣除外购应税消费品已纳税款=当期准予扣除外购应税消费品的买价(或数量)×外购应税消费品适用比例税率(或定额税率)

当期准予扣除外购应税消费品的买价(或数量)=期初库存的外购应税消费品的买价(或数量)+当期购进外购应税消费品的买价(或数量)-期末库存的外购应税消费品的买价(或数量)

其中，外购应税消费品的买价是指购货发票上注明的销售额（不含增值税）。需要说明的是，纳税人用外购已税珠宝玉石生产的改在零售环节征收消费税的金银首饰，在计税时一律不得扣除外购已税珠宝玉石已纳税款。

情境讨论：国家为什么停止执行外购或委托加工已税酒和酒精生产的酒，其外购酒以及酒精已纳税或受托方代收代缴税款准予抵扣政策？

【情境实例 3-4】

1. 工作任务要求

计算甲卷烟厂应纳消费税税额。

2. 情境实例设计

甲卷烟厂2017年5月份外购烟丝价款100 000元，月初库存外购已税烟丝75 000元，月末库存外购已税烟丝36 000元；当月以外购烟丝生产卷烟的销售量为25个标准箱，每标准条调拨价格40元，共计250 000元。已知：1标准箱=250标准条，1标准条=200支。

3. 任务实施过程

当期准予扣除的外购应税消费品买价=75 000+100 000−36 000=139 000（元）

当期准予扣除的外购应税消费品已纳税款=139 000×30%=41 700（元）

由于该卷烟每标准条调拨价格=40元<70元，因此为乙类卷烟，适用消费税税率为36%。

当期应纳消费税税额=250 000×36%+25×250×200×0.003−41 700=93 750−41 700=52 050（元）

二、自产自用应税消费品的计算

1. 自产自用应税消费品的确定

所谓自产自用，是指纳税人生产应税消费品后，不是用于直接对外销售，而是用于自己连续生产应税消费品，或者用于其他方面。如果纳税人用于连续生产应税消费品，在自产自用环节不缴纳消费税；如果纳税人用于其他方面，一律于移送使用时，按视同销售缴纳消费税。用于其他方面包括用于本企业连续生产非应税消费品、在建工程、管理部门、非生产机构、提供劳务、馈赠、赞助、集资、广告、样品、职工福利、奖励等方面。

实务咨询：我公司为一家生产成品油的炼油厂，将自产的成品油用于本单位的班车（接送员工上下班），是否可以免缴消费税？

2. 自产自用应税消费品计税依据的确定

1）实行从价定率办法计算纳税的自产自用应税消费品计税依据的确定

按照纳税人生产的同类消费品的销售价格计算纳税；没有同类消费品销售价格的，按照组成计税价格计算纳税。

实行从价定率办法计算纳税的组成计税价格计算公式为：

组成计税价格=(成本+利润)/(1−比例税率)

=成本×(1+成本利润率)/(1−比例税率)

2）实行从量定额办法计算纳税的自产自用应税消费品计税依据的确定

实行从量定额办法计算纳税的自产自用应税消费品计税依据为移送使用数量。

3）实行复合计税办法计算纳税的自产自用应税消费品计税依据的确定

从价部分，按照纳税人生产的同类消费品的销售价格计算纳税；没有同类消费品销售价格的，按照组成计税价格计算纳税。从量部分，按照纳税人自产自用应税消费品的移送使用数量作为计税依据计算纳税。

实行复合计税办法计算纳税的组成计税价格计算公式为：

组成计税价格=(成本+利润+自产自用数量×定额税率)/(1-比例税率)

=[成本×(1+成本利润率)+自产自用数量×定额税率]/(1-比例税率)

其中，上述“同类消费品的销售价格”是指纳税人当月销售的同类消费品的销售价格，如果当月同类消费品各期销售价格高低不同，应按销售数量加权平均计算。但销售的应税消费品有下列情况之一的，不得列入加权平均计算：

① 销售价格明显偏低且无正当理由的；

② 无销售价格的。

如果当月无销售或当月未完结，应按照同类消费品上月或最近月份的销售价格计算纳税。

上述公式中的“成本”是指应税消费品的产品生产成本。

上述公式中的“利润”是指根据应税消费品的全国平均成本利润率计算的利润。应税消费品全国平均成本利润率由国家税务总局确定。

应税消费品全国平均成本利润率（含新增和调整后的应税消费品）如表 3-3 所示。

表 3-3　应税消费品平均成本利润率

消费品	全国平均成本利润率/%	消费品	全国平均成本利润率/%
甲类卷烟	10	摩托车	6
乙类卷烟	5	高尔夫球及球具	10
雪茄烟	5	高档手表	20
烟丝	5	游艇	10
粮食白酒	10	木制一次性筷子	5
薯类白酒	5	实木地板	5
其他酒	5	乘用车	8
高档化妆品	5	中轻型商用客车	5
鞭炮、焰火	5	电池	4
贵重首饰及珠宝玉石	6	涂料	7

3. 自产自用应税消费品应纳税额的计算

（1）实行从价定率办法计算纳税的自产自用应税消费品应纳税额的计算公式如下。

① 有同类消费品销售价格的：

应纳税额=同类应税消费品单位销售价格×自产自用数量×比例税率

② 没有同类消费品销售价格的：

应纳税额=组成计税价格×比例税率

（2）实行从量定额办法计算纳税的自产自用应税消费品应纳税额的计算公式为：

应纳税额=自产自用数量×定额税率

（3）实行复合计税办法计算纳税的自产自用应税消费品应纳税额的计算公式如下。

① 有同类消费品销售价格的：

应纳税额=同类应税消费品单位销售价格×自产自用数量×比例税率+自产自用数量×定额税率

② 没有同类消费品销售价格的：

应纳税额=组成计税价格×比例税率+自产自用数量×定额税率

【情境实例 3-5】

1. 工作任务要求

(1) 计算甲鞭炮厂自产鞭炮组成计税价格。

(2) 计算甲鞭炮厂该批鞭炮应缴纳的消费税。

2. 情境实例设计

甲鞭炮厂为增值税一般纳税人，将一批自产鞭炮用于职工福利，鞭炮生产成本为 8 500 元，成本利润率为 5%，无同类产品销售价格。鞭炮的消费税税率为 15%。

3. 任务实施过程

(1) 组成计税价格＝[8 500×(1+5%)]/(1−15%)＝10 500（元）。

(2) 应纳消费税＝10 500×15%＝1 575（元）。

【情境实例 3-6】

1. 工作任务要求

(1) 计算甲白酒厂自产粮食白酒的组成计税价格。

(2) 计算甲白酒厂该批粮食白酒应缴纳的消费税。

2. 情境实例设计

甲白酒厂为增值税一般纳税人，本月特制一批粮食白酒作为样品，该批白酒无市场销售价格。税务机关确定按组成计税价格计算税款。该批白酒成本为 50 000 元，共 1 000 千克。成本利润率为 10%，白酒的比例税率为 20%，白酒的定额税率为 1 元/千克。

3. 任务实施过程

(1) 甲白酒厂组成计税价格＝[50 000×(1+10%)+(1 000×1)]/(1−20%)＝70 000（元）。

(2) 甲白酒厂应纳消费税＝70 000×20%＋1 000×1＝15 000（元）。

三、委托加工应税消费品应纳税额的计算

1. 委托加工应税消费品的确定

委托加工的应税消费品是指由委托方提供原料和主要材料，受托方只收取加工费和代垫部分辅助材料加工的应税消费品。对于由受托方提供原材料生产的应税消费品，或者受托方先将原材料卖给委托方，然后再接受加工的应税消费品，以及由受托方以委托方名义购进原材料生产的应税消费品，无论在财务上是否作销售处理，都不得作为委托加工应税消费品，而应当按照销售自制应税消费品缴纳消费税。

委托加工的应税消费品，除受托方为个人外，由受托方在向委托方交货时代收代缴税款。委托加工收回的应税消费品，委托方用于连续生产应税消费品的，所纳税款准予按规定抵扣。委托加工的应税消费品收回后直接出售的，不再缴纳消费税。委托方将收回的应税消费品，以不高于受托方的计税价格出售的，为直接出售，不再缴纳消费税；委托方以高于受托方的计税价格出售的，不属于直接出售，需按照规定申报缴纳消费税，在计税时准予扣除受托方已代收代缴的消费税。委托个人加工的应税消费品，由委托方收回后缴纳消费税。

情境讨论：“委托加工的应税消费品收回后直接出售的，不再缴纳消费税”中的“直接出售”具体指什么情况？

2. 委托加工应税消费品计税依据的确定

1）实行从价定率办法计算纳税的委托加工应税消费品计税依据的确定

按照受托方的同类消费品的销售价格计算纳税；没有同类消费品销售价格的，按照组成计税价格计算纳税。

实行从价定率办法计算纳税的组成计税价格计算公式为：

组成计税价格=(材料成本+加工费)/(1-比例税率)

2）实行从量定额办法计算纳税的委托加工应税消费品计税依据的确定

实行从量定额办法计算纳税的委托加工应税消费品计税依据为委托加工收回的应税消费品数量（委托加工数量）。

3）实行复合计税办法计算纳税的委托加工应税消费品计税依据的确定

从价部分，按照受托方的同类消费品的销售价格计算纳税；没有同类消费品销售价格的，按照组成计税价格计算纳税。从量部分，按照纳税人委托加工数量作为计税依据计算纳税。

实行复合计税办法计算纳税的组成计税价格计算公式为：

组成计税价格=(材料成本+加工费+委托加工数量×定额税率)/(1-比例税率)

上述各组成计税价格公式中的“材料成本”是指委托方所提供加工的材料实际成本。委托加工应税消费品的纳税人，必须在委托加工合同上如实注明（或者以其他方式提供）材料成本。凡未提供材料成本的，受托方主管税务机关有权核定其材料成本。“加工费”是受托方加工应税消费品向委托方收取的全部费用（包括代垫的辅助材料实际成本）。

3. 委托加工应税消费品应纳税额的计算

（1）实行从价定率办法计算纳税的委托加工应税消费品应纳税额的计算公式如下。

① 受托方有同类消费品销售价格的：

应纳税额=同类应税消费品单位销售价格×委托加工数量×比例税率

② 受托方没有同类消费品销售价格的：

应纳税额=组成计税价格×比例税率

（2）实行从量定额办法计算纳税的委托加工应税消费品应纳税额的计算公式为：

应纳税额=委托加工数量×定额税率

（3）实行复合计税办法计算纳税的委托加工应税消费品应纳税额的计算公式如下。

① 受托方有同类消费品销售价格的：

应纳税额=同类应税消费品单位销售价格×委托加工数量×比例税率+委托加工数量×定额税率

② 受托方没有同类消费品销售价格的：

应纳税额=组成计税价格×比例税率+委托加工数量×定额税率

情境讨论：（1）对委托加工应税消费品消费税的缴纳，应注意哪些问题？
（2）委托加工的应税消费品，消费税与增值税的计算有什么不同？

【情境引例解析】

（1）组成计税价格=(30+12)/(1-30%)=60（万元）。

（2）乙企业应代收代缴消费税额=60×30%=18（万元）。

【情境实例 3-7】

1. 工作任务要求

（1）计算甲酒厂委托乙酒厂加工的粮食白酒的组成计税价格。

（2）计算乙酒厂应代收代缴消费税额。

2. 情境实例设计

甲酒厂提供250吨粮食（成本20万元），委托乙酒厂加工成粮食白酒50吨，对方收取加工费5万元，受托方垫付辅助材料费2万元，均收到了专用发票，受托方无同类产品售价。

3. 任务实施过程

（1）组成计税价格=(20+5+2+50×2 000×0.5/10 000)/(1-20%)=40（万元）。

（2）乙酒厂应代收代缴消费税额=40×20%+50×2 000×0.5/10 000=13（万元）。

4. 委托加工收回的应税消费品已纳税款的扣除

委托加工的应税消费品因为已由受托方代收代缴消费税，因此委托方收回货物后用于连续生产应税消费品的，其已纳税款准予按照规定从连续生产的应税消费品应纳税额中扣除。其扣除范围包括以下内容。

（1）以委托加工收回的已税烟丝为原料生产的卷烟。

（2）以委托加工收回的已税高档化妆品为原料生产的高档化妆品。

（3）以委托加工收回的已税珠宝玉石为原料生产的贵重首饰及珠宝玉石。

（4）以委托加工收回的已税鞭炮焰火为原料生产的鞭炮焰火。

（5）以委托加工收回的已税摩托车生产的摩托车。

（6）以委托加工收回的已税杆头、杆身和握把为原料生产的高尔夫球杆。

（7）以委托加工收回的已税木制一次性筷子为原料生产的木制一次性筷子。

（8）以委托加工收回的已税实木地板为原料生产的实木地板。

（9）以委托加工收回的已税汽油、柴油、石脑油、燃料油为原料生产的应税成品油。

上述委托加工收回的应税消费品连续生产的应税消费品准予从应纳消费税税额中按当期生产领用数量计算扣除其已纳消费税款。当期准予扣除的委托加工应税消费品已纳税款的计算公式为：

当期准予扣除的委托加工应税消费品已纳税款=期初库存的委托加工应税消费品已纳税款+当期收回的委托加工应税消费品已纳税款-期末库存的委托加工应税消费品已纳税款

纳税人用委托加工收回的已税珠宝玉石生产的改在零售环节征收消费税的金银首饰，在计税时一律不得扣除已税珠宝玉石的已纳税款。

情境讨论：消费税与增值税的抵扣时间一样吗？

【情境实例 3-8】

1. 工作任务要求

（1）计算甲日化工厂当月准予扣除的委托加工应税消费品已纳税款。

（2）计算甲日化工厂本月应纳消费税税额。

2. 情境实例设计

甲日化工厂2017年5月份委托A厂加工高档化妆品，收回时被代收代缴消费税400元，委托B厂加工高档化妆品，收回时被代收代缴消费税500元。该厂将上述两种高档化妆品收回后继续加工生产某高档化妆品出售，当月销售额 15 000 元。该厂期初库存的委托加工高档化妆品已纳税款 270 元，期末库存的委托加工高档化妆品已纳税款 330 元。

3. 任务实施过程

甲日化工厂当月准予扣除的委托加工高档化妆品已纳税款 = 270+(400+500)−330 = 840（元）

甲日化工厂本月应纳消费税税额 = 15 000×15%−840 = 1 410（元）

【情境实例 3-9】

1. 工作任务要求

（1）计算甲实木地板厂当月应缴纳的增值税。

（2）计算乙地板厂代收代缴的消费税。

（3）计算甲实木地板厂当月销售应缴纳的消费税。

2. 情境实例设计

甲实木地板厂为增值税一般纳税人，2017 年 11 月有关生产经营情况如下。

（1）从油漆厂购进钢琴漆 240 吨，每吨不含税单价 1.25 万元，取得油漆厂开具的增值税专用发票，注明货款 300 万元、增值税 51 万元。

（2）向农业生产者收购木材 40 吨，收购凭证上注明支付收购货款为 56 万元，另支付运输费用 5.55 万元（含税），取得运输公司（属于一般纳税人）开具的增值税专用发票，木材验收入库后，又将其运往乙地板厂加工成未上漆的实木地板，取得乙地板厂开具的增值税专用发票，注明支付加工费 10 万元、增值税 1.7 万元，甲实木地板厂收回实木地板时乙地板厂代收代缴了甲实木地板厂的消费税（受托方工厂没有同类应税消费品的价格）。

（3）甲实木地板厂将委托加工收回的实木地板的一半领用连续生产高级实木地板，当月生产实木地板 2 000 箱，销售实木地板 1 500 箱，取得不含税销售额 450 万元。

（4）当月将自产实木地板 200 箱用于本企业职工宿舍装修。

（提示：实木地板消费税税率 5%；实木地板成本利润率 5%，所有应认证的发票均经过了认证）

3. 任务实施过程

（1）应纳增值税为：

① 外购油漆的进项税额 = 51 万元

营业税改征增值税试点期间，纳税人购进用于生产销售或委托受托加工 17% 税率货物的农产品维持原扣除力度不变（原扣除力度指的是 13% 的扣除率）。

外购木材进项税额 = 56×13% +[5.55/(1+11%)]×11% = 7.83（万元）

委托加工业务的进项税额 = 1.7（万元）

② 当期进项税合计 = 51+7.83+1.7 = 60.53（万元）

③ 销售和视同销售实木地板销项税额 = 450×17% +(450/1 500)×200×17% = 86.7（万元）

④ 应缴纳增值税 = 86.7−60.53 = 26.17（万元）

（2）代收代缴的消费税为：

委托加工实木地板组成计税价格 = [56×(1−13%)+5.55/(1+11%)+10]/(1−5%) = 67.07（万元）

委托加工实木地板应纳消费税 = 67.07×5% = 3.35（万元）

因为没有同类价格，只能按组成计税价格计税；在计算组成计税价格时注意收购木材的56万元收购款中计算扣除了13%的进项税，剩余的部分（1-13%）计入了采购成本；支付5.55万元运费中有0.55万元作为进项税，剩余的5万元计入了采购成本。

（3）当月销售应缴纳的消费税为：

① 销售和视同销售实木地板应纳消费税=450×5%+(450/1 500)×200×5%=25.50（万元）

② 生产领用已税实木地板应抵扣消费税=3.35×50%=1.675（万元）

③ 应缴纳消费税=25.50-1.675=23.825（万元）

四、进口应税消费品应纳税额的计算

1. 进口应税消费品计税依据的确定

纳税人进口应税消费品，按照组成计税价格和规定的税率计算应纳税额。

1）实行从价定率办法计算纳税的进口应税消费品计税依据的确定

按照组成计税价格计算纳税。

实行从价定率办法计算纳税的组成计税价格计算公式为：

组成计税价格=(关税完税价格+关税)/(1-比例税率)

2）实行从量定额办法计算纳税的进口应税消费品计税依据的确定

实行从量定额办法计算纳税的进口应税消费品计税依据为海关核定的应税消费品的进口数量。

3）实行复合计税办法计算纳税的进口应税消费品计税依据的确定

从价部分，按照组成计税价格计算纳税；从量部分，按照海关核定的应税消费品的进口数量作为计税依据计算纳税。

实行复合计税办法计算纳税的组成计税价格计算公式为：

组成计税价格=(关税完税价格+关税+海关核定的应税消费品的进口数量×定额税率)/(1-比例税率)

公式中“关税完税价格”是指海关核定的关税计税价格。

2. 进口应税消费品应纳税额的计算

（1）实行从价定率办法计算纳税的进口应税消费品应纳税额的计算公式为：

应纳税额=组成计税价格×比例税率

（2）实行从量定额办法计算纳税的进口应税消费品应纳税额的计算公式为：

应纳税额=海关核定的应税消费品的进口数量×定额税率

（3）实行复合计税办法计算纳税的进口应税消费品应纳税额的计算公式为：

应纳税额=组成计税价格×比例税率+海关核定的应税消费品的进口数量×定额税率

【情境实例3-10】

1. 工作任务要求

（1）计算甲公司进口应纳的关税。

（2）计算甲公司进口应税消费品的组成计税价格。

（3）计算甲公司进口环节应缴纳的消费税。

（4）计算甲公司进口环节应缴纳的增值税。

2. 情境实例设计

甲公司进口白酒2 500吨，关税完税价格为20 000万元，关税税率为30%。

3. 任务实施过程

（1）甲公司应纳关税=20 000×30%=6 000（万元）。

（2）甲公司组成计税价格=(20 000+6 000+2 500×1 000×2×0.5/10 000)/(1-20%)=32 812.5（万元）。

（3）甲公司应纳消费税=32 812.5×20%+2 500×1 000×2×0.5/10 000=6 812.5（万元）。

（4）甲公司应纳增值税=(20 000+6 000+6 812.5)×17%=32 812.5×17%=5 578.125（万元）。

情境讨论：增值税与消费税的计税依据有何不同？

【情境实战3-1】

1. 工作任务要求

计算山东金帝卷烟有限公司当月应纳的消费税。

2. 情境实战设计

山东金帝卷烟有限公司为增值税一般纳税人，纳税人识别号为91410150258325261M，主要生产销售金帝牌卷烟。金帝牌卷烟平均售价100元/条（不含增值税），2017年3月发生下列经济业务。

（1）移送一批烟叶。委托某县城加工厂加工烟丝1.5吨，烟叶成本30万元，该加工厂提供辅料，加工后直接发给山东金帝卷烟有限公司，共收取辅料及加工费5万元，开具增值税专用发票给山东金帝卷烟有限公司（受托方没有同类产品售价），山东金帝卷烟有限公司收到了加工厂的消费税代收代缴税款凭证，注明消费税15万元，即[(30+5)/(1-30%)]×30%。山东金帝卷烟有限公司生产车间本月领用委托加工收回烟丝的60%用于继续生产金帝牌卷烟。

（2）外购已税烟丝，取得防伪税控增值税专用发票，注明金额50万元、增值税8.5万元。本月生产领用其中的80%用于生产金帝牌卷烟。期初烟丝的库存为0。

（3）向当地某烟草商贸公司销售金帝牌卷烟100标准箱（1标准箱=250标准条，1标准条=200支），取得不含税销售额250万元，并收取包装物租金共计23.4万元。

（4）本月没收金帝牌卷烟逾期包装物押金5.85万元。

（5）上月应缴未缴消费税为120万元，本月12日缴纳上月应缴未缴消费税120万元。（卷烟定额税率为每支0.003元。比例税率为每标准条对外调拨价格在70元以上（含70元）的，税率56%；70元以下的，税率36%。烟丝消费税税率30%。）

3. 实战操作步骤

第一步：逐笔计算未抵扣委托加工和外购已税消费品消费税之前的应纳消费税。

100标准箱=100×250=25 000（标准条）=25 000×200=5 000 000（支）

销售卷烟应纳消费税=250×10 000×56%+[23.4×10 000/(1+17%)]×56%+5 000 000×0.003=1 527 000（元）

没收包装物押金应纳消费税=5.85×[10 000/(1+17%)]×56%=28 000（元）

第二步：计算委托加工和外购已税消费品本期可以抵扣的消费税。

委托加工业务。山东金帝卷烟有限公司收到了加工厂的消费税代收代缴税款凭证，注明消费税15万元。当期领用60%，则可以扣除的烟丝的消费税=15×60%×10 000=90 000（元）。

外购烟丝取得增值税专用发票，当期领用80%，则可以扣除的烟丝的消费税=50×30%×80%×10 000 =120 000（元）。

第三步：计算当期应纳消费税。

当期应纳消费税合计=1 527 000+28 000=1 555 000（元）

第四步：计算当期应补（退）消费税。

本期应补（退）税额=1 555 000-90 000-120 000=1 345 000（元）

任务三　消费税出口退（免）税的计算

【情境引例】

白云公司为一家生产企业，直接出口应税消费品享受增值税出口退税政策。请问：该企业出口应税消费品时对于消费税也予以退税吗?

一、出口应税消费品的免税

出口应税消费品的免税主要适用于生产企业直接出口或委托外贸企业出口应税消费品。

对出口应税消费品予以免税的情况，有关规定为生产企业直接出口应税消费品或委托外贸企业出口应税消费品，不予计算缴纳消费税。

【情境引例解析】

出口应税消费品时对于消费税不予退税。

由于出口时免缴生产环节的消费税，即该应税消费品出口时已不含有消费税，因此也无须退还消费税。

二、出口应税消费品的退税

出口应税消费品的退税主要适用于外贸企业自营出口或委托其他外贸企业代理出口应税消费品。

1. 出口应税消费品的企业

出口应税消费品的退税，原则上应将所征税款全部退还给出口企业，即采取先征后退办法。出口应税消费品退税的企业范围主要包括以下企业：

（1）有出口经营权的外贸公司、工贸公司；

（2）特定出口退税企业，如对外承包工程公司、外轮供应公司等。

2. 出口应税消费品退税的范围

1）具备出口条件，给予退税的消费品

这类消费品必须具备4个条件：属于消费税征税范围的消费品；取得消费税税收（出口货物专用）缴款书、增值税专用发票（税款抵扣联）、出口货物报关单（出口退税联）、出口收汇核销单；必须报关离境；在财务上作出口销售处理。

2）不具备出口条件，也给予退税的消费品

如对外承包工程公司运出境外用于对外承包项目的消费品，外轮供应公司、远洋运输供应公司销售给外轮、远洋货轮而收取外汇的消费品等。

3）出口应税消费品退税税率

计算出口应税消费品应退消费税的税率或单位税额，严格按照消费税暂行条例所附的消费税税目税率（税额）表执行。当出口的货物是应税消费品时，其退还增值税要按规定的增值税退税率计算，而其退还消费税则按应税消费品所适用的消费税税率计算。企业应将不同消费税税率的出口应税消费品分开核算和申报，凡划分不清适用税率的，一律从低适用税率计算应退消费税税额。

4）出口应税消费品退税的计算

（1）退税的计算依据。

① 对采用比例税率征税的消费品，其退税依据是从工厂（生产企业）购进货物时，计算征收消费税的价格。对含增值税的购进金额，换算成不含增值税的金额作为计算退税的依据。

② 对采用定额税率征收消费税的消费品，其退税依据是出口报关的数量。

（2）退税的计算公式。

外贸企业自营出口或委托其他外贸企业代理出口货物的应退消费税税额，应分别按上述计算依据和消费税税目税率（税额）表规定的税率计算应退税额。其计算公式为：

应退消费税税额=出口消费品的工厂销售额(出口数量)×比例税率(定额税率)

其中，“出口消费品的工厂销售额（出口数量）”实际上是指外贸企业从工厂（生产企业）购进货物（应税消费品）时，计算征收消费税的价格。

三、消费税出口退（免）税的其他有关规定

外贸企业自营出口或委托其他外贸企业代理出口的应税消费品办理退税后，发生退关或国外退货进口时予以免税的，报关出口者必须及时向其机构所在地或居住地主管税务机关申报补缴已退的消费税税款。

生产企业出口或委托外贸企业代理出口的应税消费品办理免税后，发生退关或国外退货，进口时已予以免税的，经机构所在地或居住地主管税务机关批准，可暂不办理补税，待其转为国内实际销售时，再申报补缴消费税。

情境讨论：外贸企业增值税出口退税与消费税出口退税的退税率规定有何不同？

任务四　消费税的纳税申报

【情境引例】

2017年1月中恒公司与客户签订合同，按客户要求制造一艘机动游艇，工期为18个月。2017年2月收到预收款800万元，请问中恒公司收到该笔预收款项时是否需要缴纳消费税？

一、消费税的征收管理

1. 纳税义务发生时间

（1）纳税人销售应税消费品的，按不同的销售结算方式，其纳税义务发生时间分别如下。

① 采取赊销和分期收款结算方式的，为书面合同约定的收款日期的当天，书面合同没有约定收款日期或无书面合同的，为发出应税消费品的当天。

② 采取预收货款结算方式的，为发出应税消费品的当天。

③ 采取托收承付和委托银行收款方式的，为发出应税消费品并办妥托收手续的当天。

④ 采取其他结算方式的，为收讫销售款或取得索取销售款凭据的当天。

（2）纳税人自产自用应税消费品的，为移送使用的当天。

（3）纳税人委托加工应税消费品的，为纳税人提货的当天。

（4）纳税人进口应税消费品的，为报关进口的当天。

【情境引例解析】

根据《中华人民共和国消费税暂行条例实施细则》（财政部、国家税务总局第 51 号令）第八条第一款第二项的规定，消费税纳税义务发生时间：采取预收货款结算方式的，为发出应税消费品的当天。因此，中恒公司采取预收货款方式，应于完成机动游艇的建造、发出应税消费品时才确认消费税纳税义务。

此外，由于《中华人民共和国增值税暂行条例实施细则》第三十八条第四款规定：增值税纳税义务发生时间，采取预收货款方式销售货物，为货物发出的当天，但生产销售生产工期超过 12 个月的大型机械设备、船舶、飞机等货物，为收到预收款或者书面合同约定的收款日期的当天。因此，应当在收到预收款时确认增值税纳税义务。

2. 纳税期限

消费税的纳税期限分别为 1 日、3 日、5 日、10 日、15 日、1 个月或 1 个季度。纳税人的具体纳税期限，由主管税务机关根据纳税人应纳税额的大小分别核定；不能按照固定期限纳税的，可以按次纳税。

纳税人以 1 个月或 1 个季度为一期纳税的，自期满之日起 15 日内申报纳税；以 1 日、3 日、5 日、10 日或 15 日为一期纳税的，自期满之日起 5 日内预缴税款，于次月 1 日起至 15 日内申报纳税并结清上月应纳税款。

纳税人进口应税消费品，应当自海关填发海关进口消费税专用缴款书之日起 15 日内缴纳税款。

3. 纳税地点

（1）纳税人销售应税消费品及自产自用应税消费品，除国家另有规定外，应当向纳税人机构所在地或居住地的主管税务机关申报纳税。

（2）纳税人到外县（市）销售或委托外县（市）代销自产应税消费品的，于应税消费品销售后，向机构所在地或居住地主管税务机关申报纳税。

（3）纳税人的总机构与分支机构不在同一县（市）的，应当分别向各自机构所在地的主管税务机关申报纳税；经财政部、国家税务总局或其授权的财政、税务机关批准，可以由总机构汇总向总机构所在地的主管税务机关申报纳税。

（4）委托个人加工的应税消费品，由委托方向其机构所在地或居住地主管税务机关申报纳税。除此之外，由受托方向所在地主管税务机关代收代缴消费税税款。

（5）进口的应税消费品，由进口人或其代理人向报关地海关申报纳税。

（6）出口的应税消费品办理退税后，发生的退关，或者国外退货进口时予以免税的，报关出口者必须及时向其机构所在地或居住地主管税务机关申报补缴已退的消费税税款。

（7）纳税人销售应税消费品，如果因质量等原因由购买者退回时，经机构所在地或居住地主管税务机关审核批准后，可退还已缴纳的消费税税款。

实务咨询：总公司在青岛，在国税缴纳消费税，近期在青岛不同区又设立几家分支机构，请问分支机构的消费税可以由总公司汇总缴纳吗？

二、消费税的纳税申报实战

以烟类应税消费品纳税为例，纳税人纳税申报时应填制“烟类应税消费品消费税纳税申报表”（表3-4）、“本期准予扣除税额计算表”（表3-5）。

表3-4　烟类应税消费品消费税纳税申报表

税款所属期：2017年03月01日至2017年03月31日

纳税人名称：山东金帝卷烟有限公司（公章）

纳税人识别号：91410150258325261M

填表日期：2017年04月09日　　单位：卷烟万支、雪茄烟支、烟丝千克　　金额单位：元（列至角分）

应税项目 / 消费品名称	适用税率		销售数量	销售额	应纳税额
	定额税率	比例税率			
卷烟	30元/万支	56%	500.00	2 750 000.00	1 555 000.00
卷烟	30元/万支	36%	0.00	0.00	0.00
雪茄烟	—	36%	0.00	0.00	0.00
烟丝	—	30%	0.00	0.00	0.00
合计	—	—	—	—	1 555 000.00

<table>
<tr><td>本期准予扣除税额：210 000.00</td><td rowspan="3">声　明
此纳税申报表是根据国家税收法律的规定填报的，我确定它是真实的、可靠的、完整的。
经办人（签章）：
财务负责人（签章）：
联系电话：</td></tr>
<tr><td>本期减（免）税额：0.00</td></tr>
<tr><td>期初未缴税额：1 200 000.00</td></tr>
<tr><td>本期缴纳前期应纳税额：1 200 000.00</td><td rowspan="4">（如果你已委托代理人申报，请填写）
授权声明
为代理一切税务事宜，现授权（地址）　　　为本纳税人的代理申报人，任何与本申报表有关的往来文件，都可寄予此人。
授权人签章：</td></tr>
<tr><td>本期预缴税额：0.00</td></tr>
<tr><td>本期应补（退）税额：1 345 000.00</td></tr>
<tr><td>期末未缴税额：1 345 000.00</td></tr>
</table>

以下由税务机关填写

受理人（签章）：　　　受理日期：　年　月　日　　　受理税务机（章）：

表 3-5 本期准予扣除税额计算表

税款所属期：2017 年 03 月 01 日至 2017 年 03 月 31 日

纳税人名称：山东金帝卷烟有限公司（公章）

纳税人识别号：91410150258325261M

填表日期：2017 年 04 月 09 日　　金额单位：元（列至角分）

一、当期准予扣除的委托加工烟丝已纳税款计算
1. 期初库存委托加工烟丝已纳税款：0.00
2. 当期收回委托加工烟丝已纳税款：150 000.00
3. 期末库存委托加工烟丝已纳税款：60 000.00
4. 当期准予扣除的委托加工烟丝已纳税款：90 000.00
二、当期准予扣除的外购烟丝已纳税款计算
1. 期初库存外购烟丝买价：0.00
2. 当期购进烟丝买价：500 000.00
3. 期末库存外购烟丝买价：100 000.00
4. 当期准予扣除的外购烟丝已纳税款：120 000.00
三、本期准予扣除税款合计：210 000.00

【情境实战 3-2】

1. 工作任务要求

山东金帝卷烟有限公司 2017 年 4 月 9 日进行纳税申报，填写“烟类应税消费品消费税纳税申报表”和“本期准予扣除税额计算表”。

2. 情境实战设计

同【情境实战 3-1】的消费税应纳税额的计算。

3. 实战操作步骤

第一步：填写“烟类应税消费品消费税纳税申报表”（表 3-4）。

第二步：申报期内，填写“本期准予扣除税额计算表”（表 3-5）。

技能训练

一、单项选择题

1. 企业发生的下列经营行为中，外购应税消费品已纳消费税税额不准从应纳消费税税额中扣除的是（　　）。

A. 外购已税白酒生产白酒

B. 外购已税烟丝生产卷烟

C. 外购已税高档化妆品原料生产高档化妆品

D. 外购已税实木地板原料生产实木地板

2. 纳税人进口应税消费品，应于（　　）缴纳消费税税款。

A. 海关填发海关进口消费税专用缴款书次日起 15 日内

B. 海关填发海关进口消费税专用缴款书之日起15日内

C. 海关填发海关进口消费税专用缴款书次日起7日内

D. 海关填发海关进口消费税专用缴款书之日起7日内

3. 下列消费税的生产经营环节，既征收增值税又征收消费税的是（　　）。

A. 酒类生产的批发环节　　B. 金银饰品的生产环节

C. 珍珠饰品的零售环节　　D. 高档手表的生产环节

4. 下列各项中，符合消费税纳税义务发生时间规定的是（　　）。

A. 采取分期收款结算方式的，为销售合同规定的收款日期的当天

B. 进口的应税消费品，为取得进口货物的当天

C. 采取委托银行收款方式的，为银行收到款项的当天

D. 采取预收货款结算方式的，为收到预收款的当天

5. 我国消费税对不同应税消费品采用了不同的税率形式。下列应税消费品中，适用复合计税方法计征消费税的是（　　）。

A. 白酒　　B. 啤酒　　C. 小汽车　　D. 摩托车

二、多项选择题

1. 下列属于消费税纳税期限的有（　　）日。

A. 1　　B. 3　　C. 5　　D. 10

2. 下列货物中，应征收消费税的有（　　）。

A. 啤酒　　B. 保健品　　C. 木制一次性筷子　　D. 电池

3. 以下符合消费税纳税义务发生时间规定的有（　　）。

A. 纳税人采取赊销和分期收款结算方式销售应税消费品的，其纳税义务的发生时间为实际收款日期的当天

B. 纳税人自产自用应税消费品，其纳税义务的发生时间为移送使用的当天

C. 纳税人委托加工应税消费品，其纳税义务的发生时间为委托方支付加工费的当天

D. 纳税人采取直接收款方式销售应税消费品的，其纳税义务的发生时间为收讫销售款或者取得索取销售款的凭据的当天

4. 下列应在移送环节缴纳消费税的有（　　）。

A. 酒厂将自产白酒移送用于勾兑低度酒

B. 小轿车厂将自产轿车赠送给拉力赛

C. 制药厂将自制酒精移送用于生产药膏

D. 卷烟厂将自制卷烟发给职工当作福利

5. 下列按规定适用5%税率的消费税货物包括（　　）。

A. 高档手表　　B. 实木地板　　C. 木制一次性筷子　　D. 烟丝

三、判断题

1. 纳税人进口应税消费品的，纳税义务发生时间为收到货物的当天。（　　）

2. 卷烟消费税在生产和批发两个环节征收。（　　）

3. 委托加工的应税消费品，除受托方为个人外，由受托方在向委托方交货时代收代缴税款。（　　）

4. 纳税人兼营不同税率的应税消费品，应当分别核算不同税率应税消费品的销售额、

销售数量。未分别核算的，适用加权平均税率。（ ）

5. 金银首饰连同包装物销售的，无论包装物是否单独计价，也无论会计上如何核算，均应并入金银首饰的销售额，计征消费税。（ ）

四、实务题

1. 某酒厂为增值税一般纳税人，3月份销售自己生产的粮食白酒6吨，开具增值税专用发票，注明销售额80万元，另外向购买方收取优质费35.1万元。已知白酒的消费税税率，从价部分为20%，从量部分为0.5元/500克。

要求：计算该酒厂的应纳消费税和增值税销项税额。

2. 甲卷烟厂为增值税一般纳税人，主要生产S牌卷烟（不含税调拨价100元/标准条）及雪茄烟，2017年1月发生如下业务。

（1）从烟农手中购进烟叶，支付买价110万元并按规定支付了10%的价外补贴，将其运往A企业委托加工成烟丝；向A企业支付加工费，取得增值税专用发票，注明加工费10万元、增值税1.7万元，该批烟丝已收回入库，但本月未领用。A企业无同类烟丝销售价格。

（2）从乙企业购进烟丝，取得增值税专用发票，注明价款400万元、增值税68万元。

（3）从小规模纳税人购进烟丝，取得税务机关代开的增值税专用发票，注明价款280万元。

（4）进口一批烟丝，支付货价300万元、经纪费12万元，该批烟丝运抵我国输入地点起卸之后发生运费及保险费共计38万元，卷烟厂完税后，海关放行。

（5）以外购成本为350万元的特制自产烟丝生产雪茄烟。

（6）本月销售雪茄烟取得不含税收入600万元，并收取品牌专卖费9.36万元；领用外购烟丝生产S牌卷烟，销售S牌卷烟400标准箱。

（7）月初库存外购烟丝买价32万元，月末库存外购烟丝买价70万元。

其他条件：本月取得的相关凭证符合规定，并在本月认证抵扣，烟丝消费税税率为30%，烟丝关税税率10%。卷烟生产环节消费税税率，从价部分为56%，从量部分为150元/标准箱；雪茄烟消费税税率为36%。

要求：

（1）计算当月A企业应代收代缴的消费税。

（2）计算当月该卷烟厂进口烟丝应缴纳进口环节税金合计。

（3）计算当月该卷烟厂领用特制自产烟丝应缴纳消费税。

（4）计算当月准予扣除外购烟丝已纳消费税。

（5）计算当月该卷烟厂国内销售环节应缴纳消费税（不含被代收代缴的消费税）。

项目四

关税纳税申报实务

■ **职业能力目标**

（1）能够判断哪些业务应当缴纳关税，并界定关税纳税人，以及对关税的税则、税目的划分进行认知，会选择关税适用税率和充分运用关税优惠政策。

（2）能确定关税完税价格，并根据相关业务资料计算关税的应纳税额。

（3）能把握进出口货物的报关时间，并提交报关时的相关材料，根据相关业务资料进行关税的申报与缴纳，能明确关税强制执行的措施，并能理解关税退还制度，判别关税的补征和追征。

任务一 关税的认知

【情境引例】

张三认为关境即为国境，李四认为关境有时大于国境，王五认为国境有时大于关境。你认为他们的说法正确吗？

一、关税征税对象和纳税人的确定

关税是海关依法对进出境货物、物品征收的一种税。

所谓“境”，是指关境，又称“海关境域”或“关税领域”，是一国海关法全面实施的领域。在通常情况下，一国关境与国境是一致的，包括国家全部的领土、领海、领空；但是，也有不一致的情况。

【情境引例解析】

李四和王五的说法是正确的。

根据《中华人民共和国香港特别行政区基本法》和《中华人民共和国澳门特别行政区基本法》，香港和澳门保持自由港地位，为我国单独的关税地区，即单独关境区。单独关境区是不完全适用该国海关法律、法规或实施单独海关管理制度的区域。因此，我国的关境小于国境。

而欧盟各国都是位于同一关境内，但是不同国境，因此其关境大于国境。

1. 关税征税对象的确定

关税的征税对象是指准许进出我国关境的货物和物品。货物是指贸易性商品；物品是指入境旅客随身携带的行李物品、个人邮递物品、各种运输工具上的服务人员携带进口的自用物品、馈赠物品，以及其他方式进境的个人物品。

2. 关税纳税人的确定

进口货物的收货人、出口货物的发货人、进出境物品的所有人，是关税的纳税义务人。进出口货物的收、发货人是依法取得对外贸易经营权，并进口或出口货物的法人或其他社会团体。进出境物品的所有人包括该物品的所有人和推定为所有人的人。一般情况下，对于携带进境的物品，推定其携带人为所有人；对分离运输的行李，推定相应的进出境旅客为所有人；对以邮递方式进境的物品，推定其收件人为所有人；以邮递或其他运输方式出境的物品，推定其寄件人或托运人为所有人。

二、关税的税则、税目的划分

关税税则是一国对进出口商品计征关税的规章和对进出口的应税与免税商品加以系统分类的一览表。海关凭此征收关税，是关税政策的具体体现。《中华人民共和国海关进出口税则》是确定商品归类、适用税率的法律文件。现行关税税则包括两个部分：① 海关计征关税的规章条例及说明；② 关税税目、税则列号和税率。

《中华人民共和国海关进出口税则》是以《商品名称及编码协调制度》为基础，结合我国进出口商品的实际而编排的。全部应税商品共分为 21 大类。

在 21 类商品之下，分为 97 章，每章商品又被细分为若干商品项数。这些商品项数分别用 8 位数字组成的代码表示，或称为税则号列。每个税则号列之后还要有对商品进行的基本描述，或称为货品名称，以及该税则号列商品适用的税率等。上述每条税则号列、货品名称和税率记录统称为一个税目。我国 2017 年版进出口税则税目总数为 8 547 个。

三、关税税率的判定

1. 进口关税税率

1）*税率设置与适用*

我国进口税则设有最惠国税率、协定税率、特惠税率、普通税率、关税配额税率等税率。对进口货物在一定期限内可以实行暂定税率。进口税率的选择适用是根据货物的不同原产地而确定的，原产地不明的货物实行普通税率。

情境讨论：最惠国税率、协定税率、特惠税率、普通税率、关税配额税率分别适用于什么情况？

2）*税率计征办法*

我国对进口商品基本上都实行从价税，即以进口货物的完税价格作为计税依据，以应征税额占货物完税价格的百分比作为税率。我国对部分产品实行从量税、复合税、选择税和滑准税。

从量税是以进口商品的重量、长度、容量、面积等计量单位为计税依据。从量税是每一种进口商品的单位应税额固定，不受该商品进口价格的影响。因此，这种计税方法的特点是税额计算简便，通关手续快捷，并能起到抑制质次价廉商品或故意低瞒价格商品的进口。目前，我国对原油、部分鸡产品、啤酒、胶卷进口分别以重量、容量、面积计征从量税。

复合税是对某种进口商品同时使用从价和从量计征的一种计征关税的方法，如现行进口税则中磁带放像机的税率：完税价格低于 2 000 美元/台的，税率为 30%；完税价格高于 2 000 美元/台的，税率为 3%，另加 2 383 元。复合税既可发挥从量税抑制低价商品进口的特点，又可发挥从价税税负合理、稳定的特点。目前我国对录像机、放像机、摄像机、数字照相机和摄录一体机实行复合税。

选择税是对于一种进口商品同时定有从价税和从量税两种税率，在征税时选择其税额较高的一种征税。但有时为了鼓励某种商品进口，也会选择其中税额低者征收。实行选择税多根据产品价格高低而定。

滑准税是一种关税税率随进口商品价格由高到低而由低到高设置计征关税的方法：进口商品价格越高，其进口关税税率越低；进口商品的价格越低，其进口关税税率越高。其主要特点是可保持滑准税商品的国内市场价格的相对稳定，尽可能减少国际市场价格波动的影响。目前，我国对新闻纸实行滑准税。

2. 出口关税税率

征收出口关税的货物项目很少，主要为少数资源性产品及易于竞相杀价、盲目进口、需要规范出口秩序的半制成品。出口关税税率包括出口税率和年度暂定税率两类。出口税率实行差别比例税率（分为 20%、25%、30%、40% 和 50%）；年度暂定税率包括差别比例税率（分为 0、3%、5%、10%、15% 和 25%）和从量定额税率。

3. 特别关税

特别关税包括报复性关税、反倾销税、反补贴税和保障性关税。

报复性关税是指为报复他国对本国出口货物的关税歧视，而对相关国家的进口货物征收的一种进口附加税。任何国家或地区对其进口的原产于我国的货物征收歧视性关税，或者给予其他歧视性待遇的，我国对原产于该国家或地区的进口货物征收报复性关税。税率视具体情况而定。

反倾销税是对倾销商品所征收的进口附加税。当进口国因外国倾销某种产品，国内产业受到损害时，征收相当于出口国国内市场价格与倾销价格之间差额的进口税。

反补贴税是指对进口商品使用的一种超过正常关税的特殊关税，目的是抵消国外竞争者得到奖励和补助产生的影响，从而保护进口国的制造商。

保障性关税是指当某类商品进口量剧增，对我国相关产业带来巨大威胁或损害时，按照 WTO 有关规则，可以启动一般保障措施。即在与有实质利益的国家或地区进行磋商后，在一定时期内提高该项商品的进口关税或采取数量限制措施，以保护国内相关产业不受损害。

4. 关税税率的运用

关税税率的运用规则如下。

（1）进出口货物，应按纳税义务人申报进口或出口之日实施的税率征税。

（2）进口货物到达之前，经海关核准先行申报的，应该按照装载此货物的运输工具申报进境之日实施的税率征税。

（3）进出口货物的补税和退税，应按该进出口货物原申报进口或出口之日所实施的税率，但有特例情况。特例情况根据关税条例规定归纳，如表 4-1 所示。

表 4-1 关税税率特例情况归纳表

具体情况	适用税率
减免税货物转让或改变成不免税用途的	海关接受纳税人再次填写报关单申报办理纳税手续之日实施的税率
加工贸易进口保税料件转为内销的	经批准的，为申报转内销之日的税率 未经批准擅自转为内销的，为查获之日的税率
暂时进口货物转为正式进口的	申报正式进口之日实施的税率
分期支付租金的租赁进口货物分期付税时	海关接受纳税人再次填写报关单申报办理纳税手续之日实施的税率
溢卸、误卸货物事后需补税的	其原运输工具申报进境之日实施的税率 原进口日期无法查明的，按确定补税当天的税率
税则归类改变、完税价格审定、其他工作差错而需补税的	原征税日期实施的税率
缓税进口以后缴税的	原进口之日实施的税率
走私补税	查获之日的税率

四、关税优惠政策的运用

关税的减免分为法定减免、特定减免和临时减免。

1. 法定减免

法定减免税是税法中明确列出的减税或免税。符合税法规定可予减免税的进出口货物，纳税义务人无须提出申请，海关可按规定直接予以减免税。海关对法定减免税货物一般不进行后续管理。

《中华人民共和国海关法》和《中华人民共和国进出口关税条例》明确规定，下列货物、物品予以减免关税。

（1）关税税额在人民币 50 元以下的一票货物，可免征关税。

（2）无商业价值的广告品和货样，可免征关税。

（3）外国政府、国际组织无偿赠送的物资，可免征关税。

（4）进出境运输工具装载的途中必需的燃料、物料和饮食用品，可予免税。

（5）在海关放行前损失的货物，可免征关税。

（6）在海关放行前遭受损坏的货物，可根据海关认定的受损程度减征关税。

（7）我国缔结或参加的国际条约规定减征、免征关税的货物、物品，按规定予以减免关税。

（8）法律规定减征、免征关税的其他货物、物品。

2. 特定减免

特定减免是指在关税基本法规确定的法定减免以外，国家按国际通行规则和我国实际情况，制定发布的特定或政策性减免税，包括科教用品；残疾人专用品；扶贫、慈善性捐赠物资；加工贸易产品；边境贸易进口物资；保税区进出口货物；出口加工区进出口货物；进口设备；特定行业或用途的减免税政策。

情境讨论：（1）什么是进料加工？什么是加工装配和补偿贸易？
（2）什么是出口加工区？什么是保税区？

3. 临时减免

临时减免是指在以上两项减免税以外，由国务院运用一案一批原则，针对某个纳税人、某类商品、某个项目或某批货物的特殊情况，特别照顾，临时给予的减免。

任务二　关税的计算

【情境引例】

2017年5月，甲电视台进口两台日本生产的电视摄像机，每台价格为20 000美元。原产于日本的电视摄像机适用最惠国税率：每台完税价格低于或等于5 000美元的，适用从价税，税率为35%；每台完税价格高于5 000美元的，其税率为每台13 280元的从量税，加上3%的从价税。海关填发缴款书之日人民币与美元兑换率为6.5∶1。要求：计算甲电视台上述进口业务应纳进口关税税额。

一、关税完税价格的确定

1. 一般进口货物的完税价格

1）成交价格为基础的完税价格

进口货物的完税价格是指进口货物的计税价格。在正常情况下，进口货物采用以成交价格为基础的完税价格。进口货物的完税价格包括货物的货价、货物运抵我国输入地点起卸前的运输及相关费用、保险费。

对进口成交价格而言，交易应是真实的；价格应是能确定的、完整的、不扭曲的。

2）对实付或应付价格调整的有关规定

进口货物的完税价格中的计算因素有：货价应该是完整的，包括应由买方负担和支付的佣金、经纪费、包装费用、容器费用和其他经济利益，但不包括买方向自己采购代理人支付的购货佣金和劳务费用，也不包括货物进口后发生的安装费用、运输费用。

为了方便理解，可以把进口货物的完税价格简单归纳为正常的“CIF”。其中，C是完整的货价，包含支付的佣金（支付给自己采购代理人的购货佣金除外）；I是保险费，包含在出口国和进口途中的保险费；F是运费及其他费用，包含在出口国和进口途中的运费及其他费用。计算进口货物关税的完税价格，C、I、F三项缺一不可，如果价格不正常或不完整，则需要进行调整。

【情境实例4-1】

1. 工作任务要求

计算甲进出口公司该批化工原料的关税完税价格。

2. 情境实例设计

甲进出口公司从美国进口一批化工原料共500吨，货物以境外口岸离岸价格成交，单价折合人民币为20 000元，买方承担包装费每吨500元人民币，另向卖方支付的佣金每吨

1 000 元人民币，另向自己的采购代理人支付佣金 5 000 元人民币，已知该货物运抵中国海关境内输入地起卸前的包装费、运输费、保险费和其他劳务费用为每吨 2 000 元人民币，进口后另发生运输费和装卸费用 300 元人民币。

3. 任务实施过程

该批化工原料的关税完税价格 =（20 000+500+1 000+2 000）×500 = 11 750 000（元）

3）进口货物的海关估价方法

对于价格不符合成交条件或成交价格不能确定的进口货物，由海关估价确定。海关估价依次使用的方法如下。

（1）相同或类似货物成交价格方法。

（2）倒扣价格方法。

（3）计算价格方法。

（4）其他合理的方法。

使用其他合理方法时，应当根据《中华人民共和国海关审定进出口货物完税价格办法》规定的估价原则，以在境内获得的数据资料为基础估定完税价格。但不得使用以下价格：

① 境内生产的货物在境内的销售价格；

② 可供选择的价格中较高的价格；

③ 货物在出口地市场的销售价格；

④ 以计算价格方法规定的有关各项之外的价值或费用计算的价格；

⑤ 出口到第三国或地区的货物的销售价格；

⑥ 最低限价或武断虚构的价格。

2. 特殊进口货物的完税价格

特殊进口货物的完税价格涉及加工贸易进口料件及其制成品，保税区及出口加工区货物，运往境外修理、加工的货物，暂时进境的货物，租赁方式进口的货物，留购的进口货样，予以补税的进口货样，其他特殊方式进口货物等，有特别的规定。特殊进口货物的完税价格如表 4-2 所示。

表 4-2 特殊进口货物的完税价格

具体情况		完税价格的审定和估定
加工贸易进口料件及其制成品	进口时需征税的进料加工进口料件	以料件申报进口时的价格估定
	内销进料加工进口料件或其制成品	以料件原进口时的价格估定
	内销来料加工进口料件或其制成品	以料件申报内销时的价格估定
	出口加工区内企业内销的制成品	以制成品申报内销时的价格估定
	保税区内加工企业内销进口料件或其制成品	分别以料件或制成品申报内销时的价格估定（如果内销的制成品中含有从境内采购的料件，则以所含从境外购入的料件原进口时的价格估定）
	加工贸易过程中产生的边角料	以申报内销时的价格估定
保税区或出口加工区销往区外、保税库出库内销的进口货物（不含加工贸易进口料件及其制成品）		以海关审定的价格（含区内、库内发生的仓储、运输及其相关费用）估定
运往境外修理的货物，规定期限内复运进境		以海关审定的境外修理费、料件费估定价格

续表

具体情况		完税价格的审定和估定
运往境外加工的货物		以海关审定的境外加工费、料件费、复运进境运输及相关费用、保险费估定价格
暂时进境的货物		按一般进口货物估价办法
租赁方式进口货物	租金方式支付	以海关审定的租金
	留购的租赁货物	以海关审定的留购价格
	承租人一次性缴纳税款	按一般进口货物估价办法
留购进口货样		以海关审定的留购价格
予以补税的免税货物		以原进口时价格扣除折旧
其他方式进口货物		按一般进口货物估价办法

3. 减税或免税进口的货物需予补税时的完税价格

减税或免税进口的货物需予补税时，应当以海关审定的该货物原进口时的价格，扣除折旧部分价值作为完税价格，其计算公式为：

完税价格=海关审定的该货物原进口时的价格×[1-申请补税时实际已使用的时间(月)/(监管年限×12)]

减免税货物转让或改变成不免税用途的，适用海关接受纳税人再次填写报关单申报办理纳税及有关手续之日实施的税率。

【情境实例 4-2】

1. 工作任务要求

计算甲公司应补缴的关税税额。

2. 情境实例设计

2015 年 6 月 1 日，甲公司经批准进口 1 台符合国家特定免征关税的科研设备用于研发项目，设备进口时经海关审定的完税价格为折合人民币 800 万元，海关规定的监管年限为 5 年；2017 年 5 月 31 日，公司研发项目完成后，将已计提折旧 200 万元的免税设备转售给国内另一家企业。设备原进口时关税税率为 12%，设备转售时关税税率降为 10%。

3. 任务实施过程

甲公司完税价格=800×(1-2/5)= 480（万元）

甲公司应补缴的关税税额=480×10% =48（万元）

4. 出口货物的完税价格

出口货物的完税价格是以成交价格为基础的完税价格，不含出口关税和单独列明的支付给境外的佣金。

完税价格=(离岸价格-单独列明的支付给境外的佣金)/(1+出口税率)

出口货物的成交价格不能确定时，完税价格由海关依次使用下列方法估定。

（1）同时或大约同时向同一国家或地区出口的相同货物的成交价格。

（2）同时或大约同时向同一国家或地区出口的类似货物的成交价格。

（3）根据境内生产相同或类似货物的成本、利润和一般费用，境内发生的运输及其相关费用、保险费计算所得的价格。

(4) 按照合理方法估定的价格。

5. 进出口货物完税价格中运输及相关费用、保险费的计算

(1) 一般进口。

海运进口的算至运抵境内的卸货口岸；陆运进口的算至运抵关境的第一口岸或目的口岸；空运进口的算至进入境内的第一口岸或目的口岸。

一般进口方式进口货物，完税价格中包括货价、抵达口岸前的运费和保险费。无法确定实际运保费的，按照同期同行业运费率计算运费，按照（货价+运费）×3‰计算保险费，将计算出的运保费计入完税价格。

(2) 其他方式进口。

邮运进口的按邮费作为运输及其相关费用保险费；境外口岸成交的按货价 1%计算；自驾进口的运输工具不另行计入运费。

(3) 出口货物的完税价格中不包括离境口岸至境外口岸之间的运保费。

进出口货物完税价格的确定如表 4-3 所示。

表 4-3　进出口货物完税价格的确定

进出口运载或成交方式		运费的确定	保险费的确定
一般方式进口	海运进口	运抵境内的卸货口岸	
	陆运进口	运抵关境的第一口岸或目的口岸	
	空运进口	进入境内的第一口岸或目的口岸	
	无法确定实际运保费	同期同行业运费率	货价加运费两者总额的 3‰
其他方式进口	邮运进口	邮费	
	境外边境口岸成交的铁路公路进口货物	货价的 1%	
	自驾进口的运输工具	无运费	—
出口货物		最多算至离境口岸	

二、关税应纳税额的计算

关税应纳税额计算公式如下。

(1) 从价计税应纳税额，其计算公式为：

关税税额=进(出)口应税货物的数量×单位完税价格×适用税率

(2) 从量计税应纳税额，其计算公式为：

关税税额=应税进(出)口货物数量×单位货物税额

(3) 复合计税应纳税额，其计算公式为：

关税税额=应税进（出）口货物数量×单位完税价格×税率+
应税进（出）口货物数量×单位货物税额

(4) 滑准税应纳税额，其计算公式为：

关税税额=应税进(出)口货物数量×单位完税价格×滑准税税率

【情境引例解析】

由于单价高于每台 5 000 美元，故应当适用复合税。

完税价格 = 20 000×6.5 = 130 000（元）

从量部分关税 = 13 280×2 = 26 560（元）

从价部分关税 = 130 000×3%×2 = 7 800（元）

应纳进口关税税额 = 26 560+7 800 = 34 360（元）

任务三 关税的征收管理

【情境引例】

恒运公司进口一批货物，海关于 2017 年 10 月 1 日填发税款缴款书，但恒运公司迟至 10 月 27 日才缴纳 500 万元的关税。请问：海关应征收关税滞纳金是多少？

一、进出口货物的报关

1. 报关时间

进口货物的纳税人应当自运输工具申报进境之日起 14 日内，向货物的进境地海关申报，如实填写海关进口货物报关单，并提交进口货物的发票、装箱清单、进口货物提货单或运单、关税免税或免予查验的证明文件等。

出口货物的发货人除海关特准外，应当在装货的 24 小时以前，填报出口货物报关单，交验出口许可证和其他证件，申报出口，由海关放行，否则货物不得离境出口。

2. 报关应提交的相关材料

进出口货物时应当提交以下材料。

（1）进出口货物报关单（表 4-4 和表 4-5）。

（2）合同。

（3）发票。

（4）装箱清单。

（5）载货清单（舱单）。

（6）提（运）单。

（7）代理报关授权委托协议。

（8）进出口许可证件。

（9）海关要求的加工贸易手册（纸质或电子数据的）及其他进出口有关单证。

表 4-4　中华人民共和国海关进口货物报关单

预录入编号：230159467812361　　　　海关编号：192256945789563125

<table>
<tr><td colspan="2">进口口岸
潍坊南苑机场　3112</td><td colspan="2">备案号
1124562</td><td colspan="2">进口日期
2017 年 03 月 12 日</td><td colspan="2">申报日期
2017 年 03 月 15 日</td></tr>
<tr><td colspan="2">经营单位
2356959845 潍坊市光明贸易有限公司</td><td>运输方式
航空运输</td><td colspan="3">运输工具名称
1052698745651895</td><td colspan="2">提运单号
56894584562</td></tr>
<tr><td colspan="2">收货单位
2356959845 潍坊市光明贸易有限公司</td><td colspan="2">贸易方式
一般贸易 0110</td><td colspan="2">征免性质
一般征税（102）</td><td colspan="2">征税比例
照章</td></tr>
<tr><td>许可证号</td><td colspan="3">起运国（地区）
美国（201）</td><td colspan="2">装货港
美国（201）</td><td colspan="2">境内目的地
潍坊（23651）</td></tr>
<tr><td>批准文号</td><td colspan="3">成交方式　CIF</td><td>运费</td><td>保费</td><td colspan="2">杂费</td></tr>
<tr><td>合同协议号
2017VM0311</td><td colspan="3">件数
20</td><td>包装种类
纸箱</td><td>毛重（公斤）
320</td><td colspan="2">净重（公斤）
300</td></tr>
<tr><td>集装箱号
0（6）</td><td colspan="5">随附单据
A</td><td colspan="2">用途
销售</td></tr>
<tr><td colspan="8">标记唛码及备注</td></tr>
<tr><td colspan="8">项号　商品编号　商品名称、规格型号　数量及单位　原产国（地区）　单价　总价　币制　征免</td></tr>
<tr><td colspan="8">1　6235451236　高档化妆品　甲　20 箱　美国（201）　6 000.00　120 000.00　USD　照章征税</td></tr>
<tr><td colspan="8">税费征收情况
进口关税税率为 20%</td></tr>
<tr><td colspan="2">录入员　录入单位</td><td colspan="3">兹申明以上申报无讹，并承担法律责任</td><td colspan="3">海关审单批注及放行日期（签章）
审单　审价</td></tr>
<tr><td colspan="5">报关员　陈明
单位地址
邮编　电话　申报单位（签章）
填制日期</td><td colspan="3">征税　统计
查验　放行</td></tr>
</table>

表 4-5 中华人民共和国海关出口货物报关单

预录入编号： 海关编号：

出口口岸	备案号	出口日期	申报日期	
经营单位	运输方式	运输工具名称	提运单号	
发货单位	贸易方式	征免性质	结汇方式	
许可证号	运抵国（地区）	起运港	境内货源地	
批准文号	成交方式	运费	保费	杂费
合同协议号	件数	包装种类	毛重（公斤）	净重（公斤）
集装箱号	随附单据	生产厂家		
标记唛码及备注				

项号	商品编号	商品名称、规格型号	数量及单位	最终目的国（地区）	单价	总价	币制	征免

税费征收情况		
录入员 录入单位	兹申明以上申报无讹，并承担法律责任	海关审单批注及放行日期（签章） 审单 审价
报关员 单位地址 申报单位（签章） 邮编 电话 填制日期		征税 统计 查验 放行

二、关税的申报与缴纳

1. 关税的纳税申报

进口货物自运输工具申报进境之日起 14 日内，出口货物在货物运抵海关监管区后装货的 24 小时以前，应由进出口货物的纳税义务人向货物进（出）境地海关申报，海关根据税则归类和完税价格计算应缴纳的关税和进口环节代征税款，并填发税款缴款书。“海关进（出）口关税专用缴款书”如表 4-6 所示。

表 4-6 海关进（出）口关税专用缴款书

收入系统海关系统　　填发日期：2017 年 03 月 15 日　　号码 NO. 192546845961236584-A04

<table>
<tr><td rowspan="3">收款单位</td><td>收入机关</td><td colspan="3">中央金库</td><td rowspan="3">缴款单位</td><td>名称</td><td>潍坊市光明贸易有限公司</td></tr>
<tr><td>科目</td><td>进口关税</td><td>预算级次</td><td>中央</td><td>账号</td><td>3526956374128953645</td></tr>
<tr><td>收款国库</td><td colspan="3">工商银行田地支行
32569589541265814236</td><td>开户银行</td><td>工商银行潍坊市支行</td></tr>
<tr><td>税号</td><td>货物名称</td><td>数量</td><td>单位</td><td colspan="2">完税价格（¥）</td><td>税率%</td><td>税款金额（¥）</td></tr>
<tr><td></td><td>高档化妆品</td><td>20</td><td>箱</td><td colspan="2">816 000.00</td><td>20%</td><td>163 200.00</td></tr>
<tr><td></td><td></td><td></td><td></td><td colspan="2"></td><td></td><td></td></tr>
<tr><td colspan="6">金额大写（人民币）壹拾陆万叁仟贰佰元整</td><td>合计（¥）</td><td>163 200.00</td></tr>
<tr><td>申请单位编号</td><td>2323612568</td><td colspan="2">报关单编号</td><td colspan="2">19265892361256325</td><td>填制单位：</td><td>收款国库（银行）</td></tr>
<tr><td>合同（批文）号</td><td>2017VM0311</td><td colspan="2">运输工具（号）</td><td colspan="2">1052698745651895</td><td rowspan="3">制单人：
复核人：</td><td rowspan="3"></td></tr>
<tr><td>缴款期限</td><td>2017 年 03 月
31 日前</td><td colspan="2">提/装货单号</td><td colspan="2">56894584562</td></tr>
<tr><td colspan="6">一般征税　照章征税 2017-03-12
USD 6.8
国际代码 123645957845685
网上支付外部网税单流水号 000000000059784562</td></tr>
</table>

自填发缴款书之日起 15 日内缴纳税款（期末遇星期六、星期日或法定节假日顺延），逾期缴纳按日加收税款总额万分之五的滞纳金。

2. 关税的缴纳

纳税义务人应当自海关填发税款缴款书之日起 15 日内，向指定银行缴纳税款。纳税义务人因不可抗力或在国家税收政策调整的情形下，不能按期缴纳税款的，经海关总署批准，可以延期缴纳税款，但最长不得超过 6 个月。

三、关税的强制执行

关税的强制执行措施，包括加收滞纳金和强制征收。

1. 征收关税滞纳金

滞纳金自关税缴纳期限届满滞纳之日起，至纳税义务人缴纳关税之日止，按滞纳税款额万分之五的比例按日征收，周末或法定节假日不予扣除。其具体计算公式为：

$$关税滞纳金金额=滞纳关税税额\times滞纳金征收比率\times滞纳天数$$

2. 强制征收

如果纳税义务人自海关填发缴款书之日起 3 个月仍未缴纳税款，经海关关长批准，海关可以采取强制扣缴、变价抵缴等强制措施。强制扣缴，即海关从纳税义务人在开户银行或其他金融机构的存款中直接扣缴税款。变价抵缴，即海关将应税货物依法变卖，以变卖所得抵缴税款。

【情境引例解析】

滞纳 12 天，滞纳金＝500×12×0.5‰＝3（万元）。

四、关税的退还

关税退还是关税纳税义务人按海关核定的税额缴纳关税后，因某种原因的出现，海关将实际征收多余应当征收的税额（称为溢征关税）退还给原纳税义务人的一种行政行为。对于溢征关税，海关发现应立即退还；纳税人发现，申请退税时限为缴纳税款之日起 1 年内，并加算银行同期存款利息。

五、关税的补征和追征

关税的补征和追征是指海关在纳税义务人按海关核定的税额缴纳关税后，发现实际征收税额少于应征税额（短征关税）时，责令纳税义务人补缴所差税款的一种行政行为。海关法根据短征关税的原因，将海关征收原短征关税的行为分为补征和追征两种。由于纳税人违反海关规定造成短征关税的，称为追征；非因纳税人违反海关规定造成短征关税的，称为补征。补征和追征概念的差异在于少纳税款责任的不同，责任的不同也带来补征与追征时限的不同。

关税的溢征和补征、追征归纳如表 4-7 所示。

表 4-7　关税的溢征和补征、追征

情况	关税规定
溢征	海关发现应立即退回；纳税人发现，自纳税之日起 1 年内，书面申请退税并加算银行同期存款利息
补征	海关发现自缴纳税款或货物放行之日起 1 年内补征
追征	海关发现在 3 年内追征，按日加收万分之五的滞纳金

【情境实战 4-1】

1. 工作任务要求

计算潍坊市光明贸易有限公司进口货物应纳关税、应纳消费税和应纳增值税。

2. 情境实战设计

2017 年 3 月 12 日，潍坊市光明贸易有限公司接到海关通知，从美国进口的甲类化妆品 20 箱已到港，单价 6 000 美元，开户银行也已收到购货方发票，并根据原先开出的银行承兑汇票付清货款，价款与开出的银行承兑汇票金额相同，以美元结算，汇率 1∶6.8。关税税率为 20%。中华人民共和国海关进口货物报关单，如表 4-4 所示；海关进（出）口关税专用缴款书，如表 4-6 所示。

3. 实战操作步骤

第一步：计算关税完税价格、应纳关税、应纳消费税和应纳增值税。

关税完税价格＝6 000×20×6.8＝ 816 000（元）

第二步：计算应纳关税、应纳消费税和应纳增值税。

应纳关税 = 816 000×20% = 163 200（元）

应纳消费税 = [（816 000+163 200）/（1−15%）]×15% = 172 800（元）

应纳增值税 =（816 000+163 200+172 800）×17% = 195 840（元）

■ 技能训练

一、单项选择题

1. 某外贸公司进口一批货物，货价 100 万元，货物运抵我国关境内输入地点起卸前的包装费和运费分别为 5 万元和 7 万元。已知关税税率 10%。则该公司应缴纳的进口关税为（　　）万元。

A. 100×10% = 10

B.（100+5）×10% = 10.5

C.（100+7）×10% = 10.7

D.（100+5+7）×10% = 11.2

2. 下列选项中，应征收关税的是（　　）。

A. 无商业价值的广告品及货样

B. 进出境运输工具装载的途中必需的燃料、物料和饮食用品

C. 国际组织、外国政府无偿赠送的物资

D. 海关查验时已经破漏、损坏的货物，且因保管不慎造成的

3. 2014 年 10 月，甲企业进口一辆小汽车自用，支付买价 17 万元，货物运抵我国关境内输入地点起卸前的运费和保险费共计 3 万元，货物运抵我国关境内输入地点起卸后的运费和保险费共计 2 万元，另支付买方佣金 1 万元。已知关税税率为 20%，消费税税率为 25%，城建税税率为 7%，教育费附加征收率为 3%。假设无其他纳税事项，则下列关于甲企业相关税金的计算，正确的是（　　）。

A. 应纳进口关税 4.2 万元

B. 应纳进口环节消费税 8 万元

C. 应纳进口环节增值税 4.08 万元

D. 应纳城建税和教育费附加 1.34 万元

4. 根据关税法律制度的规定，一般贸易项下进口的货物以海关审定的成交价格为基础的到岸价格作为完税价格。下列关于成交价格的表述中，正确的是（　　）。

A. 在货物成交过程中，向境外采购代理人支付的买方佣金，应计入成交价格

B. 在货物成交过程中，进口人在成交价格外另支付给卖方的佣金，应计入成交价格

C. 卖方付给进口人的正常回扣，应计入成交价格

D. 卖方违反合同规定延期交货的罚款，可以从成交价格中扣除

二、多项选择题

1. 下列各项中，属于关税纳税人的有（　　）。

A. 工贸或农贸结合的进出口公司

B. 外贸进出口公司

C. 馈赠物品以及其他方式入境个人物品的所有人

D. 个人邮递物品的收件人

2. 关于关税的减免税规定，下列表述正确的有（　　）。

A. 无商业价值的广告样品进口征收关税

B. 在起卸后海关放行前，因不可抗力遭受损坏或损失的，可酌情减免关税

C. 因故退还的中国出口货物，可以免征进口关税，同时已征收的出口关税可以退还

D. 关税税额在人民币 50 元以下的一票货物免征关税

3. 下列各项中，属于关税的计税方法有（　　）。

A. 从价税计算法　　B. 从量税计算法

C. 复合税计算法　　D. 滑准税计算法

三、判断题

1. 一票货物关税税额、进口环节增值税或者消费税税额在人民币 100 元以下的，可以免征关税。（　　）

2. 进口货物适用的关税税率是以进口货物的原产地为标准的。（　　）

3. 对从境外采购进口的原产于中国境内的货物，应按规定征收进口关税。（　　）

四、实务题

1. 2015 年 6 月 1 日，甲公司经批准进口一台符合国家特定免征关税的科研设备用于研发项目，设备进口时经海关审定的完税价格折合人民币 560 万元，海关规定的监管年限为 5 年；2017 年 5 月 31 日，公司研发项目完成后，将已计提折旧 200 万元的免税设备转售给国内另一家企业。设备原进口时关税税率为 12%，设备转售时关税税率降为 10%。

要求：计算甲公司应补缴的关税税额。

2. 某公司于 2017 年 6 月 1 日通过海运进口一批高档化妆品，成交价格 55 万元，关税税率 45%，消费税税率 15%，从起运地至输入地起卸前的运费 6 万元，进口货物的保险费无法确定，保险费率为 0.3%，从海关监管区至公司仓库的运费 3 万元。海关于 2017 年 6 月 5 日填发税款缴款书，该公司于 2017 年 6 月 30 日缴纳关税税款。

要求：计算应纳进口环节税金金额合计。

项目五

企业所得税纳税申报实务

■ 职业能力目标

（1）能够界定企业所得税纳税人，会判断哪些业务应当缴纳企业所得税，以及选择企业所得税适用税率，能充分运用企业所得税优惠政策。

（2）能够确定企业所得税的计税依据，根据相关业务资料确定企业所得税的收入总额，确定不征税收入和免税收入，确定企业所得税准予扣除的项目，确定企业所得税不得扣除的项目，并能根据相关业务资料进行亏损弥补。

（3）能够根据相关业务资料对固定资产、生物资产、无形资产、长期待摊费用、存货和投资资产的涉税业务进行税务处理。

（4）能够识别哪些经济业务属于企业重组，把握企业重组的一般性税务处理和特殊性税务处理的条件，并能根据相关业务资料进行企业重组的一般性税务处理和特殊性税务处理。

（5）能够根据相关业务资料计算居民企业和非居民企业的应纳税额，并根据相关业务资料计算境外所得的抵扣税额。

（6）能够判断哪些业务可能被税务机关进行特别纳税调整，明确税务机关进行特别纳税调整的方法和税务机关进行核定征收的方法，会计算因特别纳税调整而加收的利息，识记追溯时限。

（7）能够确定企业所得税的纳税义务发生时间、纳税期限和纳税地点，可以根据相关业务资料填写企业所得税纳税申报表，并进行手工纳税申报及网上纳税申报。

任务一　企业所得税的认知

【情境引例】

信德公司已经被认定为高新技术企业，请问该公司要享受15%的企业所得税税率需要经税务机关审批吗?

一、企业所得税纳税人的确定

1. 企业所得税的纳税义务人

企业所得税是对我国境内的企业和其他取得收入的组织的生产经营所得和其他所得征收的一种直接税。

在中华人民共和国境内，企业和其他取得收入的组织（以下统称企业）为企业所得税的纳税人。个人独资企业、合伙企业不是企业所得税的纳税人。缴纳企业所得税的企业分为居民企业和非居民企业，分别承担不同的纳税责任。

居民企业是指依法在中国境内成立，或者依照外国（地区）法律成立但实际管理机构在中国境内的企业，包括除个人独资企业和合伙企业以外的公司、企业、事业单位、社会团体、民办非企业单位、基金会、外国商会、农民专业合作社，以及取得收入的其他组织。

非居民企业是指依照外国（地区）法律成立且实际管理机构不在中国境内，但在中国境内设立机构、场所的，或者在中国境内未设立机构、场所，但有来源于中国境内所得的企业。

实际管理机构是指对企业的生产经营、人员、账务、财产等实施实质性全面管理和控制的机构。机构、场所是指在中国境内从事生产经营活动的机构、场所，包括以下具体机构和场所。

（1）管理机构、营业机构、办事机构。

（2）工厂、农场、开采自然资源的场所。

（3）提供劳务的场所。

（4）从事建筑、安装、装配、修理、勘探等工程作业的场所。

（5）其他从事生产经营活动的机构、场所。

非居民企业委托营业代理人在中国境内从事生产经营活动的，包括委托单位或个人经常代其签订合同，或者储存、交付货物等，该营业代理人视为非居民企业在中国境内设立的机构、场所。

2. 企业所得税的扣缴义务人

（1）支付人为扣缴义务人。非居民企业在中国境内未设立机构、场所的，或者虽设立机构、场所但取得的所得与其所设机构、场所没有实际联系的，其来源于中国境内的所得应缴纳的所得税，实行源泉扣缴，以支付人为扣缴义务人。税款由扣缴义务人在每次支付或到期应支付时，从支付或到期应支付的款项中扣缴。

支付人是指依照有关法律规定或合同约定对非居民企业直接负有支付相关款项义务的单位或个人。支付包括现金支付、汇拨支付、转账支付和权益兑价支付等货币支付与非货币支付。到期应支付的款项是指支付人按照权责发生制原则应当计入相关成本、费用的应付款项。

（2）指定扣缴义务人。对非居民企业在中国境内取得工程作业和劳务所得应缴纳的所得税，税务机关可以指定工程价款或劳务费的支付人为扣缴义务人。

税法规定的可以指定扣缴义务人的情形如下。

① 预计工程作业或提供劳务期限不足一个纳税年度，且有证据表明不履行纳税义务的。

② 没有办理税务登记或临时税务登记，且未委托中国境内的代理人履行纳税义务的。

③ 未按照规定期限办理企业所得税纳税申报或预缴申报的。

④ 其他规定情形。

扣缴义务人由县级以上税务机关指定，并同时告知扣缴义务人所扣税款的计算依据、计算方法和扣缴期限。

（3）扣缴义务人每次代扣的税款，应当自代扣之日起 7 日内缴入国库，并向所在地的税务机关报送扣缴企业所得税报告表。

（4）扣缴义务人未依法扣缴或无法履行扣缴义务的，由纳税人在所得发生地缴纳。在中国境内存在多处所得发生地的，由纳税人选择其中一地申报缴纳企业所得税。

纳税人未依法缴纳的，税务机关可以从该纳税人在中国境内其他收入项目（指该纳税人在中国境内取得的其他各种来源的收入）的支付人应付的款项中，追缴该纳税人的应纳税款。

税务机关在追缴该纳税人应纳税款时，应当将追款理由、追缴数额、扣缴期限和缴纳方式等告知该纳税人。

情境讨论：非居民企业之间在境外转让境内企业的股权，应当如何缴纳企业所得税？

二、企业所得税征税对象的确定

1. 居民企业的征税对象

居民企业应当就其来源于中国境内、境外的所得缴纳企业所得税。所得包括销售货物所得、提供劳务所得、转让财产所得、股息红利等权益性投资所得、利息所得、租金所得、特许权使用费所得、接受捐赠所得和其他所得。

2. 非居民企业的征税对象

非居民企业在中国境内设立机构、场所的，应当就其所设机构、场所取得的来源于中国境内的所得，以及发生在中国境外但与其所设机构、场所有实际联系的所得，缴纳企业所得税。其中，“实际联系”是指非居民企业在中国境内设立的机构、场所拥有据以取得所得的股权、债券，以及拥有、管理、控制据以取得所得的财产等。

非居民企业在中国境内未设立机构、场所的，或者虽设立机构、场所但取得的所得与其所设机构、场所没有实际联系的，应当就其来源于中国境内的所得缴纳企业所得税。

来源于中国境内、境外的所得，按照以下原则确定。

（1）销售货物所得，按照交易活动发生地确定。

（2）提供劳务所得，按照劳务发生地确定。

（3）转让财产所得，不动产转让所得按照不动产所在地确定，动产转让所得按照转让动产的企业，或者机构、场所所在地确定，权益性投资资产转让所得按照被投资企业所在地确定。

（4）股息、红利等权益性投资所得，按照分配所得的企业所在地确定。

（5）利息所得、租金所得、特许权使用费所得，按照负担、支付所得的企业，或者机构、场所所在地确定，或者按照负担、支付所得的个人住所地确定。

（6）其他所得，由国务院财政、税务主管部门确定。

三、企业所得税税率的判定

企业所得税税率是体现国家与企业分配关系的核心要素。税率设计的原则是兼顾国家、企业、职工个人三者间的利益，既要保证财政收入的稳定增长，又要使企业在发展生产、经营方面有一定的财力保证；既要考虑到企业的实际情况和负担能力，又要维护税率的统一性。

企业所得税实行比例税率。比例税率简便易行，透明度高，不会因征税而改变企业间收入分配比例，有利于促进效率的提高。现行规定如下。

（1）基本税率为25%。适用于居民企业和在中国境内设有机构、场所且取得的所得与机构、场所有联系的非居民企业。

（2）低税率为20%。适用于在中国境内未设立机构、场所的，或者虽设立机构、场所但取得的所得与其所设机构、场所没有实际联系的非居民企业。但实际征税时适用10%的税率。

情境讨论：我国现行的企业所得税税率与世界各国相比是偏高还是偏低？

四、企业所得税优惠政策的运用

税收优惠是指国家运用税收政策在税收法律、行政法规中规定对某一部分特定企业和课税对象给予减轻或免除税收负担的一种措施。税法规定的企业所得税的税收优惠方式包括免税、减税、加计扣除、加速折旧、减计收入、税额抵免等。

1. 免税与减税优惠

1）从事农、林、牧、渔业项目的所得

企业（包括“公司+农户”经营模式的企业）从事农、林、牧、渔业项目的所得，包括免征和减征两部分。

（1）企业从事下列项目的所得，免征企业所得税：① 蔬菜、谷物、薯类、油料、豆类、棉花、麻类、糖料、水果、坚果的种植；② 农作物新品种的选育；③ 中药材的种植；④ 林木的培育和种植；⑤ 牲畜、家禽的饲养等；⑥ 林产品的采集；⑦ 灌溉、农产品初加工、兽医、农技推广、农机作业和维修等农、林、牧、渔服务业项目；⑧ 远洋捕捞。

（2）企业从事下列项目的所得，减半征收企业所得税：① 花卉、茶，以及其他饮料作物和香料作物的种植；② 海水养殖、内陆养殖等。

2）从事国家重点扶持的公共基础设施项目投资经营的所得

税法所称国家重点扶持的公共基础设施项目，是指《公共基础设施项目企业所得税优惠目录》规定的港口码头、机场、铁路、公路、城市公共交通、电力、水利等项目。

企业从事国家重点扶持的公共基础设施项目的投资经营的所得，自项目取得第一笔生产经营收入所属纳税年度起，第一年至第三年免征企业所得税，第四年至第六年减半征收企业所得税。

企业承包经营、承包建设和内部自建自用上述规定的项目，不得享受上述企业所得税优惠。

3）从事符合条件的环境保护、节能节水项目的所得

符合条件的环境保护、节能节水项目，包括公共污水处理、公共垃圾处理、沼气综合开发利用、节能减排技术改造、海水淡化等。

企业从事符合条件的环境保护、节能节水项目的所得，自项目取得第一笔生产经营收入所属纳税年度起，第一年至第三年免征企业所得税，第四年至第六年减半征收企业所得税。

依照规定享受减免税优惠的项目，在减免税期限内转让的，受让方自受让之日起，可以在剩余期限内享受规定的减免税优惠；减免税期限届满后转让的，受让方不得就该项目重复享受减免税优惠。

4）符合条件的技术转让所得

（1）符合条件的技术转让所得免征、减征企业所得税，是指一个纳税年度内，居民企

业转让技术所有权所得不超过500万元的部分，免征企业所得税；超过500万元的部分，减半征收企业所得税。

（2）技术转让的范围，包括居民企业转让专利技术、计算机软件著作权、集成电路布图设计权、植物新品种、生物医药新品种，以及财政部和国家税务总局确定的其他技术。

（3）技术转让应签订技术转让合同。其中，境内的技术转让须经省级以上（含省级）科技部门认定登记，跨境的技术转让须经省级以上（含省级）商务部门认定登记，涉及财政经费支持产生技术的转让，需省级以上（含省级）科技部门审批。

（4）居民企业技术出口应由有关部门按照商务部、科技部发布的《中国禁止出口限制出口技术目录》（商务部、科技部令2008年第12号）进行审查。居民企业取得禁止出口和限制出口技术转让所得，不享受技术转让减免企业所得税优惠政策。

（5）居民企业从直接或间接持有股权之和达到100%的关联方取得的技术转让所得，不享受技术转让减免企业所得税优惠政策。

实务咨询：我公司在符合条件的技术转让过程中，同时销售的仪器设备取得的收入是否一并计入技术转让收入？

2. 高新技术企业优惠

国家需要重点扶持的高新技术企业减按15%的税率征收企业所得税。国家需要重点扶持的高新技术企业，是指同时符合下列6个方面条件的企业。

（1）拥有核心自主知识产权。这是指在中国境内（不含港、澳、台地区）注册的企业，近3年内通过自主研发、受让、受赠、并购等方式，或者通过5年以上的独占许可方式，对其主要产品（服务）的核心技术拥有自主知识产权。

（2）产品（服务）属于《国家重点支持的高新技术领域》规定的范围。

（3）研究开发费用占销售收入的比例不低于规定比例。这是指企业为获得科学技术（不包括人文、社会科学）新知识，创造性运用科学技术新知识，或者实质性改进技术、产品（服务）而持续进行了研究开发活动，且近3个会计年度的研究开发费用总额占销售收入总额的比例符合以下要求。

① 最近一年销售收入小于5 000万元的企业，比例不低于6%。

② 最近一年销售收入在5 000万元至20 000万元的企业，比例不低于4%。

③ 最近一年销售收入在20 000万元以上的企业，比例不低于3%。

其中，企业在中国境内发生的研究开发费用总额占全部研究开发费用总额的比例不低于60%。企业注册成立时间不足3年的，按实际经营年限计算。

（4）高新技术产品（服务）收入占企业总收入的比例不低于规定比例。这是指高新技术产品（服务）收入占企业当年总收入的60%以上。

（5）科技人员占企业职工总数的比例不低于规定比例。这是指具有大学专科以上学历的科技人员占企业当年职工总数的30%以上，其中研发人员占企业当年职工总数的10%以上。

（6）高新技术企业认定管理办法规定的其他条件。《国家重点支持的高新技术领域》和高新技术企业认定管理办法由国务院科技、财政、税务主管部门商国务院有关部门制定，报国务院批准后公布施行。

【情境引例解析】

不需要。

根据《国家税务总局关于企业所得税税收优惠管理问题的补充通知》（国税函〔2009〕255号）的规定，除国务院明确的企业所得税过渡类优惠政策、执行新税法后继续保留执行的原企业所得税优惠政策、新企业所得税法第二十九条规定的民族自治地方企业减免税优惠政策，以及国务院另行规定实行审批管理的企业所得税优惠政策外，其他各类企业所得税优惠政策，均实行备案管理（而非审批管理）。

3. 小型微利企业优惠

符合条件的小型微利企业减按20%的税率征收企业所得税。符合条件的小型微利企业是指国家非限制和禁止行业，并符合下列条件的企业。

（1）工业企业，年度应纳税所得额不超过30万元，从业人数不超过100人，资产总额不超过3 000万元。

（2）其他企业，年度应纳税所得额不超过30万元，从业人数不超过80人，资产总额不超过1 000万元。

上述“从业人数”按企业全年平均从业人数计算，“资产总额”按企业年初和年末的资产总额平均计算。

小型微利企业是指企业的全部生产经营活动产生的所得均负有我国企业所得税纳税义务的企业。仅就来源于我国所得负有我国纳税义务的非居民企业，不适用上述规定。

自2017年1月1日至2019年12月31日，将小型微利企业年应纳税所得额上限由30万元提高到50万元，符合这一条件的小型微利企业所得减半计算应纳税所得额并按20%优惠税率缴纳企业所得税。

情境讨论：为什么对于“仅就来源于我国所得负有我国纳税义务的非居民企业”，不适用上述规定？

4. 加计扣除优惠

（1）研究开发费是指企业为开发新技术、新产品和新工艺发生的研究开发费用，未形成无形资产计入当期损益的，在按照规定据实扣除的基础上，按照研究开发费用的50%加计扣除；形成无形资产的，按照无形资产成本的150%摊销。科技型中小企业开展研发活动中实际发生的研发费用，未形成无形资产计入当期损益的，在按规定据实扣除的基础上，在2017年1月1日至2019年12月31日期间，再按照实际发生额的75%在税前加计扣除；形成无形资产的，在上述期间按照无形资产成本的175%在税前摊销。

实务咨询：（1）我公司研发部门发生的差旅费可否加计扣除？

（2）我公司同时符合研究开发费用加计扣除和小型微利企业两个优惠政策的条件，两种优惠是否可以同时享受？

（2）企业安置残疾人员所支付的工资是指企业安置残疾人员的，在按照支付给残疾职工工资据实扣除的基础上，按照支付给残疾职工工资的100%加计扣除。

情境讨论：企业安置残疾职工工资100%加计扣除，应同时具备哪些条件？

5. 创业投资企业优惠

创业投资企业从事国家需要重点扶持和鼓励的创业投资，可以按投资额的一定比例抵扣应纳税所得额。

情境讨论：创业投资企业需具备哪些条件？

创业投资企业优惠是指创业投资企业采取股权投资方式投资于未上市的中小高新技术企业2年以上的，可以按照其投资额的70%在股权持有满2年的当年抵扣该创业投资企业的应纳税所得额；当年不足抵扣的，可以在以后纳税年度结转抵扣。例如，甲企业2016年1月1日向乙企业（未上市的中小高新技术企业）投资100万元，股权持有到2017年12月31日。甲企业2017年度可抵扣的应纳税所得额为70万元。

在京津冀、上海、广东、安徽、四川、武汉、西安、沈阳8个全面创新改革试验地区和苏州工业园区就创业投资企业和天使投资个人有关税收政策进行试点。

（1）公司制创业投资企业采取股权投资方式直接投资于种子期、初创期科技型企业（以下简称初创科技型企业）满2年（24个月，下同）的，可以按照投资额的70%在股权持有满2年的当年抵扣该公司制创业投资企业的应纳税所得额；当年不足抵扣的，可以在以后纳税年度结转抵扣。

（2）有限合伙制创业投资企业（以下简称合伙创投企业）采取股权投资方式直接投资于初创科技型企业满2年的，该合伙创投企业的合伙人分别按以下方式处理：① 法人合伙人可以按照对初创科技型企业投资额的70%抵扣法人合伙人从合伙创投企业分得的所得；当年不足抵扣的，可以在以后纳税年度结转抵扣。② 个人合伙人可以按照对初创科技型企业投资额的70%抵扣个人合伙人从合伙创投企业分得的经营所得；当年不足抵扣的，可以在以后纳税年度结转抵扣。

（3）天使投资个人采取股权投资方式直接投资于初创科技型企业满2年的，可以按照投资额的70%抵扣转让该初创科技型企业股权取得的应纳税所得额；当期不足抵扣的，可以在以后取得转让该初创科技型企业股权的应纳税所得额时结转抵扣。天使投资个人在试点地区投资多个初创科技型企业的，对其中办理注销清算的初创科技型企业，天使投资个人对其投资额的70%尚未抵扣完的，可自注销清算之日起36个月内抵扣天使投资个人转让其他初创科技型企业股权取得的应纳税所得额。上述企业所得税政策自2017年1月1日起试点执行，个人所得税政策自2017年7月1日起试点执行。执行日期前2年内发生的投资，在执行日期后投资满2年，也可享受上述优惠。

6. 加速折旧优惠

企业的固定资产由于技术进步等原因，确需加速折旧的，可以缩短折旧年限或采取加速折旧的方法。可以采用以上折旧方法的固定资产如下。

（1）由于技术进步，产品更新换代较快的固定资产。

（2）常年处于强震动、高腐蚀状态的固定资产。

采取缩短折旧年限方法的，最低折旧年限不得低于规定折旧年限的60%；若为购置已使用过的固定资产，其最低折旧年限不得低于税法规定最低折旧年限减去已使用年限后剩余年限的60%。最低折旧年限一经确定，一般不得变更。采取加速折旧方法的，可以采取双倍余额递减法或年数总和法。

对符合相关条件的生物药品制造业，专用设备制造业，铁路、船舶、航空航天和其他运输设备制造业，计算机、通信和其他电子设备制造业，仪器仪表制造业，信息传输、软件和信息技术服务业等行业企业，2014 年 1 月 1 日后购进的固定资产（包括自行建造），以及对符合相关条件的轻工、纺织、机械、汽车等四个领域重点行业的企业，2015 年 1 月 1 日后新购进的固定资产，允许按不低于企业所得税法规定折旧限的 60% 缩短折旧年限，或选择采取双倍余额递减法或年数总和法进行加速折旧。上述重点行业企业是指以上述行业业务为主营业务，其固定资产投入使用当年的主营业务收入占企业收入总额 50%（不含）以上的企业。

对所有行业企业 2014 年 1 月 1 日后新购进的专门用于研发的仪器、设备，单位价值不超过 100 万元的，允许一次性计入当期成本费用在计算应纳税所得额时扣除，不再分年度计算折旧；单位价值超过 100 万元的，可缩短折旧年限或采取加速折旧的方法。

对所有行业企业持有的单位价值不超过 5 000 元的固定资产，允许一次性计入当期成本费用在计算应纳税所得额时扣除，不再分年度计算折旧。

情境讨论：固定资产加速折旧对企业有什么好处？

实务咨询：我公司按照国税发〔2009〕81 号文件的规定，对其购买的固定资产进行加速折旧，同时该项固定资产是用于研究开发使用的。请问：该项固定资产按照加速折旧计算的折旧费用是否可以享受企业研究开发费用加计扣除的政策？

7. 减计收入优惠

企业以《资源综合利用企业所得税优惠目录》规定的资源作为主要原材料，生产国家非限制和禁止并符合国家和行业相关标准的产品取得的收入，减按 90% 计入收入总额。

8. 税额抵免优惠

税额抵免是指企业购置并实际使用《环境保护专用设备企业所得税优惠目录》《节能节水专用设备企业所得税优惠目录》和《安全生产专用设备企业所得税优惠目录》规定的环境保护、节能节水、安全生产等专用设备的，该专用设备的投资额的 10% 可以从企业当年的应纳税额中抵免；当年不足抵免的，可以在以后 5 个纳税年度结转抵免。

享受前款规定的企业所得税优惠的企业，应当实际购置并自身实际投入使用前款规定的专用设备；企业购置上述专用设备在 5 年内转让、出租的，应当停止享受企业所得税优惠，并补缴已经抵免的企业所得税税款。转让的受让方可以按照该专用设备投资额的 10% 抵免当年企业所得税应纳税额；当年应纳税额不足抵免的，可以在以后 5 个纳税年度结转抵免。

企业同时从事适用不同企业所得税待遇的项目的，其优惠项目应当单独计算所得，并合理分摊企业的期间费用；没有单独计算的，不得享受企业所得税优惠。

自 2009 年 1 月 1 日起，增值税一般纳税人购进生产用固定资产发生的进项税额可从其销项税额中抵扣。如果增值税进项税额允许抵扣，其专用设备投资额不再包括增值税进项税额；如果增值税进项税额不允许抵扣，其专用设备投资额应为增值税专用发票上注明的价税合计金额，企业购买专用设备取得普通发票的，其专用设备投资额为普通发票上注明的金额。

9. 民族自治地方企业的税收优惠

民族自治地方的自治机关对本民族自治地方的企业应缴纳的企业所得税中属于地方分享的部分，可以决定减征或免征。自治州、自治县决定减征或免征的，须报省、自治区、直辖市人民政府批准。但对民族自治地方内国家限制和禁止行业的企业，不得减征或免征企业所得税。

10. 非居民企业优惠

在中国境内未设立机构、场所，或者虽设立机构、场所但取得的所得与其所设机构、场所没有实际联系的非居民企业减按10%的税率征收企业所得税。该类非居民企业取得下列所得免征企业所得税：① 外国政府向中国政府提供贷款取得的利息所得；② 国际金融组织向中国政府和居民企业提供优惠贷款取得的利息所得；③ 经国务院批准的其他所得。

11. 其他有关行业的优惠

1）关于鼓励软件产业和集成电路产业发展的优惠政策

（1）软件生产企业实行增值税即征即退政策所退还的税款，由企业用于研究开发软件产品和扩大再生产，不作为企业所得税应税收入，不予征收企业所得税。

（2）我国境内新办软件生产企业经认定后，自获利年度起，第一年和第二年免征企业所得税，第三年至第五年减半征收企业所得税（“两免三减半”）。

（3）国家规划布局内的重点软件生产企业，当年未享受免税优惠的，减按10%的税率征收企业所得税。

（4）软件生产企业的职工培训费用，可按实际发生额在计算应纳税所得额时扣除。

（5）企事业单位购进软件，凡符合固定资产或无形资产确认条件的，可以按照固定资产或无形资产进行核算，经主管税务机关核准，其折旧或摊销年限可以适当缩短，最短可为2年。

（6）集成电路设计企业视同软件企业，享受上述软件企业的有关企业所得税政策。

（7）集成电路生产企业的生产性设备，经主管税务机关核准，其折旧年限可以适当缩短，最短可为3年。

（8）投资额超过80亿元、产品符合小于0.25微米条件的集成电路企业，减按15%的税率计征所得税，经营期15年以上的，从开始获利的年度起，企业所得税实行“五免五减半”。

（9）小于0.8微米（含0.8微米）条件的集成电路生产企业，从开始获利的年度起，企业所得税实行“两免三减半”。

（10）集成电路企业和封装企业的再投资退税优惠政策如表5-1所示。

表5-1　集成电路企业和封装企业的再投资退税优惠政策

再投资退税条件			可享受退税
投出方	被投方	投资期限	
集成电路生产企业、封装企业的投资者	本企业	不少于5年	再投资部分已纳税款的40%
	其他集成电路生产企业、封装企业		
国内外经济组织	西部地区集成电路生产企业、封装企业、软件生产企业	不少于5年	再投资部分已纳税款的80%

注：再投资不满5年撤出投资的，追缴已退的企业所得税税款。

实务咨询：我公司既属于高新技术企业，又属于软件企业，并且2017年正在减半期。请问：我公司的企业所得税税率能否享受15%减半，即7.5%的优惠税率？

【情境实例 5-1】

1. 工作任务要求

计算甲企业得到的再投资退税。

2. 情境实例设计

甲企业适用 25% 的企业所得税税率，其投资者决定用分配的 100 万元税后利润全部投资西部开办集成电路的封装企业，期限 10 年，则能得到多少再投资退税？

3. 任务实施过程

甲企业可得到再投资退税 = [100/(1−25%)] ×25% ×80% = 26. 67 （万元）

2）关于鼓励证券投资基金发展的优惠政策

（1）对证券投资基金从证券市场中取得的收入，包括买卖股票、债券的差价收入，股权的股息、红利收入。债券的利息收入及其他收入，暂不征收企业所得税。

（2）对投资者从证券投资基金分配中取得的收入，暂不征收企业所得税。

（3）对证券投资基金管理人运用基金买卖股票、债券的差价收入，暂不征收企业所得税。

12. 西部大开发的税收优惠

（1）对设在西部地区国家鼓励类产业的企业，在 2011 年 1 月 1 日至 2020 年 12 月 31 日期间，减按 15% 的税率征收企业所得税。

（2）经省级人民政府批准，民族自治地方的内资企业可以定期减征或免征企业所得税；凡减免税款涉及中央收入 100 万元（含 100 万元）以上的，需报国家税务总局批准。

13. 其他事项

（1）享受企业所得税过渡优惠政策的企业，应按照新税法和实施条例中有关收入和扣除的规定计算应纳税所得额。

（2）企业所得税过渡优惠政策与新税法及实施条例规定的优惠政策存在交叉的，由企业选择最优惠的政策执行，不得叠加享受，且一经选择，不得改变。

（3）法律设置的发展对外经济合作和技术交流的特定地区内，以及国务院已规定执行上述地区特殊政策的地区内新设立的国家需要重点扶持的高新技术企业，可以享受过渡性税收优惠，具体办法由国务院规定。

（4）国家已确定的其他鼓励类企业，可以按照国务院规定享受减免税优惠。

情境讨论：企业同时符合《中华人民共和国企业所得税法》规定的多项优惠政策，能否同时享受优惠？

任务二　企业所得税应纳税所得额的计算

【情境引例】

甲软件生产企业为居民企业，2017 年实际发生的工资支出 250 万元，职工福利费支出 45 万元，职工教育经费 30 万元，其中职工培训费用支出 20 万元。要求：计算甲企业 2017 年计算应纳税所得额时，应调增的应纳税所得额。

一、企业所得税计税依据确定的基本方法

企业应纳税额取决于应纳税所得额和适用税率两个因素。在实际过程中，应纳税所得额的计算一般有以下两种方法。

1. 间接计算法

在间接计算法下，在会计利润的基础上加上或减去按照税法规定调整的项目金额后，即为应纳税所得额。其计算公式为：

应纳税所得额=会计利润总额±纳税调整项目金额

纳税调整项目金额包括两方面的内容：企业的财务会计处理和税法规定不一致的应予以调整的金额；企业按税法规定准予扣除的金额。

2. 直接计算法

在直接计算法下，企业每一纳税年度的收入总额减除不征税收入、免税收入、各项扣除，以及允许弥补的以前年度亏损后的余额为应纳税所得额。其计算公式为：

应纳税所得额=收入总额-不征税收入-免税收入-各项扣除金额-弥补亏损

二、收入总额的确定

企业的收入总额包括以货币形式和非货币形式从各种来源取得的收入。企业取得收入的货币形式包括现金、银行存款、应收账款、应收票据、准备持有至到期的债券投资及债务的豁免等；企业以非货币形式取得的收入，包括固定资产、生物资产、无形资产、股权投资、存货、不准备持有至到期的债券投资、劳务及有关权益等，这些非货币资产应当按照公允价值确定收入额，公允价值是指按照市场价格确定的价值。收入的具体构成如下。

1. 一般收入的确认

1）销售货物收入

销售货物收入是指企业销售商品、产品、原材料、包装物、低值易耗品及其他存货取得的收入。

企业销售商品同时满足下列条件的，应确认收入的实现。

（1）商品销售合同已经签订，企业已将商品所有权相关的主要风险和报酬转移给购货方。

（2）企业对已售出的商品既没有保留通常与所有权相联系的继续管理权，也没有实施有效控制。

（3）收入的金额能够可靠地计量。

（4）已发生或将发生的销售方的成本能够可靠地核算。

符合上款收入确认条件，采取下列商品销售方式的，应按以下规定确认收入实现时间。

① 销售商品采用托收承付方式的，在办妥托收手续时确认收入。

② 销售商品采取预收款方式的，在发出商品时确认收入。

③ 销售商品需要安装和检验的，在购买方接受商品，以及安装和检验完毕时确认收入。如果安装程序比较简单，可在发出商品时确认收入。

④ 销售商品采用支付手续费方式委托代销的，在收到代销清单时确认收入。

2）提供劳务收入

提供劳务收入是指企业从事建筑安装、修理修配、交通运输、仓储租赁、金融保险、邮电通信、咨询经纪、文化体育、科学研究、技术服务、教育培训、餐饮住宿、中介代理、卫生保健、社区服务、旅游、娱乐、加工，以及其他劳务服务活动取得的收入。

企业在各个纳税期末，提供劳务交易的结果能够可靠估计的，应采用完工进度（完工百分比）法确认提供劳务收入。

提供劳务交易的结果能够可靠估计，是指同时满足下列条件。

（1）收入的金额能够可靠地计量。

（2）交易的完工进度能够可靠地确定。

（3）交易中已发生和将发生的成本能够可靠地核算。

企业提供劳务完工进度的确定，可选用下列方法。

① 已完工作的测量。

② 已提供劳务占劳务总量的比例。

③ 发生成本占总成本的比例。

企业应按照从接受劳务方已收或应收的合同或协议价款确定劳务收入总额，根据纳税期末提供劳务收入总额乘以完工进度扣除以前纳税年度累计已确认提供劳务收入后的金额，确认为当期劳务收入；同时，按照提供劳务估计总成本乘以完工进度扣除以前纳税期间累计已确认劳务成本后的金额，结转为当期劳务成本。

下列提供劳务满足收入确认条件的，应按规定确认收入。

① 安装费。应根据安装完工进度确认收入。安装工作是商品销售附带条件的，安装费在确认商品销售实现时确认收入。

② 宣传媒介的收费。应在相关的广告或商业行为出现于公众面前时确认收入。广告的制作费应根据制作广告的完工进度确认收入。

③ 软件费。为特定客户开发软件的收费，应根据开发的完工进度确认收入。

④ 服务费。包含在商品售价内可区分的服务费，在提供服务的期间分期确认收入。

⑤ 艺术表演、招待宴会和其他特殊活动的收费。在相关活动发生时确认收入。收费涉及几项活动的，预收的款项应合理分配给每项活动，分别确认收入。

⑥ 会员费。申请入会或加入会员，只允许取得会籍，所有其他服务或商品都要另行收费的，在取得该会员费时确认收入。申请入会或加入会员后，会员在会员期内不再付费就可得到各种服务或商品，或者以低于非会员的价格销售商品或提供服务的，该会员费应在整个受益期内分期确认收入。

⑦ 特许权费。属于提供设备和其他有形资产的特许权费，在交付资产或转移资产所有权时确认收入；属于提供初始及后续服务的特许权费，在提供服务时确认收入。

⑧ 劳务费。长期为客户提供重复的劳务收取的劳务费，在相关劳务活动发生时确认收入。

3）转让财产收入

转让财产收入是指企业转让固定资产、生物资产、无形资产、股权、债权等财产取得的收入。

4）股息、红利等权益性投资收益

股息、红利等权益性投资收益是指企业因权益性投资从被投资方取得的收入。股息、红利等权益性投资收益，除国务院财政、税务主管部门另有规定外，按照被投资方做出利润分配决定的日期确认收入的实现。

5）利息收入

利息收入是指企业将资金提供给他人使用但不构成权益性投资，或者因他人占用本企业资金取得的收入，包括存款利息、贷款利息、债券利息、欠款利息等收入。利息收入应按照合同约定的债务人应付利息的日期确认收入的实现。

6）租金收入

租金收入是指企业提供固定资产、包装物或其他有形资产的使用权取得的收入。租金收入应按照合同约定的承租人应付租金的日期确认收入的实现。

实务咨询：我公司出租1台机器设备，租期5年，租金在第1年一次性全部支付，请问取得的租金在缴纳企业所得税时如何确认收入？

7）特许权使用费收入

特许权使用费收入是指企业提供专利权、非专利技术、商标权、著作权，以及其他特许使用权取得的收入。特许权使用费收入应按照合同约定的特许权使用人应付特许权使用费的日期确认收入的实现。

8）接受捐赠收入

接受捐赠收入是指企业接受的来自其他企业、组织或个人无偿给予的货币性资产、非货币性资产。接受捐赠收入按照实际收到捐赠资产的日期确认收入的实现。

9）其他收入

其他收入是指企业取得的除以上收入外的其他收入，包括企业资产溢余收入、逾期未退包装物押金收入、确实无法偿付的应付款项、已经作坏账损失处理后又收回的应收款项、债务重组收入、补贴收入、违约金收入、汇兑收益等。

企业取得财产（包括各类资产、股权、债权等）转让收入、债务重组收入、接受捐赠收入、无法偿付的应付款收入等，无论是以货币形式，还是非货币形式体现，除另有规定外，均应一次性计入确认收入的年度计算缴纳企业所得税。

实务咨询：我公司已经做出向境外股东分配2016年利润的决定，但还没有实际支付。我公司是现在还是等实际支付时再履行代扣代缴企业所得税义务？

2. 特殊收入的确认

（1）采取分期收款方式销售货物按照合同约定的收款日期确认收入的实现。

（2）采用售后回购方式销售商品，销售的商品按售价确认收入，回购的商品作为购进商品处理。有证据表明不符合销售收入确认条件的，如以销售商品方式进行融资，收到的款项应确认为负债。回购价格大于原售价的，差额应在回购期间确认为利息费用。

（3）采取以旧换新方式销售商品，应当按照销售商品收入的确认条件确认收入，回收的商品作为购进商品处理。

（4）采取商业折扣（折扣销售）条件销售商品。企业为促进商品销售而在商品价格上给予的价格扣除属于商业折扣，商品销售涉及商业折扣的，应当按照扣除商业折扣后的金额确定销售商品收入金额。

（5）采取现金折扣（销售折扣）条件销售商品。债权人为鼓励债务人在规定的期限内付款而向债务人提供的债务扣除属于现金折扣，销售商品涉及现金折扣的，应当按扣除现金折扣前的金额确定销售商品收入金额，现金折扣在实际发生时作为财务费用扣除。

（6）采取折让方式销售商品。企业因售出商品的质量不合格等原因而在售价上给予的减让属于销售折让；企业因售出商品质量、品种不符合要求等原因而发生的退货属于销售退回。企业已经确认销售收入的售出商品发生销售折让和销售退回，应当在发生当期冲减当期销售商品收入。

（7）采取买一赠一等方式组合销售本企业商品的，不属于捐赠，应将总的销售金额按各项商品的公允价值的比例来分摊确认各项的销售收入。

【情境实例 5-2】

1. 工作任务要求

计算甲服装企业买一赠一销售方式下西服和领带各自的销售收入。

2. 情境实例设计

甲服装企业采用买一赠一的方式销售本企业商品，规定以每套 1 500 元（不含增值税价，下同）购买 A 西服的客户可获赠 1 条 B 领带，A 西服正常出厂价格 P_A 为 1 500 元，B 领带正常出厂价格 P_B 为 200 元，当期该服装企业销售西服领带组合共计 100 套，共取得收入150 000 元。

3. 任务实施过程

企业以买一赠一等方式组合销售本企业商品的，不属于捐赠，应将总的销售金额按各项商品的公允价值的比例来分摊确认各项的销售收入：分摊到 A 西服上的收入=买一赠一整体收入×P_A/(P_A+P_B)；分摊到 B 领带上的收入=买一赠一整体收入×P_B/(P_A+P_B)。

A 西服销售收入总额=150 000×1 500/(1 500+200)=132 352.94（元）

B 领带销售收入总额=150 000×200/(1 500+200)=17 647.06（元）

（8）企业受托加工制造大型机械设备、船舶、飞机等，以及从事建筑、安装、装配业务或提供劳务等，持续时间超过 12 个月的，按照纳税年度内完工进度或完成的工作量确认收入的实现。

（9）采取产品分成方式取得收入的，以企业分得产品的时间确认收入的实现，其收入额按照产品的公允价值确定。

（10）企业发生非货币性资产交换，以及将货物、财产、劳务用于捐赠、偿债、赞助、集资、广告、样品、职工福利和进行利润分配等用途，应当视同销售货物、转让财产和提供劳务，但国务院财政、税务主管部门另有规定的除外。

3. 处置资产收入的确认

企业处置资产的所得税处理按以下规定执行（该规定自 2008 年 1 月 1 日起执行，对 2008 年 1 月 1 日以前发生的处置资产，2008 年 1 月 1 日以后尚未进行税务处理的，也按该规定执行）。

（1）企业发生下列情形的处置资产，除将资产转移至境外以外，由于资产所有权属在形式和实质上均不发生改变，可作为内部处置资产，不视同销售确认收入，相关资产的计税基础延续计算。

① 将资产用于生产、制造、加工另一产品。

② 改变资产形状、结构或性能。

③ 改变资产用途（如自建商品房转为自用或经营）。

④ 将资产在总机构及其分支机构之间转移。

⑤ 上述两种或两种以上情形的混合。

⑥ 其他不改变资产所有权属的用途。

（2）企业将资产移送他人的下列情形，因资产所有权属已发生改变而不属于内部处置资产，应按规定视同销售确定收入。

① 用于市场推广或销售。

② 用于交际应酬。

③ 用于职工奖励或福利。

④ 用于股息分配。

⑤ 用于对外捐赠。

⑥ 其他改变资产所有权属的用途。

（3）企业发生第（2）条规定情形的，除另有规定外，应按照被移送资产的公允价值确定销售收入。

情境讨论：（1）对于企业所得税中的处置资产是否视同销售确认收入这一问题，有什么原则或规律？

（2）对处置应税消费品是否视同销售确认收入这一问题，归纳一下增值税、消费税、企业所得税有什么不同？

（3）对于视同销售问题，增值税、企业所得税及财务会计的处理上有什么不同？

实务咨询：我公司将自己开发的商品房对外出租，企业所得税需要视同销售吗？

三、不征税收入和免税收入的确定

国家为了扶持和鼓励某些特殊的纳税人和特定的项目，或者避免因征税影响企业的正常经营，对企业取得的某些收入予以不征税或免税的特殊政策，以减轻企业的负担，促进经济的协调发展。

1. 不征税收入

收入总额中的下列收入为不征税收入。

（1）财政拨款。这是指各级人民政府对纳入预算管理的事业单位、社会团体等组织拨付的财政资金，但国务院和国务院财政、税务主管部门另有规定的除外。

（2）依法收取并纳入财政管理的行政事业性收费、政府性基金。行政事业性收费是指依照法律、法规等有关规定，按照国务院规定程序批准，在实施社会公共管理，以及在向公民、法人或其他组织提供特定公共服务过程中，向特定对象收取并纳入财政管理的费用。政府性基金是指企业依照法律、行政法规等有关规定，代政府收取的具有专项用途的财政资金。

（3）国务院规定的其他不征税收入。这是指企业取得的，由国务院财政、税务主管部门规定专项用途并经国务院批准的财政性资金。

财政性资金是指企业取得的来源于政府及其有关部门的财政补助、补贴、贷款贴息，以及其他各类财政专项资金，包括直接减免的增值税和即征即退、先征后退、先征后返的各种税收，但不包括企业按规定取得的出口退税款。

需要注意的是：① 企业的不征税收入用于支出所形成的费用，不得在计算应纳税所得额时扣除；② 企业的不征税收入用于支出所形成的资产，其计算的折旧、摊销不得在计算应纳税所得额时扣除。

实务咨询：（1）我公司取得增值税返还是否缴纳企业所得税？

（2）我公司为一家软件企业，请问即征即退的增值税税款用于扩大生产购进的设备能否计提折旧？

2. 免税收入

企业的下列收入为免税收入。

（1）国债利息收入。

（2）符合条件的居民企业之间的股息、红利等权益性投资收益（该收益是指居民企业直接投资于其他居民企业取得的投资收益，且该收益不包括连续持有居民企业公开发行并上市流通的股票不足12个月取得的投资收益）。

（3）在中国境内设立机构、场所的非居民企业从居民企业取得与该机构、场所有实际联系的股息、红利等权益性投资收益（该收益不包括连续持有居民企业公开发行并上市流通的股票不足12个月取得的投资收益）。

（4）符合条件的非营利组织的收入。

（5）非营利组织其他免税收入。其具体包括：接受其他单位或个人捐赠的收入；除《中华人民共和国企业所得税法》第七条规定的财政拨款以外的其他政府补助收入，但不包括因政府购买服务取得的收入；按照省级以上民政、财政部门规定收取的会费；不征税收入和免税收入孳生的银行存款利息收入；财政部、国家税务总局规定的其他收入。

实务咨询：我公司代扣代缴个人所得税返还的2%手续费在企业所得税上如何处理？是否需要计入收入总额缴纳企业所得税？代扣代缴预提所得税返还的手续费所得税处理是否相同？

四、准予扣除的项目的确定

1. 税前扣除项目的原则

企业申报的扣除项目和金额要真实、合法。所谓真实，是指能提供证明有关支出确属已经实际发生；合法是指符合国家税法的规定，若其他法规规定与税收法规规定不一致，应以税收法规的规定为标准。除税收法规另有规定外，税前扣除一般应遵循以下原则。

（1）权责发生制原则。这是指企业费用应在发生的所属期扣除，而不是在实际支付时确认扣除。

（2）配比原则。这是指企业发生的费用应当与收入配比扣除。除特殊规定外，企业发生的费用不得提前或滞后申报扣除。

（3）相关性原则。企业可扣除的费用从性质和根源上必须与取得应税收入直接相关。

（4）确定性原则。即企业可扣除的费用无论何时支付，其金额必须是确定的。

(5) 合理性原则。符合生产经营活动常规，应当计入当期损益或有关资产成本的必要和正常的支出。

2. 准予扣除项目的基本范围

1) 税前扣除项目

(1) 成本。成本是指企业在生产经营活动中发生的销售成本、销货成本、业务支出和其他耗费。

实务咨询：我公司是一家建筑企业，现将某项目全部承包给某单位并支付给对方工程费，请问企业所得税如何计算缴纳？

(2) 费用。费用是指企业在生产经营活动中发生的销售费用、管理费用和财务费用，已经计入成本的有关费用除外。

情境讨论：企业为员工承担的本应由员工个人负担的社会保险费，在所得税汇算清缴时，是否应做纳税调整？

实务咨询：我公司员工出差时购买车票时附带支付的人身意外伤害保险费能否税前扣除？

(3) 税金。税金是指企业发生的除企业所得税和允许抵扣的增值税以外的各项税金及其附加。

情境讨论：允许企业所得税税前扣除的税金有哪些？扣除的方式有哪两种？

(4) 损失。损失是指企业在生产经营活动中发生的固定资产和存货的盘亏、毁损、报废损失，转让财产损失，呆账损失，坏账损失，自然灾害等不可抗力因素造成的损失和其他损失。企业发生的损失，减除责任人赔偿和保险赔款后的余额，依照国务院财政、税务主管部门的规定扣除。企业已经作为损失处理的资产，在以后纳税年度又全部收回或部分收回时，应当计入当期收入。

实务咨询：(1) 我公司因某员工非法挪用单位资金造成的损失（该员工被判刑）如何税前扣除？

(2) 我单位是一家出版社，音像制品，超过3年未销售能否作为损失在税前扣除？

(5) 其他支出。其他支出是指除成本、费用、税金、损失外，企业在生产经营活动中发生的与生产经营活动有关的、合理的支出。

实务咨询：(1) 我公司老总出国考察期间取得国外的票据，请问企业所得税税前可否扣除？

(2) 我公司取得快递公司开具的没有填写抬头的发票，财务人员直接以手写的形式将公司名称填入。这种情况下发生的合理真实的费用能否在企业所得税税前扣除？

2) 可按照实际发生额或规定的标准扣除的项目

(1) 工资、薪金支出。工资、薪金支出是指企业每一纳税年度支付给在本企业任职或受雇的员工的所有现金形式或非现金形式的劳动报酬，包括基本工资、奖金、津贴、补贴、年终加薪、加班工资，以及与员工任职或受雇有关的其他支出。企业发生的合理的工资薪金支出，准予扣除。

情境讨论：什么叫作合理的工资薪金支出？

实务咨询：我公司计提了职工的工资，但是还没有发放，可以在企业所得税税前扣除吗？

（2）职工福利费、工会经费、职工教育经费。

① 企业发生的职工福利费支出，不超过工资薪金总额 14% 的部分准予扣除。

② 企业拨缴的工会经费，不超过工资薪金总额 2% 的部分准予扣除。

③ 除国务院财政、税务主管部门或省级人民政府规定外，企业发生的职工教育经费支出，不超过工资薪金总额 2.5% 的部分准予扣除，超过部分准予结转以后纳税年度扣除。

④ 软件企业职工培训费可以全额扣除，扣除职工培训费后的职工教育经费的余额应按照工资、薪金的 2.5% 的比例扣除。

实务咨询：（1）我公司与伤亡家属达成协议，支付给伤亡家属的工伤死亡抚恤金是否可以在计算企业所得税时扣除？

（2）我公司职工食堂的开支可以在计提的福利费范围内税前列支吗？如果没有正规发票，白条是否可以入账？

【情境引例解析】

职工福利费不超过工资薪金的 14% 的部分准予扣除，职工福利费应调增所得额 = 45 − 250×14% = 10（万元）。

软件企业职工培训费可以全额扣除，扣除职工培训费后的职工教育经费的余额不超过工资、薪金的 2.5% 的部分准予扣除，职工教育经费应调增应纳税所得额 = 30 − 20 − 250×2.5% = 3.75（万元）。合计应调增应纳税所得额 = 10 + 3.75 = 13.75（万元）。

（3）社会保险费。

① 企业依照国务院有关主管部门或省级人民政府规定的范围和标准为职工缴纳的“五险一金”，即基本养老保险费、基本医疗保险费、失业保险费、工伤保险费、生育保险费等基本社会保险费和住房公积金，准予扣除。

② 企业为投资者或职工支付的补充养老保险费、补充医疗保险费，在国务院财政、税务主管部门规定的范围和标准内，准予扣除。企业依照国家有关规定，为特殊工种职工支付的人身安全保险费和符合国务院财政、税务主管部门规定可以扣除的商业保险费准予扣除。

③ 企业参加财产保险，按照规定缴纳的保险费，准予扣除，企业为投资者或职工支付的商业保险费，不得扣除。

④ 企业职工因公出差乘坐交通工具发生的人身意外保险费支出，准予企业在计算应纳税所得额时扣除。

（4）利息费用。企业在生产、经营活动中发生的利息费用，按下列规定扣除。

① 非金融企业向金融企业借款的利息支出、金融企业的各项存款利息支出和同业拆借

利息支出、企业经批准发行债券的利息支出可据实扣除。

② 非金融企业向非金融企业借款的利息支出，不超过按照金融企业同期同类贷款利率计算的数额的部分可据实扣除，超过部分不许扣除。

情境讨论：企业投资者投资未到位而发生的利息支出，是否可以在企业所得税税前扣除？

【情境实例 5-3】

1. 工作任务要求

计算甲企业 2017 年度计算应纳税所得额时可扣除的利息费用。

2. 情境实例设计

甲企业 2017 年度“财务费用”科目中利息，包括以年利率 8% 向银行借入的 9 个月的生产周转用资金 300 万元的借款利息；也包括 10.5 万元的向非金融企业借入的与前述向银行借款同期的生产周转用 100 万元资金的借款利息。

3. 任务实施过程

可在计算应纳税所得额时扣除的银行利息费用 = (300×8%/12)×9 = 18（万元）。

向非金融企业借入款项可扣除的利息费用限额 = (100×8%/12)×9 = 6（万元），该企业支付的利息 10.5 万元超过同类同期银行贷款利息，只可按照限额扣除。

甲企业 2017 年度计算应纳税所得额时可扣除的利息费用 = 18+6 = 24（万元）。

（5）借款费用。

① 企业在生产经营活动中发生的合理的不需要资本化的借款费用，准予扣除。

② 企业为购置、建造固定资产、无形资产和经过 12 个月以上的建造才能达到预定可销售状态的存货发生借款的，在有关资产购置、建造期间发生的合理的借款费用，应予以资本化，作为资本性支出计入有关资产的成本；有关资产交付使用后发生的借款利息，可在发生当期扣除。

（6）汇兑损失。企业在货币交易中，以及纳税年度终了时将人民币以外的货币性资产、负债按照期末即期人民币汇率中间价折算为人民币时产生的汇兑损失，除已经计入有关资产成本及向所有者进行利润分配外，准予扣除。

情境讨论：为什么已经计入有关资产成本及向所有者进行利润分配的汇兑损失不能税前扣除？

（7）业务招待费。企业发生的与生产经营活动有关的业务招待费支出，按照发生额的 60% 扣除，但最高不得超过当年销售（营业）收入的 5‰。

作为业务招待费限额的计算基数的收入范围，是当年销售（营业）收入。销售（营业）收入包括销售货物收入、让渡资产使用权（收取资产租金或使用费）收入、提供劳务收入等主营业务收入，还包括其他业务收入、视同销售收入等。但是，不含营业外收入、转让固定资产或无形资产所有权收入（转让固定资产或无形资产所有权收入实际上在会计上计入营业外收入）、投资收益（从事股权投资业务的企业除外）。

对从事股权投资业务的企业（包括集团公司总部、创业投资企业等），其从被投资企业所分配的股息、红利和股权转让收入，可以按规定的比例计算业务招待费扣除限额。

情境讨论：（1）业务招待费的计提依据（计算基数）在企业所得税纳税申报表中何处有所体现？

（2）国际上有关国家对企业招待费税前扣除的做法有哪些？

【情境实例 5-4】

1. 工作任务要求

计算乙企业 2017 年度可在企业所得税前列支的业务招待费金额。

2. 情境实例设计

乙企业 2017 年销售货物收入 2 000 万元，让渡专利使用权收入 200 万元，包装物出租收入 50 万元，视同销售货物收入 400 万元，转让商标所有权收入 150 万元，接受捐赠收入 20 万元，债务重组收益 10 万元，发生业务招待费 30 万元。

3. 任务实施过程

计算确定可在所得税前列支的业务招待费的扣除基数 = 2 000+200+50+400

= 2 650（万元）。

转让商标所有权、接受捐赠收入、债务重组收益均属于营业外收入范畴，不能作为计算业务招待费的基数。

第一标准为发生额的 60%：30×60% = 18（万元）；

第二标准为限额计算：2 650×5‰ = 13. 25（万元）。

两数据比大小后择其小者：其当年可在所得税前列支的业务招待费金额为 13. 25 万元。

（8）广告费和业务宣传费。企业发生的符合条件的广告费和业务宣传费支出，除国务院财政、税务主管部门另有规定外，不超过当年销售（营业）收入 15% 的部分，准予扣除；超过部分，准予结转以后纳税年度扣除。

情境讨论：（1）企业可申报税前扣除的广告费支出，要符合哪些条件？

（2）企业所得税税前扣除的项目中有哪些属于超支部分准予结转以后纳税年度扣除的？

【情境实例 5-5】

1. 工作任务要求

计算 2017 年度甲企业可税前扣除的业务招待费、广告费、业务宣传费的合计额。

2. 情境实例设计

2017 年某居民企业甲企业实现商品销售收入 1 000 万元，发生现金折扣 50 万元，接受捐赠收入 50 万元，转让无形资产所有权收入 10 万元。该企业当年实际发生业务招待费 15 万元，广告费 120 万元，业务宣传费 40 万元。

3. 任务实施过程

销售商品涉及现金折扣，应按照扣除现金折扣前的金额确定销售收入。业务招待费按发生额的 60% 扣除，但不得超过当年销售收入的 5‰，可扣除业务招待费 = 1 000×5‰ = 5（万元）<15×60% = 9（万元）；广告费和业务宣传费不超过当年销售收入的 15% 的部分准予扣除，可扣除广告费、业务宣传费 = 1 000×15% = 150（万元）<120+40 = 160（万元）；合计可扣除金额 = 5+150 = 155（万元）。

（9）环境保护专项资金。企业依照法律、行政法规有关规定提取的用于环境保护、生态恢复等方面的专项资金，准予扣除。专项资金提取后改变用途的，不得扣除。

（10）租赁费。企业根据生产经营活动的需要租入固定资产支付的租赁费，按照下列方法扣除。

① 以经营租赁方式租入固定资产发生的租赁费支出，按照租赁期限均匀扣除。

所谓经营租赁，是指所有权不转移的租赁。

② 以融资租赁方式租入固定资产发生的租赁费支出，按照规定构成融资租入固定资产价值的部分应当提取折旧费，分期扣除。

所谓融资租赁，是指实质上转移了与资产所有权有关的全部风险和报酬的租赁。

（11）劳动保护费。企业发生的合理的劳动保护支出，准予扣除。

情境讨论：什么是劳动保护支出？

（12）公益性捐赠支出。公益性捐赠是指企业通过公益性社会团体或县级以上（含县级）人民政府及其部门，用于《中华人民共和国公益事业捐赠法》规定的公益事业的捐赠。企业发生的公益性捐赠支出，在年度利润总额12%以内的部分，准予在计算应纳税所得额时扣除；超过年度利润总额12%的部分，准予结转以后三年内在计算应纳税所得额时扣除。

（13）有关资产的费用。企业转让各类固定资产发生的费用，允许扣除。企业按规定计算的固定资产折旧费、无形资产和递延资产的摊销费，准予扣除。

（14）总机构分摊的费用。非居民企业在中国境内设立的机构、场所，就其中国境外总机构发生的与该机构、场所生产经营有关的费用，能够提供总机构出具的费用汇集范围、定额、分配依据和方法等证明文件，并合理分摊的，准予扣除。

（15）资产损失。企业当期发生的固定资产和流动资产盘亏、毁损净损失，由其提供清查盘存资料，经主管税务机关审核后，准予扣除；企业因存货盘亏、毁损、报废等原因不得从销项税中抵扣的进项税，应视同企业财产损失，准予与存货损失一起在所得税前按规定扣除。

（16）手续费及佣金支出。

① 企业发生的与生产经营有关的手续费及佣金支出，不超过以下规定计算限额以内的部分，准予扣除；超过部分，不得扣除。

保险企业：财产保险企业按当年全部保费收入扣除退保金等后余额的15%（含本数，下同）计算限额；人身保险企业按当年全部保费收入扣除退保金等后余额的10%计算限额。

其他企业：按与具有合法经营资格中介服务机构或个人（不含交易双方及其雇员、代理人和代表人等）所签订服务协议或合同确认的收入金额的5%计算限额。

② 企业应与具有合法经营资格中介服务企业或个人签订代办协议或合同，并按国家有关规定支付手续费及佣金。除委托个人代理外，企业以现金等非转账方式支付的手续费及佣金不得在税前扣除。企业为发行权益性证券支付给有关证券承销机构的手续费及佣金不得在税前扣除。

③ 企业不得将手续费及佣金支出计入回扣、业务提成、返利、进场费等费用。

④ 企业已计入固定资产、无形资产等相关资产的手续费及佣金支出，应当通过折旧、摊销等方式分期扣除，不得在发生当期直接扣除。

⑤ 企业支付的手续费及佣金不得直接冲减服务协议或合同金额，并如实入账。

⑥ 企业应当如实向当地主管税务机关提供当年手续费及佣金计算分配表和其他相关资料，并依法取得合法真实凭证。

（17）依照有关法律、行政法规和国家有关税法规定准予扣除的其他项目，如会员费、合理的会议费、差旅费、违约金、诉讼费用等。

五、不得扣除的项目的确定

在计算应纳税所得额时，下列支出不得扣除。

（1）向投资者支付的股息、红利等权益性投资收益款项。

（2）企业所得税税款。

（3）税收滞纳金，是指纳税人违反税收法规，被税务机关处以的滞纳金。

（4）罚金、罚款和被没收财物的损失，是指纳税人违反国家有关法律、法规规定，被有关部门处以的罚款，以及被司法机关处以的罚金和被没收财物的损失。

情境讨论：行政罚款不得在企业所得税税前扣除。那么，银行罚息可以在税前扣除吗？

（5）超过规定标准的捐赠支出。

（6）赞助支出，是指企业发生的与生产经营活动无关的各种非广告性质支出。

（7）未经核定的准备金支出，是指不符合国务院财政、税务主管部门规定的各项资产减值准备、风险准备等准备金支出。

情境讨论：如何理解“未经核定的准备金支出”不得税前扣除？

（8）企业之间支付的管理费、企业内营业机构之间支付的租金和特许权使用费，以及非银行企业内营业机构之间支付的利息，不得扣除。

（9）企业以其取得的不征税收入用于支出所形成的费用或资产（包括对资产计提的折旧、摊销）不得在税前扣除，但企业取得的各项免税收入所对应的各项成本费用，除另有规定者外，可以在计算企业应纳税所得额时扣除。

（10）与取得收入无关的其他支出。

情境讨论：企业投资支出是否可以税前扣除？

六、亏损弥补

亏损是指企业依照《中华人民共和国企业所得税法》的规定，将每一纳税年度的收入总额减除不征税收入、免税收入和各项扣除后小于零的数额。税法规定，企业某一纳税年度发生的亏损可以用下一年度的所得弥补，下一年度的所得不足以弥补的，可以逐年延续弥补，但最长不得超过5年。企业在汇总计算缴纳所得税时，其境外营业机构的亏损不得抵减境内营业机构的盈利。

实务咨询：（1）我公司在办理2017年企业所得税季度预缴时，能否弥补2016年度未弥补的亏损？

（2）我公司因厂房搬迁，变更了主管税务机关，请问搬迁之前未弥补完的亏损可否继续弥补？

（3）税务机关对我公司以前年度纳税情况进行检查时，予以调增的应纳税所得额是否可以弥补以前年度亏损？

【情境实例 5-6】

1. 工作任务要求

计算甲企业连续 7 年应缴纳的企业所得税。

2. 情境实例设计

表 5-2 为经税务机关审定的甲企业连续 7 年应纳税所得额情况，假设该企业一直执行 5 年亏损弥补规定。

表 5-2　经税务机关审定的甲企业连续 7 年应纳税所得额情况　　单位：万元

年　度	2011	2012	2013	2014	2015	2016	2017
应纳税所得额情况	−100	10	−20	30	20	30	120

3. 任务实施过程

关于 2011 年的亏损，要用 2012 年至 2016 年的所得弥补，尽管其间 2013 年亏损，也要占用 5 年抵亏期的一个抵扣年度，且先亏先补，2013 年的亏损需在 2011 年的亏损问题解决之后才能考虑。到了 2016 年，2011 年的亏损未弥补完但已到 5 年抵亏期满，还有 10 万元亏损不得在所得税前弥补。

2013 年之后的 2014 年至 2016 年之间的所得，已被用于弥补 2011 年的亏损，2013 年的亏损只能用 2017 年所得弥补，在弥补 2013 年亏损后，2017 年还有所得 120−20＝100（万元），要计算纳税，应纳税额＝100×25%＝25（万元）。

任务三　资产的税务处理

【情境引例】

甲生产企业（增值税一般纳税人）2017 年 8 月 5 日为其销售部门购进 1 辆轿车，取得增值税专用发票，注明价款 15 万元，税额 2.55 万元，企业发生运杂费及上牌照税费 3 万元，该轿车于当月投入使用。假定甲生产企业固定资产预计净残值率为 5%，该企业按照轿车的最低折旧年限采用直线法计提折旧。要求：计算甲生产企业购买的轿车在当年企业所得税税前扣除的折旧额。

资产是由于资本投资而形成的财产，对于资本性支出，以及无形资产受让、开办、开发费用，不允许作为成本、费用从纳税人的收入总额中作一次性扣除，只能采取分次计提折旧或分次摊销的方式予以扣除。即纳税人经营活动中使用的固定资产的折旧费用、无形资产和长期待摊费用的摊销费用可以扣除。税法规定，纳入税务处理范围的资产形式主要有固定资产、生物资产、无形资产、长期待摊费用、投资资产、存货等，均以历史成本为计税基础。历史成本是指企业取得该项资产时实际发生的支出。企业持有各项资产期间资产增值或减值，除国务院财政、税务主管部门规定可以确认损益外，不得调整该资产的计税基础。

一、固定资产的税务处理

固定资产是指企业为生产产品、提供劳务、出租或经营管理而持有的、使用时间超过12个月的非货币性资产，包括房屋、建筑物、机器、机械、运输工具，以及其他与生产经营活动有关的设备、器具、工具等。

1. 固定资产的计税基础

（1）外购的固定资产，以购买价款和支付的相关税费，以及直接归属于使该资产达到预定用途发生的其他支出为计税基础。

（2）自行建造的固定资产，以竣工结算前发生的支出为计税基础。

（3）融资租入的固定资产，以租赁合同约定的付款总额和承租人在签订租赁合同过程中发生的相关费用为计税基础，租赁合同未约定付款总额的，以该资产的公允价值和承租人在签订租赁合同过程中发生的相关费用为计税基础。

（4）盘盈的固定资产，以同类固定资产的重置完全价值为计税基础。

（5）通过捐赠、投资、非货币性资产交换、债务重组等方式取得的固定资产，以该资产的公允价值和支付的相关税费为计税基础。

（6）改建的固定资产，除已足额提取折旧的固定资产和租入的固定资产以外的其他固定资产，以改建过程中发生的改建支出增加计税基础。

情境讨论：（1）外购固定资产若有增值税进项税，该进项税是否计入固定资产的计税基础？

（2）购买汽车缴纳的车辆购置税和牌照费是否计入固定资产原值计提折旧?

2. 固定资产折旧的范围

在计算应纳税所得额时，企业按照规定计算的固定资产折旧，准予扣除。下列固定资产不得计算折旧扣除。

（1）房屋、建筑物以外未投入使用的固定资产。

（2）以经营租赁方式租入的固定资产。

（3）以融资租赁方式租出的固定资产。

（4）已足额提取折旧仍继续使用的固定资产。

（5）与经营活动无关的固定资产。

（6）单独估价作为固定资产入账的土地。

（7）其他不得计算折旧扣除的固定资产。

3. 固定资产折旧的计提方法

（1）企业应当自固定资产投入使用月份的次月起计算折旧；停止使用的固定资产，应当自停止使用月份的次月起停止计算折旧。

（2）企业应当根据固定资产的性质和使用情况，合理确定固定资产的预计净残值。固定资产的预计净残值一经确定，不得变更。

（3）固定资产按照直线法计算的折旧，准予扣除。

实务咨询：我公司厂房建成后尚未办理竣工结算，有部分工程款尚未支付，发票也尚未到账，但该厂房已投入使用，请问能否计提折旧？

4. 固定资产折旧的计提年限

除国务院财政、税务主管部门另有规定外，固定资产计算折旧的最低年限如下。

（1）房屋、建筑物为20年。

（2）飞机、火车、轮船、机器、机械和其他生产设备为10年。

（3）与生产经营活动有关的器具、工具、家具等为5年。

（4）飞机、火车、轮船以外的运输工具为4年。

（5）电子设备为3年。

从事开采石油、天然气等矿产资源的企业，在开始商业性生产前发生的费用和有关固定资产的折耗、折旧方法，由国务院财政、税务主管部门另行规定。

【情境引例解析】

从2013年8月1日起，企业购入轿车的进项税可以抵扣。轿车折旧年限最低为4年。

该轿车账面成本=15+3=18（万元）

依照税法规定可扣除的折旧额=［18×(1−5%)/(4×12)］×4=1.43（万元）

二、生物资产的税务处理

生物资产是指有生命的动物和植物。生物资产分为消耗性生物资产、生产性生物资产和公益性生物资产。上述3类生物资产中，只有生产性生物资产可以计提折旧。消耗性生物资产是指为出售而持有的或者在将来收获为农产品的生物资产，包括生长中的农田作物、蔬菜、用材林，以及存栏待售的牲畜等。生产性生物资产是指为产出农产品、提供劳务或出租等目的而持有的生物资产，包括经济林、薪炭林、产畜和役畜等。公益性生物资产是指以防护、环境保护为主要目的的生物资产，包括防风固沙林、水土保持林和水源涵养林等。

1. 生物资产的计税基础

生产性生物资产按照以下方法确定计税基础。

（1）外购的生产性生物资产，以购买价款和支付的相关税费为计税基础。

（2）通过捐赠、投资、非货币性资产交换、债务重组等方式取得的生产性生物资产，以该资产的公允价值和支付的相关税费为计税基础。

2. 生物资产的折旧方法和折旧年限

生产性生物资产按照直线法计算的折旧，准予扣除。企业应当自生产性生物资产投入使用月份的次月起计算折旧；停止使用的生产性生物资产，应当自停止使用月份的次月起停止计算折旧。

企业应当根据生产性生物资产的性质和使用情况，合理确定生产性生物资产的预计净残值。生产性生物资产的预计净残值一经确定，不得变更。

生产性生物资产计算折旧的最低年限如下。

（1）林木类生产性生物资产为10年。

（2）畜类生产性生物资产为3年。

三、无形资产的税务处理

无形资产是指企业长期使用、但没有实物形态的资产，包括专利权、商标权、著作权、土地使用权、非专利技术、商誉等。

1. 无形资产的计税基础

无形资产按照以下方法确定计税基础。

（1）外购的无形资产，以购买价款和支付的相关税费，以及直接归属于使该资产达到预定用途发生的其他支出为计税基础。

（2）自行开发的无形资产，以开发过程中该资产符合资本化条件后至达到预定用途前发生的支出为计税基础。

（3）通过捐赠、投资、非货币性资产交换、债务重组等方式取得的无形资产，以该资产的公允价值和支付的相关税费为计税基础。

2. 无形资产摊销的范围

在计算应纳税所得额时，企业按照规定计算的无形资产摊销费用，准予扣除。

下列无形资产不得计算摊销费用扣除。

（1）自行开发的支出已在计算应纳税所得额时扣除的无形资产。

（2）自创商誉。

（3）与经营活动无关的无形资产。

（4）其他不得计算摊销费用扣除的无形资产。

3. 无形资产的摊销方法及年限

无形资产的摊销采取直线法计算。无形资产的摊销年限不得低于10年。作为投资或受让的无形资产，有关法律规定或合同约定了使用年限的，可以按照规定或约定的使用年限分期摊销。外购商誉的支出，在企业整体转让或清算时，准予扣除。

四、长期待摊费用的税务处理

长期待摊费用是指企业发生的应在1个年度以上或几个年度进行摊销的费用。在计算应纳税所得额时，企业发生的下列支出作为长期待摊费用，按照规定摊销的，准予扣除。

（1）已足额提取折旧的固定资产的改建支出。

（2）租入固定资产的改建支出。

（3）固定资产的大修理支出。

（4）其他应当作为长期待摊费用的支出。

企业的固定资产修理支出（非固定资产大修理支出）可在发生当期直接扣除。企业的固定资产改良支出，如果有关固定资产尚未提足折旧，可增加固定资产价值；如有关固定资产已提足折旧，可作为长期待摊费用，在规定的期间内平均摊销。

固定资产的改建支出是指改变房屋或建筑物结构、延长使用年限等发生的支出。已足额提取折旧的固定资产的改建支出，按照固定资产预计尚可使用年限分期摊销；租入固定资产的改建支出，按照合同约定的剩余租赁期限分期摊销；改建的固定资产延长使用年限的，除已足额提取折旧的固定资产、租入固定资产的改建支出外，其他的固定资产发生改建支出，应当适当延长折旧年限。

大修理支出按照固定资产尚可使用年限分期摊销。

企业所得税法所指固定资产的大修理支出，是指同时符合下列条件的支出。

① 修理支出达到取得固定资产时的计税基础50%以上。

② 修理后固定资产的使用年限延长2年以上。

其他应当作为长期待摊费用的支出，自支出发生月份的次月起，分期摊销，摊销年限不得低于3年。

五、存货的税务处理

存货是指企业持有以备出售的产品或商品、处在生产过程中的在产品、在生产或提供劳务过程中耗用的材料和物料等。

1. 存货的计税基础

存货按照以下方法确定成本。

（1）通过支付现金方式取得的存货，以购买价款和支付的相关税费为成本。

（2）通过支付现金以外的方式取得的存货，以该存货的公允价值和支付的相关税费为成本。

（3）生产性生物资产收获的农产品，以产出或采收过程中发生的材料费、人工费和分摊的间接费用等必要支出为成本。

2. 存货的成本计算方法

企业使用或销售的存货的成本计算方法，可以在先进先出法、加权平均法、个别计价法中选用一种。计价方法一经选用，不得随意变更。

情境讨论：在存货价格持续上涨的情况下且企业处于盈利期间，企业应选择何种存货计价方法？在存货价格持续下降的情况下且企业处于盈利期间，企业应选择何种存货计价方法？

企业转让以上资产，在计算企业应纳税所得额时，资产的净值允许扣除。其中，资产的净值是指有关资产、财产的计税基础减除已经按照规定扣除的折旧、折耗、摊销、准备金等后的余额。

除国务院财政、税务主管部门另有规定外，企业在重组过程中，应当在交易发生时确认有关资产的转让所得或损失，相关资产应当按照交易价格重新确定计税基础。

六、投资资产的税务处理

投资资产是指企业对外进行权益性投资和债权性投资而形成的资产。

1. 投资资产的成本

投资资产按以下方法确定投资成本。

（1）通过支付现金方式取得的投资资产，以购买价款为成本。

（2）通过支付现金以外的方式取得的投资资产，以该资产的公允价值和支付的相关税费为成本。

2. 投资资产成本的扣除方法

企业对外投资期间，投资资产的成本在计算应纳税所得额时不得扣除，企业在转让或处置投资资产时，投资资产的成本准予扣除。

情境讨论：税法规定与会计规定有差异的应如何处理？

任务四　企业重组的所得税处理

【情境引例】

2017 年 10 月 6 日，甲摩托车生产企业合并一家小型股份公司。该小型股份公司全部资产公允价值为 5 700 万元、全部负债为 3 200 万元、未超过弥补年度的亏损额为 620 万元。合并时甲摩托车生产企业给小型股份公司的股权支付额为 2 300 万元、银行存款 200 万元。由于 2 300/（2 300+200）= 92%>85%，因此该合并业务符合企业重组特殊性税务处理的条件且选择此方法执行（假定当年国家发行的最长期限的国债年利率为 6%）。要求：计算可由合并企业弥补被合并企业的亏损。

一、企业重组的认知

企业重组是指企业在日常经营活动以外发生的法律结构或经济结构重大改变的交易，包括企业法律形式改变、债务重组、股权收购、资产收购、合并和分立等。

（1）企业法律形式改变是指企业注册名称、住所，以及企业组织形式等的简单改变，但符合《财政部　国家税务总局关于企业重组业务所得税处理若干问题的通知》（财税〔2009〕59 号）规定其他重组的类型除外。

（2）债务重组是指在债务人发生财务困难的情况下，债权人按照其与债务人达成的书面协议或法院裁定书，就其债务人的债务做出让步的事项。

（3）股权收购是指一家企业（以下称为收购企业）购买另一家企业（以下称为被收购企业）的股权，以实现对被收购企业控制的交易。收购企业支付对价的形式包括股权支付、非股权支付或两者的组合。

（4）资产收购是指一家企业（以下称为受让企业）购买另一家企业（以下称为转让企业）实质经营性资产的交易。受让企业支付对价的形式包括股权支付、非股权支付或两者的组合。

（5）合并是指一家或多家企业（以下称为被合并企业）将其全部资产和负债转让给另一家现存或新设企业（以下称为合并企业），被合并企业股东换取合并企业的股权或非股权支付，实现两个或两个以上企业的依法合并。

（6）分立是指一家企业（以下称为被分立企业）将部分或全部资产分离转让给现存或新设的企业（以下称为分立企业），被分立企业股东换取分立企业的股权或非股权支付，实现企业的依法分立。

上面所说的股权支付，是指企业重组中购买、换取资产的一方支付的对价中，以本企业或其控股企业的股权、股份作为支付的形式；非股权支付，是指以本企业的现金、银行存款、应收款项、本企业或其控股企业股权和股份以外的有价证券、存货、固定资产、其他资产及承担债务等作为支付的形式。

二、企业重组的一般性税务处理

（1）企业由法人转变为个人独资企业、合伙企业等非法人组织，或者将登记注册地转移至中华人民共和国境外（包括港澳台地区），应视同企业进行清算、分配，股东重新投资成立新企业。企业的全部资产及股东投资的计税基础均应以公允价值为基础确定。

企业发生其他法律形式简单改变的，可直接变更税务登记，除另有规定外，有关企业所得税纳税事项（包括亏损结转、税收优惠等权益和义务）由变更后企业承继，但因住所发生变化而不符合税收优惠条件的除外。

（2）企业债务重组，相关交易应按以下规定处理。

① 以非货币资产清偿债务，应当分解为转让（销售）相关非货币性资产、按非货币性资产公允价值清偿债务两项业务，确认相关资产的所得或损失。

② 发生债权转股权的，应当分解为债务清偿和股权投资两项业务，确认有关债务清偿所得或损失。

③ 债务人应当按照支付的债务清偿额低于债务计税基础的差额，确认债务重组所得；债权人应当按照收到的债务清偿额低于债权计税基础的差额，确认债务重组损失。

④ 债务人的相关所得税纳税事项原则上保持不变。

【情境实例 5-7】

1. 工作任务要求

计算甲企业某项重组业务应缴纳的企业所得税、乙企业的债务重组损失。

2. 情境实例设计

甲企业 2017 年 5 月与乙公司达成债务重组协议，甲企业以一批库存商品抵偿所欠乙公司一年前发生的债务 25.4 万元，该批库存商品的账面成本为 16 万元，市场不含税销售价为 20 万元，该批商品的增值税税率为 17%，该企业适用 25% 的企业所得税税率。假定城市维护建设税和教育费附加不予考虑。

3. 任务实施过程

（1）甲企业分解成两个行为的两项所得：

销售货物所得 = 20-16 = 4（万元）

债务清偿所得 = 25.4-20×（1+17%）= 2（万元）

因该重组事项一共应确认应纳税所得额 = 20-16+2 = 6（万元）。

6 万元包含两方面的所得：此项债务重组利得 2 万元和货物销售所得 4 万元。甲企业应纳企业所得税 = 6 ×25% = 1.5（万元）。

（2）乙企业的债务重组损失 = 25.4-20-3.4 = 2（万元）。

（3）企业股权收购、资产收购重组交易，相关交易应按以下规定处理。

① 被收购方应确认股权、资产转让所得或损失。

② 收购方取得股权或资产的计税基础应以公允价值为基础确定。

③ 被收购企业的相关所得税事项原则上保持不变。

【情境实例 5-8】

1. 工作任务要求

对 A 公司（受让方/收购方）、B 公司（转让方/被收购方）的下列业务进行相关税务处理。

2. 情境实例设计

2017 年 9 月，A 公司以 500 万元的银行存款购买取得 B 公司的部分经营性资产。A 公司购买 B 公司该部分经营性资产的账面价值为 420 万元，计税基础为 460 万元，公允价值为 500 万元。

3. 任务实施过程

一般性税务处理方法的涉税处理如下。

（1）B 公司（转让方/被收购方）的税务处理。

B 公司应确认资产转让所得：500 - 460=40（万元）。

（2）A 公司（受让方/收购方）的税务处理。

A 公司购买该经营性资产后，应以该资产的公允价值 500 万元为基础确定计税基础。

（4）企业合并，当事各方应按下列规定处理。

① 合并企业应按公允价值确定接受被合并企业各项资产和负债的计税基础。

② 被合并企业及其股东都应按清算进行所得税处理。

③ 被合并企业的亏损不得在合并企业结转弥补。

（5）企业分立，当事各方应按下列规定处理。

① 被分立企业对分立出去资产应按公允价值确认资产转让所得或损失。

② 分立企业应按公允价值确认接受资产的计税基础。

③ 被分立企业继续存在时，其股东取得的对价应视同被分立企业分配进行处理。

④ 被分立企业不再继续存在时，被分立企业及其股东都应按清算进行所得税处理。

⑤ 企业分立相关企业的亏损不得相互结转弥补。

三、企业重组的特殊性税务处理

（1）企业重组同时符合下列条件的，适用特殊性税务处理规定。

① 具有合理的商业目的，且不以减少、免除或推迟缴纳税款为主要目的。

② 被收购、合并或分立部分的资产或股权比例符合下述（2）规定的比例。

③ 企业重组后的连续 12 个月内不改变重组资产原来的实质性经营活动。

④ 重组交易对价中涉及股权支付金额符合下述（2）规定的比例。

⑤ 企业重组中取得股权支付的原主要股东，在重组后连续 12 个月内，不得转让所取得的股权。

（2）企业重组符合上述 5 个条件的，交易各方对其交易中的股权支付部分，可以按以下规定进行特殊性税务处理。

① 企业债务重组确认的应纳税所得额占该企业当年应纳税所得额 50% 以上，可以在 5 个纳税年度的期间内，均匀计入各年度的应纳税所得额。

企业发生债权转股权业务，对债务清偿和股权投资两项业务暂不确认有关债务清偿所得或损失，股权投资的计税基础以原债权的计税基础确定。企业的其他相关所得税事项保持不变。

② 股权收购，收购企业购买的股权不低于被收购企业全部股权的50%，且收购企业在该股权收购发生时的股权支付金额不低于其交易支付总额的85%，可以选择按以下规定处理。

a）被收购企业的股东取得收购企业股权的计税基础，以被收购股权的原有计税基础确定。

b）收购企业取得被收购企业股权的计税基础，以被收购股权的原有计税基础确定。

c）收购企业、被收购企业的原有各项资产与负债的计税基础和其他相关所得税事项保持不变。

③ 资产收购，受让企业收购的资产不低于转让企业全部资产的50%，且受让企业在该资产收购发生时的股权支付金额不低于其交易支付总额的85%，可以选择按以下规定处理。

a）转让企业取得受让企业股权的计税基础，以被转让资产的原有计税基础确定。

b）受让企业取得转让企业资产的计税基础，以被转让资产的原有计税基础确定。

④ 企业合并，企业股东在该企业合并发生时取得的股权支付金额不低于其交易支付总额的85%，以及同一控制下且不需要支付对价的企业合并，可以选择按以下规定处理。

a）合并企业接受被合并企业资产和负债的计税基础，以被合并企业的原有计税基础确定。

b）被合并企业合并前的相关所得税事项由合并企业承继。

c）可由合并企业弥补的被合并企业亏损的限额=被合并企业净资产公允价值×截至合并业务发生当年年末国家发行的最长期限的国债利率。

d）被合并企业股东取得合并企业股权的计税基础，以其原持有的被合并企业股权的计税基础确定。

情境讨论：为什么企业合并的特殊性税务处理方法的前提中没有“收购企业购买的股权不低于被收购企业全部股权的50%”这一指标？

【情境引例解析】

可由合并企业弥补的被合并企业亏损的限额=被合并企业净资产公允价值×截至合并业务发生当年年末国家发行的最长期限的国债利率=（5 700−3 200）×6%＝150（万元）。

由于620万元>150万元，因此可由合并企业弥补被合并企业的亏损为150万元。

⑤ 企业分立，被分立企业所有股东按原持股比例取得分立企业的股权，分立企业和被分立企业均不改变原来的实质经营活动，且被分立企业股东在该企业分立发生时取得的股权支付金额不低于其交易支付总额的85%，可以选择按以下4条规定处理。

a）分立企业接受被分立企业资产和负债的计税基础，以被分立企业的原有计税基础确定。

b）被分立企业已分立出去资产相应的所得税事项由分立企业继承。

c）被分立企业未超过法定弥补期限的亏损额可按分立资产占全部资产的比例进行分配，由分立企业继续弥补。

d）被分立企业的股东取得分立企业的股权（以下简称“新股”），如需部分或全部放弃原持有的被分立企业的股权（以下简称“旧股”），“新股”的计税基础应以放弃“旧股”的计税基础确定。如不需放弃“旧股”，则其取得“新股”的计税基础可从以下两种方法中选择确定：直接将“新股”的计税基础确定为零；或者以被分立企业分立出去的净资产占被分立企业全部净资产的比例先调减原持有的“旧股”的计税基础，再将调减的计税基础平均分配到“新股”上。

⑥ 重组交易各方按上述① 至⑤ 项规定对交易中股权支付暂不确认有关资产的转让所得或损失的，其非股权支付仍应在交易当期确认相应的资产转让所得或损失，并调整相应资产的计税基础。

非股权支付对应的资产转让所得或损失=(被转让资产的公允价值-被转让资产的计税基础)×(非股权支付金额/被转让资产的公允价值)

【情境实例 5-9】

1. 工作任务要求

计算甲公司该项业务的应税所得及应纳企业所得税。

2. 情境实例设计

甲公司共有股权 1 000 万股，为了将来有更好的发展，将 80% 的股权让乙公司收购，然后成为乙公司的子公司。假定收购日甲公司每股资产的计税基础为 7 元，每股资产的公允价值为 9 元。在收购对价中乙公司以股权形式支付 6 480 万元，以银行存款支付 720 万元。

3. 任务实施过程

甲公司取得非股权支付额对应的资产转让所得计算思路如下。

（1）从股权收购比重和股权支付金额占交易额的比重看是否适用于特殊税务处理。

股权收购比重=80%，大于规定的 50%。

股权支付金额占交易额的比重=[6 480/(6 480+720)]×100%=90%，大于规定的 85%。适用企业重组的特殊性税务处理方法。

（2）公允价值中的高于原计税基础的增加值=1 000×80%×(9-7)=1 600（万元）。

（3）非股权支付比例=[720/(6 480+720)]×100%=10%。

（4）甲公司取得股权支付额对应的所得不确认损益，但是非股权支付额对应的收益应确认资产转让所得=1 600×10%=160（万元）。

（5）甲公司应纳企业所得税=160×25%=40（万元）。

（3）企业发生涉及中国境内与境外之间（包括港澳台地区）的股权和资产收购交易，除应符合本任务“三、企业重组的特殊性税务处理”中（1）规定的条件外，还应同时符合下列条件，才可选择适用特殊性税务处理规定。

① 非居民企业向其 100% 直接控股的另一非居民企业转让其拥有的居民企业股权，没有因此造成以后该项股权转让所得预提税负担变化，且转让方非居民企业向主管税务机关书面承诺在 3 年（含 3 年）内不转让其拥有受让方非居民企业的股权。

② 非居民企业向与其具有 100% 直接控股关系的居民企业转让其拥有的另一居民企业股权。

③ 居民企业以其拥有的资产或股权向其 100% 直接控股的非居民企业进行投资。

④ 财政部、国家税务总局核准的其他情形。

（4）在企业吸收合并中，合并后的存续企业性质及适用税收优惠的条件未发生改变的，可以继续享受合并前该企业剩余期限的税收优惠，其优惠金额按存续企业合并前一年的应纳税所得额（亏损计为零）计算。

在企业存续分立中，分立后的存续企业性质及适用税收优惠的条件未发生改变的，可以继续享受分立前该企业剩余期限的税收优惠，其优惠金额按该企业分立前一年的应纳税所得额（亏损计为零）乘以分立后存续企业资产占分立前该企业全部资产的比例计算。

（5）企业在重组发生前后连续 12 个月内，分步对其资产、股权进行交易，应根据实质重于形式原则将上述交易作为一项企业重组交易进行处理。

（6）企业发生符合规定的特殊性重组条件并选择特殊性税务处理的，当事各方应在该重组业务完成当年企业所得税年度申报时，向主管税务机关提交书面备案资料，证明其符合各类特殊性重组规定的条件。企业未按规定书面备案的一律不得按特殊重组业务进行税务处理。

任务五　企业所得税的计算

【情境引例】

A 国的甲企业在中国境内未设立机构、场所，但在 2017 年度从中国境内取得了下列所得：股息 50 万元、利息 40 万元、特许权使用费 90 万元。同时，该企业转让了其在中国境内的财产，转让收入为 180 万元，该财产的净值为 140 万元。要求：计算甲企业 2017 年度在中国境内应纳的企业所得税税额。

一、居民企业及在中国境内设立机构、场所的，且取得所得与该机构、场所有实际联系的非居民企业应纳税额的计算

居民企业及在中国境内设立机构、场所的，且取得所得与该机构、场所有实际联系的非居民企业应纳所得税税额等于应纳税所得额乘以适用税率，基本计算公式为：

应纳税额=应纳税所得额×适用税率-减免税额-抵免税额

根据计算公式可以看出，应纳税额的多少，取决于应纳税所得额和适用税率两个因素。在实际中，应纳税所得额的计算一般有以下两种方法。

1. 直接计算法

在直接计算法下，企业每一纳税年度的收入总额减除不征税收入、免税收入、各项扣除，以及允许弥补的以前年度亏损后的余额为应纳税所得额。其计算公式为：

应纳税所得额=收入总额-不征税收入-免税收入-各项扣除金额-弥补亏损

2. 间接计算法

在间接计算法下，是在会计利润总额的基础上加或减按照税法规定调整的项目金额后，即为应纳税所得额。其计算公式为：

应纳税所得额=会计利润总额±纳税调整项目金额

纳税调整项目金额包括两方面的内容：① 企业的财务会计处理和税收规定不一致的应

予以调整的金额；② 企业按税法规定准予扣除的税收金额。

【情境实例 5-10】

1. 工作任务要求

计算甲企业 2017 年度实际应纳的企业所得税。

2. 情境实例设计

甲企业为居民企业，2017 年发生经营业务如下。

(1) 取得产品销售收入 4 000 万元。

(2) 发生产品销售成本 2 600 万元。

(3) 发生销售费用 770 万元（其中广告费和业务宣传费共计 650 万元）；管理费用 480 万元（其中业务招待费 25 万元）；财务费用 60 万元。

(4) 发生销售税金 160 万元（含增值税 120 万元）。

(5) 取得营业外收入 80 万元，营业外支出 50 万元（含通过公益性社会团体向贫困山区捐款 30 万元，支付税收滞纳金 6 万元）。

(6) 计入成本、费用中的实发工资总额 200 万元、拨缴职工工会经费 5 万元、发生职工福利费 31 万元、发生职工教育经费 7 万元。

3. 任务实施过程

(1) 会计利润总额 = 4 000+80−2 600−770−480−60−（160−120）−50 = 80（万元）。

(2) 广告费和业务宣传费应调增所得额 = 650−4 000×15% = 650−600 = 50（万元）。

(3) 由于 4 000×5‰ = 20（万元）>25×60% = 15（万元），因此业务招待费应调增所得额 = 25−25×60% = 25−15 = 10（万元）。

(4) 捐赠支出应调增所得额 = 30−80×12% = 30−9.6 = 20.4（万元）。

(5) 税收滞纳金不得税前扣除，应调增所得额 6 万元。

(6) 工会经费应调增所得额 = 5−200×2% = 5−4 = 1（万元）。

(7) 职工福利费应调增所得额 = 31−200×14% = 31−28 = 3（万元）。

(8) 职工教育经费应调增所得额 = 7−200×2.5% = 7−5 = 2（万元）。

(9) 应纳税所得额 = 80+50+10+20.4+6+1+3+2 = 172.4（万元）。

(10) 2017 年应纳企业所得税 = 172.4×25% = 43.1（万元）。

二、境外所得抵扣税额的计算

企业取得的下列所得已在境外缴纳的所得税税额，可以从其当期应纳税额中抵免，抵免限额为该项所得依照《中华人民共和国企业所得税法》规定计算的应纳税额；超过抵免限额的部分，可以在以后 5 个年度内，用每年度抵免限额抵免当年应抵税额后的余额进行抵补。

(1) 居民企业来源于中国境外的应税所得。

(2) 非居民企业在中国境内设立机构、场所，取得发生在中国境外但与该机构、场所有实际联系的应税所得。

居民企业从其直接或间接控制的外国企业分得的来源于中国境外的股息、红利等权益性投资收益，外国企业在境外实际缴纳的所得税税额中属于该项所得负担的部分，可以作为该居民企业的可抵免境外所得税税额，在企业所得税税法规定的抵免限额内抵免。

直接控制是指居民企业直接持有外国企业 20% 以上股份。

间接控制是指居民企业以间接持股方式持有外国企业 20% 以上股份，具体认定办法由国务院财政、税务主管部门另行制定。

已在境外缴纳的所得税税额是指企业来源于中国境外的所得，依照中国境外税收法律及相关规定应当缴纳并已经实际缴纳的企业所得税性质的税款。

抵免限额是指企业来源于中国境外的所得，依照企业所得税法和实施条例的规定计算的应纳税额。除国务院财政、税务主管部门另有规定外，该抵免限额应当分国（地区）不分项计算，其计算公式如下。

抵免限额＝中国境内、境外所得依照企业所得税法和实施条例的规定计算的应纳税总额×来源于某国（地区）的应纳税所得额÷中国境内、境外应纳税所得总额。

该公式可以简化为：

抵免限额＝来源于某国的（税前）应纳税所得额×我国法定税率

实务咨询：我公司为一家高新技术企业，依照企业所得税法享受 15%的优惠税率，其取得的境外所得在进行境外所得税税额抵免限额计算中是适应 25%的税率还是 15%的税率?

【情境实例 5-11】

1. 工作任务要求

计算甲企业汇总时在我国应缴纳的企业所得税税额。

2. 情境实例设计

甲企业 2017 年度境内应纳税所得额为 200 万元，适用 25% 的企业所得税税率。另外，该企业分别在 A、B 两国设有分支机构（我国与 A、B 两国已经缔结避免双重税协定），在 A 国的分支机构的应纳税所得额为 100 万元，A 国税率为 20%；在 B 国的分支机构的应纳税所得额为 60 万元，B 国税率为 30%。假设该企业在 A、B 两国所得按我国税法计算的应纳税所得额和按 A、B 两国税法计算的应纳税所得额一致，两个分支机构在 A、B 两国分别缴纳了 20 万元和 18 万元的企业所得税。

3. 任务实施过程

（1）甲企业按我国税法计算的境内、境外所得的应纳税额为：

应纳税额＝(200+100+60)×25%＝90（万元）

（2）A、B 两国的扣除限额如下。

A 国扣除限额＝90×[100/(200+100+60)]＝25（万元）或＝100×25%＝25（万元）

B 国扣除限额＝90×[60/(200+100+60)]＝15（万元）或＝60×25%＝15（万元）

在 A 国缴纳的所得税为 20 万元，低于扣除限额 25 万元，可全额扣除。

在 B 国缴纳的所得税为 18 万元，高于扣除限额 15 万元，其超过扣除限额的部分 3 万元当年不能扣除。

（3）汇总时在我国应缴纳的所得税＝90－20－15＝55（万元）。

三、居民企业核定征收应纳税额的计算

为了加强企业所得税的征收管理，对部分中小企业采取核定征收的办法计算其应纳税额，根据《税收征管法》，核定征收企业所得税的有关规定如下。

1. 确定所得税核定征收的范围

本办法适用于居民企业纳税人，纳税人具有下列情形之一的，核定征收企业所得税。

（1）依照法律、行政法规的规定可以不设置账簿的。

（2）依照法律、行政法规的规定应当设置但未设置账簿的。

（3）擅自销毁账簿或拒不提供纳税资料的。

（4）虽设置账簿，但账目混乱，或者成本资料、收入凭证、费用凭证残缺不全，难以查账的。

（5）发生纳税义务，未按照规定的期限办理纳税申报，经税务机关责令限期申报，逾期仍不申报的。

（6）申报的计税依据明显偏低，又无正当理由的。

特殊行业、特殊类型的纳税人和一定规模以上的纳税人不适用本办法。上述特定纳税人由国家税务总局另行明确。

2. 核定征收办法的有关规定

（1）纳税人具有下列情形之一的，核定其应税所得率。

① 能正确核算（查实）收入总额，但不能正确核算（查实）成本费用总额的。

② 能正确核算（查实）成本费用总额，但不能正确核算（查实）收入总额的。

③ 通过合理方法，能计算和推定纳税人收入总额或成本费用总额的。

（2）纳税人不属于以上情形的，核定其应纳所得税税额。

（3）税务机关采用下列方法核定征收企业所得税。

① 参照当地同类行业或类似行业中经营规模和收入水平相近的纳税人的税负水平核定。

② 按照应税收入额或成本费用支出额定率核定。

③ 按照耗用的原材料、燃料、动力等推算或测算核定。

④ 按照其他合理方法核定。

采用一种方法不足以正确核定应纳税所得额或应纳税额的，可以同时采用两种以上的方法核定。采用两种以上方法测算的应纳税额不一致时，可按测算的应纳税额从高核定。

（4）采用应税所得率方式核定征收企业所得税的，应纳所得税税额计算公式为：

应纳税额=应纳税所得额×适用税率

应纳税所得额=应税收入额×应税所得率

=成本（费用）支出额/（1−应税所得率）×应税所得率

应税所得率的范围如表5-3所示。

表5-3 应税所得率表

行 业	应税所得率/%
农、林、牧、渔业	3～10
制造业	5～15
批发和零售贸易业	4～15
交通运输业	7～15
建筑业	8～20
饮食业	8～25
娱乐业	15～30
其他行业	10～30

四、在中国境内未设立机构、场所的，或者虽设立机构、场所但取得的所得与其所设机构、场所没有实际联系的非居民企业应纳税额的计算

对于在中国境内未设立机构、场所的，或者虽设立机构、场所但取得的所得与其所设机构、场所没有实际联系的非居民企业的所得，其来源于中国境内的所得按照下列方法计算应纳税所得额。

（1）股息、红利等权益性投资收益和利息、租金、特许权使用费所得，以收入全额为应纳税所得额。

（2）转让财产所得，以收入全额减除财产净值后的余额为应纳税所得额。

（3）其他所得，参照前两项规定的办法计算应纳税所得额。

财产净值是指财产的计税基础减除已经按照规定扣除的折旧、折耗、摊销、准备金等后的余额。

对于在中国境内未设立机构、场所的，或者虽设立机构、场所但取得的所得与其所设机构、场所没有实际联系的非居民企业的应纳税额计算公式为：

应纳税额＝年应纳税所得额×税率（减按10%）

【情境引例解析】

该企业取得的股息、利息和特许权使用费的应纳税所得额＝50+40+90＝180（万元）

该企业取得财产转让所得的应纳税所得额＝180－140＝40（万元）

该企业在2017年度应纳所得税税额＝（180+40）×10%＝22（万元）

五、非居民企业核定征收应纳税额的计算

非居民企业因会计账簿不健全，资料残缺难以查账，或者其他原因不能准确计算并据实申报其应纳税所得额的，税务机关有权采取以下方法核定其应纳税所得额。

（1）按收入总额核定应纳税所得额：适用于能够正确核算收入或通过合理方法推定收入总额，但不能正确核算成本费用的非居民企业。其计算公式为：

应纳税所得额＝收入总额×经税务机关核定的利润率

（2）按成本费用核定应纳税所得额：适用于能够正确核算成本费用，但不能正确核算收入总额的非居民企业。其计算公式为：

应纳税所得额＝成本费用总额/（1－经税务机关核定的利润率）×经税务机关核定的利润率

（3）按经费支出换算收入核定应纳税所得额：适用于能够正确核算经费支出总额，但不能正确核算收入总额和成本费用的非居民企业。其计算公式为：

应纳税所得额＝经费支出总额/（1－经税务机关核定的利润率－营业税税率）×经税务机关核定的利润率

（4）税务机关可以按照以下标准确定非居民企业的利润率。

① 从事承包工程作业、设计和咨询劳务的，利润率为 15% ～30%。

② 从事管理服务的，利润率为 30% ～50%。

③ 从事其他劳务或劳务以外经营活动的，利润率不低于 15%。

税务机关有根据认为非居民企业的实际利润率明显高于上述标准的，可以按照比上述标准更高的利润率核定其应纳税所得额。

（5）非居民企业与中国居民企业签订机器设备或货物销售合同，同时提供设备安装、装配、技术培训、指导、监督服务等劳务，其销售货物合同中未列明提供上述劳务服务收费金额，或者计价不合理的，主管税务机关可以根据实际情况，参照相同或相近业务的计价标准核定劳务收入。无参照标准的，以不低于销售货物合同总价款的 10% 为原则，确定非居民企业的劳务收入。

（6）非居民企业为中国境内客户提供劳务取得的收入，凡其提供的服务全部发生在中国境内的，应全额在中国境内申报缴纳企业所得税。凡其提供的服务同时发生在中国境内外的，应以劳务发生地为原则划分其境内外收入，并就其在中国境内取得的劳务收入申报缴纳企业所得税。税务机关对其境内外收入划分的合理性和真实性有疑义的，可以要求非居民企业提供真实有效的证明，并根据工作量、工作时间、成本费用等因素合理划分其境内外收入：如非居民企业不能提供真实有效的证明，税务机关可视同其提供的服务全部发生在中国境内，确定其劳务收入并据以征收企业所得税。

（7）采取核定征收方式征收企业所得税的非居民企业，在中国境内从事适用不同核定利润率的经营活动，并取得应税所得的，应分别核算并适用相应的利润率计算缴纳企业所得税；凡不能分别核算的，应从高适用利润率，计算缴纳企业所得税。

（8）拟采取核定征收方式的非居民企业应填写“非居民企业所得税征收方式鉴定表”，报送主管税务机关。主管税务机关应对企业报送的“非居民企业所得税征收方式鉴定表”的适用行业及所适用的利润率进行审核，并签注意见。

对经审核不符合核定征收条件的非居民企业，主管税务机关应自收到企业提交的“非居民企业所得税征收方式鉴定表”后 15 个工作日内向其下达“税务事项通知书”，将鉴定结果告知企业。非居民企业未在上述期限内收到“税务事项通知书”的，其征收方式视同已被认可。

（9）税务机关发现非居民企业采用核定征收方式计算申报的应纳税所得额不真实，或者明显与其承担的功能风险不相匹配的，有权予以调整。

任务六　特别纳税调整

【情境引例】

立白公司申报以 25 万元从境外关联公司购入一批产品，又将这批产品以 22 万元转售给无关联公司。税务机关可按其转售给无关联公司的价格减除合理的销售毛利，来调整该公司与关联公司的交易价格。假定该公司合理的销售毛利率为 20%。要求：计算立白公司缴纳的企业所得税。

一、调整范围

企业与其关联方之间的业务往来，不符合独立交易原则而减少企业或其关联方应纳税收入或所得额的，税务机关有权按照合理方法调整。

1. 关联方

关联方是指与企业有下列关联关系之一的企业、其他组织或个人。

（1）在资金、经营、购销等方面存在直接或间接的控制关系。

（2）直接或间接地同为第三者控制。

（3）在利益上具有相关联的其他关系。

2. 关联企业之间关联业务的税务处理

（1）企业与其关联方共同开发、受让无形资产，或者共同提供、接受劳务发生的成本，在计算应纳税所得额时应当按照独立交易原则进行分摊。

（2）企业与其关联方分摊成本时，应当按照成本与预期收益相配比的原则进行分摊，并在税务机关规定的期限内，按照税务机关的要求报送有关资料。

（3）企业与其关联方分摊成本时违反以上第（1）、（2）项规定的，其自行分摊的成本不得在计算应纳税所得额时扣除。

（4）企业可以向税务机关提出与其关联方之间业务往来的定价原则和计算方法，税务机关与企业协商、确认后，达成预约定价安排。

预约定价安排是指企业就其未来年度关联交易的定价原则和计算方法，向税务机关提出申请，与税务机关按照独立交易原则协商、确认后达成的协议。

（5）企业向税务机关报送年度企业所得税纳税申报表时，应当就其与关联方之间的业务往来，附送年度关联业务往来报告表。

税务机关在进行关联业务调查时，企业及其关联方，以及与关联业务调查有关的其他企业应当按照规定提供相关资料。相关资料是指下述资料。

① 与关联业务往来有关的价格、费用的制定标准、计算方法和说明等同期资料。

② 关联业务往来所涉及的财产、财产使用权、劳务等的再销售（转让）价格，或者最终销售（转让）价格的相关资料。

③ 与关联业务调查有关的其他企业应当提供的与被调查企业可比的产品价格、定价方式及利润水平等资料。

④ 其他与关联业务往来有关的资料。

（6）由居民企业，或者由居民企业和中国居民控制的设立在实际税负明显低于25%的税率水平的国家（地区）的企业，并非由于合理的经营需要而对利润不作分配或减少分配的，上述利润中应归属于该居民企业的部分，应当计入该居民企业的当期收入。所指控制包括以下方面。

① 居民企业或中国居民直接或者间接单一持有外国企业10%以上有表决权股份，且由其共同持有该外国企业50%以上股份。

② 居民企业，或者居民企业和中国居民持股比例没有达到第① 项规定的标准，但在股份、资金、经营、购销等方面对该外国企业构成实质控制。

③ 上述所指的实际税负明显偏低是指实际税负明显低于《中华人民共和国企业所得税

法》规定的25%税率的50%。

（7）对资本弱化的行为的控制。

① 企业接受的投资类别。企业从其关联方接受的债权性投资是指企业直接或间接从关联方获得的，需要偿还本金和支付利息，或者需要以其他具有支付利息性质的方式予以补偿的融资。企业间接从关联方获得的债权性投资，包括关联方通过无关联第三方提供的债权性投资；无关联第三方提供的、由关联方担保且负有连带责任的债权性投资；其他间接从关联方获得的具有负债实质的债权性投资。

企业的权益性投资是指企业接受的不需要偿还本金和支付利息，投资人对企业净资产拥有所有权的投资。

② 接受的债权性投资的利息支出。企业实际支付给关联方的利息支出，如果能够按照所得税法及其实施条例的有关规定提供相关资料，并证明相关交易活动符合独立交易原则的；或者该企业的实际税负不高于境内关联方的，其实际支付给境内关联方的利息支出，在计算应纳税所得额时准予扣除。除此之外，企业在计算应纳税所得额时，实际支付给关联方的利息支出，不超过规定比例（金融企业为5∶1；其他企业为2∶1）和所得税法及其实施条例有关规定计算的部分，准予扣除；超过部分，不得在发生当期和以后年度扣除。

企业同时从事金融业务和非金融业务，其实际支付给关联方的利息支出，应按照合理方法分开计算；没有按照合理方法分开计算的，一律按上述比例计算准予税前扣除的利息支出。

③ 债权性投资的利息收入。企业自关联方取得的不符合规定的利息收入应按照有关规定缴纳企业所得税。

（8）对母子公司间提供服务支付费用有关企业所得税的处理。

① 母公司为其子公司提供各种服务而发生的费用，应按照独立企业之间公平交易原则确定服务的价格，作为企业正常的劳务费用进行税务处理。

母子公司未按照独立企业之间的业务往来收取价款的，税务机关有权予以调整。

② 母公司向其子公司提供各项服务，双方应签订服务合同或协议，明确规定提供服务的内容、收费标准及金额等，凡按上述合同或协议规定所发生的服务费，母公司应作为营业收入申报纳税；子公司作为成本费用在税前扣除。

③ 母公司向其多个子公司提供同类项服务，其收取的服务费可以采取分项签订合同或协议收取；也可以采取服务分摊协议的方式，即由母公司与各子公司签订服务费用分摊合同或协议，以母公司为其子公司提供服务所发生的实际费用并附加一定比例利润作为向子公司收取的总服务费，在各服务受益子公司（包括盈利企业、亏损企业和享受减免税企业）之间按《中华人民共和国企业所得税法》第四十一条第二款规定合理分摊。

④ 母公司以管理费形式向子公司提取费用，子公司因此支付给母公司的管理费，不得在税前扣除。

⑤ 子公司申报税前扣除向母公司支付的服务费用，应向主管税务机关提供给母公司签订的服务合同或协议等与税前扣除该项费用相关的材料。不能提供相关材料的，支付的服务费用不得税前扣除。

二、调整方法

税法规定对关联企业所得不实的，调整方法如下。

(1) 可比非受控价格法。这是指按照没有关联关系的交易各方进行相同或类似业务往来的价格进行定价的方法。

(2) 再销售价格法。这是指按照从关联方购进商品再销售给没有关联关系的交易方的价格，减除相同或类似业务的销售毛利进行定价的方法。

(3) 成本加成法。这是指按照成本加合理的费用和利润进行定价的方法。

(4) 交易净利润法。这是指按照没有关联关系的交易各方进行相同或类似业务往来取得的净利润水平确定利润的方法。

(5) 利润分割法。这是指将企业与其关联方的合并利润或亏损在各方之间采用合理标准进行分配的方法。

(6) 其他符合独立交易原则的方法。

【情境引例解析】

立白公司转售此批产品的合理进货价格=22×(1-20%)=17.6（万元）

税务机关可按这一价格调整该公司与关联公司的进货价格。

$$应纳税额=(22-17.6)\times25\%=1.1\text{（万元）}$$

三、核定征收

企业不提供与其关联方之间业务往来资料，或者提供虚假、不完整资料，未能真实反映其关联业务往来情况的，税务机关有权依法核定其应纳税所得额。核定方法有以下 4 种。

(1) 参照同类或类似企业的利润率水平核定。

(2) 按照企业成本加合理的费用和利润的方法核定。

(3) 按照关联企业集团整体利润的合理比例核定。

(4) 按照其他合理方法核定。

四、加收利息和追溯时限

企业实施其他不具有合理商业目的的安排而减少其应纳税收入或所得额的，税务机关有权按照合理方法调整。不具有合理商业目的，是指以减少、免除或推迟缴纳税款为主要目的。

1. 特别纳税调整的加收利息规定

税务机关根据税法和条例做出的纳税调整决定，应在补征税款的基础上，从每一调整年度次年 6 月 1 日起至补缴税款之日止的期限，按日加收利息。所称利息，应当按照税款所属纳税年度中国人民银行公布的与补税期间同期的人民币贷款基准利率加 5 个百分点计算。

特别纳税调整加收的利息，不得在计算应纳税所得额时扣除。

2. 特别纳税调整的追溯

企业与其关联方之间的业务往来，不符合独立交易原则，或者企业实施其他不具有合理商业目的的安排的，税务机关有权在该业务发生的纳税年度起10年内，进行纳税调整。

【情境实战5-1】

1. 工作任务要求

（1）计算山东宏远有限公司的会计利润。

（2）计算山东宏远有限公司纳税调整增加额。

（3）计算山东宏远有限公司纳税调整减少额。

（4）计算山东宏远有限公司应纳税所得额。

（5）计算山东宏远有限公司应补（退）缴的企业所得税。

2. 情境实战设计

山东宏远有限公司为居民企业，其纳税人识别号为91370722004056710P，企业从业人数为120人，资产总额为5 000万元，所属行业为工业企业。2016年度境内山东宏运有限公司的经营业务如下。

（1）取得销售收入3 000万元。

（2）发生销售成本1 500万元。

（3）发生销售费用700万元（其中广告费500万元、职工薪酬50万元、资产折旧摊销费50万元、办公费50万元、差旅费50万元），管理费用600万元（其中业务招待费20万元；职工薪酬100万元；资产折旧摊销费100万元；办公费200万元；差旅费130万元；用于X产品新技术的研究开发费用共计50万元，其中研发活动直接消耗的材料、燃料和动力费用10万元，直接从事研发活动的本企业在职人员费用10万元，专门用于研发活动的折旧费、维护费、运行维护费3万元，有关无形资产摊销费5万元，样品、样机及一般测试手段购置费5万元，研发成果论证、评审、验收、鉴定费用10万元，设计、制定、资料和翻译费用7万元），财务费用50万元（均为利息支出）。

（4）发生各种税金200万元（含增值税150万元）。

（5）取得营业外收入100万元（全部为处置固定资产净收益），营业外支出80万元（含通过公益性社会团体向贫困山区捐款40万元，支付税收滞纳金10万元，出售无形资产损失30万元）。

（6）2016年7月取得直接投资于其他居民企业连续12个月以上取得的权益性投资收益40万元（已在投资方所在地按15%的税率缴纳了企业所得税）。

（7）计入成本、费用中的实发工资总额150万元，拨缴职工工会经费3万元，支出职工福利费25万元，职工教育经费6万元。

（8）山东宏远有限公司在A、B两国设有分支机构，在A国机构的税后所得为35万元，A国所得税税率为30%；在B国机构的税后所得为32万元，B国所得税税率为20%。在A、B两国已分别缴纳所得税15万元和8万元。假设A、B两国的应税所得额的计算与我国税法相同。

山东宏远有限公司2016年度无以前年度亏损（2011年至2015年均无亏损），在2016年共预缴企业所得税46.75万元，其中2016年度前三个季度已经预缴企业所得税34.25万元。2016年第四季度营业收入为800万元，营业成本为400万元，利润总额为50万元。另外，该公司为员工缴纳各类基本社会保障性缴款60万元，未缴纳补充养老和医疗保险，为员工缴纳住房公积金40万元，未超过当地政府规定标准。

3. 实战操作步骤

第一步：逐笔分析经济业务，并计算出会计利润总额。

会计利润总额=3 000-1 500-700-600-50-（200-150）+100-80+40+35+32=227（万元）

第二步：计算本期纳税调整增加额。

（1）广告费和业务宣传费的扣除限额=3 000×15%=450（万元）。由于500万元>450万元，因此广告费和业务宣传费应调增所得额=500-450=50（万元）。

（2）业务招待费的扣除限额=3 000×5‰=15（万元），业务招待费发生额的60%=20×60%=12（万元）。由于15万元>12万元，因此业务招待费应调增所得额=20-12=8（万元）。

（3）公益性捐赠支出的扣除限额=227×12%=27.24（万元）。由于40万元>27.24万元，因此公益性捐赠支出应调增所得额=40-27.24=12.76（万元）。

（4）支付的税收滞纳金应调增所得额为10（万元）。

（5）职工福利费的扣除限额=150×14%=21（万元）。由于25万元>21万元，因此职工福利费应调增所得额=25-21=4（万元）。

（6）职工教育经费的扣除限额=150×2.5%=3.75（万元）。由于6万元>3.75万元，因此职工教育经费应调增所得额=6-3.75=2.25（万元）。

（7）纳税调整增加额=50+8+12.76+10+4+2.25=87.01（万元）。

第三步：计算本期纳税调整减少额。

（1）新技术的研究开发费用加计扣除额=50×50%=25（万元）。

（2）权益性投资收益免税收入额为40万元。

（3）境外税后所得额=35+32=67（万元）。

（4）纳税调整减少额=25+40+67=132（万元）。

第四步：计算本期应纳税所得额。

应纳税所得额=227+87.01-132=182.01（万元）

第五步：计算本期实际应纳所得税税额。

（1）境内所得应纳所得税税额=182.01×25%=45.502 5（万元）。

（2）境外所得应补缴的税额如下。

境外所得换算为含税收入的所得如下。

A国：35/(1-30%)=50（万元）；

B国：32/(1-20%)=40（万元）。

境外所得应纳所得税税额=(50+40)×25%=22.5（万元）。

A国的抵扣限额=50×25%=12.5（万元）；

B国的抵扣限额=40×25%=10（万元）。

在A国实际缴纳所得税15万元，高于抵扣限额，只能抵扣12.5万元，超过限额的2.5万元当年不得抵扣。

在B国实际缴纳所得税8万元，低于抵扣限额10万元，可全额抵扣。

境外所得抵免所得额=12.5+8=20.5（万元）。

境外所得应补缴的所得税税额=22.5-20.5=2（万元）。

（3）实际应纳所得税税额=45.502 5+22.5−20.5=45.502 5+2=47.502 5（万元）。

第六步：计算山东宏远有限公司2016年度应补缴企业所得税。

山东宏远有限公司2016年度应补缴企业所得税=45.502 5+2−40=47.502 5−40=7.502 5（万元）

任务七 企业所得税的纳税申报

【情境引例】

顺祥公司设有不具有法人资格的营业机构。假如你是该公司的会计人员，请问对于是否汇总纳税的问题，企业所得税与增值税的纳税方式一样吗？

一、企业所得税的征收管理

1. 纳税期限

企业所得税按年计征，分月或分季预缴，年终汇算清缴，多退少补。

企业所得税的纳税年度，自公历1月1日起至12月31日止。企业在一个纳税年度的中间开业，或者由于合并、关闭等原因终止经营活动，使该纳税年度的实际经营期不足12个月的，应当以其实际经营期为一个纳税年度。企业清算时，应当以清算期间作为一个纳税年度。

按月或按季预缴的，应当自月份或者季度终了之日起15日内，向税务机关报送预缴企业所得税纳税申报表，预缴税款。

自年度终了之日起5个月内，向税务机关报送年度企业所得税纳税申报表，并汇算清缴，结清应缴所得税款。

企业在年度中间终止经营活动的，应当自实际经营终止之日起60日内，向税务机关办理当期企业所得税汇算清缴。

2. 纳税地点

除税收法规、行政法规另有规定外，居民企业以企业登记注册地为纳税地点；但登记注册地在境外的，以实际管理机构所在地为纳税地点。企业登记注册地是指企业依照国家有关规定登记注册的住所地。除国务院另有规定外，企业之间不得合并缴纳企业所得税。

居民企业在中国境内设立不具有法人资格的营业机构的，应当汇总计算并缴纳企业所得税。企业汇总计算并缴纳所得税时，应当统一核算应纳税所得额。

【情境引例解析】

不一样。

对于企业所得税，居民企业在中国境内设立不具有法人资格的营业机构的，应当汇总计算并缴纳企业所得税。企业汇总计算并缴纳所得税时，应当统一核算应纳税所得额。

对于增值税，总机构和分支机构不在同一县（市）的，应当分别向各自所在地主管税务机关申报纳税；经国务院财政、税务主管部门或其授权的财政、税务机关批准，可以由总机构汇总向总机构所在地的主管税务机关申报纳税。

情境讨论：对于设立不具有法人资格的营业机构是否汇总纳税问题，企业所得税与增值税有什么区别？

非居民企业在中国境内设立机构、场所的，应当就其所设机构、场所取得的来源于中国境内的所得，以及发生在中国境外但是与其所设机构、场所有实际联系的所得，以机构、场所所在地为纳税地点。非居民企业在中国境内设立两个或两个以上的机构、场所的，经税务机关审核批准，可以选择由其主要机构、场所汇总缴纳企业所得税。非居民企业在中国未设立机构、场所的，或者虽然设立机构、场所但取得的所得与其所设机构、场所没有实际联系的所得，以扣缴义务人所在地为纳税地点。

3. 纳税申报的其他要求

企业在报送企业所得税纳税申报表时，应当按照规定附送财务会计报告和其他有关资料。

企业应当在办理注销登记前，就其清算所得向税务机关申报并依法缴纳企业所得税。

依照企业所得税法缴纳的企业所得税，以人民币计算。所得以人民币以外的货币计算的，应当折合成人民币计算并缴纳税款。

企业在纳税年度内无论盈利或亏损，都应当依照企业所得税法第五十四条规定的期限，向税务机关报送预缴企业所得税纳税申报表、年度企业所得税纳税申报表、财务会计报告和税务机关规定应当报送的其他有关资料。

二、企业所得税的纳税申报实战

纳税人在纳税年度内无论盈利或亏损，都应当按照规定的期限，向当地主管税务机关报送所得税纳税申报表和年度会计报表。

纳税人进行清算时，应当在办理工商注销登记之前，向当地主管税务机关办理所得税申报。

（一）企业所得税的预缴纳税申报实务

实行查账征收企业所得税的居民纳税人在月（季）度预缴企业所得税时，应填报“中华人民共和国企业所得税月（季）度预缴纳税申报表（A类，2015年版）”（表5-4），以及“不征税收入和税基类减免应纳税所得额明细表（附表1）”（略）、“固定资产加速折旧（扣除）明细表（附表2）”（略）和“减免所得税额明细表（附表3）”（略）；实行核定征收管理办法缴纳企业所得税的纳税人在月（季）度申报缴纳企业所得税时，应填报“中华人民共和国企业所得税月（季）度和年度纳税申报表（B类，2015年版）”（表5-5）。

表 5-4 中华人民共和国企业所得税月（季）度预缴纳税申报表（A 类，2015 年版）

税款所属期间：2016 年 10 月 1 日至 2016 年 12 月 31 日

纳税人识别号：91370722004056710P

纳税人名称：山东宏远有限公司　　　　金额单位：人民币元（列至角分）

<table>
<tr><th>行次</th><th colspan="2">项　　目</th><th>本期金额</th><th>累计金额</th></tr>
<tr><td>1</td><td colspan="2">一、按照实际利润额预缴</td><td></td><td></td></tr>
<tr><td>2</td><td colspan="2">营业收入</td><td>8 000 000.00</td><td>30 000 000.00</td></tr>
<tr><td>3</td><td colspan="2">营业成本</td><td>4 000 000.00</td><td>15 000 000.00</td></tr>
<tr><td>4</td><td colspan="2">利润总额</td><td>500 000.00</td><td>2 270 000.00</td></tr>
<tr><td>5</td><td colspan="2">加：特定业务计算的应纳税所得额</td><td></td><td></td></tr>
<tr><td>6</td><td colspan="2">减：不征税收入和税基减免应纳税所得额（请填附表 1）</td><td></td><td>400 000.00</td></tr>
<tr><td>7</td><td colspan="2">固定资产加速折旧（扣除）调减额（请填附表 2）</td><td></td><td></td></tr>
<tr><td>8</td><td colspan="2">弥补以前年度亏损</td><td></td><td></td></tr>
<tr><td>9</td><td colspan="2">实际利润额（4+5-6-7-8）</td><td>500 000.00</td><td>1 870 000.00</td></tr>
<tr><td>10</td><td colspan="2">税率（25%）</td><td>25%</td><td>25%</td></tr>
<tr><td>11</td><td colspan="2">应纳所得税额（9×10）</td><td>125 000.00</td><td>467 500.00</td></tr>
<tr><td>12</td><td colspan="2">减：减免所得税额（请填附表 3）</td><td></td><td></td></tr>
<tr><td>13</td><td colspan="2">实际已预缴所得税额</td><td>—</td><td>342 500.00</td></tr>
<tr><td>14</td><td colspan="2">特定业务预缴（征）所得税额</td><td></td><td></td></tr>
<tr><td>15</td><td colspan="2">应补（退）所得税额（11-12-13-14）</td><td>—</td><td>125 000.00</td></tr>
<tr><td>16</td><td colspan="2">减：以前年度多缴在本期抵缴所得税额</td><td colspan="2">请按原规定进行手工抵缴</td></tr>
<tr><td>17</td><td colspan="2">本月（季）实际应补（退）所得税额</td><td>—</td><td>125 000.00</td></tr>
<tr><td>18</td><td colspan="2">二、按照上一纳税年度应纳税所得额平均额预缴</td><td></td><td></td></tr>
<tr><td>19</td><td colspan="2">上一纳税年度应纳税所得额</td><td>—</td><td></td></tr>
<tr><td>20</td><td colspan="2">本月（季）应纳税所得额（19×1/4 或 1/12）</td><td></td><td></td></tr>
<tr><td>21</td><td colspan="2">税率（25%）</td><td></td><td></td></tr>
<tr><td>22</td><td colspan="2">本月（季）应纳所得税额（20×21）</td><td></td><td></td></tr>
<tr><td>23</td><td colspan="2">减：减免所得税额（请填附表 3）</td><td></td><td></td></tr>
<tr><td>24</td><td colspan="2">本月（季）实际应纳所得税额（22-23）</td><td></td><td></td></tr>
<tr><td>25</td><td colspan="2">三、按照税务机关确定的其他方法预缴</td><td></td><td></td></tr>
<tr><td>26</td><td colspan="2">本月（季）税务机关确定的预缴所得税额</td><td></td><td></td></tr>
<tr><td>27</td><td colspan="4">总分机构纳税人</td></tr>
<tr><td>28</td><td rowspan="4">总机构</td><td>总机构分摊所得税额（15 或 24 或 26×总机构分摊预缴比例）</td><td></td><td></td></tr>
<tr><td>29</td><td>财政集中分配所得税额</td><td></td><td></td></tr>
<tr><td>30</td><td>分支机构分摊所得税额（15 或 24 或 26×分支机构分摊比例）</td><td></td><td></td></tr>
<tr><td>31</td><td>其中：总机构独立生产经营部门应分摊所得税额</td><td></td><td></td></tr>
<tr><td>32</td><td rowspan="2">分支机构</td><td>分配比例</td><td></td><td></td></tr>
<tr><td>33</td><td>分配所得税额</td><td></td><td></td></tr>
<tr><td colspan="5">是否属于小型微利企业：　　　　是□　　　　否☑</td></tr>
<tr><td colspan="5">谨声明：此纳税申报表是根据《中华人民共和国企业所得税法》《中华人民共和国企业所得税法实施条例》和国家有关税收规定填报的，是真实的、可靠的、完整的。
法定代表人（签字）：张明　　　　2017 年 01 月 12 日</td></tr>
<tr><td colspan="2">纳税人公章：略
会计主管：李丽

填表日期：2017 年 01 月 12 日</td><td colspan="2">代理申报中介机构公章：
经办人：
经办人执业证件号码：
代理申报日期：　年　月　日</td><td>主管税务机关受理专用章：
受理人：

受理日期：　年　月　日</td></tr>
</table>

国家税务总局监制

表 5-5 中华人民共和国企业所得税月（季）度预缴和年度纳税申报表（B 类，2015 年版）

税款所属期间： 年 月 日至 年 月 日

纳税人识别号：□□□□□□□□□□□□□□□□□□

纳税人名称： 金额单位：人民币元（列至角分）

项目			行次	累计金额
一、以下由按应税所得率计算应纳所得税额的企业填报				
应纳税所得额的计算	按收入总额核定应纳税所得额	收入总额	1	
		减：不征税收入	2	
		免税收入	3	
		其中：国债利息收入	4	
		地方政府债券利息收入	5	
		符合条件居民企业之间股息红利等权益性收益	6	
		符合条件的非营利组织收入	7	
		其他免税收入：	8	
		应税收入额（1-2-3）	9	
		税务机关核定的应税所得率（%）	10	
		应纳税所得额（9×10）	11	
	按成本费用核定应纳税所得额	成本费用总额	12	
		税务机关核定的应税所得率（%）	13	
		应纳税所得额［12/（100%-13）×13］	14	
应纳所得税额的计算		税率（25%）	15	
		应纳所得税额（11×15 或 14×15）	16	
应补（退）所得税额的计算		减：符合条件的小型微利企业减免所得税额	17	
		其中：减半征税	18	
		已预缴所得税额	19	
		应补（退）所得税额（16-17-19）	20	
二、以下由税务机关核定应纳所得税额的企业填报				
税务机关核定应纳所得税额			21	
预缴申报时填报		是否属于小型微利企业： 是□ 否□		
年度申报时填报		所属行业：	从业人数：	
		资产总额：	国家限制和禁止行业： 是□ 否□	

谨声明：此纳税申报表是根据《中华人民共和国企业所得税法》《中华人民共和国企业所得税法实施条例》和国家有关税收规定填报的，是真实的、可靠的、完整的。

法定代表人（签字）： 年 月 日

纳税人公章：	代理申报中介机构公章：	主管税务机关受理专用章：
会计主管：	经办人：	受理人：
	经办人执业证件号码：	
填表日期： 年 月 日	代理申报日期： 年 月 日	受理日期： 年 月 日

国家税务总局监制

（二）企业所得税的年度汇算清缴纳税申报实务

实行查账征收企业所得税的居民纳税人在年度企业所得税汇算清缴时，应填写“企业所得税年度纳税申报表附表”包括表5-6至表5-17及“企业所得税年度纳税申报表”（表5-18）。

A101010

表5-6 一般企业收入明细表

填报时间：2017年05月15日　　　　金额单位：元（列至角分）

行次	项　目	金　额
1	一、营业收入（2+9）	30 000 000.00
2	（一）主营业务收入（3+5+6+7+8）	30 000 000.00
3	1. 销售商品收入	30 000 000.00
4	其中：非货币性资产交换收入	0.00
5	2. 提供劳务收入	0.00
6	3. 建造合同收入	0.00
7	4. 让渡资产使用权收入	0.00
8	5. 其他	0.00
9	（二）其他业务收入（10+12+13+14+15）	0.00
10	1. 销售材料收入	0.00
11	其中：非货币性资产交换收入	0.00
12	2. 出租固定资产收入	0.00
13	3. 出租无形资产收入	0.00
14	4. 出租包装物和商品收入	0.00
15	5. 其他	0.00
16	二、营业外收入（17+18+19+20+21+22+23+24+25+26）	1 000 000.00
17	（一）非流动资产处置利得	1 000 000.00
18	（二）非货币性资产交换利得	0.00
19	（三）债务重组利得	0.00
20	（四）政府补助利得	0.00
21	（五）盘盈利得	0.00
22	（六）捐赠利得	0.00
23	（七）罚没利得	0.00
24	（八）确实无法偿付的应付款项	0.00
25	（九）汇兑收益	0.00
26	（十）其他	0.00

A102010

表 5-7 一般企业成本支出明细表

填报时间：2017 年 05 月 15 日　　　　金额单位：元（列至角分）

行次	项　　目	金　　额
1	一、营业成本（2+9）	15 000 000.00
2	（一）主营业务成本（3+5+6+7+8）	15 000 000.00
3	1. 销售商品成本	15 000 000.00
4	其中：非货币性资产交换成本	0.00
5	2. 提供劳务成本	0.00
6	3. 建造合同成本	0.00
7	4. 让渡资产使用权成本	0.00
8	5. 其他	0.00
9	（二）其他业务成本（10+12+13+14+15）	0.00
10	1. 材料销售成本	0.00
11	其中：非货币性资产交换成本	0.00
12	2. 出租固定资产成本	0.00
13	3. 出租无形资产成本	0.00
14	4. 包装物出租成本	0.00
15	5. 其他	0.00
16	二、营业外支出（17+18+19+20+21+22+23+24+25+26）	800 000.00
17	（一）非流动资产处置损失	20 000.00
18	（二）非货币性资产交换损失	0.00
19	（三）债务重组损失	0.00
20	（四）非常损失	0.00
21	（五）捐赠支出	20 000.00
22	（六）赞助支出	0.00
23	（七）罚没支出	760 000.00
24	（八）坏账损失	0.00
25	（九）无法收回的债券股权投资损失	0.00
26	（十）其他	0.00

A104000

表 5-8　期间费用明细表

填报时间：2017 年 05 月 15 日　　　　金额单位：元（列至角分）

行次	项　目	销售费用	其中：境外支付	管理费用	其中：境外支付	财务费用	其中：境外支付
		1	2	3	4	5	6
1	一、职工薪酬	500 000.00	*	1 000 000.00	*	*	*
2	二、劳务费	0.00	0.00	0.00	0.00	*	*
3	三、咨询顾问费	0.00	0.00	0.00	0.00	*	*
4	四、业务招待费	0.00	*	200 000.00	*	*	*
5	五、广告费和业务宣传费	5 000 000.00	*	0.00	*	*	*
6	六、佣金和手续费	0.00	0.00	0.00	0.00	0.00	0.00
7	七、资产折旧摊销费	500 000.00	*	1 000 000.00	*	*	*
8	八、财产损耗、盘亏及毁损损失	0.00	*	0.00	*	*	*
9	九、办公费	500 000.00	*	2 000 000.00	*	*	*
10	十、董事会费	0.00	*	0.00	*	*	*
11	十一、租赁费	0.00	0.00	0.00	0.00	*	*
12	十二、诉讼费	0.00	*	0.00	*	*	*
13	十三、差旅费	500 000.00	*	1 300 000.00	*	*	*
14	十四、保险费	0.00	*	0.00	*	*	*
15	十五、运输、仓储费	0.00	0.00	0.00	0.00	*	*
16	十六、修理费	0.00	0.00	0.00	0.00	*	*
17	十七、包装费	0.00	*	0.00	*	*	*
18	十八、技术转让费	0.00	0.00	0.00	0.00	*	*
19	十九、研究费用	0.00	0.00	500 000.00	0.00	*	*
20	二十、各项税费	0.00	*	0.00	*	*	*
21	二十一、利息收支	*	*	*	*	500 000.00	0.00
22	二十二、汇兑差额	*	*	*	*	0.00	0.00
23	二十三、现金折扣	*	*	*	*	0.00	*
24	二十四、其他	0.00	0.00	0.00	0.00	0.00	0.00
25	合计（1+2+3+…+24）	7 000 000.00	0.00	6 000 000.00	0.00	500 000.00	0.00

A105000

表 5-9 纳税调整项目明细表

填报时间：2017 年 05 月 15 日 金额单位：元（列至角分）

行次	项目	账载金额	税收金额	调增金额	调减金额
		1	2	3	4
1	一、收入类调整项目（2+3+4+5+6+7+8+10+11）	*	*	0.00	0.00
2	（一）视同销售收入（填写 A105010）	*	0.00	0.00	*
3	（二）未按权责发生制原则确认的收入（填写 A105020）	0.00	0.00	0.00	0.00
4	（三）投资收益（填写 A105030）	0.00	0.00	0.00	0.00
5	（四）按权益法核算长期股权投资对初始投资成本调整确认收益	*	*	*	0.00
6	（五）交易性金融资产初始投资调整	*	*	0.00	*
7	（六）公允价值变动净损益	0.00	*	0.00	0.00
8	（七）不征税收入	*	*	0.00	0.00
9	其中：专项用途财政性资金（填写 A105040）	*	*	0.00	0.00
10	（八）销售折扣、折让和退回	0.00	0.00	0.00	0.00
11	（九）其他	0.00	0.00	0.00	0.00
12	二、扣除类调整项目（13+14+15+16+17+18+19+20+21+22+23+24+26+27+28+29）	*	*	1 402 500.00	0.00
13	（一）视同销售成本（填写 A105010）	*	0.00	*	0.00
14	（二）职工薪酬（填写 A105050）	2 840 000.00	2 777 500.00	62 500.00	0.00
15	（三）业务招待费支出	200 000.00	120 000.00	80 000.00	*
16	（四）广告费和业务宣传费支出（填写 A105060）	*	*	500 000.00	0.00
17	（五）捐赠支出（填写 A105070）	20 000.00	20 000.00	0.00	*
18	（六）利息支出	500 000.00	500 000.00	0.00	0.00
19	（七）罚金、罚款和被没收财物的损失	0.00	*	0.00	*
20	（八）税收滞纳金、加收利息	760 000	*	760 000	*
21	（九）赞助支出	0.00	*	0.00	*
22	（十）与未实现融资收益相关在当期确认的财务费用	0.00	0.00	0.00	0.00
23	（十一）佣金和手续费支出	0.00	0.00	0.00	*

续表

行次	项目	账载金额	税收金额	调增金额	调减金额
		1	2	3	4
24	(十二)不征税收入用于支出所形成的费用	*	*	0.00	*
25	其中:专项用途财政性资金用于支出所形成的费用(填写 A105040)	*	*	0.00	*
26	(十三)跨期扣除项目	0.00	0.00	0.00	0.00
27	(十四)与取得收入无关的支出	0.00	*	0.00	*
28	(十五)境外所得分摊的共同支出	*	*	0.00	*
29	(十六)其他	0.00	0.00	0.00	0.00
30	三、资产类调整项目(31+32+33+34)	*	*	0.00	0.00
31	(一)资产折旧、摊销(填写 A105080)	0.00	0.00	0.00	0.00
32	(二)资产减值准备金	0.00	*	0.00	0.00
33	(三)资产损失(填写 A105090)	0.00	0.00	0.00	0.00
34	(四)其他	0.00	0.00	0.00	0.00
35	四、特殊事项调整项目(36+37+38+39+40)	*	*	0.00	0.00
36	(一)企业重组(填写 A105100)	0.00	0.00	0.00	0.00
37	(二)政策性搬迁(填写 A105110)	*	*	0.00	0.00
38	(三)特殊行业准备金(填写 A105120)	0.00	0.00	0.00	0.00
39	(四)房地产开发企业特定业务计算的纳税调整额(填写 A105010)	*	0.00	0.00	0.00
40	(五)其他	*	*	0.00	0.00
41	五、特别纳税调整应税所得	*	*	0.00	0.00
42	六、其他	*	*	0.00	0.00
43	合计(1+12+30+35+41+42)	*	*	1 402 500.00	0.00

A105050

表 5-10 职工薪酬纳税调整明细表

填报时间:2017 年 05 月 15 日　　　　金额单位:元(列至角分)

行次	项目	账载金额	税收规定扣除率	以前年度累计结转扣除额	税收金额	纳税调整金额	累计结转以后年度扣除额
		1	2	3	4	5(1-4)	6(1+3-4)
1	一、工资薪金支出	1 500 000.00	*	*	1 500 000.00	0.00	*
2	其中:股权激励	0.00	*	*	0.00	0.00	*
3	二、职工福利费支出	250 000.00	0.14	*	210 000.00	40 000.00	*
4	三、职工教育经费支出	60 000.00	*	0.00	37 500.00	22 500.00	22 500.00

续表

行次	项　目	账载金额	税收规定扣除率	以前年度累计结转扣除额	税收金额	纳税调整金额	累计结转以后年度扣除额
		1	2	3	4	5（1-4）	6（1+3-4）
5	其中：按税收规定比例扣除的职工教育经费	60 000.00	0.025	0.00	37 500.00	22 500.00	22 500.00
6	按税收规定全额扣除的职工培训费用	0.00	1.00	*	0.00	0.00	*
7	四、工会经费支出	30 000.00	0.02	*	30 000.00	0.00	*
8	五、各类基本社会保障性缴款	600 000.00	*	*	600 000.00	0.00	*
9	六、住房公积金	400 000.00	*	*	400 000.00	0.00	*
10	七、补充养老保险	0.00	0.00	*	0.00	0.00	*
11	八、补充医疗保险	0.00	0.00	*	0.00	0.00	*
12	九、其他	0.00	*	0.00	0.00	0.00	0.00
13	合计（1+3+4+7+8+9+10+11+12）	2 840 000.00	*	0.00	2 777 500.00	62 500.00	22 500.00

A105060

表 5-11　广告费和业务宣传费跨年度纳税调整明细表

填报时间：2017 年 05 月 15 日　　金额单位：元（列至角分）

行次	项　目	金　额
1	一、本年广告费和业务宣传费支出	5 000 000.00
2	减：不允许扣除的广告费和业务宣传费支出	0.00
3	二、本年符合条件的广告费和业务宣传费支出（1-2）	5 000 000.00
4	三、本年计算广告费和业务宣传费扣除限额的销售（营业）收入	30 000 000.00
5	税收规定扣除率	0.15
6	四、本企业计算的广告费和业务宣传费扣除限额（4×5）	4 500 000.00
7	五、本年结转以后年度扣除额（3>6，本行=3-6；3≤6，本行=0）	500 000.00
8	加：以前年度累计结转扣除额	0.00
9	减：本年扣除的以前年度结转额［3>6，本行=0；3≤6，本行=8 或（6-3）孰小值］	0.00
10	六、按照分摊协议归集至其他关联方的广告费和业务宣传费（10≤3 或 6 孰小值）	0.00
11	按照分摊协议从其他关联方归集至本企业的广告费和业务宣传费	0.00
12	七、本年广告费和业务宣传费支出纳税调整金额（3>6，本行=2+3-6+10-11；3≤6，本行=2+10-11-9）	500 000.00
13	八、累计结转以后年度扣除额（7+8-9）	500 000.00

A105070

表 5-12　捐赠支出纳税调整明细表

填报时间：2017 年 05 月 15 日　　　　金额单位：元（列至角分）

行次	受赠单位名称	公益性捐赠				非公益性捐赠	纳税调整金额
		账载金额	按税收规定计算的扣除限额	税收金额	纳税调整金额	账载金额	
	1	2	3	4	5（2-4）	6	7（5+6）
1	A 市 B 希望小学	20 000.00	272 400.00	20 000.00	0.00	0.00	0.00
2			*	*	*		*
3			*	*	*		*
4			*	*	*		*
5			*	*	*		*
6			*	*	*		*
7			*	*	*		*
8			*	*	*		*
9			*	*	*		*
10			*	*	*		*
11			*	*	*		*
12			*	*	*		*
13			*	*	*		*
14			*	*	*		*
15			*	*	*		*
16			*	*	*		*
17			*	*	*		*
18			*	*	*		*
19			*	*	*		*
20	合　　计	20 000.00	272 400.00	20 000.00	0.00	0.00	0.00

A107010

表 5-13 免税、减计收入及加计扣除优惠明细表

填报时间：2017 年 05 月 15 日　　　　金额单位：元（列至角分）

行次	项 目	金 额
1	一、免税收入（2+3+4+5）	400 000.00
2	（一）国债利息收入	0.00
3	（二）符合条件的居民企业之间的股息、红利等权益性投资收益（填写 A107011）	400 000.00
4	（三）符合条件的非营利组织的收入	0.00
5	（四）其他专项优惠（6+7+8+9+10+11+12+13+14）	0.00
6	1. 中国清洁发展机制基金取得的收入	0.00
7	2. 证券投资基金从证券市场取得的收入	0.00
8	3. 证券投资基金投资者获得的分配收入	0.00
9	4. 证券投资基金管理人运用基金买卖股票、债券的差价收入	0.00
10	5. 取得的地方政府债券利息所得或收入	0.00
11	6. 受灾地区企业取得的救灾和灾后恢复重建款项等收入	0.00
12	7. 中国期货保证金监控中心有限责任公司取得的银行存款利息等收入	0.00
13	8. 中国保险保障基金有限责任公司取得的保险保障基金等收入	0.00
14	9. 其他	0.00
15	二、减计收入（16+17）	0.00
16	（一）综合利用资源生产产品取得的收入（填写 A107012）	0.00
17	（二）其他专项优惠（18+19+20）	0.00
18	1. 金融、保险等机构取得的涉农利息、保费收入（填写 A107013）	0.00
19	2. 取得的中国铁路建设债券利息收入	0.00
20	3. 其他	0.00
21	三、加计扣除（22+23+26）	250 000.00
22	（一）开发新技术、新产品、新工艺发生的研究开发费用加计扣除（填写 A107014）	250 000.00
23	（二）安置残疾人员及国家鼓励安置的其他就业人员所支付的工资加计扣除（24+25）	0.00
24	1. 支付残疾人员工资加计扣除	0.00
25	2. 国家鼓励的其他就业人员工资加计扣除	0.00
26	（三）其他专项优惠	0.00
27	合计（1+15+21）	650 000.00

A107011

表 5-14　符合条件的居民企业之间的股息、红利等权益性投资收益优惠明细表

填报时间：2017 年 05 月 15 日　　　　金额单位：元（列至角分）

行次	被投资企业	投资性质	投资成本	投资比例	被投资企业利润分配确认金额		被投资企业清算确认金额			撤回或减少投资确认金额						合计
					被投资企业做出利润分配或转股决定时间	依决定归属于本公司的股息、红利等权益性投资收益金额	分得的被投资企业清算剩余资产	被清算企业累计未分配利润和累计盈余公积应享有部分	应确认的股息所得	从被投资企业撤回或减少投资取得的资产	减少投资比例	收回初始投资成本	取得资产中超过收回初始投资成本部分	撤回或减少投资应享有被投资企业累计未分配利润和累计盈余公积	应确认的股息所得	
	1	2	3	4	5	6	7	8	9(7与8孰小)	10	11	12(3×11)	13(10−12)	14	15(13与14孰小)	16（6+9+15）
1	山东兴华股份有限公司	直接投资	3 000 000.00	40%	12 月 31 日	400 000.00	0.00	0.00	0.00	0.00	0.00	0.00	0.00	0.00	0.00	400 000.00
2																
3																
4																
5																
6																
7																
8																
9																
10	合计	*	*	*	*	400 000.00	*	*	0.00	*	*	*	*	*	0.00	400 000.00

A107014

表 5-15 研发费用加计扣除优惠明细表

填报时间：2017 年 05 月 15 日　　　　金额单位：元（列至角分）

行次	研发项目	本年研发费用明细									减：作为不征税收入处理的财政性资金用于研发的部分	可加计扣除的研发费用合计	费用化部分		资本化部分				本年研发费用加计扣除额合计
		研发活动直接消耗的材料、燃料和动力费用	直接从事研发活动的本企业在职人员费用	专门用于研发活动的有关折旧费、租赁费、运行维护费	专门用于研发活动的有关无形资产摊销费	中间试验和产品试制的有关费用，样品、样机及一般测试手段购置费	研发成果论证、评审、验收、鉴定费用	勘探开发技术的现场试验费，新药研制的临床试验费	设计、制定、资料和翻译费用	年度研发费用合计			计入本年损益的金额	计入本年研发费用加计扣除额	本年形成无形资产的金额	本年形成无形资产加计摊销额	以前年度形成无形资产本年加计摊销额	无形资产本年加计摊销额	
	1	2	3	4	5	6	7	8	9	10（2+3+4+5+6+7+8+9）	11	12（10−11）	13	14（13×50%）	15	16	17	18（16+17）	19（14+18）
1	X产品	100 000.00	100 000.00	30 000.00	50 000.00	50 000.00	100 000.00	0.00	70 000.00	500 000.00	0.00	500 000.00	500 000.00	250 000.00	0.00	0.00	0.00	0.00	250 000.00
2																			
3																			
4																			
5																			
6																			
7																			
8																			
9																			
10	合计	100 000.00	100 000.00	30 000.00	50 000.00	50 000.00	100 000.00	0.00	70 000.00	500 000.00	0.00	500 000.00	500 000.00	250 000.00	0.00	0.00	0.00	0.00	250 000.00

A108000

表 5-16 境外所得税收抵免明细表

填报时间：2017 年 05 月 15 日　　　　金额单位：元（列至角分）

行次	国家（地区）	境外税前所得	境外所得纳税调整后所得	弥补境外以前年度亏损	境外应纳税所得额	抵减境内亏损	抵减境内亏损后的境外应纳税所得额	税率	境外所得应纳税额	境外所得可抵免税额	境外所得抵免限额	本年可抵免境外所得税额	未超过境外所得税抵免限额的余额	本年可抵免以前年度未抵免境外所得税额	按简易办法计算				境外所得抵免所得税额合计
															按低于12.5%的实际税率计算的抵免额	按12.5%计算的抵免额	按25%计算的抵免额	小计	
	1	2	3	4	5（3-4）	6	7（5-6）	8	9（7×8）	10	11	12	13（11-12）	14	15	16	17	18（15+16+17）	19（12+14+18）
1	A 国	500 000.00	500 000.00	0.00	500 000.00	0.00	500 000.00	25%	125 000.00	150 000.00	125 000.00	125 000.00	0.00	0.00	0.00	0.00	0.00	0.00	125 000.00
2	B 国	400 000.00	400 000.00	0.00	400 000.00	0.00	400 000.00	25%	100 000.00	80 000.00	100 000.00	80 000	20 000.00	0.00	0.00	0.00	0.00	0.00	80 000.00
3																			
4																			
5																			
6																			
7																			
8																			
9																			
10	合计	900 000.00	900 000.00	0.00	900 000.00	0.00	900 000.00	25%	225 000.00	230 000.00	225 000.00	205 000.00	20 000.00	0.00	0.00	0.00	0.00	0.00	205 000.00

A108010

表 5-17　境外所得纳税调整后所得明细表

填报时间：2017 年 05 月 15 日　　　　金额单位：元（列至角分）

行次	国家（地区）	境外税后所得								境外所得可抵免的所得税额				境外税前所得	境外分支机构收入与支出纳税调整额	境外分支机构调整分摊扣除的有关成本费用	境外所得对应调整的相关成本费用支出	境外所得纳税调整后所得
		分支机构营业利润所得	股息、红利等权益性投资所得	利息所得	租金所得	特许权使用费所得	财产转让所得	其他所得	小计	直接缴纳的所得税额	间接负担的所得税额	享受税收饶让抵免税额	小计					
	1	2	3	4	5	6	7	8	9（2+3+4+5+6+7+8）	10	11	12	13（10+11+12）	14（9+10+11）	15	16	17	18（14+15-16-17）
1	A 国	0.00	350 000.00	0.00	0.00	0.00	0.00	0.00	350 000.00	0.00	150 000.00	0.00	150 000.00	500 000.00	0.00	0.00	0.00	500 000.00
2	B 国	0.00	320 000.00	0.00	0.00	0.00	0.00	0.00	320 000.00	0.00	80 000.00	0.00	80 000.00	400 000.00	0.00	0.00	0.00	400 000.00
3																		
4																		
5																		
6																		
7																		
8																		
9																		
10	合计	0.00	670 000.00	0.00	0.00	0.00	0.00	0.00	670 000.00	0.00	230 000.00	0.00	230 000.00	900 000.00	0.00	0.00	0.00	900 000.00

A100000

表 5-18　中华人民共和国企业所得税年度纳税申报表（A 类）

税款所属期间：2016 年 01 月 01 日至 2016 年 12 月 31 日

纳税人名称：山东宏远有限公司（公章）

纳税人识别号：91370722004056710P　　　　金额单位：元（列至角分）

行次	类别	项　目	金　额
1	利润总额计算	一、营业收入（填写 A101010\101020\103000）	30 000 000.00
2		减：营业成本（填写 A102010\102020\103000）	15 000 000.00
3		税金及附加	500 000.00
4		销售费用（填写 A104000）	7 000 000.00
5		管理费用（填写 A104000）	6 000 000.00
6		财务费用（填写 A104000）	500 000.00
7		资产减值损失	0.00
8		加：公允价值变动收益	0.00
9		投资收益	1 070 000.00
10		二、营业利润（1-2-3-4-5-6-7+8+9）	2 070 000.00
11		加：营业外收入（填写 A101010\101020\103000）	1 000 000.00
12		减：营业外支出（填写 A102010\102020\103000）	800 000.00
13		三、利润总额（10+11-12）	2 270 000.00
14	应纳税所得额计算	减：境外所得（填写 A108010）	670 000.00
15		加：纳税调整增加额（填写 A105000）	1 402 500.00
16		减：纳税调整减少额（填写 A105000）	0.00
17		减：免税、减计收入及加计扣除（填写 A107010）	650 000.00
18		加：境外应税所得抵减境内亏损（填写 A108000）	0.00
19		四、纳税调整后所得（13-14+15-16-17+18）	2 352 500.00
20		减：所得减免（填写 A107020）	0.00
21		减：抵扣应纳税所得额（填写 A107030）	0.00
22		减：弥补以前年度亏损（填写 A106000）	0.00
23		五、应纳税所得额（19-20-21-22）	2 352 500.00
24	应纳税额计算	税率（25%）	0.25
25		六、应纳所得税额（23×24）	588 125.00
26		减：减免所得税额（填写 A107040）	0.00
27		减：抵免所得税额（填写 A107050）	0.00
28		七、应纳税额（25-26-27）	588 125.00
29		加：境外所得应纳所得税额（填写 A108000）	225 000.00
30		减：境外所得抵免所得税额（填写 A108000）	205 000.00
31		八、实际应纳所得税额（28+29-30）	608 125.00
32		减：本年累计实际已预缴的所得税额	467 500.00

注：A107020、A107030、A106000、A107040、A107050 略。

续表

行次	类别	项目	金额
33	应纳税额计算	九、本年应补（退）所得税额（31-32）	140 625.00
34		其中：总机构分摊本年应补（退）所得税额（填写 A109000）	0.00
35		财政集中分配本年应补（退）所得税额（填写 A109000）	0.00
36		总机构主体生产经营部门分摊本年应补(退)所得税额(填写 A109000)	0.00
37	附列资料	以前年度多缴的所得税额在本年抵减额	0.00
38		以前年度应缴未缴在本年入库所得税额	0.00

注：A109000 略。

【情境实战 5-2】

1. 工作任务要求

（1）山东宏远有限公司 2017 年 1 月 12 日对 2016 年第四季度的预缴企业所得税进行纳税申报，填写 2016 年第四季度的“企业所得税月（季）度预缴纳税申报表”及其附表；

（2）山东宏远有限公司 2017 年 5 月 15 日进行企业所得税年度纳税申报（企业所得税汇算清缴），填写 2016 年度的“企业所得税年度纳税申报表”及其附表。

2. 情境实战设计

同【情境实战 5-1】。

3. 实战操作步骤

（1）2017 年 1 月 12 日对 2016 年第四季度预缴企业所得税进行纳税申报，填写 2016 年第四季度的“企业所得税月（季）度预缴纳税申报表”及其附表。

填写“中华人民共和国企业所得税月（季）度预缴纳税申报表（A 类，2015 年版）”（表 5-4），以及 3 张附表（略）。

（2）2017 年 5 月 15 日进行企业所得税年度纳税申报（企业所得税汇算清缴），填写 2016 年度的“企业所得税年度纳税申报表”及其附表。

第一步：申报期内，填写“一般企业收入明细表”（表 5-6）。

第二步：申报期内，填写“一般企业成本支出明细表”（表 5-7）。

第三步：申报期内，填写“期间费用明细表”（表 5-8）。

第四步：申报期内，填写“纳税调整项目明细表”（表 5-9）。

第五步：申报期内，填写“职工薪酬纳税调整明细表”（表 5-10）。

第六步：申报期内，填写“广告费和业务宣传费跨年度纳税调整明细表”（表 5-11）。

第七步：申报期内，填写“捐赠支出纳税调整明细表”（表 5-12）。

第八步：申报期内，填写“免税、减计收入及加计扣除优惠明细表”（表 5-13）。

第九步：申报期内，填写“符合条件的居民企业之间的股息、红利等权益性投资收益优惠明细表”（表 5-14）。

第十步：申报期内，填写“研发费用加计扣除优惠明细表”（表 5-15）。

第十一步：申报期内，填写“境外所得税收抵免明细表”（表 5-16）。

第十二步：申报期内，填写“境外所得纳税调整后所得明细表”（表5-17）。

第十三步：申报期内，填写（自动生成）“中华人民共和国企业所得税年度纳税申报表（A类）”（表5-18）。

■ 技能训练

一、单项选择题

1. 下列各项中，不属于企业所得税纳税人的是（　　）。

A. 在外国成立但实际管理机构在中国境内的企业

B. 在中国境内成立的外商独资企业

C. 在中国境内成立的合伙企业

D. 在中国境内未设立机构、场所，但有来源于中国境内所得的企业

2. 某居民企业（增值税一般纳税人）因管理不善导致外购一批价值60万元（不含税）的材料霉烂。保险公司审理后同意赔付10万元，则该业务所得税前可以扣除的损失金额为（　　）万元。

A. 60　　B. 52.5　　C. 60.2　　D. 52.4

3. 某企业2017年度销售收入为136 000元，发生广告费和业务宣传费25 000元，该企业当年可以在税前扣除的广告费和业务宣传费最高为（　　）元。

A. 15 000　　B. 19 040　　C. 25 000　　D. 20 400

4. 现行企业所得税法规定，企业应当自年度终了之日起一定时间内向税务机关报送年度企业所得税纳税申报表，并汇算清缴税款。该时间是（　　）。

A. 45日内　　B. 3个月内　　C. 4个月内　　D. 5个月内

5. 在中国设立机构、场所且取得的所得与机构、场所有实际联系的非居民企业适用的企业所得税税率是（　　）。

A. 10%　　B. 20%　　C. 25%　　D. 33%

6. 企业为开发新技术、新产品、新工艺发生的研究开发费用，未形成无形资产计入当期损益的，在按照规定在税前据实扣除的基础上，按照研究开发费用的（　　）加计扣除。

A. 10%　　B. 20%　　C. 50%　　D. 100%

7. 特别纳税调整加收的利息，应当按照税款所属纳税年度中国人民银行公布的与补税期间同期的人民币贷款基准利率加（　　）个百分点计算。

A. 2　　B. 3　　C. 5　　D. 10

8. 企业缴纳的下列税种，在计算企业所得税应纳税所得额时，不准从收入总额中扣除的是（　　）。

A. 增值税　　B. 城市维护建设税

C. 消费税　　D. 土地增值税

9. 纳税人通过国内非营利的社会团体、国家机关的公益、救济性捐赠，在年度（　　）12%以内的部分准予扣除。

A. 收入总额　　B. 利润总额

C. 纳税调整后所得　　D. 应纳税所得额

10. 企业的下列收入中，属于不征税收入范围的是（　　）。

A. 财政拨款　B. 租金收入　C. 产品销售收入　D. 国债利息收入

二、多项选择题

1. 企业下列项目的所得减半征收企业所得税的有（　）。

A. 海水养殖　B. 内陆养殖　C. 牲畜饲养　D. 家禽饲养

2. 下列各项中，属于企业所得税的税率有（　）。

A. 25%　B. 20%　C. 30%　D. 15%

3. 企业的固定资产由于技术进步等原因，确实需要加速折旧的，可以采用的加速折旧方法有（　）。

A. 年数总和法

B. 当年一次折旧法

C. 双倍余额递减法

D. 缩短折旧年限，但最低折旧年限不得低于法定折旧年限的50%

4. 下列各项关于收入确认的表述中，正确的有（　）。

A. 企业以非货币形式取得的收入，应当按照公允价值确定收入额

B. 以分期收款方式销售货物的，按照合同约定的收款日期确认收入的实现

C. 采取产品分成方式取得收入的，按照企业分得产品的日期确认收入的实现，其收入额按照产品的公允价值确定

D. 接受捐赠收入，按照承诺捐赠资产的日期确定收入

5. 关于企业所得税的纳税地点，下列表述正确的有（　）。

A. 非居民企业在中国设立机构、场所的，均以机构、场所所在地为纳税地点

B. 居民企业登记注册地在境外的，以实际管理机构所在地为纳税地点

C. 非居民企业在中国境内设立两个机构、场所的，分别缴纳企业所得税

D. 非居民企业在中国未设立机构、场所的，以扣缴义务人所在地为纳税地点

6. 企业实际发生的与取得收入有关的、合理的支出，包括（　）和其他支出，准予在计算应纳税所得额时扣除。

A. 成本　B. 税金　C. 费用　D. 损失

7. 关联方是指与企业有下列（　）关联关系之一的企业、其他组织或者个人。

A. 在资金、经营、购销等方面存在直接的控制关系

B. 直接或者间接地同为第三者控制

C. 在利益上具有相关联的其他关系

D. 在资金、经营、购销等方面存在间接的控制关系

三、判断题

1. 企业的不征税收入用于支出所形成的资产，其计算的折旧、摊销应在计算应纳税所得额时扣除。（　）

2. 符合条件的技术转让所得，免征企业所得税。（　）

3. 非居民企业在中国境内未设立机构、场所的，或者虽设立机构、场所但取得的所得与其所设机构、场所没有实际联系的，应当就其来源于中国境内的所得缴纳企业所得税。（　）

4. 投资者兴办两个或两个以上企业的，可选择并固定在其中一地税务机关申报纳税。（　）

5. 高新技术企业减按15%的税率征收企业所得税。（　）

6. 不动产转让所得，按照转让不动产的企业或者机构、场所所在地确定所得来源地。（　）

四、实务题

1. 2017年某居民企业甲实现商品销售收入2 800万元，发生现金折扣50万元，接受捐赠收入50万元，转让无形资产所有权收入10万元。该企业当年实际发生业务招待费15万元，广告费420万元，业务宣传费40万元。

要求：计算2017年度甲企业可税前扣除的业务招待费、广告费、业务宣传费的合计额。

2. 甲软件生产企业为居民企业，2017年实际发生工资支出180万元、职工福利费支出38万元、职工教育经费15万元（其中，职工培训费用支出10万元）。

要求：计算甲企业2017年计算应纳税所得额时，应调增的应纳税所得额。

3. 某境内设备生产企业（居民企业）为增值税一般纳税人，2017年全年主营业务收入5 000万元，其他业务收入1 200万元，营业外收入500万元，主营业务成本3 000万元，其他业务成本1 000万元，营业外支出300万元，营业税金及附加260万元，销售费用1 200万元，管理费用800万元，财务费用120万元，投资收益1 000万元。当年发生的部分具体业务如下。

（1）将1台自产的设备通过市政府捐赠给受灾地区。"营业外支出"中已经列支该设备的成本及对应的销项税额合计97万元。该设备市场不含税售价为100万元，成本为80万元。

（2）当年合理据实发放的职工工资680万元（其中包括残疾人员工资50万元），发生职工福利费120万元，拨缴工会经费20万元并取得专用收据，发生职工教育经费支出15万元。

（3）发生广告费和业务宣传费支出900万元，发生业务招待费支出260万元，新产品研发费用支出80万元（未形成无形资产计入当期损益）。

（4）年初从关联企业（非金融企业）借款800万元，支付全年的利息费用90万元，已知关联企业对该居民企业的权益性投资额为480万元，金融企业同期同类贷款年利率为5.8%。

（5）取得国债利息收入100万元，企业债券利息收入80万元。

（6）因违反经济合同向乙企业支付违约金10万元，支付给交通管理部门罚款10万元，均已在"营业外支出"中列支。

（7）企业购置并实际使用了相关优惠目录规定的安全生产专用设备，设备购置价款为300万元，进项税额为17万元并已作进项税额抵扣。

已知：企业所得税税率为25%。

要求：

（1）计算业务（1）应调整的应纳税所得额；

（2）计算业务（2）应调整的应纳税所得额；

（3）计算业务（3）应调整的应纳税所得额；

（4）计算业务（4）应调整的应纳税所得额；

（5）计算业务（5）应调整的应纳税所得额；

（6）计算业务（6）应调整的应纳税所得额；

（7）计算该企业2017年应纳的企业所得税。

个人所得税纳税申报实务

■ 职业能力目标

(1) 能够界定个人所得税纳税人，判断哪些业务应当缴纳个人所得税，会选择个人所得税适用税率，能充分运用个人所得税优惠政策。

(2) 能够根据相关业务资料计算工资、薪金所得的应纳税额，个体工商户的生产、经营所得的应纳税额，对企事业单位的承包经营、承租经营所得的应纳税额，劳务报酬所得的应纳税额，稿酬所得的应纳税额，特许权使用费所得的应纳税额，财产租赁所得的应纳税额，财产转让所得的应纳税额，利息、股息、红利、偶然所得和其他所得的应纳税额，以及个人所得税几种特殊情况的应纳税额。

(3) 能够根据相关业务资料填写扣缴个人所得税报告表，并能进行手工纳税申报及网上纳税申报；能够根据相关业务资料填写个人所得税纳税申报表，并能进行纳税申报。

任务一　个人所得税的认知

【情境引例】

某外籍人员汤姆在中国境内无住所，从2017年1月2日来到中国时起至2017年12月31日止都在中国工作，请问汤姆是否为居民纳税人？

一、个人所得税纳税人的确定

个人所得税是对个人取得的各项应税所得征收的一种所得税。

在我国，依据住所和居住时间两个标准，将个人所得税的纳税人分为居民纳税人和非居民纳税人两大类，各自承担不同的纳税义务。个人所得税的纳税人包括中国公民，个体工商户，外籍个人，中国香港、澳门、台湾同胞等。从2000年1月1日起，个人独资企业和合伙企业不再缴纳企业所得税，只对投资者个人取得的生产经营所得征收个人所得税。

1. 居民纳税人

居民纳税人是指在中国境内有住所，或者无住所而在境内居住满1年，从中国境内和境外取得所得的个人。

在中国境内有住所的个人，是指因户籍、家庭、经济利益关系而在中国境内习惯性居住的个人。习惯性居住不是指实际居住或在某一个特定时期内的居住地，通常理解为个人在某地完成工作任务、一项事务或滞留一段时间后，必然要返回该居住场所。例如，因学习、工作、探亲、旅游等而在中国境外居住的，在其原因消除之后，必须回到中国境内居住的个人，则中国即为该纳税人习惯性居住地。

在境内居住满 1 年，是指在一个纳税年度（即公历 1 月 1 日起至 12 月 31 日止）在中国境内居住满 365 日。如果纳税人在一个纳税年度中离境一次不超过 30 日，或者多次累计不超过 90 日称为临时离境。临时离境的，不扣减日数。

居民纳税人的判定是看两个标准是否存在其一，住所和居住时间两者有其一，或者同时具备均为居民纳税人。因此，居民纳税人应包括两部分：① 在中国境内有住所的中国公民和外国侨民；② 在中国境内无住所，但是在一个纳税年度内在中国境内居住满 1 年的个人，包括外籍人员，海外侨胞，中国香港、澳门和台湾同胞。

居民纳税人承担无限纳税义务，应就其来源于境内、境外的所得在中国缴纳个人所得税。

在中国境内无住所，但是居住 1 年以上 5 年以下的个人，其来源于中国境外的所得，经主管税务机关批准，可以只就由中国境内公司、企业及其他经济组织或个人支付的部分缴纳个人所得税；居住超过 5 年的个人，从第 6 年起，应当就其来源于中国境内外的全部所得缴纳个人所得税。

【情境引例解析】

汤姆不是居民纳税人。如果要判定某外籍人员为居民纳税人，当年的 1 月 1 日该外籍人员一定要在中国境内居住，如果其当年 1 月 1 日不在中国境内，即使 1 月 2 日—12 月 31 日都在中国，也视为非居民纳税人，因为其在中国居住不满一个纳税年度。

2. 非居民纳税人

非居民纳税人是指在中国境内无住所又不居住或无住所而在境内居住不满 1 年，从中国境内取得所得的个人。

非居民纳税人的判定是看两个标准是否全部不满足。无住所且不居住或无住所且居住不满 1 年的纳税人均是非居民纳税人。在现实生活中，满足在中国境内无住所条件的个人，只有外籍人员、华侨或香港、澳门和台湾同胞。因此，非居民纳税人实际上只能是在一个纳税年度中，没有在中国境内居住，或者在中国境内居住不满 1 年的外籍人员、华侨或香港、澳门、台湾同胞。

非居民纳税人承担有限纳税义务，仅就其来源于中国境内的所得在中国缴纳个人所得税。

在中国境内无住所，但是在一个纳税年度中在中国境内连续或累计居住不超过 90 日的个人，其来源于中国境内的所得，由境外雇主支付并且不由该雇主在中国境内的机构、场所负担的部分，免予缴纳个人所得税。

二、个人所得税征税对象的确定

个人所得税的征税对象是个人取得的应税所得。《中华人民共和国个人所得税法》规定的个人所得共有 11 项，包括现金、实物、有价证券和其他形式的经济利益。所得为实物的，应当按照取得的凭证上所注明的价格计算应纳税所得额；无凭证的实物或凭证上所注明的价格明显偏低的，参照市场价格核定应纳税所得额。所得为有价证券的，根据票面价格和市场价格核定应纳税所得额。所得为其他形式的经济利益的，参照市场价格核定应纳税所得额。

1. 工资、薪金所得

工资、薪金所得是指个人因“任职或受雇”而取得的工资、薪金、奖金、年终加薪、劳动分红、津贴、补贴，以及与任职或受雇有关的其他所得。

“年终加薪、劳动分红”不分种类和取得情况，一律按工资、薪金所得征税。

不属于工资、薪金性质的“补贴、津贴”，不征收个人所得税，具体包括：① 独生子女补贴；② 执行公务员工资制度未纳入基本工资总额的补贴、津贴差额和家属成员的副食补贴；③ 托儿补助费；④ 差旅费津贴、误餐补助。

退休人员再任职取得的收入，在减除按税法规定的费用扣除标准后，按“工资、薪金所得”项目缴纳个人所得税。

离退休人员按规定领取离退休工资或养老金外，另从原任职单位取得的各类补贴、奖金、实物，不属于免税项目，应按“工资、薪金所得”项目的规定缴纳个人所得税。

对商品营销活动中，企业对营销业绩突出的雇员以培训班、研讨会、工作考察等名义组织旅游活动，通过免收差旅费、旅游费对个人实行的营销业绩奖励（包括实物、有价证券等），应根据所发生费用的金额并入营销人员当期的工资、薪金所得，按照“工资、薪金所得”项目征收个人所得税。

情境讨论：企业对财务人员中业绩突出的雇员以培训班、研讨会、工作考察等名义组织旅游活动，通过免收差旅费、旅游费对个人实行的业绩奖励（包括实物、有价证券等），是否应根据所发生费用的金额并入雇员当期的工资、薪金所得，按照“工资、薪金所得”项目征收个人所得税？

实务咨询：我公司收到员工提供的机主为员工个人姓名的手机费发票，公司支付（报销）后，员工是否需要缴纳个人所得税？

2. 个体工商户的生产、经营所得

个体工商户的生产、经营所得包括以下方面。

（1）个体工商户从事工业、手工业、建筑业、交通运输业、商业、饮食业、服务业、修理业和其他行业取得的所得。

（2）个人经政府有关部门批准，取得执照，从事办学、医疗、咨询和其他有偿服务活动取得的所得。

（3）个体工商户和个人取得的与生产、经营有关的各项应税所得。

（4）其他个人从事个体工商业生产、经营取得的所得。

（5）个人独资企业和合伙企业比照执行。

个体工商户或个人专营种植业、养殖业、饲养业、捕捞业，其经营项目属于农业税、牧业税征税范围，由于我国已取消农业税，因此从事上述行业目前暂不征收个人所得税。

个体工商户和从事生产经营的个人，取得与生产、经营活动无关的其他各项应税所得，应分别按照有关规定，计算征收个人所得税。

出租车归属为个人的，属于“个体工商户生产、经营所得”，包括从事个体出租车运营的出租车驾驶员取得的收入；出租车属个人所有，但挂靠出租汽车经营单位或企事业单位，驾驶员向挂靠单位缴纳管理费的；或者出租汽车经营单位将出租车所有权转移给驾驶员的，出租车驾驶员从事客货运营取得的收入，应按“个体工商户的生产、经营所得”项目征税。

出租汽车经营单位对出租车驾驶员采取单车承包或承租方式运营，出租车驾驶员从事客运取得的收入，按“工资、薪金所得”项目征税。

3. 对企事业单位的承包经营、承租经营所得

对企事业单位的承包、承租经营所得，是指个人承包经营、承租经营，以及转包、转租取得的所得，还包括个人按月或按次取得的工资、薪金性质的所得。个人对企事业单位的承包、承租大体上可以分为两类，如表6-1所示。

表6-1　对企事业单位的承包经营、承租经营所得分情况涉税比较

个人承包登记状况	是否缴纳企业所得税	是否缴纳个人所得税
承包后工商登记变为个体工商户的	不缴纳企业所得税	按照个体工商户生产、经营所得缴纳个人所得税
个人对企事业单位承包、承租经营后，工商登记仍为企业的	缴纳企业所得税	承包、承租人对企业经营成果不拥有所有权，仅按合同（协议）规定取得一定所得的，应按工资、薪金所得项目征收个人所得税
		承包、承租人按合同（协议）规定只向发包方、出租人缴纳一定的费用，缴纳承包、承租费后的企业的经营成果归承包、承租人所有的，其取得的所得，按对企事业单位承包、承租经营所得项目征收个人所得税

4. 劳务报酬所得

劳务报酬所得是指个人从事设计、装潢、安装、制图、化验、测试、医疗、法律、会计、咨询、讲学、新闻、广播、翻译、审稿、书画、雕刻、影视、录音、录像、演出、表演、广告、展览、技术服务、介绍服务、经纪服务、代办服务和其他劳务报酬的所得。

个人担任董事职务所取得的董事费收入，属于劳务报酬性质，按“劳务报酬所得”项目征税。

上述各项所得一般属于个人独立从事自由职业取得的所得或属于独立个人劳动所得。

情境讨论：如何区分劳务报酬所得与工资、薪金所得？

在校学生因参与勤工俭学活动（包括参与学校组织的勤工俭学活动）而取得属于《中华人民共和国个人所得税法》规定的应税所得项目的所得，应依法缴纳个人所得税。

对商品营销活动中，企业和单位对营销业绩突出的非雇员以培训班、研讨会、工作考察等名义组织旅游活动，通过免收差旅费、旅游费对个人实行的营销业绩奖励（包括实物、有价证券等），应根据所发生费用的全额作为该营销人员当期的劳务收入，按照“劳务报酬所得”项目征收个人所得税，并由提供上述费用的企业和单位代扣代缴。

5. 稿酬所得

稿酬所得是指个人因其作品以图书、报刊形式出版或发表而取得的所得。作品包括文学作品、书画作品、摄影作品，以及其他作品。作者去世后，财产继承人取得的遗作稿酬，也应征收个人所得税。

《中华人民共和国个人所得税法》将具有特许权使用费和劳务报酬性质的稿酬所得单独

列为一个独立的税目，不仅因为稿酬所得有着不完全等同于特许权使用费所得和一般劳务报酬所得的特点，而且有利于单独制定征税办法，体现国家的优惠、照顾政策。

对报纸、杂志、出版等单位的职员在本单位的刊物上发表作品、出版图书取得所得征税问题，有关税收制度规定如下。

（1）任职、受雇于报纸、杂志等单位的记者、编辑等专业人员，因在本单位的报纸、杂志上发表作品取得的所得，属于因任职、受雇而取得的所得，应与其当月工资收入合并，按“工资、薪金所得”项目征收个人所得税。

除上述专业人员以外，其他人员在本单位的报纸、杂志上发表作品取得的所得，应按“稿酬所得”项目征收个人所得税。

（2）出版社的专业作者撰写、编写或翻译的作品，由本社以图书形式出版而取得的稿费收入，应按“稿酬所得”项目征收个人所得税。

6. 特许权使用费所得

特许权使用费所得是指个人提供专利权、商标权、著作权、非专利技术和其他特许权的“使用权”取得的所得，但不包括稿酬所得。

对于作者将自己的文字作品手稿原件或复印件公开拍卖（竞价）取得的所得，属于提供著作权的使用所得，应按“特许权使用费所得”项目征收个人所得税。

个人取得特许权的经济赔偿收入，应按“特许权使用费所得”项目缴纳个人所得税，税款由支付赔偿的单位或个人代扣代缴。

自 2005 年 5 月 1 日起，编剧从电视剧的制作单位取得的剧本使用费，不再区分剧本的使用方是否为其任职单位，统一按“特许权使用费所得”项目征收个人所得税。

7. 利息、股息、红利所得

利息、股息、红利所得是指个人拥有债权、股权而取得的利息、股息、红利所得。

个人取得国债利息、国家发行的金融债券利息、教育储蓄存款利息，均免征个人所得税。

储蓄存款在 1999 年 10 月 31 日前孳生的利息，不征收个人所得税；储蓄存款在 1999 年 11 月 1 日至 2007 年 8 月 14 日孳生的利息，按照 20% 的税率征收个人所得税；储蓄存款在 2007 年 8 月 15 日至 2008 年 10 月 8 日孳生的利息，按照 5% 的税率征收个人所得税；储蓄存款在 2008 年 10 月 9 日后（含 10 月 9 日）孳生的利息，暂免征收个人所得税。

自 2015 年 9 月 8 日起，个人从公开发行和转让市场取得的上市公司股票，持股期限超过 1 年的，股息红利所得暂免征收个人所得税。个人从公开发行和转让市场取得的上市公司股票，持股期限在 1 个月以内（含 1 个月）的，其股息红利所得全额计入应纳税所得额；持股期限在 1 个月以上至 1 年（含 1 年）的，暂减按 50% 计入应纳税所得额；上述所得统一适用 20% 的税率计征个人所得税。

情境讨论：投资者个人从其投资的企业借款长期不还，是否需要缴纳个人所得税？

实务咨询：因我公司公用但以私人身份证购买的汽车，我公司是否代扣代缴个人所得税？

8. 财产租赁所得

财产租赁所得是指个人出租建筑物、土地使用权、机器设备、车船及其他财产取得的所得。

9. 财产转让所得

财产转让所得是指个人转让有价证券、股权、建筑物、土地使用权、机器设备、车船及其他财产取得的所得。转让境内上市公司股票净所得暂免征收个人所得税，但自2010年1月1日起，对个人转让上市公司限售股征收个人所得税。转让境外上市公司股票所得按照财产转让所得缴纳个人所得税。

10. 偶然所得

偶然所得是指个人得奖、中奖、中彩，以及其他偶然性质的所得。

实务咨询：我公司赠送给客户的礼品是否需要扣缴个人所得税？

11. 其他所得

除上述列举的各项个人应税所得外，其他确有必要征税的个人所得，由国务院财政部门确定。个人取得的所得，难以界定应纳税所得项目的，由主管税务机关确定。

情境讨论：业务招待费中发放给客户的礼品，该客户是否需要计算缴纳个人所得税？

三、个人所得税税率的判定

个人所得税按不同个人所得项目，规定了超额累进税率和比例税率两种形式。

1. 工资、薪金所得适用税率

根据2011年6月30日修订的《中华人民共和国个人所得税法》，纳税人2011年9月1日（含）以后实际取得的工资、薪金所得，适用3%～45%的七级超额累进税率，计算缴纳个人所得税。

纳税人2011年9月1日前实际取得的工资、薪金所得，无论税款是否在2011年9月1日以后入库，均应适用税法修改前的减除费用标准和税率表，计算缴纳个人所得税。工资、薪金所得个人所得税适用税率表如表6-2所示。

表6-2 工资、薪金所得个人所得税适用税率表（自2011年9月1日起执行）

级数	全月应纳税所得额		税率/%	速算扣除数
	含税级距	不含税级距		
1	不超过1 500元的	不超过1 455元的	3	0
2	超过1 500元至4 500元的部分	超过1 455元至4 155元的部分	10	105
3	超过4 500元至9 000元的部分	超过4 155元至7 755元的部分	20	555
4	超过9 000元至35 000元的部分	超过7 755元至27 255元的部分	25	1 005
5	超过35 000元至55 000元的部分	超过27 255元至41 255元的部分	30	2 755
6	超过55 000元至80 000元的部分	超过41 255元至57 505元的部分	35	5 505
7	超过80 000元的部分	超过57 505元的部分	45	13 505

注：① 本表所列含税级距与不含税级距，均为按照税法规定减除有关费用后的所得额；

② 含税级距适用于由纳税人负担税款的工资、薪金所得；不含税级距适用于由他人（单位）代付税款的工资、薪金所得。

2. 个体工商户的生产、经营所得和对企事业单位的承包经营、承租经营所得的适用税率

根据2011年6月30日修订的《中华人民共和国个人所得税法》，个体工商户、个人独资企业和合伙企业的投资者（合伙人）2011年9月1日（含）以后的生产、经营所得，以及2011年9月1日（含）以后的对企事业单位承包经营、承租经营所得，适用税法修改后的减除费用标准和税率表，计算缴纳个人所得税。个体工商户的生产、经营所得和对企事业单位承包经营、承租经营所得个人所得税适用税率表如表6-3所示。

表6-3 个体工商户的生产、经营所得和对企事业单位承包经营、承租经营所得个人所得税适用税率表

（自2011年9月1日起执行）

级数	全年应纳税所得额		税率/%	速算扣除数
	含税级距	不含税级距		
1	不超过15 000元的	不超过14 250元的	5	0
2	超过15 000元至30 000元的部分	超过14 250元至27 750元的部分	10	750
3	超过30 000元至60 000元的部分	超过27 750元至51 750元的部分	20	3 750
4	超过60 000元至100 000元的部分	超过51 750元至79 750元的部分	30	9 750
5	超过100 000元的部分	超过79 750元的部分	35	14 750

注：① 本表所列含税级距与不含税级距，均为按照税法规定以每一纳税年度的收入总额减除成本、费用及损失后的所得额；

② 含税级距适用于个体工商户的生产、经营所得和由纳税人负担税款的对企事业单位的承包经营、承租经营所得；不含税级距适用于由他人（单位）代付税款的对企事业单位的承包经营、承租经营所得。

实行查账征税办法的个人独资企业和合伙企业，其税率比照“个体工商户的生产、经营所得”应税项目，适用5%～35%的五级超额累进税率，计算征收个人所得税；实行核定应税所得率征收方式的，先按照应税所得率计算其应纳税所得额，再按其应纳税所得额的大小，适用5%～35%的五级超额累进税率计算征收个人所得税。

投资者兴办两个或两个以上企业的（包括参与兴办），年度终了时，应汇总从所有企业取得的应纳税所得额，据此确定适用税率并计算缴纳个人所得税。

3. 劳务报酬所得适用税率

劳务报酬所得适用比例税率，税率为20%。对劳务报酬所得一次收入畸高的，可以实行加成征收，具体办法由国务院规定。

“劳务报酬所得一次收入畸高”是指个人一次取得劳务报酬，其应纳税所得额在20 000元以上。对应纳税所得额在20 000～50 000元的部分，依照税法规定计算应纳税额后再按照应纳税额加征五成；超过50 000元的部分，加征十成。因此，劳务报酬所得实际上适用20%、30%、40%的三级超额累进税率。劳务报酬所得个人所得税适用税率表如表6-4所示。

表 6-4 劳务报酬所得个人所得税适用税率表

级数	每次应纳税所得额	税率/%	速算扣除数/元
1	不超过 20 000 元的部分	20	0
2	超过 20 000 至 50 000 元的部分	30	2 000
3	超过 50 000 元的部分	40	7 000

注：本表所称每次应纳税所得额，是指每次收入额减除费用 800 元（每次收入额不超过 4 000 元时），或者减除 20% 的费用（每次收入额超过 4 000 元时）后的余额。

4. 稿酬所得适用税率

稿酬所得适用比例税率，税率为 20%，并按应纳税额减征 30%，即只征收 70% 的税额，其实际税率为 14%。

5. 特许权使用费所得，利息、股息、红利所得，财产租赁所得，财产转让所得，偶然所得和其他所得适用税率

特许权使用费所得，利息、股息、红利所得，财产租赁所得，财产转让所得，偶然所得和其他所得，适用比例税率，税率均为 20%。

另外，为了配合国家住房制度改革，支持住房租赁市场的健康发展，从 2008 年 3 月 1 日起，对个人出租住房取得的所得暂减按 10% 的税率征收个人所得税。

四、个人所得税优惠政策的运用

1. 免税项目

（1）省级人民政府、国务院部委和中国人民解放军军以上单位，以及外国组织、国际组织颁发的科学、教育、技术、文化、卫生、体育、环境保护等方面的奖金。

应当注意的是，“省政府”给奥运会冠军颁发的体育奖金免税，“县政府”给奥运会冠军颁发的体育奖金仍需缴纳个人所得税。

（2）国债和国家发行的金融债券的利息。

（3）按照国家统一规定发给的补贴、津贴（如政府特殊津贴、院士津贴、资深院士津贴）。

（4）福利费、抚恤金、救济金。福利费是指根据国家有关规定，从单位提留的福利费，或者从工会经费中支付给个人的生活补助费。

（5）保险赔款。

（6）军人的转业费、复员费。

（7）按照国家统一规定发给干部、职工的安家费、退职费、退休工资、离休工资、离休生活补助费。

（8）在中国境内无住所，但是在一个纳税年度内在中国境内连续或累计居住不超过 90 日的个人，其来源于中国境内的所得，由“境外雇主”支付并且不由该雇主在中国境内的机构、场所负担的部分，免予缴纳个人所得税。

（9）对外籍个人取得的探亲费，免征个人所得税。可以享受免税政策的探亲费，仅限于外籍个人在我国的受雇地与其家庭所在地（包括配偶或父母居住地）之间搭乘交通工具且每年不超过 2 次的费用。

(10) 根据国家规定，单位为个人缴付和个人缴付的住房公积金、基本医疗保险费、基本养老保险费、失业保险费，从纳税人的应纳税所得额中扣除。

(11) 按照国家有关城镇房屋拆迁管理办法规定的标准，被拆迁人取得的拆迁补偿款，免征个人所得税。

2. 减税项目

有下列情形之一的，经批准可以减征个人所得税。

(1) 残疾、孤老人员和烈属的所得。

(2) 因严重自然灾害造成重大损失的。

(3) 其他经国务院财政部门批准减税的。

上述减税项目的减征幅度和期限，由省、自治区、直辖市人民政府规定。

情境讨论：残疾人对外出租房屋取得房屋租赁收入能否免征个人所得税？

3. 暂免征税项目

(1) 外籍个人以非现金形式或实报实销形式取得的住房补贴、伙食补贴、搬迁费、洗衣费。

(2) 外籍个人按合理标准取得的境内、境外出差补贴。

(3) 外籍个人取得的语言训练费、子女教育费等，经当地税务机关审核批准为合理的部分。

(4) 外籍个人从外商投资企业取得的股息、红利所得。

(5) 个人举报或协查各种违法、犯罪行为而获得的奖金。

(6) 个人转让自用达5年以上，并且是唯一的家庭生活用房取得的所得，暂免征收个人所得税。

(7) 对个人购买福利彩票、赈灾彩票、体育彩票，一次中奖收入在1万元以下的（含1万元），暂免征收个人所得税；超过1万元的，全额征收个人所得税。

(8) 达到离休、退休年龄，但确因工作需要，适当延长离休、退休年龄的高级专家（指享受国家发放的政府特殊津贴的专家、学者），其在延长离休、退休期间的工资、薪金所得，视同离休、退休工资，免征个人所得税。

(9) 对国有企业职工，因企业依法被宣告破产，从破产企业取得的一次性安置费收入，免予征收个人所得税。

(10) 职工与用人单位解除劳动关系取得的一次性补偿收入（包括用人单位发放的经济补偿金、生活补助费和其他补助费用），在当地上年职工年平均工资3倍数额以内的部分，可免征个人所得税；超过该标准的一次性补偿收入，应按照国家有关规定征收个人所得税。

(11) 城镇企业、事业单位及其职工个人按照《失业保险条例》规定的比例，实际缴付的失业保险费，均不计入职工个人当期的工资、薪金收入，免予征收个人所得税。城镇企业、事业单位和职工个人超过上述规定的比例缴付失业保险费的，将其超过规定比例缴付的部分计入职工个人当期的工资、薪金收入，依法计征个人所得税。

(12) 企业和个人按照国家或地方政府规定的比例，提取并向指定金融机构实际缴付的住房公积金、医疗保险金、基本养老保险金，免予征收个人所得税。

（13）个人领取原提存的住房公积金、医疗保险金、基本养老保险金，以及具备《失业保险条例》中规定条件的失业人员领取的失业保险金，免予征收个人所得税。

（14）个人取得的教育储蓄存款利息所得和按照国家或省级人民政府规定的比例缴付的住房公积金、医疗保险金、基本养老保险金、失业保险金存入银行个人账户所取得的利息所得，免予征收个人所得税。

（15）自2008年10月9日（含）起，对储蓄存款利息所得暂免征收个人所得税。

实务咨询：我国从2008年10月9日起暂免征收利息税，为什么我去银行取钱还是要扣税呢？

（16）自2009年5月25日（含）起，以下情形的房屋产权无偿赠与，对当事双方不征收个人所得税：

① 房屋产权所有人将房屋产权无偿赠与配偶、父母、子女、祖父母、外祖父母、孙子女、外孙子女、兄弟姐妹。

② 房屋产权所有人将房屋产权无偿赠与对其承担直接抚养或赡养义务的抚养人或赡养人。

③ 房屋产权所有人死亡，依法取得房屋产权的法定继承人、遗嘱继承人或受遗赠人。

任务二　个人所得税的计算

【情境引例】

刘某于2017年1月转让私有住房1套，取得转让收入240 000元。该套住房购进时的原价为200 000元，转让时支付有关税费为16 000元。要求：计算刘某转让其私有住房应缴纳的个人所得税。

【知识准备与业务操作】

一、工资、薪金所得应纳税额的计算

1. 一般工资、薪金所得应纳税额的计算

工资、薪金所得适用七级超额累进税率，其应纳税额的计算公式为：

应纳税额=应纳税所得额×适用税率-速算扣除数

=（每月含税收入额-减除费用标准）×适用税率-速算扣除数

工资、薪金所得，自2011年9月1日起，以每月收入额减除费用3 500元后的余额，为应纳税所得额。

在中国境内的外商投资企业和外国企业中工作取得工资、薪金所得的外籍人员，应聘在中国境内的企业、事业单位、社会团体、国家机关中工作取得工资、薪金所得的外籍专家，在中国境内有住所而在中国境外任职或受雇取得工资、薪金所得的个人，费用扣除总额为4 800元。

2. 为纳税人代付工资、薪金所得（不含税工资、薪金所得）税款的计算

如果单位或个人为纳税人代付税款的，应当将单位或个人支付给纳税人的不含税支付额（或称纳税人取得的不含税收入额）换算为应纳税所得额，然后按规定计算应代付的个人所得税款，其应纳税所得额及应纳税额的计算公式为：

① 应纳税所得额=（每月不含税收入额-费用扣除标准-速算扣除数）/（1-税率）

② 应纳税额=应纳税所得额×适用税率-速算扣除数

公式① 中的税率是指不含税所得（每月不含税收入额-费用扣除标准）按不含税级距对应的税率（见表 6-2 中的不含税级距对应的税率）。

情境讨论：实务中，计算工资、薪金所得个人所得税的允许扣除项目还有哪些？

实务咨询：我公司于 2014 年 1 月成立，一直按规定代扣代缴个人所得税，请问 2017 年 7 月能否申请获取 2014 年 1 月至今代扣代缴的个人所得税手续费？

【情境实例 6-1】

1. 工作任务要求

计算张某和李某每月应缴纳的个人所得税。

2. 情境实例设计

2017 年 1 月，某企业为张某、李某每月各发工资 10 000 元。但合同约定，张某自己承担个人所得税，即张某收入 10 000 元为税前所得；李某个人所得税由该企业承担，即李某收入 10 000 元为税后所得。

3. 任务实施过程

张某应纳个人所得税=(10 000-3 500)×20%-555=745（元）

李某应纳税所得额=(10 000-3 500-555)/(1-20%)=7 431.25（元）

李某应纳个人所得税=7 431.25×20%-555=931.25（元）

3. 全年一次性奖金及其他奖金应纳税额的计算

（1）纳税人取得全年一次性奖金，单独作为 1 个月工资、薪金所得计算纳税，由扣缴义务人发放时代扣代缴。具体计税办法如下。

先将雇员当月内取得的全年一次性奖金，除以 12 个月，按其商数确定适用税率和速算扣除数。如果在发放年终一次性奖金的当月，雇员当月工资、薪金所得低于税法规定的费用扣除数，应将全年一次性奖金减除“雇员当月工资、薪金所得与费用扣除额的差额”后的余额，按上述办法确定全年一次性奖金的适用税率和速算扣除数。对全年一次性奖金个人所得税的计算公式如下。

雇员当月工资、薪金所得高于（或等于）税法规定的费用扣除额：

应纳税额=雇员当月取得的全年一次性奖金×适用税率-速算扣除数

雇员当月工资、薪金所得低于税法规定的费用扣除额：

应纳税额=(雇员当月取得的全年一次性奖金-雇员当月工资、薪金所得与费用扣除额的差额)×适用税率-速算扣除数

（2）雇员取得除全年一次性奖金以外的其他各种名目奖金，如半年奖、季度奖、加班奖、先进奖、考勤奖等，一般应将全部奖金与当月工资、薪金收入合并，按税法规定缴纳个人所得税。

【情境实例 6-2】

1. 工作任务要求

（1）计算王某 2017 年 12 月应缴纳的个人所得税。

（2）计算李某 2017 年 12 月应缴纳的个人所得税。

2. 情境实例设计

中国公民王某 2017 年 12 月取得当月含税工薪收入 4 500 元和 2017 年的年终税前奖金 36 000 元（即含税奖金）。李某 2017 年 12 月取得当月含税工薪收入 3 000 元和 2017 年的年终税前奖金 50 000 元（即含税奖金）。

3. 任务实施过程

（1）王某 12 月工薪收入应纳个人所得税=(4 500−3 500)×3%=30（元）。

36 000/12=3 000（元），查表可知适用税率为 10%，速算扣除数为 105。

王某年终奖应纳个人所得税=36 000×10%−105=3 495（元）

王某当月应缴纳的个人所得税合计=30+3 495=3 525（元）

（2）李某 12 月工薪收入低于 3 500 元，不纳税。

[50 000−(3 500−3 000)]/12=49 500/12=4 125（元），查表可知适用税率为 10%，速算扣除数为 105。

李某年终奖应纳个人所得税=49 500×10%−105=4 845（元）

李某当月应缴纳的个人所得税合计=0+4 845=4 845（元）

4. 不含税全年一次性奖金应纳税额的计算

把不含税全年一次性奖金换算为含税奖金计征个人所得税的具体办法如下。

（1）按照不含税的全年一次性奖金收入除以 12 的商数，查找相应适用税率 A 和速算扣除数 a。

（2）含税的全年一次性奖金收入=（不含税的全年一次性奖金收入−速算扣除数 a）/（1−适用税率 A）。

（3）按含税的全年一次性奖金收入除以 12 的商数，重新查找适用税率 B 和速算扣除数 b。

（4）应纳税额=含税的全年一次性奖金收入×适用税率 B−速算扣除数 b。

如果纳税人取得不含税全年一次性奖金收入的当月工资、薪金所得，低于税法规定的费用扣除额，应先将不含税全年一次性奖金减去当月工资、薪金所得低于税法规定费用扣除额的差额部分后，再按照上述四步处理。

【情境实例 6-3】

1. 工作任务要求

（1）计算孙某 2017 年 12 月应缴纳的个人所得税。

（2）计算张某 2017 年 12 月应缴纳的个人所得税。

2. 情境实例设计

中国公民孙某 2017 年 12 月份取得当月含税工薪收入 5 800 元和 2017 年的年终税后奖金（即不含税奖金）18 000 元。张某 2017 年 12 月份取得当月含税工薪收入 2 500 元和 2017 年的年终税后奖金（即不含税奖金）25 000 元。

3. 任务实施过程

（1）孙某12月工资应纳个人所得税=（5 800-3 500）×10%-105=125（元）。

孙某税后年终奖金应纳个人所得税计算过程如下。

① 18 000/12=1 500（元），第一次查表可知适用税率为10%，速算扣除数为105。

② 换算成含税一次性奖金=（18 000-105）/（1-10%）=19 883.33（元）。

③ 19 883.33/12=1 656.94（元），第二次查表可知适用税率为10%，速算扣除数为105。

④ 孙某年终奖金应纳个人所得税=19 883.33×10%-105=1 883.33（元）。

当月孙某应纳个人所得税合计=125+1 883.33=2 008.33（元）。

（2）张某12月工薪收入低于3 500元，不纳税。

张某税后年终奖金应纳个人所得税计算过程如下。

① [25 000-(3 500-2 500)]/12=24 000/12=2 000（元），第一次查表可知适用税率为10%，速算扣除数为105。

② 换算成含税一次性奖金=(24 000-105)/(1-10%)=26 550（元）。

③ 26 550/12=2 212.5（元），第二次查表可知适用税率为10%，速算扣除数为105。

④ 张某年终奖金应纳个人所得税=26 550×10%-105=2 550（元）。

当月张某应纳个人所得税合计=0+2 550=2 550（元）。

二、个体工商户的生产、经营所得应纳税额的计算

1. 应纳税所得额的计算

个体工商户的生产、经营所得，以每一纳税年度的收入总额，减除成本、费用及损失后的余额，为应纳税所得额。其计算公式为：

应纳税所得额=全年收入总额-成本、费用及损失

在公式中，收入总额是指个体工商户从事生产、经营及与生产经营有关的活动所取得的各项收入，包括主营业务收入、其他业务收入和营业外收入；成本、费用是指纳税义务人从事生产、经营所发生的各项直接支出和分配计入成本的间接费用，以及销售费用、管理费用、财务费用；损失是指纳税义务人在生产、经营过程中发生的各项营业外支出。

从事生产、经营的纳税义务人未提供完整、准确的纳税资料，不能正确计算应纳税所得额的，由主管税务机关核定其应纳税所得额。

2. 应纳税额的计算

个体工商户和个人独资、合伙企业投资者取得的生产、经营所得应纳的税款，分月预缴的，纳税人在每月终了后15日内办理纳税申报；分季预缴的，纳税人在每个季度终了后15日内办理纳税申报；纳税年度终了后，纳税人在3个月内进行汇算清缴。其计算公式为：

应纳税额=应纳税所得额×适用税率-速算扣除数

=(全年收入总额-成本、费用及损失)×适用税率-速算扣除数

1）对个体工商户个人所得税计算征收的有关规定

（1）自2011年9月1日起，个体工商户业主的费用扣除标准统一确定为42 000元/年，即3 500元/月。

（2）个体工商户向其从业人员实际支付的合理的工资、薪金支出，允许在税前据实扣除。

（3）个体工商户拨缴的工会经费、发生的职工福利费、职工教育经费支出分别在工资薪金总额2%、14%、2.5%的标准内据实扣除。

（4）个体工商户每一纳税年度发生的广告费和业务宣传费不超过当年销售（营业）收入15%的部分，可据实扣除；超过部分，准予在以后纳税年度结转扣除。

（5）个体工商户每一纳税年度发生的与其生产经营业务直接相关的业务招待费支出，按照发生额的60%扣除，但最高不得超过当年销售（营业）收入的5‰。

（6）个体工商户在生产、经营期间借款利息支出，凡有合法证明的，不高于按金融机构同类、同期贷款利率计算的数额的部分，准予扣除。

上述第（2）、（3）、（4）、（5）项规定，从2008年1月1日起执行。

（7）个体工商户或个人专营种植业、养殖业、饲养业、捕捞业，其经营项目属于农业税（包括农业特产税，下同）、牧业税征税范围并已征收了农业税、牧业税的，不再征收个人所得税；不属于农业税、牧业税征税范围的，应对其所得征收个人所得税。兼营上述四业并四业的所得单独核算的，比照上述原则办理，对于属于征收个人所得税的，应与其他行业的生产、经营所得合并计征个人所得税；对于四业的所得不能单独核算的，应就其全部所得计征个人所得税。

（8）个体工商户和从事生产、经营的个人，取得与生产、经营活动无关的各项应税所得，应分别按各应税项目的规定计算征收个人所得税。

2）个人独资企业和合伙企业应纳个人所得税的计算

对个人独资企业和合伙企业生产、经营所得，其个人所得税应纳税额的计算有以下两种方法。

第一种：查账征税。

（1）自2011年9月1日起，个人独资企业和合伙企业投资者的生产、经营所得依法计征个人所得税时，个人独资企业和合伙企业投资者本人的费用扣除标准统一确定为42 000元/年，即3 500元/月。投资者的工资不得在税前扣除。

（2）投资者及其家庭发生的生活费用不允许在税前扣除。投资者及其家庭发生的生活费用与企业生产经营费用混合在一起，并且难以划分的，全部视为投资者个人及其家庭发生的生活费用，不允许在税前扣除。

（3）企业生产经营和投资者及其家庭生活共用的固定资产，难以划分的，由主管税务机关根据企业的生产经营类型、规模等具体情况，核定准予在税前扣除的折旧费用的数额或比例。

（4）企业向其从业人员实际支付的合理的工资、薪金支出，允许在税前据实扣除。

（5）企业拨缴的工会经费、发生的职工福利费、职工教育经费支出分别在工资、薪金总额2%、14%、2.5%的标准内据实扣除。

（6）每一纳税年度发生的广告费和业务宣传费用不超过当年销售（营业）收入15%的部分，可据实扣除；超过部分，准予在以后纳税年度结转扣除。

（7）每一纳税年度发生的与其生产经营业务直接相关的业务招待费支出，按照发生额的60%扣除，但最高不得超过当年销售（营业）收入的5‰。

上述第（4）、（5）、（6）、（7）项规定，从2008年1月1日起执行。

（8）企业计提的各种准备金不得扣除。

（9）投资者兴办两个或两个以上企业，并且企业性质全部是独资的，年度终了后，汇算清缴时，应纳税款的计算按以下方法进行：汇总其投资兴办的所有企业的经营所得作为应纳税所得额，以此确定适用税率，计算出全年经营所得的应纳税额，再根据每个企业的经营所得占所有企业经营所得的比例，分别计算出每个企业的应纳税额和应补缴税额。其计算公式为：

$$应纳税所得额 = \sum 各个企业的经营所得$$

$$应纳税额 = 应纳税所得额 \times 税率 - 速算扣除数$$

$$本企业应纳税额 = 应纳税额 \times 本企业的经营所得 / \sum 各个企业的经营所得$$

$$本企业应补缴的税额 = 本企业应纳税额 - 本企业预缴的税额$$

第二种：核定征收。

核定征收方式包括定额征收、核定应税所得率征收和其他合理的征收方式。

实行核定应税所得率征收方式的，其应纳所得税税额的计算公式为：

$$应纳所得税税额 = 应纳税所得额 \times 适用税率$$

$$应纳税所得额 = 收入总额 \times 应税所得率$$

或 $$= [成本费用支出额/(1-应税所得率)] \times 应税所得率$$

应税所得率应按表 6-5 规定的标准执行。

表 6-5　个人所得税应税所得率表

行　业	应税所得率/%
工业、交通运输业、商业	5～20
建筑业、房地产开发业	7～20
饮食服务业	7～25
娱乐业	20～40
其他行业	10～30

企业经营多业的，无论其经营项目是否单独核算，均应根据其主营项目确定其适用的应税所得率。

实行核定征税的投资者，不能享受个人所得税的优惠政策。

实行查账征税方式的个人独资企业和合伙企业改为核定征税方式后，在查账征税方式下认定的年度经营亏损未弥补完的部分，不得再继续弥补。

三、对企事业单位的承包经营、承租经营所得应纳税额的计算

对企事业单位的承包经营、承租经营有两种情况，个人所得税也分别涉及两个项目：① 承包、承租人对企业经营成果不拥有所有权，仅是按合同（协议）规定取得一定所得的，其所得按工资、薪金所得项目征税，适用 3%～45% 的超额累进税率；② 承包、承租人按合同（协议）的规定只向发包、出租方交纳一定费用后，企业经营成果归其所有的，承包、承租人取得的所得，视为企事业单位的承包经营、承租经营所得项目，适用 5%～35% 的超额累进税率。第一种情况应纳税额的计算与工资、薪金所得应纳税额的计算相同；第二种情

况应纳税额的计算如下。

1. 应纳税所得额的计算

对企事业单位的承包经营、承租经营所得，以每一纳税年度的收入总额，减去必要费用后的余额，为应纳税所得额。其计算公式为：

应纳税所得额=纳税年度收入总额-必要费用

上述公式中，纳税年度收入总额为纳税人按照承包经营、承租经营合同规定分得的经营利润扣除上缴的承包费后的余额；必要费用的减除标准是每月 3 500 元。

在一个纳税年度中，承包经营或承租经营期限不足 1 年的，以其实际经营期为纳税年度。

2. 应纳税额的计算

纳税人年终一次性取得对企事业单位的承包经营、承租经营所得的，自取得所得之日起 30 日内办理纳税申报；在一个纳税年度内分次取得承包经营、承租经营所得的，在每次取得所得后的次月 15 日内申报预缴；纳税年度终了后 3 个月内汇算清缴。其计算公式为：

应纳税额=应纳税所得额×适用税率-速算扣除数

=(纳税年度收入总额-必要费用)×适用税率-速算扣除数

【情境实例 6-4】

1. 工作任务要求

计算王某全年应缴纳的个人所得税。

2. 情境实例设计

王某 2017 年承包某商店，承包期限 1 年，取得承包经营利润 100 000 元，按合同规定承包人每年应从承包经营利润中上缴承包费 20 000 元。

3. 任务实施过程

全年应纳税所得额=(100 000-20 000)-3 500×12=38 000（元）

全年应缴纳个人所得税=38 000×20%-3 750=3 850（元）

四、劳务报酬所得应纳税额的计算

1. 应纳税所得额的计算

劳务报酬所得以个人每次取得的收入，定额或定率减除规定费用后的余额为应纳税所得额。每次收入不超过 4 000 元的，定额减除费用为 800 元；每次收入在 4 000 元以上的，定率减除 20% 的费用。其计算公式如下。

（1）每次收入不超过 4 000 元的：

应纳税所得额=每次收入额-800

（2）每次收入在 4 000 元以上的：

应纳税所得额=每次收入额×(1-20%)

获得劳务报酬所得的纳税人从其收入中支付给中介人和相关人员的报酬，除另有规定外，在定率扣除 20% 的费用后，一律不再扣除。对中介人和相关人员取得的报酬，应分别计征个人所得税。

2. 应纳税额的计算

劳务报酬所得实际上适用三级超额累进税率，其应纳税额的计算公式如下。

（1）每次收入不超过 4 000 元的：

应纳税额＝应纳税所得额×适用税率

＝(每次收入额－800)×20%

（2）每次收入在 4 000 元以上且不超过 25 000 元的：

应纳税额＝应纳税所得额×适用税率

＝每次收入额×(1－20%)×20%

（3）每次收入在 25 000 元以上的（即应纳税所得额在 20 000 元以上的）：

应纳税额＝应纳税所得额×适用税率－速算扣除数

＝每次收入额×(1－20%)×适用税率－速算扣除数

【情境实例 6-5】

1. 工作任务要求

计算王某 10 月份应缴纳的个人所得税。

2. 情境实例设计

王某于 2017 年 10 月外出参加营业性演出（非个人所在单位组织的），一次性取得劳务报酬 60 000 元。

3. 任务实施过程

王某应纳税所得额＝60 000×(1－20%)＝48 000（元）

王某应纳个人所得税税额＝48 000×30%－2 000＝12 400（元）

3. 为纳税人代付劳务报酬所得（不含税劳务报酬所得）税款的计算

如果单位或个人为纳税人代付税款的，应当将单位或个人支付给纳税人的不含税支付额（或称纳税人取得的不含税收入额）换算为应纳税所得额，然后按规定计算应代付的个人所得税款。其计算公式如下。

（1）不含税收入额不超过 3 360 元的：

① 应纳税所得额＝(不含税收入额－800)/(1－适用税率)

② 应纳税额＝应纳税所得额×适用税率

（2）不含税收入额超过 3 360 元的：

① 应纳税所得额＝[(不含税收入额－速算扣除数)×(1－20%)]/[1－适用税率×(1－20%)]

或　　＝[(不含税收入额－速算扣除数)×(1－20%)]/当级换算系数

② 应纳税额＝应纳税所得额×适用税率－速算扣除数

上述（1）中的公式①和（2）中的公式①中的税率，是指不含税劳务报酬收入所对应的税率（见表 6-6）；（1）中的公式②和（2）中的公式②中的税率，是指应纳税所得额（含税）所对应的税率（见表 6-4）。

表 6-6　不含税劳务报酬收入适用税率表

级数	不含税劳务报酬收入额	税率/%	速算扣除数/元	换算系数/%
1	未超过 3 360 元的部分	20	0	无
2	超过 3 360～21 000 元的部分	20	0	84

续表

级数	不含税劳务报酬收入额	税率/%	速算扣除数/元	换算系数/%
3	超过 21 000～49 500 元的部分	30	2 000	76
4	超过 49 500 元的部分	40	7 000	68

【情境实例 6-6】

1. 工作任务要求

计算王某 2017 年 9 月、10 月应缴纳的个人所得税。

2. 情境实例设计

王某为某会计专家，2017 年 9 月为 A 单位提供咨询服务取得收入 5 000 元（税前收入），付给中介人 500 元；9—10 月到 B 学校讲学 4 次（讲学共 4 次，其中当年 9 月讲学 1 次，当年 10 月讲学 3 次），每次收入均为 8 000 元，共取得 24 000 元收入，合同注明讲学收入为税后收入。

3. 任务实施过程

（1）9 月咨询收入不能减除付给中介人的费用，应纳税额＝5 000×(1−20%)×20%＝800（元）。

B 校讲学以 1 个月内取得的收入为一次，9 月讲学收入应纳税额计算如下。

9 月讲学应纳税所得额＝8 000×(1−20%)/[1−20%×(1−20%)]

＝8 000×(1−20%)/84%＝7 619. 05（元）

9 月讲学应纳税额＝7 619. 05×20%＝1 523. 81（元）

9 月合计纳税＝800+1 523. 81＝2 323. 81（元）

（2）10 月讲学收入应纳税额计算如下。

10 月讲学收入总额＝8 000×3＝24 000（元）

10 月讲学应纳税所得额＝[(24 000−2 000)×(1−20%)]/[1−30%×(1−20%)]

＝[(24 000−2 000)×(1−20%)]/76%＝23 157. 89（元）

10 月讲学应纳税额＝23 157. 89 ×30%−2 000＝4 947. 37（元）

情境讨论：为纳税人代付个人所得税的情况下应纳个人所得税的计算有何简便方法？

五、稿酬所得应纳税额的计算

1. 应纳税所得额的计算

稿酬所得以每次取得收入定额或定率减除规定费用后的余额为应纳税所得额。每次收入不超过 4 000 元的，定额减除费用为 800 元；每次收入在 4 000 元以上的，定率减除 20% 的费用。其计算公式如下。

（1）每次收入不超过 4 000 元的：

应纳税所得额＝每次收入额−800

（2）每次收入在 4 000 元以上的：

应纳税所得额＝每次收入额×(1−20%)

稿酬所得实行按次计征，对于“次”的具体规定如下。

① 同一作品再版取得的所得，应视作另一次稿酬所得计征个人所得税。

② 同一作品先在报刊上连载，然后再出版，或者先出版，再在报刊上连载的，应视为两次稿酬所得征税，即连载作为一次，出版作为另一次。

③ 同一作品在报刊上连载取得收入的，以连载完成后取得的所有收入合并为一次，计征个人所得税。

④ 同一作品在出版和发表时，以预付稿酬或分次支付稿酬等形式取得的稿酬收入，应合并计算为一次。

⑤ 同一作品出版、发表后，因添加印数而追加稿酬的，应与以前出版、发表时取得的稿酬合并计算为一次，计征个人所得税。

2. 应纳税额的计算

稿酬所得，适用 20% 的比例税率，并按应纳税额减征 30%，其应纳税额的计算公式如下。

（1）每次收入不超过 4 000 元的：

应纳税额 = 应纳税所得额 × 适用税率 ×（1−30%）

=（每次收入额−800）×20%×（1−30%）

（2）每次收入在 4 000 元以上的：

应纳税额 = 应纳税所得额 × 适用税率 ×（1−30%）

= 每次收入额 ×（1−20%）×20%×（1−30%）

【情境实例 6-7】

1. 工作任务要求

计算李某 2017 年应纳的个人所得税税额。

2. 情境实例设计

中国公民李某，系自由职业者，以写作为生，2017 年 1—12 月收入如下。

（1）1 月份在人民出版社出版一部专著，获得稿酬收入 25 000 元。

（2）2 月份在杂志上发表 3 部小说，获得稿酬收入 3 800 元，2 月份又将该小说在晚报上连载 10 天，每天稿酬 450 元。

（3）7 月份因将 1 月份在人民出版社出版的专著又加印得到稿酬 8 000 元。

（4）12 月份又将在人民出版社出版的专著再版获得稿酬所得 3 000 元。

3. 任务实施过程

2 月份在杂志上发表小说又连载应纳的个人所得税 =450×10×（1−20%）×20%×（1−30%）+（3 800−800）×20%×（1−30%）= 924（元）

在人民出版社出版专著应纳的个人所得税 =（25 000+8 000）×（1−20%）×20%×（1−30%）= 3 696（元）

12 月份专著再版应纳的个人所得税 =（3 000−800）×20%×（1−30%）= 308（元）

李某 2017 年应纳的个人所得税 =924+3 696+308=4 928（元）

六、特许权使用费所得应纳税额的计算

1. 应纳税所得额的计算

特许权使用费所得，以每次取得收入定额或定率减除规定费用后的余额为应纳税所得

额。每次收入不超过 4 000 元的，定额减除费用为 800 元；每次收入在 4 000 元以上的，定率减除 20% 的费用。其计算公式如下。

（1）每次收入不超过 4 000 元的：

应纳税所得额 = 每次收入额 − 800

（2）每次收入在 4 000 元以上的：

应纳税所得额 = 每次收入额 ×（1 − 20%）

2. 应纳税额的计算

特许权使用费所得应纳税额的计算公式如下。

（1）每次收入不超过 4 000 元的：

应纳税额 = 应纳税所得额 × 适用税率
= （每次收入额 − 800）× 20%

（2）每次收入在 4 000 元以上的：

应纳税额 = 应纳税所得额 × 适用税率
= 每次收入额 ×（1 − 20%）× 20%

【情境实例 6-8】

1. 工作任务要求

计算张某应纳个人所得税税额。

2. 情境实例设计

某高级工程师张某在专利局申请一项专利，被 A 企业采用，收取该企业特许权使用费 40 000 元。

3. 任务实施过程

张某应纳税所得额 = 40 000 ×（1 − 20%）= 32 000（元）

张某应纳税额 = 32 000 × 20% = 6 400（元）

七、财产租赁所得应纳税额的计算

1. 应纳税所得额的计算

财产租赁所得一般以个人每次取得的收入，定额或定率减除规定费用后的余额为应纳税所得额。每次收入不超过 4 000 元的，定额减除费用为 800 元；每次收入在 4 000 元以上的，定率减除 20% 的费用。其计算公式如下。

（1）每次（月）收入不超过 4 000 元的：

应纳税所得额 = 每次（月）收入额 − 准予扣除项目 − 修缮费用（800 元为限）− 800 元

（2）每次（月）收入超过 4 000 元的：

应纳税所得额 = [每次（月）收入额 − 准予扣除项目 − 修缮费用（800 元为限）] ×（1 − 20%）

个人出租财产取得的财产租赁收入，在计算缴纳个人所得税时，应依次扣除以下费用。

① 准予扣除项目：主要是指财产租赁过程中缴纳的税费。

② 由纳税人负担的该出租财产实际开支的修缮费用。修缮费用的扣除以每次 800 元为限。一次扣除不完的，准予在下一次继续扣除，直到扣完为止。

③ 税法规定的费用扣除标准（即定额减除费用 800 元或定率减除 20% 的费用）。

财产租赁所得以 1 个月内取得的收入为一次。

2. 应纳税额的计算

财产租赁所得适用20%的比例税率，但对个人出租住房取得的所得暂减按10%的税率征收个人所得税。其应纳税额的计算公式如下。

（1）每次（月）收入不超过4 000元的：

应纳税额=应纳税所得额×适用税率（20%或10%）

或 =[每次(月)收入额-准予扣除项目-修缮费用(800元为限)-800元]×适用税率(20%或10%)

（2）每次（月）收入超过4 000元的：

应纳税额=应纳税所得额×适用税率（20%或10%）

或 =[每次(月)收入额-准予扣除项目-修缮费用(800元为限)]×(1-20%)×适用税率(20%或10%)

实务咨询：（1）本人以租赁方式取得的房屋，再转租出去，取得的租金收入是全部作为个人所得税的计税依据，还是可以扣除支付给原出租方的租金后作为个人所得税的计税依据？

（2）本人以优惠价格从房地产开发公司购得店面后，无偿提供给房地产开发公司对外出租的，如何计征个人所得税？

【情境实例6-9】

1. 工作任务要求

计算2017年5月李某应纳个人所得税税额。

2. 情境实例设计

李某将其原居住的房屋租给张某用于居住，每月租金3 500元，租金按月支付，2017年5月修缮费用为1 200元，相关税费为200元。

3. 任务实施过程

应纳个人所得税=[(3 500-200-800)-800]×10%=170（元）

情境讨论：劳务报酬所得、稿酬所得、财产租赁所得和特许权使用费所得，在计税时有什么特点？

八、财产转让所得应纳税额的计算

1. 应纳税所得额的计算

1）一般情况下财产转让所得应纳税所得额的计算

财产转让所得一般以收入总额扣除财产原值和合理费用后的余额为应纳税所得额。其计算公式为：

应纳税所得额=收入总额-财产原值-合理费用

财产转让所得中允许减除的财产原值是指以下内容。

（1）有价证券。其原值为买入价及买入时按规定缴纳的有关费用。

（2）建筑物。其原值为建造费或购进价格，以及其他有关税费。

（3）土地使用权。其原值为取得土地使用权所支付的金额、开发土地的费用和其他有关税费。

（4）机器设备、车船。其原值为购进价格、运输费、安装费，以及其他有关费用。

（5）其他财产。其原值参照以上方法确定。

如果纳税人未提供完整、准确的财产原值凭证，不能正确计算财产原值，由主管税务机关核定其财产原值。

财产转让所得中允许减除的合理费用，是指卖出财产时按照规定支付的有关费用。

财产转让所得同样采取按次计征的方式，以一件财产的所有权一次转让取得的收入为一次。

2）个人销售无偿受赠不动产应纳税所得额的计算

为加强房地产交易中个人无偿赠予不动产行为的税收管理，国税发〔2006〕144 号文件规定，个人将受赠的不动产对外销售应征收个人所得税。个人将受赠不动产对外销售征收个人所得税的具体规定如下。

（1）受赠人取得赠予人无偿赠予的不动产后，再次转让该项不动产的，在缴纳个人所得税时，以财产转让收入减除受赠、转让住房过程中缴纳的税金及有关合理费用后的余额为应纳税所得额，按 20% 的适用税率计算缴纳个人所得税。

（2）个人在受赠和转让住房过程中缴纳的税金，按相关规定处理。

2. 应纳税额的计算

财产转让所得应纳税额的计算公式为：

应纳税额＝应纳税所得额×适用税率

＝（收入总额－财产原值－合理税费）×20%

【情境引例解析】

应纳税额＝（240 000－200 000－16 000）×20%＝4 800（元）

九、利息、股息、红利、偶然所得和其他所得应纳税额的计算

利息、股息、红利、偶然所得和其他所得个人所得税按次征收，以每次取得的收入为一次，不扣除任何费用。也就是说，其应纳税所得额即为每次收入额。

利息、股息、红利、偶然所得和其他所得应纳税额的计算公式为：

应纳税额＝应纳税所得额×适用税率＝每次收入额×20%

情境讨论：在个人所得税中，哪些所得实行超额累进税率？哪些实行比例税率？

十、个人所得税几种特殊情况应纳税额的计算

1. 对公益救济性捐赠支出的扣除

个人将其所得通过中国境内的社会团体、国家机关向教育和其他社会公益事业，以及遭受严重自然灾害地区、贫困地区捐赠，捐赠额未超过纳税义务人申报的应纳税所得额 30% 的部分，可以从其应纳税所得额中扣除。

纳税人通过中国人口福利基金会、光华科技基金会的公益、救济性捐赠，可在应纳税所

得额的 30% 内扣除。

按现行规定为支持社会公益事业发展，个人通过中国金融教育发展基金会、中国国际民间组织合作促进会、中国社会工作协会孤残儿童救助基金管理委员会、中国发展研究基金会、陈嘉庚科学奖基金会、中国友好和平发展基金会、中华文学基金会、中华农业科教基金会、中国少年儿童文化艺术基金会和中国公安英烈基金会用于公益救济性捐赠，企业在年度利润总额 12% 以内的部分，个人在申报应纳税所得额 30% 以内的部分，准予在计算缴纳企业所得税和个人所得税前扣除。

一般捐赠额的扣除以不超过纳税人申报应纳税所得额的 30% 为限。其计算公式为：

捐赠扣除限额 = 申报的应纳税所得额×30%

如果实际捐赠额小于捐赠扣除限额，则按实际捐赠额扣除；如果实际捐赠额大于捐赠扣除限额，只能按捐赠扣除限额扣除。

个人通过非营利的社会团体和国家机关向农村义务教育的捐赠，在计算缴纳个人所得税时，准予在税前的应纳税所得额中全额扣除。

个人的所得（不含“偶然所得”和经国务院财政部门确定征税的“其他所得”）用于对“非关联”的科研机构和高等学校研究开发新产品、新技术、新工艺所发生的研究开发经费的资助，可以全额在下月（工资、薪金所得）或下次（按次计征的所得）或“当年”（按年计征的所得）计征个人所得税时，从应纳税所得额中扣除，不足抵扣的，不得结转抵扣。

【情境实例 6-10】

1. 工作任务要求

计算王华当月应缴纳的个人所得税。

2. 情境实例设计

中国居民王华 2017 年 1 月取得工资、薪金所得 5 500 元，当月拿出 1 000 元通过国家机关对贫困地区进行捐赠。

3. 任务实施过程

（1）计算应纳税所得额。

未扣除捐赠前的应纳税所得额 = 5 500−3 500 = 2 000（元）

（2）计算捐赠扣除限额，确定扣除额。

捐赠扣除限额 = 2 000×30% = 600（元）

1 000 元>600 元，只能扣除 600 元。

（3）计算应纳税额。

扣除捐赠后的应纳税所得额 = 2 000−600 = 1 400（元），查表可知适用 3% 的税率。

王华应纳税额 = 1 400×3% = 42（元）

2. 两人或两人以上的个人共同取得一项收入的个人所得税的计算

两人或两人以上的个人共同取得同一项收入的，每个人应以各自取得的收入分别按照税法规定减除费用后计算纳税，即按“先分、后扣、再税”的办法计算各自应该承担的个人所得税。

【情境实例 6-11】

1. 工作任务要求

计算下面案例中各教师应缴纳的个人所得税。

2. 情境实例设计

某高校 5 位教师共同编写出版一本 50 万字的教材，共取得稿酬收入 22 000 元。其中主编一人先获取主编费 1 000 元，其余稿酬 5 人（含主编本人）平分。

3. 任务实施过程

扣除主编费后的所得＝22 000－1 000＝21 000（元）

平均每人所得＝21 000/5＝4 200（元）

主编应纳税额＝[(1 000+4 200)×(1－20%)]×20%×(1－30%)＝582. 4（元）

其余 4 人每人应纳税额＝4 200×(1－20%)×20%×(1－30%)＝470. 4（元）

3. 境外所得已纳税款抵免的计算

对于个人在境外取得所得已在境外缴纳了个人所得税的情况，首先计算该收入按照中国税法应缴纳的个人所得税税额，其次确定是否需要补缴个人所得税。

（1）如果在境外实际缴纳的个人所得税“低于”境内标准的，需补缴个人所得税。

（2）如果在境外实际缴纳的个人所得税“高于”境内标准的，无须补税，也不能退税，但可以在以后纳税年度的该国家或地区扣除限额的余额中补扣，补扣期限最长不超过 5 年。

【情境实例 6-12】

1. 工作任务要求

（1）计算张某在 A 国所纳的个人所得税的抵减。

（2）计算张某在 B 国所纳的个人所得税的抵减。

2. 情境实例设计

中国居民张某在 2017 年度从 A、B 两国取得应税收入。其中在 A 国取得特许权使用费收入 5 000 元，每月取得工资收入为 8 000 元。两项收入在 A 国已经缴纳个人所得税 2 600 元。在 B 国出版著作，获得稿酬收入（版税）15 000 元，并在 B 国缴纳该项收入的个人所得税 1 720 元。

3. 任务实施过程

（1）A 国所纳个人所得税的抵减。

张某特许权使用费所得个人所得税扣除限额（按照中国税法规定应纳个人所得税税额）＝5 000×(1－20%)×20%＝800（元），工资收入个人所得税扣除限额（按照中国税法规定应纳个人所得税税额）＝[(8 000－4 800)×10%－105]×12＝2 580（元），则张某应补缴个人所得税＝800+2 580－2 600＝780（元）。

（2）B 国所纳个人所得税的抵减

张某稿酬所得个人所得税扣除限额（按照中国税法规定应纳个人所得税税额）＝[15 000×(1－20%)×20%]×(1－30%)＝1 680（元），该纳税义务人的稿酬所得在 B 国实际缴纳个人所得税 1 720 元，超出扣除限额 40 元，不能在本年度扣除，但可以在以后 5 个纳税年度的该国扣除限额的余额中补减。

4. 商业健康保险个人所得税税前扣除政策

从 2017 年 7 月 1 日起，将商业健康保险个人所得税税前扣除试点政策推至全国。对个人购买符合规定的商业健康保险产品的支出，允许在当年（月）计算应纳税所得额时予以税前扣除，扣除限额为 2 400 元/年（200 元/月）。单位统一为员工购买符合规定的商业健康保险产品的支出，应分别计入员工个人工资薪金，视同个人购买，按上述限额予以扣除。2 400 元/年（200 元/月）的限额扣除为个人所得税法规定减除费用标准之外的扣除。

适用商业健康保险税收优惠政策的纳税人，是指取得工资薪金所得、连续性劳务报酬所得的个人，以及取得个体工商户生产经营所得、对企事业单位的承包承租经营所得的个体工商户业主、个人独资企业投资者、合伙企业合伙人和承包承租经营者。

【情境实战 6-1】

1. 工作任务要求

计算山东宏远有限责任公司各项代扣代缴的个人所得税。

2. 情境实战设计

2017 年 2 月 10 日，山东宏远有限责任公司（纳税人识别号为：91370722900987654M）发放1 月份工资并进行网上纳税申报，该公司有 6 名员工，假设三险一金的计提基数为个人的月工资额，假设养老保险、医疗保险、失业保险、住房公积金的计提比例分别为 8%、2%、0. 5%、8%，且假设该公司所有员工的三险一金均未超过标准，都可税前扣除。具体数额如下。

（1）张玲每月工资 10 000 元，假设三险一金的计提基数为 10 000 元，个人负担的养老保险、医疗保险、失业保险、住房公积金分别为：800 元、200 元、50 元、800 元。

（2）马芳（财务负责人）每月工资 7 000 元，假设三险一金的计提基数为 7 000 元，个人负担的养老保险、医疗保险、失业保险、住房公积金分别为：560 元、140 元、35 元、560 元。

（3）王芳每月工资 6 000 元，假设三险一金的计提基数为 6 000 元，个人负担的养老保险、医疗保险、失业保险、住房公积金分别为：480 元、120 元、30 元、480 元。

（4）王明（记账会计兼办税员）每月工资 5 000 元，假设三险一金的计提基数为 5 000 元，个人负担的养老保险、医疗保险、失业保险、住房公积金分别为：400 元、100 元、25 元、400 元。

（5）刘刚每月工资 3 000 元，假设三险一金的计提基数为 3 000 元，个人负担的养老保险、医疗保险、失业保险、住房公积金分别为：240 元、60 元、15 元、240 元。

（6）李丽每月工资 2 800 元，假设三险一金的计提基数为 2 800 元，个人负担的养老保险、医疗保险、失业保险、住房公积金分别为：224 元、56 元、14 元、224 元。

3. 实战操作步骤

第一步：计算张玲应纳个人所得税。

张玲本月应纳个人所得税=(10 000−800−200−50−800−3 500)×20%−555=375（元）

第二步：计算马芳应纳个人所得税。

马芳本月应纳个人所得税=(7 000−560−140−35−560−3 500)×10%−105=115. 50（元）

第三步：计算王芳应纳个人所得税。

王芳本月应纳个人所得税=(6 000−480−120−30−480−3 500)×3%=41. 70（元）

第四步：计算王明应纳个人所得税。

王明本月应纳个人所得税=(5 000-400-100-25-400-3 500)×3%=17.25（元）

第五步：计算刘刚、李丽应纳个人所得税。

由于刘刚、李丽月工资薪金所得分别为2 445元（3 000-240-60-15-240）、2 282元（2 800-224-56-14-224），均未达到免征额3 500元，因此，不需缴纳个人所得税。

任务三　个人所得税的纳税申报及扣缴

【情境引例】

我国公民张鑫（身份证照号码为372301198808081234，职务为经理，职业为演员，本年在中国天数为350天）在北京太阳影视有限公司工作，该公司地址、联系电话及邮编分别为：北京市海淀区和平路66号、010-6666666、100000，所属行业为影视业，税务代码为91110223556789456N。2016年1—12月张鑫取得的收入如下。

（1）每月取得工薪收入7 000元，个人所得税已由北京太阳影视有限公司代扣代缴。

（2）3月份赴郊区乡村参加文艺演出一次，取得收入50 000元，个人所得税已由主办方代扣代缴。

（3）6月份到国外讲学一次，取得收入60 000元，已在国外缴纳个人所得税10 000元。

（4）9月份购买彩票取得中奖收入20 000元，个人所得税已由彩票中心代扣代缴。

（5）10月份出版自传作品一部，取得稿酬收入150 000元，个人所得税已由出版社代扣代缴。

要求：① 计算张鑫各项所得应纳的个人所得税税额；② 2017年2月18日张鑫进行年度个人所得税自行纳税申报，填写个人所得税年度纳税申报表。

一、个人所得税的代扣代缴

1. 个人所得税的扣缴义务人

我国实行个人所得税代扣代缴和个人自行申报纳税相结合的征收管理制度。个人所得税采取代扣代缴办法，有利于控制税源，保证税收收入，简化征纳手续，加强个人所得税管理。我国税法规定，凡支付应纳税所得的单位或个人，都是个人所得税的扣缴义务人。扣缴义务人在向纳税人支付各项应纳税所得时，必须履行代扣代缴税款的义务。扣缴义务人对纳税人的应扣未扣税款应由纳税人予以补缴。

税务机关应根据扣缴义务人所扣缴的税款，提取2%的手续费，由扣缴义务人用于代扣代缴费用开支和奖励代扣代缴工作做得较好的办税人员。

2. 个人所得税代扣代缴的范围

（1）扣缴义务人向个人支付下列所得，应代扣代缴个人所得税。

① 工资、薪金所得。

② 对企事业单位的承包经营、承租经营所得。

③ 劳务报酬所得。

④ 稿酬所得。

⑤ 特许权使用费所得。

⑥ 利息、股息、红利所得。

⑦ 财产租赁所得。

⑧ 财产转让所得。

⑨ 偶然所得。

⑩ 经国务院财政部门确定征税的其他所得。

扣缴义务人向个人支付应纳税所得（包括现金、实物和有价证券）时，无论纳税人是否属于本单位人员，均应代扣代缴其应纳的个人所得税税款。

3. 个人所得税的代扣代缴期限

扣缴义务人每月扣缴的税款，应当在次月 15 日内缴入国库，并向主管税务机关报送《扣缴个人所得税报告表》《个人所得税基础信息表》《个人所得税申报表》。

4. 个人所得税代扣代缴的纳税申报实务

扣缴义务人代扣代缴个人所得税时，应填报“扣缴个人所得税报告表”（表 6-7）、“个人所得税基础信息表”（表 6-8）、“个人所得税申报表”（表 6-9）。

【情境实战 6-2】

1. 工作任务要求

2017 年 2 月 10 日，山东宏远有限责任公司进行扣缴个人所得税申报，填写该公司“扣缴个人所得税报告表”“个人所得税基础信息表（A 表）”，并自动生成“个人所得税申报表”。

2. 情境实战设计

接情境实战 6-1 的个人所得税应纳税额的计算。

3. 实战操作步骤

第一步：申报期内，填写“扣缴个人所得税报告表”。

（表 6-7）

第二步：申报期内，填写“个人所得税基础信息表（A 表）”。

（表 6-8）

第三步：申报期内，根据“扣缴个人所得税报告表”“个人所得税基础信息表（A 表）”自动生成“个人所得税申报表”。

（表 6-9）

二、个人所得税的自行申报

1. 个人所得税自行申报的范围

纳税义务人有下列情形之一的，应当按照规定到主管税务机关办理纳税申报。

（1）年所得 12 万元以上的。

年所得 12 万元以上的纳税人，无论取得的各项所得是否已足额缴纳了个人所得税，均应当于纳税年度终了后向主管税务机关办理纳税申报。

同时需要注意的是，年所得 12 万元以上的纳税人，不包括在中国境内无住所且在一个纳税年度中在中国境内居住不满 1 年的个人。

表 6-7 扣缴个人所得税报告表

＊扣缴义务人识别号：91370722900987654M　　＊扣缴义务人名称：山东宏远有限责任公司　　＊税款所属期：2017 年 01 月 01 日至 2017 年 01 月 31 日

＊扣缴义务人所属行业：一般行业　　填表日期：2017 年 02 月 10 日　　法定代表人（负责人）：李四　　＊经办人：张三

代理机构：　　代理机构经办人：　　经办人执业证件号码：　　代理申报日期：　　应扣未扣：否

序号	姓名	身份证件类型	身份证件号码	＊所得项目	＊计算方法	＊所得期间起	＊所得期间止	＊收入额	免税所得	税前扣除项目								减除费用	准予扣除的捐赠额	应纳税所得额	＊税率	＊速算扣除数	＊应纳税额	减免税额	应扣缴税额	已扣缴税额	应补（退）税额	备注
										基本养老保险费	基本医疗保险费	失业保险费	住房公积金	财产原值	允许扣除的税费	其他	合计											
1	2	3	4	5	6	7	8	9	10	11	12	13	14	15	16	17	18	19	20	21	22	23	24	25	26	27	28	29
1	张玲	居民身份证	3707198002310000	工资薪金所得	正常工资薪金	2017-01-01	2017-01-31	10 000.00	0.00	800.00	200.00	50.00	800.00	0.00	0.00	0.00	1 850.00	3 500.00	0.00	4 650.00	0.20 (555.00)	555.00	375.00	0.00	375	0.00	375	
2	马芳	居民身份证	3707198002310141	工资薪金所得	正常工资薪金	2017-01-01	2017-01-31	7 000.00	0.00	560.00	140.00	35.00	560.00	0.00	0.00	0.00	1 295.00	3 500.00	0.00	2 205.00	0.10 (105.00)	105.00	115.50	0.00	115.5	0.00	115.5	
3	王芳	居民身份证	3707198002310325	工资薪金所得	正常工资薪金	2017-01-01	2017-01-31	6 000.00	0.00	480.00	120.00	30.00	480.00	0.00	0.00	0.00	1 110.00	3 500.00	0.00	1 390.00	0.03 (0.00)	0.00	41.7	0.00	41.7	0.00	41.7	
4	王明	居民身份证	3707198002310045	工资薪金所得	正常工资薪金	2017-01-01	2017-01-31	5 000.00	0.00	400.00	100.00	25.00	400.00	0.00	0.00	0.00	925.00	3 500.00	0.00	575.00	0.03 (0.00)	0.00	17.25	0.00	17.25	0.00	17.25	
5	刘刚	居民身份证	3707198002310012	工资薪金所得	正常工资薪金	2017-01-01	2017-01-31	3 000.00	0.00	240.00	60.00	15.00	240.00	0.00	0.00	0.00	555.00	3 500.00	0.00	0.00	0.03 (0.00)	0.00	0.00	0.00	0.00	0.00	0.00	
6	李丽	居民身份证	3707198002310015	工资薪金所得	正常工资薪金	2017-01-01	2017-01-31	2 800.00	0.00	224.00	56.00	14.00	224.00	0.00	0.00	0.00	518.00	3 500.00	0.00	0.00	0.03 (0.00)	0.00	0.00	0.00	0.00	0.00	0.00	
合计						—	—	33 800.00	0.00	2 704.00	676.00	169.00	2 704.00	0.00	0.00	0.00	6 253.00	21 000.00	0.00	8 820.00	—	—	549.45	0.00	549.45	0.00	549.45	—

国家税务总局监制

表 6-8 个人所得税基础信息表（A 表）

纳税人识别号			91370722900987654M			纳税人名称	山东宏远有限责任公司																	
序号	是否修改信息	姓名	国籍（地区）	身份证件类型	身份证件号码	是否残疾烈属孤老	雇员		非雇员			股东、投资者		境内无住所个人										备注
							移动电话	电子邮箱	联系地址	移动电话	工作单位	公司股本（投资）总额	个人股本（投资）额	移动电话	纳税人识别号	来华时间	任职期限	预计离境时间	预计离境地点	境内职务	境外职务	支付地	境外支付地（国别/地区）	
1	2	3	4	5	6	7	8	9	10	11	12	13	14	15	16	17	18	19	20	21	22	23	24	25
1	是	张玲	中华人民共和国	居民身份证	3707198002310000	否	1310536××××	12@ qq. com																
2	是	马芳	中华人民共和国	居民身份证	3707198002310141	否	1310536××××	15@ qq. com																
3	是	王芳	中华人民共和国	居民身份证	3707198002310325	否	1310536××××	18@ qq. com																
4	是	王明	中华人民共和国	居民身份证	3707198002310045	否	1310536××××	19@ qq. com																
5	是	刘刚	中华人民共和国	居民身份证	3707198002310012	否	1310536××××	21@ qq. com																
6	是	李丽	中华人民共和国	居民身份证	3707198002310015	否	1310536××××	27@ qq. com																
7																								
8																								
9																								
10																								

表 6-9　个人所得税申报表

<table>
<tr><td colspan="2">纳税人识别号</td><td colspan="4">91370722900987654M</td></tr>
<tr><td colspan="2">纳税人名称</td><td>山东宏远有限责任公司</td><td>税款所属期</td><td colspan="2">2017 年 01 月 01 日至 2017 年 01 月 31 日</td></tr>
<tr><td>序号</td><td colspan="2">所得项目</td><td>纳税人数</td><td>应纳税所得额合计</td><td>应纳所得税额合计</td></tr>
<tr><td>1</td><td colspan="2">工资薪金所得</td><td>6</td><td>8 820.00</td><td>549.45</td></tr>
<tr><td></td><td colspan="2"></td><td></td><td></td><td></td></tr>
<tr><td></td><td colspan="2"></td><td></td><td></td><td></td></tr>
<tr><td></td><td colspan="2"></td><td></td><td></td><td></td></tr>
<tr><td></td><td colspan="2"></td><td></td><td></td><td></td></tr>
<tr><td colspan="5">合　计</td><td>￥549.45</td></tr>
<tr><td colspan="6">谨声明：此表是根据《中华人民共和国个人所得税法》及其实施条例和国家相关法律法规规定填报的，是真实的、完整的、可靠的。

法定代表人（负责人）签字：李四　　2017 年 02 月 10 日</td></tr>
<tr><td colspan="2">会计主管签字：</td><td colspan="2">代理申报人签字：</td><td colspan="2">纳税人盖章：</td></tr>
<tr><td colspan="2">收到日期：</td><td colspan="2">接收人：</td><td colspan="2">审核日期：</td></tr>
<tr><td colspan="4">审核记录：</td><td colspan="2">主管税务机关盖章：
主管税务官员签字：</td></tr>
<tr><td colspan="2"></td><td colspan="2">申报日期：2017 年 02 月 10 日</td><td colspan="2"></td></tr>
</table>

（2）从中国境内两处或两处以上取得工资、薪金所得的。

（3）从中国境外取得所得的。

（4）取得应纳税所得，没有扣缴义务人的。

（5）国务院规定的其他情形。

2. 个人所得税自行申报的期限

（1）年所得额 12 万元以上的纳税义务人，在纳税年度终了后 3 个月内向主管税务机关办理纳税申报。

（2）个体工商户和个人独资、合伙企业投资者取得的生产、经营所得应纳的税款，分月预缴的，纳税人在每月终了后 15 日内办理纳税申报；分季预缴的，纳税人在每个季度终了后 15 日内办理纳税申报；纳税年度终了后，纳税人在 3 个月内进行汇算清缴。

（3）纳税人年终一次性取得对企事业单位的承包经营、承租经营所得的，自取得所得之日起 30 日内办理纳税申报；在一个纳税年度内分次取得承包经营、承租经营所得的，在每次取得所得后的次月 15 日内申报预缴；纳税年度终了后 3 个月内汇算清缴。

（4）从中国境外取得所得的纳税人，在纳税年度终了后 30 日内向中国境内主管税务机关办理纳税申报。

（5）除以上规定的情形外，纳税人取得其他各项所得需申报纳税的，在取得所得的次月 15 日内向主管税务机关办理纳税申报。

3. 个人所得税自行申报的地点

（1）在中国境内有任职、受雇单位的，向受雇单位所在地主管税务机关申报。

（2）在中国境内有两处或两处以上任职、受雇单位的，选择并固定向其中一处单位所在地主管税务机关申报。

（3）在中国境内无任职、受雇单位，年所得项目中有个体工商户的生产、经营所得，或者对企事业单位的承包经营、承租经营所得（以下统称生产、经营所得）的，向其中一处实际经营所在地主管税务机关申报。

（4）在中国境内无任职、受雇单位，年所得项目中无生产、经营所得的，向户籍所在地主管税务机关申报。在中国境内有户籍，但户籍所在地与中国境内经常居住地不一致的，选择并固定向其中一地主管税务机关申报。在中国境内没有户籍的，向中国境内经常居住地主管税务机关申报。

（5）其他各种所得的纳税人，纳税申报地点分别如下。

① 从两处或两处以上取得工资、薪金所得的，选择并固定向其中一处单位所在地主管税务机关申报。

② 从中国境外取得所得的，向中国境内户籍所在地主管税务机关申报。在中国境内有户籍，但户籍所在地与中国境内经常居住地不一致的，选择并固定向其中一地主管税务机关申报。在中国境内没有户籍的，向中国境内经常居住地主管税务机关申报。

③ 个体工商户向实际经营所在地主管税务机关申报。

④ 个人独资、合伙企业投资者兴办两个或两个以上企业的，区分不同情形确定纳税申报地点。

兴办的企业全部是个人独资性质的，分别向各企业的实际经营管理所在地主管税务机关申报；兴办的企业中含有合伙性质的，向经常居住地主管税务机关申报；兴办的企业中含有合伙性质的，个人投资者经常居住地与其兴办企业的经营管理所在地不一致的，选择并固定向其参与兴办的某一合伙企业的经营管理所在地主管税务机关申报；除以上情形外，纳税人应向取得所得所在地主管税务机关申报。

纳税人不得随意变更纳税申报地点，因特殊情况变更纳税申报地点的，须报原主管税务机关备案。

4. 个人所得税自行申报的纳税申报实务

纳税人自行申报个人所得税时，应填报“个人所得税纳税申报表”（表 6-10）。

【情境引例解析】

（1）计算过程如下。

① 1—12 月工薪收入应纳个人所得税＝[（7 000－3 500）×10%－105]×12＝2 940（元）。

② 文艺演出应纳税所得额＝50 000×（1－20%）＝40 000（元）。

文艺演出收入应纳个人所得税＝40 000×30%－2 000＝10 000（元）。

③ 讲学收入应纳税所得额＝60 000×（1－20%）＝48 000（元）。

讲学收入应纳个人所得税＝48 000×30%－2 000＝12 400（元）。

讲学收入需回国补缴个人所得税＝12 400－10 000＝2 400（元）。

④ 中奖收入应纳个人所得税＝20 000×20%＝4 000（元）。

⑤ 稿酬收入应纳个人所得税＝150 000×（1－20%）×20%×（1－30%）＝16 800（元）。

（2）填写个人所得税年度纳税申报表，如表 6-10 所示。

表 6-10　个人所得税纳税申报表

（适用于年所得 12 万元以上的纳税人申报）

所得年份：2016 年　　　　填表日期：2017 年 02 月 18 日　　　　金额单位：人民币元（列至角分）

纳税人姓名	张鑫	国籍（地区）	中国	身份证照类型	居民身份证	身份证照号码	3 7 2 3 0 1 1 9 8 8 0 8 0 8 1 2 3 4		
任职、受雇单位	北京太阳影视有限公司	任职受雇单位税务代码	91110223556789456N	任职受雇单位所属行业	影视业	职务	经理	职业	演员
在华天数	350 天	境内有效联系地址	北京市海淀区和平路 66 号			境内有效联系地址邮编	100000	联系电话	010-66666666
此行由取得经营所得的纳税人填写	经营单位纳税人识别号					经营单位纳税人名称			

所得项目	年所得额			应纳税所得额	应纳税额	已缴（扣）税额	抵扣税额	减免税额	应补税额	应退税额	备注
	境内	境外	合计								
1. 工资、薪金所得	84 000.00	0.00	84 000.00	42 000.00	2 940.00	2 940.00	0.00	0.00	0.00	0.00	0.00
2. 个体工商户的生产、经营所得	0.00	0.00	0.00	0.00	0.00	0.00	0.00	0.00	0.00	0.00	0.00
3. 对企事业单位的承包经营、承租经营所得	0.00	0.00	0.00	0.00	0.00	0.00	0.00	0.00	0.00	0.00	0.00
4. 劳务报酬所得	110 000.00	0.00	110 000.00	88 000.00	22 400.00	10 000.00	10 000.00	0.00	2 400.00	0.00	0.00
5. 稿酬所得	150 000.00	0.00	150 000.00	120 000.00	16 800.00	16 800.00	0.00	0.00	0.00	0.00	0.00

续表

所得项目	年所得额			应纳税所得额	应纳税额	已缴（扣）税额	抵扣税额	减免税额	应补税额	应退税额	备注
	境内	境外	合计								
6. 特许权使用费所得	0.00	0.00	0.00	0.00	0.00	0.00	0.00	0.00	0.00	0.00	0.00
7. 利息、股息、红利所得	0.00	0.00	0.00	0.00	0.00	0.00	0.00	0.00	0.00	0.00	0.00
8. 财产租赁所得	0.00	0.00	0.00	0.00	0.00	0.00	0.00	0.00	0.00	0.00	0.00
9. 财产转让所得	0.00	0.00	0.00	0.00	0.00	0.00	0.00	0.00	0.00	0.00	0.00
其中：股票转让所得	0.00	0.00	0.00	—	—	—	—	—	—	—	0.00
个人房屋转让所得	0.00	0.00	0.00	0.00	0.00	0.00	0.00	0.00	0.00	0.00	0.00
10. 偶然所得	20 000.00	0.00	20 000.00	20 000.00	4 000.00	4 000.00	0.00	0.00	0.00	0.00	0.00
11. 其他所得	0.00	0.00	0.00	0.00	0.00	0.00	0.00	0.00	0.00	0.00	0.00
合　　计	364 000.00	0.00	364 000.00	270 000.00	46 140.00	33 740.00	10 000.00	0.00	2 400.00	0.00	0.00
我声明，此纳税申报表是根据《中华人民共和国个人所得税法》及有关法律、法规的规定填报的，我保证它是真实的、可靠的、完整的。 纳税人（签字）：											
代理人（签章）：									联系电话：		

税务机关受理人（签字）：　　　　机关受理时间：　　年　　月　　日　　　　受理申报税务机关名称（盖章）：

技能训练

一、单项选择题

1. 个人参加笔会现场作画取得的作画所得属于（　　）。

A. 工资、薪金所得　　B. 稿酬所得

C. 劳务报酬所得　　D. 个体户生产经营所得

2. 孙某2017年出版中篇小说一部，取得稿酬5 000元；同年该小说在一家周刊上连载，取得稿酬3 000元。孙某当年应纳个人所得税（　　）元。

A. 896　　B. 868　　C. 1 280　　D. 1 008

3. 下列各项中，需要缴纳个人所得税的是（　　）。

A. 国债利息　　B. 国家发行的金融债券利息

C. 个人举报违法犯罪行为获得的奖金　　D. 外籍个人以现金形式取得的住房补贴

4. 纳税人在自行申报纳税时从两处或两处以上取得工资、薪金的，其纳税地点的选择是（　　）。

A. 收入来源地　　B. 税务局指定地点

C. 纳税人户籍所在地　　D. 纳税人选择固定一地申报纳税

5. 中国公民李先生2017年2月退休，每月领取退休工资3 200元，4月份被一家公司聘用，月工资4 500元。2017年4月李先生应缴纳个人所得税（　　）元。

A. 0　　B. 45　　C. 30　　D. 65

6. 下列应税项目中，不适用代扣代缴方式缴纳个人所得税的是（　　）。

A. 工资、薪金所得　　B. 稿酬所得

C. 个体工商户生产、经营所得　　D. 劳务报酬所得

7. 下列各项中，直接以每次收入额为应纳税所得额计算缴纳个人所得税的是（　　）。

A. 稿酬所得　　B. 劳务报酬所得

C. 特许权使用费所得　　D. 偶然所得

二、多项选择题

1. 下列与偶然所得个人所得税计算相关的公式中，表示正确的有（　　）。

A. 应纳税所得额=每次收入

B. 应纳税所得额=每次收入-800

C. 应纳税额=应纳税所得额×(1-20%)

D. 应纳税额=应纳税所得额×20%

2. 下列各项中，符合我国《中华人民共和国个人所得税法》规定的有（　　）。

A. 特许权使用费所得有加成征收规定

B. 稿酬所得按应纳税额减征70%

C. 财产转让所得适用20%的比例税率

D. 对个人出租居民住房取得的所得按10%计征

3. 下列关于稿酬所得“次”的规定，正确的有（　　）。

A. 同一作品再版取得的所得，应视作另一次稿酬所得计征个人所得税

B. 同一作品在报刊上连载取得收入的，以连载完成后取得的所有收入合并为一次，计征个人所得税

C. 同一作品先在报刊上连载，然后再出版，应合并为一次稿酬所得征税

D. 同一作品出版、发表后，因添加印数而追加稿酬的，应与以前出版、发表时取得的稿酬合并计算为一次，计征个人所得税

4. 下列各项中，应计个人所得税的工资、薪金所得的有（　　）。

A. 年终加薪　B. 劳动分红　C. 职务工资　D. 饭费补贴

5. 个人所得税自行申报纳税的纳税人有（　　）。

A. 从境内两处或两处以上取得工资、薪金的

B. 取得应税所得，没有扣缴义务人的

C. 从中国境外取得应税所得的

D. 年所得12万元以上的

三、判断题

1. 个人所得税扣缴义务人每月所扣的税款应当在次月15日内缴入国库。（　　）

2. 在《中华人民共和国个人所得税法》中所谓的“境内居住满一年”，是指在中国境内居住满365日。（　　）

3. 在劳务报酬所得中，属于同一事项连续取得收入的，以该事项取得的全部收入为一次。（　　）

4. 对于个人所得税的居民纳税人，就来源于中国境内所得部分征税；对于非居民纳税人，就来源于中国境内和境外的全部所得征税。（　　）

5. 利息、股息、红利、偶然所得和其他所得个人所得税按次征收，以每次取得的收入为一次，不扣除任何费用。（　　）

四、实务题

1. 王某于2017年2月外出参加营业性演出（非个人所在单位组织的），一次性取得劳务报酬68 000元。要求：计算王某2月份应缴纳的个人所得税。

2. 某外国籍公民甲先生在中国境内无住所，2015年7月受境外公司委派至境内乙公司任职，此后一直在中国境内居住。2017年取得的收入情况如下。

（1）每月取得中国境内乙公司支付的工资15 000元，另每月从公司实报实销住房补贴3 500元、以现金形式取得伙食补贴1 000元。

（2）8月在境外取得由境外公司支付的特许权使用费80 000元。

（3）9月将租入的一套住房转租，当月向出租方支付月租金4 500元，转租收取月租金6 500元，当月实际支付房屋租赁过程中的各种税费500元，并取得有效凭证。

（4）10月以150万元的价格，转让一套两年前无偿受赠获得的房产。该套房产受赠时市场价格为85万元，受赠及转让房产过程中已缴纳的税费为10万元。

（5）11月，在某商场取得按消费积分反馈的价值1 300元的礼品，同时参加该商城举行的抽奖活动，抽中价值6 820元的奖品。

（6）12月，为境内某企业提供咨询取得劳务报酬40 000元，通过境内非营利性社会团体将其中8 400元捐赠给贫困地区，另通过国家机关将其中14 000元捐赠给农村义务教育。

要求：

（1）甲先生每月取得的住房补贴和伙食补贴在计缴个人所得税时应如何处理？请简要说明理由；

(2) 甲先生8月从境外取得的特许权使用费是否应在国内缴纳个人所得税？请简要说明理由；

(3) 计算甲先生9月转租住房取得的租金收入应缴纳的个人所得税；

(4) 计算甲先生10月转让受赠房产时计缴个人所得税的应纳税所得额；

(5) 计算甲先生11月取得商场反馈礼品和抽奖所获奖品应缴纳的个人所得税；

(6) 计算甲先生12月取得劳务报酬收入应缴纳的个人所得税。

项目七

其他税种纳税申报实务（上）

■职业能力目标

（1）能够判定哪些业务应缴纳城市维护建设税，并能根据相关业务资料计算城市维护建设税；能根据相关业务资料填写城市维护建设税纳税申报表，并能进行手工纳税申报及网上纳税申报。

（2）能够判定哪些业务应缴纳教育费附加和地方教育附加，并能根据相关业务资料计算教育费附加和地方教育附加；能根据相关业务资料填写教育费附加和地方教育附加申报表，并能进行手工申报及网上申报。

（3）能够判定哪些业务应缴纳土地增值税，并能根据相关业务资料计算土地增值税；能根据相关业务资料填写土地增值税纳税申报表，并能进行手工纳税申报及网上纳税申报。

（4）能够判定哪些业务应缴纳房产税，并能根据相关业务资料计算房产税；能根据相关业务资料填写房产税纳税申报表，并能进行手工纳税申报及网上纳税申报。

（5）能够判定哪些业务应缴纳资源税，并能根据相关业务资料计算资源税；能根据相关业务资料填写资源税纳税申报表，并能进行手工纳税申报及网上纳税申报。

（6）能够判定哪些业务应缴纳城镇土地使用税，并能根据相关业务资料计算城镇土地使用税；能根据相关业务资料填写城镇土地使用税纳税申报表，并能进行手工纳税申报及网上纳税申报。

任务一　城市维护建设税纳税申报实务

【情境引例】

蓝天公司为增值税一般纳税人，流转税中只缴纳增值税，不缴纳消费税和关税，2017年5月的应缴增值税为5 000元，但上个月还有6 000元的进项税未抵扣，也就是说本月应缴的增值税也为0，请问本月该公司还要计算缴纳城市维护建设税吗？

一、城市维护建设税的认知

1. 城市维护建设税纳税人的确定

城市维护建设税（简称城建税）的纳税义务人，是指负有缴纳增值税和消费税（以下简称“两税”①）义务的单位和个人。

---

①　在全面营改增之前，城建税的纳税义务人，是指负有缴纳增值税、消费税和营业税（以下简称“三税”）义务的单位和个人。在全面营改增之后，由于营业税退出我国税收体系，因此，城建税的纳税义务人，是指负有缴纳增值税和消费税（以下简称“两税”）义务的单位和个人。

单位包括国有企业、集体企业、私营企业、股份制企业、其他企业和行政单位、事业单位、军事单位、社会团体、其他单位；个人包括个体工商户及其他个人。

自2010年12月1日起，对外商投资企业、外国企业及外籍个人（以下简称外资企业）征收城市维护建设税。

2. 城市维护建设税征税对象的确定

征税对象是税法规定征税的目的物，是一个税种区别于另一个税种的主要标志。而城市维护建设税是以纳税人实际缴纳的增值税和消费税税额为计税依据，随“两税”同时征收，其本身没有特定的课税对象，其征管方法也完全比照“两税”的有关规定办理。

二、城市维护建设税的计算

1. 城市维护建设税计税依据的确定

城市维护建设税的计税依据，是指纳税人实际缴纳的“两税”税额和出口已批准免抵的增值税。纳税人违反“两税”有关税法而加收的滞纳金和罚款，是税务机关对纳税人违法行为的经济制裁，不作为城市维护建设税的计税依据，但纳税人在被查补“两税”和被处以罚款时，应同时对其偷（逃）漏的城市维护建设税进行补税、征收滞纳金和罚款。

城市维护建设税以“两税”税额为计税依据并同时征收，如果要免征或减征“两税”，也就要同时免征或减征城市维护建设税。

【情境引例解析】

城建税的申报缴纳是以当月实际申报缴纳的增值税、消费税数额为计税依据的，该公司这个月应缴的增值税为0，所以城建税也是零申报缴纳。

2. 城市维护建设税的税率

城市维护建设税采用比例税率。按纳税人所在地的不同，设置三档差别比例税率（表7-1）。

表7-1 城市维护建设税税率表

纳税人所在地	税率/%
市区	7
县城和镇	5
市区、县城和镇以外的其他地区	1

城市维护建设税的适用税率，应当按照纳税人所在地的规定税率执行。但是，对下列两种情况，可按缴纳“两税”所在地的规定税率就地缴纳城市维护建设税。

（1）由受托方代扣代缴、代收代缴“两税”的单位和个人，其代扣代缴、代收代缴的城市维护建设税按受托方所在地适用税率执行。

（2）流动经营等无固定纳税地点的单位和个人，在经营地缴纳“两税”的，其城市维护建设税的缴纳按经营地适用税率执行。

3. 城市维护建设税优惠政策的运用

城市维护建设税原则上不单独减免，但因城市维护建设税又具附加税性质，当主税发生减免时，城市维护建设税相应发生税收减免。城市维护建设税的税收减免具体有以下6种情况。

（1）城市维护建设税按减免后实际缴纳的“两税”税额计征，即随“两税”的减免而减免。

（2）对于因减免税而需进行“两税”退库的，城市维护建设税也可同时退库。

（3）对海关进口的产品征收的增值税、消费税，不征收城市维护建设税。

（4）对“两税”实行先征后返、先征后退、即征即退办法的，除另有规定外，对随“两税”附征的城市维护建设税，一律不退（返）还。

（5）对出口产品退还增值税、消费税的，不退还已缴纳的城市维护建设税。

（6）对国家重大水利工程建设基金免征城市维护建设税。

4. 城市维护建设税应纳税额的计算

城市维护建设税纳税人的应纳税额是由纳税人实际缴纳的“两税”税额决定的，其计算公式为：

应纳税额=纳税人实际缴纳的增值税和消费税税额×适用税率

三、城市维护建设税的纳税申报

1. 城市维护建设税的纳税环节

城市维护建设税的纳税环节，实际上就是纳税人缴纳“两税”的环节。纳税人只要发生“两税”的纳税义务，就要在同样的环节，计算缴纳城市维护建设税。

2. 城市维护建设税纳税地点

城市维护建设税以纳税人实际缴纳的增值税和消费税税额为计税依据，分别与“两税”同时缴纳。因此，纳税人缴纳“两税”的地点，就是该纳税人缴纳城市维护建设税的地点。但是，下列情况除外。

（1）代扣代缴、代收代缴“两税”的单位和个人，同时也是城市维护建设税的代扣代缴、代收代缴义务人，其城市维护建设税的纳税地点为代扣代收地。

（2）跨省开采的油田，下属生产单位与核算单位不在一个省内的，其生产的原油，在油井所在地缴纳增值税，其应纳税款由核算单位按照各油井的产量和规定税率，计算汇拨各油井所在地缴纳。因此，各油井应纳的城市维护建设税，应由核算单位计算，随同增值税一并汇拨油井所在地，由油井在缴纳增值税的同时，一并缴纳城市维护建设税。

（3）对流动经营等无固定纳税地点的单位和个人，城市维护建设税应随同“两税”在经营地按适用税率缴纳。

3. 城市维护建设税纳税期限

由于城市维护建设税是由纳税人在缴纳“两税”时同时缴纳的，因此其纳税期限分别与“两税”的纳税期限一致。增值税和消费税的纳税期限均为1日、3日、5日、10日、15日、1个月或1个季度。增值税和消费税纳税人的具体纳税期限，由主管税务机关根据纳税人应纳税额大小分别核定。不能按照固定期限纳税的，可以按次纳税。因此，在这种情况下城市维护建设税也按次缴纳。

4. 城市维护建设税纳税申报实务

纳税人对城市维护建设税进行纳税申报时，应填报“城市维护建设税纳税申报表”（表7-2）。

表 7-2 城市维护建设税纳税申报表

纳税人识别号	91370722004056709D				
纳税人名称	山东茅台酒业有限责任公司	税款所属期	2017 年 01 月 01 日至 2017 年 01 月 31 日		
序号	计税项目	税率（%）	本期计税金额	本期应缴税额	上期多缴税额
1	增值税附征（市区）	7.00	5 500.00	385.00	0.00
2	消费税附征（市区）	7.00	35 000.00	2 450.00	0.00
序号	本期已扣缴税额	本期已预缴税额	本期减免税额	本期缓缴税额	本期实缴税额
1	0.00	0.00	0.00	0.00	385.00
2	0.00	0.00	0.00	0.00	2 450.00
				合计：	¥2 835.00
会计主管签字：	代理申报人签字：		纳税人盖章：略		
收到日期：	接收人：		审核日期：		
审核记录：			主管税务机关盖章： 主管税务官员签字：		
	申报日期：2017 年 02 月 08 日				

【情境实战 7-1】

1. 工作任务要求

(1) 计算山东茅台酒业有限责任公司应缴纳的城市维护建设税。

(2) 山东茅台酒业有限责任公司 2017 年 2 月 8 日进行纳税申报，填写“城市维护建设税纳税申报表”。

2. 情境实战设计

山东茅台酒业有限责任公司（位于市区，纳税人识别号为：91370722004056709D）2017 年 1 月发生以下经济业务。

1 月份共销售白酒 5 000 千克，取得不含增值税销售额为 150 000 元，本月允许抵扣的增值税进项税额为 20 000 元，白酒成本为 80 000 元，该公司于 2017 年 2 月 8 日对 2017 年 1 月的城市维护建设税进行纳税申报。

3. 实战操作步骤

第一步：根据经济业务计算茅台酒业本月应纳增值税、消费税及相应的城市维护建设税。

销售白酒应纳增值税=150 000×17%−20 000=25 500−20 000=5 500（元）

销售白酒应纳消费税=150 000×20%+5 000×2×0.5=30 000+5 000=35 000（元）

销售白酒应纳城市维护建设税=5 500×7%+35 000×7%=385+2 450=2 835（元）

第二步：对城市维护建设税进行纳税申报。

填写“城市维护建设税纳税申报表”，如表 7-2 所示。

任务二 教育费附加和地方教育附加申报实务

【情境引例】

白云公司为增值税一般纳税人，2017 年 4 月出口产品退还了 100 万元的增值税，请问该公司是否可以要求同时退还城市维护建设税和教育费附加？

一、教育费附加和地方教育附加的认知

1. 教育费附加和地方教育附加征收范围的确定

教育费附加和地方教育附加对缴纳增值税和消费税的单位和个人征收，以其实际缴纳的增值税和消费税为计征依据，分别与增值税和消费税同时缴纳。

自 2010 年 12 月 1 日起，对外商投资企业、外国企业及外籍个人（以下简称外资企业）征收教育费附加。

2. 教育费附加和地方教育附加计征对象的确定

教育费附加和地方教育附加以纳税人实际缴纳的增值税和消费税税额为计征依据，随“两税”同时征收，其本身没有特定的课征对象，其征管方法也完全比照“两税”的有关规定办理。

二、教育费附加和地方教育附加的计算

1. 教育费附加和地方教育附加计征依据的确定

教育费附加和地方教育附加的计征依据，是指纳税人实际缴纳的“两税”税额和出口已批准免抵的增值税。纳税人违反“两税”有关税法而加收的滞纳金和罚款，是税务机关对纳税人违法行为的经济制裁，不作为教育费附加和地方教育附加的计征依据。

教育费附加和地方教育附加以“两税”税额为计征依据并同时征收，如果要免征或减征“两税”，也就要同时免征或减征教育费附加和地方教育附加。

2. 教育费附加和地方教育附加的征收率

教育费附加的征收率曾几经变化。1986 年开征时，规定为 1%；1990 年 5 月《国务院关于修改〈征收教育费附加的暂行规定〉的决定》中规定为 2%；按照 1994 年 2 月 7 日《国务院关于教育费附加征收问题的紧急通知》的规定，现行教育费附加征收率为 3%。地方教

育附加的征收率统一为2%。

3. 教育费附加和地方教育附加优惠政策的运用

(1) 对海关进口的产品征收的增值税、消费税，不征收教育费附加。

(2) 对由于减免增值税和消费税而发生退税的，可同时退还已征收的教育费附加。但对出口产品退还增值税、消费税的，不退还已征的教育费附加。

(3) 对国家重大水利工程建设基金免征教育费附加。

【情境引例解析】

白云公司不可以要求同时退还城市维护建设税和教育费附加。

根据《财政部关于城市维护建设税几个具体业务问题的补充规定》(财税字〔1985〕第143号) 第三条的规定，对出口产品退还消费税、增值税的，不退还已纳的城市维护建设税。

根据《财政部关于征收教育费附加几个具体问题的通知》(财税字〔1986〕第120号) 第三条的规定，对出口产品退还消费税、增值税的，不退还已征的教育费附加。

---

4. 教育费附加和地方教育附加计征额的计算

教育费附加和地方教育附加的计算公式为：

应纳教育费附加或地方教育附加=实际缴纳的增值税和消费税税额×征收率(3%或2%)

三、教育费附加和地方教育附加的申报

1. 教育费附加和地方教育附加的征纳环节、征纳地点、征纳期限

教育费附加和地方教育附加的征纳环节，实际上就是纳税人缴纳“两税”的环节。纳税人只要发生“两税”的纳税义务，就要在同样的环节，计算缴纳教育费附加和地方教育附加。

纳税人缴纳“两税”的地点，就是该纳税人缴纳教育费附加和地方教育附加的地点。但是，下列情况除外。

(1) 代扣代缴、代收代缴“两税”的单位和个人，同时也是城市维护建设税的代扣代缴、代收代缴义务人，其教育费附加和地方教育附加的征纳地点为代扣代收地。

(2) 跨省开采的油田，下属生产单位与核算单位不在一个省内的，其生产的原油，在油井所在地缴纳增值税，其应纳税款由核算单位按照各油井的产量和规定税率，计算汇拨各油井所在地缴纳。因此，各油井应纳的城市维护建设税，应由核算单位计算，随同增值税一并汇拨油井所在地，由油井在缴纳增值税的同时，一并缴纳教育费附加和地方教育附加。

(3) 对流动经营等无固定纳税地点的单位和个人，教育费附加和地方教育附加应随同“两税”在经营地缴纳。

由于教育费附加和地方教育附加是由纳税人在缴纳“两税”时同时缴纳的，因此其征纳期限分别与“两税”的纳税期限一致。增值税和消费税的纳税期限均为1日、3日、5日、10日、15日、1个月或1个季度。增值税和消费税的纳税人的具体纳税期限，由主管税务机关根据纳税人应纳税额大小分别核定。不能按照固定期限纳税的，可以按次纳税。因此，在这种情况下教育费附加和地方教育附加也按次缴纳。

2. 教育费附加和地方教育附加的申报实务

纳税人对教育费附加和地方教育附加进行申报时，应填报“教育费附加申报表”（表7-3）和“地方教育附加申报表”（表7-4）。

表7-3 教育费附加申报表

<table>
<tr><td>纳税人识别号</td><td colspan="6">91370722004056709D</td></tr>
<tr><td>纳税人名称</td><td colspan="2">山东茅台酒业有限责任公司</td><td>税款所属期</td><td colspan="3">2017年01月01日至2017年01月31日</td></tr>
<tr><td>序号</td><td>计税项目</td><td>税率（%）</td><td colspan="2">本期计税金额</td><td>本期应缴税额</td><td>上期多缴税额</td></tr>
<tr><td>1</td><td>增值税附征</td><td>3.00</td><td colspan="2">5 500.00</td><td>165.00</td><td>0.00</td></tr>
<tr><td>2</td><td>消费税附征</td><td>3.00</td><td colspan="2">35 000.00</td><td>1 050.00</td><td>0.00</td></tr>
<tr><td></td><td></td><td></td><td colspan="2"></td><td></td><td></td></tr>
<tr><td></td><td></td><td></td><td colspan="2"></td><td></td><td></td></tr>
<tr><td></td><td></td><td></td><td colspan="2"></td><td></td><td></td></tr>
<tr><td>序号</td><td>本期已扣缴税额</td><td>本期已预缴税额</td><td>本期减免税额</td><td colspan="2">本期缓缴税额</td><td>本期实缴税额</td></tr>
<tr><td>1</td><td>0.00</td><td>0.00</td><td>0.00</td><td colspan="2">0.00</td><td>165.00</td></tr>
<tr><td>2</td><td>0.00</td><td>0.00</td><td>0.00</td><td colspan="2">0.00</td><td>1 050.00</td></tr>
<tr><td></td><td></td><td></td><td></td><td colspan="2"></td><td></td></tr>
<tr><td></td><td></td><td></td><td></td><td colspan="2"></td><td></td></tr>
<tr><td></td><td></td><td></td><td></td><td colspan="2"></td><td></td></tr>
<tr><td colspan="6">合计：</td><td>¥1 215.00</td></tr>
<tr><td colspan="7"></td></tr>
<tr><td colspan="2">会计主管签字：</td><td colspan="3">代理申报人签字：</td><td colspan="2">纳税人盖章：略</td></tr>
<tr><td colspan="2">收到日期：</td><td colspan="3">接收人：</td><td colspan="2">审核日期：</td></tr>
<tr><td colspan="5">审核记录：</td><td colspan="2">主管税务机关盖章：
主管税务官员签字：</td></tr>
<tr><td colspan="2"></td><td colspan="3">申报日期：2017年02月08日</td><td colspan="2"></td></tr>
</table>

表7-4 地方教育附加申报表

<table>
<tr><td>纳税人识别号</td><td colspan="5">91370722004056709D</td></tr>
<tr><td>纳税人名称</td><td colspan="2">山东茅台酒业有限责任公司</td><td>税款所属期</td><td colspan="2">2017年01月01日至2017年01月31日</td></tr>
<tr><td>序号</td><td>计税项目</td><td>税率（%）</td><td>本期计税金额</td><td>本期应缴税额</td><td>上期多缴税额</td></tr>
<tr><td>1</td><td>增值税附征</td><td>2.00</td><td>5 500.00</td><td>110.00</td><td>0.00</td></tr>
<tr><td>2</td><td>消费税附征</td><td>2.00</td><td>35 000.00</td><td>700.00</td><td>0.00</td></tr>
<tr><td></td><td></td><td></td><td></td><td></td><td></td></tr>
<tr><td></td><td></td><td></td><td></td><td></td><td></td></tr>
<tr><td></td><td></td><td></td><td></td><td></td><td></td></tr>
</table>

续表

序号	本期已扣缴税额	本期已预缴税额	本期减免税额	本期缓缴税额	本期实缴税额
1	0.00	0.00	0.00	0.00	110.00
2	0.00	0.00	0.00	0.00	700.00
				合计：	¥810.00

会计主管签字：	代理申报人签字：	纳税人盖章：略
收到日期：	接收人：	审核日期：
审核记录：		主管税务机关盖章： 主管税务官员签字：
	申报日期：2017年02月08日	

【情境实战7-2】

1. 工作任务要求

（1）计算山东茅台酒业有限责任公司应缴纳的教育费附加和地方教育附加。

（2）山东茅台酒业有限责任公司2017年2月8日进行纳税申报，填写“教育费附加申报表”和“地方教育附加申报表”。

2. 情境实战设计

同情境实战7-1。

3. 实战操作步骤

第一步：根据经济业务计算茅台酒业本月应纳增值税、消费税及相应的教育费附加和地方教育附加。

销售白酒应纳增值税＝150 000×17%－20 000＝25 500－20 000＝5 500（元）

销售白酒应纳消费税＝150 000×20%＋5 000×2×0.5＝30 000＋5 000＝35 000（元）

销售白酒应纳教育费附加＝5 500×3%＋35 000×3%＝165＋1 050＝1 215（元）

销售白酒应纳地方教育附加＝5 500×2%＋35 000×2%＝110＋700＝810（元）

第二步：对教育费附加和地方教育附加进行申报。

填写“教育费附加申报表”和“地方教育附加申报表”，如表7-3和表7-4所示。

任务三　土地增值税纳税申报实务

【情境引例】

安邦公司是一家房地产开发企业，请问该房地产企业在土地增值税清算时，未开票的房产应如何确认收入？

一、土地增值税的认知

1. 土地增值税纳税人的确定

土地增值税的纳税人是指转让国有土地使用权、地上建筑物及其附着物并取得收入的单位和个人。单位包括各类企业、事业单位、国家机关和社会团体及其他组织。个人包括个体经营者。土地增值税也适用于外商投资企业、外国企业及外籍纳税人。

2. 土地增值税征税范围的确定

土地增值税的基本征税范围包括：转让国有土地使用权；地上建筑物及其附着物连同国有土地使用权一并转让；存量房地产的买卖。转让非国有土地使用权和国有土地出让均不征收土地增值税。

1）属于土地增值税的征税范围的情况（应征）

（1）转让国有土地使用权（指以出售方式转让国有土地使用权）。

（2）地上建筑物及其附着物连同国有土地使用权一并转让。

（3）存量房地产买卖。

（4）抵押期满以房地产抵债（发生权属转让）。

（5）单位之间交换房地产（有实物形态收入）。

（6）投资方或接受方属于房地产开发企业的房地产投资。

（7）投资联营后将投入的房地产再转让的。

（8）合作建房建成后转让的。

情境讨论：什么叫作以出售方式转让国有土地使用权？

2）不属于土地增值税的征税范围的情况（不征）

（1）房地产继承（无收入）。

（2）房地产赠予（有范围限制无收入）。

（3）房地产出租（权属未变）。

（4）房地产抵押期内（权属未变）。

（5）房地产的代建房行为（权属未变）。

（6）房地产评估增值。

情境讨论：什么叫作房地产的代建房行为？什么叫作房地产的重新评估？

3）免征土地增值税的情况（免征或暂免征收）

（1）个人互换自有居住用房地产。

（2）合作建房建成后按比例分房自用。

（3）与房地产开发企业无关的投资联营，将房地产转让到投资企业。

（4）企业兼并，被兼并企业将房地产转让到兼并企业中。

（5）因国家建设需要依法征用、收回的房地产。

（6）个人转让居住满5年以上的房地产。

（7）建造普通标准住宅出售，增值额未超过扣除项目金额20%的。

（8）因城市实施规划、国家建设的需要而搬迁，由纳税人自行转让原房地产的，免征土地增值税。

二、土地增值税的计算

1. 土地增值税计税依据的确定

土地增值税的计税依据是纳税人转让房地产所取得的土地增值额。而土地增值额为纳税人转让房地产所取得的收入减除《中华人民共和国土地增值税暂行条例》规定扣除项目金额后的余额。

1）应税收入的确定

纳税人转让房地产取得的应税收入，包括转让房地产取得的全部价款及有关的经济利益，从形式上看包括货币收入、实物收入和其他收入。非货币收入要折合货币金额计入收入总额。

营业税改征增值税后，土地增值税纳税人转让房地产取得的收入为不含增值税收入。适用增值税一般计税方法的纳税人，其转让房地产的土地增值税应税收入不含增值税销项税额；适用简易计税方法的纳税人，其转让房地产的土地增值税应税收入不含增值税应纳税额。免征增值税的，确定计税依据时，转让房地产取得的收入不扣减增值税额。

为方便纳税人，简化土地增值税预征税款计算，房地产开发企业采取预收款方式销售自行开发的房地产项目的，可按照以下方法计算土地增值税预征计征依据：

土地增值税预征的计征依据=预收款-应预缴增值税税款

房地产开发企业在营改增后进行房地产开发项目土地增值税清算时，按以下方法确定应税收入：

土地增值税应税收入=营改增前转让房地产取得的收入+营改增后转让房地产取得的不含增值税收入

实务咨询：（1）我公司为一家房地产开发企业，收取顾客的违约金及更名费是否需要缴纳土地增值税？

（2）我公司为一家房地产开发企业，销售地下车位使用权，与业主签订合同约定使用年限为20年，使用费一次性收取，请问该业务是否应当缴纳土地增值税？

2）纳税人从转让收入中减除的扣除项目

纳税人从转让收入中减除的扣除项目包括以下方面的内容。

（1）取得土地使用权所支付的金额（适用新建房转让和存量房地产转让），包括地价款和取得土地使用权时按国家规定缴纳的费用。

（2）房地产开发成本（适用新建房转让），包括土地征用及拆迁补偿费、前期工程费、建筑安装工程费、基础设施费、公共配套设施费、开发间接费用。

（3）房地产开发费用（适用新建房转让）。

① 纳税人能按转让房地产项目分摊利息支出并能提供金融机构贷款证明的，最多允许扣除的房地产开发费用=利息+（取得土地使用权所支付的金额+房地产开发成本）×5%以内。

情境讨论：可计入房地产开发费用的利息能按转让房地产项目分摊利息支出并能提供金融机构贷款证明的可以作为从转让收入中减除的扣除项目，还需满足什么条件？

② 纳税人不能按转让房地产项目分摊利息支出或不能提供金融机构贷款证明的（也包含全部使用自有资金的无借款的情况），最多允许扣除的房地产开发费用=（取得土地使用权所支付的金额+房地产开发成本）×10%以内。

③ 房地产开发企业既向金融机构借款，又有其他借款的，其房地产开发费用计算扣除时不能同时适用上述①、②项所述两种办法。

（4）与转让房地产有关的税金（适用新建房转让和存量房地产转让）。

营改增后，与转让房地产有关的税金包括城市维护建设税、印花税（非房地产开发企业的印花税可以在此扣除；房地产开发企业由于印花税包含在管理费用中且通过管理费用扣除，故不能在此重复扣除）。教育费附加视同税金扣除。营改增后，计算土地增值税增值额的扣除项目中“与转让房地产有关的税金”不包括增值税。土地增值税扣除项目涉及的增值税进项税额，允许在销项税额中计算抵扣的，不计入扣除项目，不允许在销项税额中计算抵扣的，可以计入扣除项目。

营改增后，房地产开发企业实际缴纳的城市维护建设税（教育费附加，凡能够按清算项目准确计算的，允许据实扣除。凡不能按清算项目准确计算的，则按该清算项目预缴增值税时实际缴纳的城建税、教育费附加扣除。其他转让房地产行为的城建税、教育费附加扣除比照上述规定执行。

房地产开发企业在营改增后进行房地产开发项目土地增值税清算时，按以下方法确定与转让房地产有关的税金：

与转让房地产有关的税金=营改增前实际缴纳的营业税、城建税、教育费附加+营改增后允许扣除的城建税、教育费附加

（5）财政部规定的其他扣除项目（适用新建房转让）。

从事房地产开发的纳税人可加计扣除=（取得土地使用权所支付的金额+房地产开发成本）×20%

注意：

① 此项加计扣除金额对房地产开发企业有效，非房地产开发企业不享受此项政策；

② 取得土地使用权后未经开发就转让的，不得加计扣除。

（6）旧房及建筑物的评估价格（适用存量房地产转让）。税法规定，转让旧房的，应按房屋及建筑物的评估价格、取得土地使用权所支付的地价款和按国家统一规定缴纳的有关费用，以及在转让环节缴纳的税金作为扣除项目金额计征土地增值税。

①“旧房及建筑物的评估价格”是指转让已使用过的房屋及建筑物时，由政府批准设立的房地产评估机构评定的重置成本价乘以成新度折扣率后的价格。评估价格须经当地税务机关确认。

评估价格=重置成本价×成新度折扣率

纳税人转让旧房及建筑物，凡不能取得评估价格，但能提供购房发票的，经当地税务部门确认，根据取得土地使用权所支付的金额、新建房及配套设施的成本、费用，或者旧房及建筑物的评估价格，可按发票所载金额并从购买年度起至转让年度止每年加计 5% 计算扣除。计算扣除项目时“每年”按购房发票所载日期起至售房发票开具之日止，每满 12 个月计 1 年；超过 1 年，未满 12 个月但超过 6 个月的，可以视同为 1 年。

营改增后，纳税人转让旧房及建筑物，凡不能取得评估价格，但能提供购房发票的，《中华人民共和国土地增值税暂行条例》第六条第一、三项规定的扣除项目的金额按照下列方法计算：

a）提供的购房凭据为营改增前取得的营业税发票的，按照发票所载金额（不扣减营业税）并从购买年度起至转让年度止每年加计 5% 计算。

b）提供的购房凭据为营改增后取得的增值税普通发票的，按照发票所载价税合计金额从购买年度起至转让年度止每年加计 5% 计算。

c）提供的购房发票为营改增后取得的增值税专用发票的，按照发票所载不含增值税金额加上不允许抵扣的增值税进项税额之和，并从购买年度起至转让年度止每年加计 5% 计算。

对纳税人购房时缴纳的契税，凡能提供契税完税凭证的，准予作为“与转让房地产有关的税金”予以扣除，但不作为加计 5% 的基数。

对于转让旧房及建筑物，既没有评估价格，又不能提供购房发票的，地方税务机关可以根据《税收征管法》第三十五条的规定，实行核定征收。

② 对取得土地使用权时未支付地价款或不能提供已支付的地价款凭据的，不允许扣除取得土地使用权时所支付的金额。

2. 土地增值税的税率

土地增值税采用四级超率累进税率。与超额累进税率相比，超额累进税率累进依据为绝对数；超率累进税率累进依据为相对数，本税种的累进依据为增值额与扣除项目金额之间的比率。土地增值税税率表如表 7-5 所示。

表 7-5　土地增值税税率表

级数	增值额与扣除项目金额之间的比率	税率/%	速算扣除系数/%
1	不超过 50% 的部分	30	0
2	超过 50% 至 100% 的部分	40	5
3	超过 100% 至 200% 的部分	50	15
4	超过 200% 的部分	60	35

3. 土地增值税优惠政策的运用

（1）建造普通标准住宅出售，增值额未超过扣除项目金额 20% 的免税。

普通标准住宅与其他住宅的具体划分界限，在 2005 年 5 月 31 日以前由各省、自治区、直辖市人民政府规定。自 2005 年 6 月 1 日起，普通标准住宅应同时满足：住宅小区建筑容积率在 1.0 以上；单套建筑面积在 120 平方米以下；实际成交价格低于同级别土地上住房平均交易价格 1.2 倍以下。各省、自治区、直辖市要根据实际情况，制定本地区享受优惠政策住房具体标准。允许单套建筑面积和价格标准适当浮动，但向上浮动的比例不得超过上述标准的 20%。

实务咨询：我公司为房地产开发企业，本期开发一栋高级公寓出售，增值额未超过扣除项目金额的20%，请问是否可以免征土地增值税？

（2）因国家建设需要依法征用、收回的房地产，免征土地增值税。

（3）因城市实施规划、国家建设的需要而搬迁，由纳税人自行转让原房地产的，免征土地增值税。

（4）个人因工作调动或改善居住条件转让原自用房的，依原房产使用时间长短确定免税或减半征税：① 居住年限未满3年按规定计征；② 居住年限满3年未满5年的，减半征税；③ 居住年限满5年或5年以上的，免予征收土地增值税。从2008年11月1日起，对个人销售住房暂免征收土地增值税。

4. 土地增值税应纳税额的计算

计算土地增值税的步骤和公式如下。

第一步，计算收入总额。

第二步，计算扣除项目金额。

第三步，用收入总额减除扣除项目金额计算增值额。

土地增值额=转让房地产收入-规定扣除项目金额

第四步，计算增值额与扣除项目金额之间的比例，以确定适用税率和速算扣除系数。

第五步，套用公式计算税额。其公式为：

应纳税额=增值额×税率-扣除项目金额×速算扣除系数

5. 房地产开发企业土地增值税的清算

1）土地增值税的清算单位

土地增值税以国家有关部门审批的房地产开发项目为单位进行清算，对于分期开发的项目，以分期项目为单位清算。

开发项目中同时包含普通住宅和非普通住宅的，应分别计算增值额。

2）土地增值税的清算条件

（1）符合下列情形之一的，纳税人应进行土地增值税的清算。

① 房地产开发项目全部竣工、完成销售的。

② 整体转让未竣工决算房地产开发项目的。

③ 直接转让土地使用权的。

（2）符合下列情形之一的，主管税务机关可要求纳税人进行土地增值税清算。

① 已竣工验收的房地产开发项目，已转让的房地产建筑面积占整个项目可售建筑面积的比例在85%以上，或者该比例虽未超过85%，但剩余的可售建筑面积已经出租或自用的。

② 取得销售（预售）许可证满3年仍未销售完毕的。

③ 纳税人申请注销税务登记但未办理土地增值税清算手续的。

④ 省税务机关规定的其他情况。

3）非直接销售和自用房地产的收入确定

（1）房地产开发企业将开发产品用于职工福利、奖励、对外投资、分配给股东或投资人、抵偿债务、换取其他单位和个人的非货币性资产等，发生所有权转移时应视同销售房地产，其收入按下列方法和顺序确认。

① 按本企业在同一地区、同一年度销售的同类房地产的平均价格确定。

② 由主管税务机关参照当地当年、同类房地产的市场价格或评估价值确定。

(2) 房地产开发企业将开发的部分房地产转为企业自用或用于出租等商业用途时，如果产权未发生转移，不征收土地增值税，在税款清算时不列收入，不扣除相应的成本和费用。

(3) 土地增值税清算时，已全额开具商品房销售发票的，按照发票所载金额确认收入；未开具发票或未全额开具发票的，以交易双方签订的销售合同所载的售房金额及其他收益确认收入。销售合同所载商品房面积与有关部门实际测量面积不一致，在清算前已发生补、退房款的，应在计算土地增值税时予以调整。

4) 土地增值税的核定征收

房地产开发企业有下列情形之一的，税务机关可以参照与其开发规模和收入水平相近的当地企业的土地增值税税负情况，按不低于预征率的征收率核定征收土地增值税。

(1) 依照法律、行政法规的规定应当设置但未设置账簿的。

(2) 擅自销毁账簿或拒不提供纳税资料的。

(3) 虽设置账簿，但账目混乱或成本资料、收入凭证、费用凭证残缺不全，难以确定转让收入或扣除项目金额的。

(4) 符合土地增值税清算条件，未按照规定的期限办理清算手续，经税务机关责令限期清算，逾期仍不清算的。

(5) 申报的计税依据明显偏低，又无正当理由的。

核定征收必须严格依照税收法律、法规规定的条件进行，任何单位和个人不得擅自扩大核定征收范围，严禁在清算中出现“以核定为主、一核了之”“求快图省”的做法。凡擅自将核定征收作为本地区土地增值税清算主要方式的，必须立即纠正。对确需核定征收的，要严格按照税收法律、法规的要求，从严、从高确定核定征收率。为了规范核定工作，核定征收率原则上不得低于5%，各省级税务机关要结合本地实际，区分不同房地产类型制定核定征收率。

5) 清算后再转让房地产的处理

在土地增值税清算时未转让的房地产，清算后销售或有偿转让的，纳税人应按规定进行土地增值税的纳税申报，扣除项目金额按清算时的单位建筑面积成本费用乘以销售或转让面积计算。

清算时的扣除项目总金额=单位建筑面积成本费用×清算的总建筑面积

6) 土地增值税清算后应补缴的土地增值税加收滞纳金

纳税人按规定预缴土地增值税后，清算补缴的土地增值税，在主管税务机关规定的期限内补缴的，不加收滞纳金。

【情境引例解析】

根据《国家税务总局关于土地增值税清算有关问题的通知》(国税函〔2010〕220号)第一条的规定，土地增值税清算时，已全额开具商品房销售发票的，按照发票所载金额确认收入；未开具发票或未全额开具发票的，以交易双方签订的销售合同所载的售房金额及其他收益确认收入。销售合同所载商品房面积与有关部门实际测量面积不一致，在清算前已发生补、退房款的，应在计算土地增值税时予以调整。

实务咨询：我公司是一家房地产开发企业，在清算时补缴的土地增值税，是否需要缴纳滞纳金？

三、土地增值税的纳税申报

1. 土地增值税的纳税期限

土地增值税的纳税人应在转让房地产合同签订后的7日内，到房地产所在地主管税务机关办理纳税申报，并向税务机关提交房屋及建筑物产权、土地使用权证书，土地转让、房产买卖合同，房地产评估报告及其他与转让房地产有关的资料。纳税人因经常发生房地产转让而难以在每次转让后申报的，经税务机关审核同意后，可以定期进行纳税申报，具体期限由税务机关根据情况确定。

2. 土地增值税的纳税地点

土地增值税的纳税人应向房地产所在地主管税务机关办理纳税申报，并在税务机关核定的期限内缴纳土地增值税。

这里所说的“房地产所在地”，是指房地产的坐落地。纳税人转让的房地产坐落在两个或两个以上地区的，应按房地产所在地分别申报纳税。

在实际工作中，纳税地点的确定又可分为以下两种情况。

（1）纳税人是法人的。当转让的房地产坐落地与其机构所在地或经营所在地一致时，则在办理税务登记的原管辖税务机关申报纳税即可；如果转让的房地产坐落地与其机构所在地或经营所在地不一致，则应在房地产坐落地所管辖的税务机关申报纳税。

（2）纳税人是自然人的。当转让的房地产坐落地与其居住所在地一致时，则在住所所在地税务机关申报纳税；当转让的房地产坐落地与其居住所在地不一致时，在办理过户手续所在地的税务机关申报纳税。

3. 土地增值税纳税申报实务

从事房地产开发的纳税人对土地增值税进行清算时，应填报“土地增值税纳税申报表（从事房地产开发的纳税人清算适用）”（表7-6）。

表7-6　土地增值税纳税申报表（一）

（从事房地产开发的纳税人清算适用）

税款所属时间：2017年01月01日至2017年01月31日　　填表日期：2017年02月05日

金额单位：元至角分；面积单位：平方米

纳税人识别号　9 1 3 7 0 2 2 2 3 3 3 8 8 8 9 9 9 P

纳税人名称	北京立信房地产开发有限公司	项目名称	金都阳光1期		项目编号		项目地址	北京市海淀区玉泉路88号
所属行业	房地产开发公司	登记注册类型	股份有限公司		纳税人地址	北京市海淀区玉泉路5号	邮政编码	100084
开户银行	中国工商银行北京玉泉路支行	银行账号	350001547865412312		主管部门	北京市建设局	电　话	010-81454653
总可售面积					自用和出租面积			
已售面积		其中：普通住宅已售面积			其中：非普通住宅已售面积		其中：其他类型房地产已售面积	

续表

项目			行次	金额			
				普通住宅	非普通住宅	其他类型房地产	合计
一、转让房地产收入总额 1=2+3+4			1	135 135 135.14			135 135 135.14
其中	货币收入		2	135 135 135.14			135 135 135.14
	实物收入		3	0.00			0.00
	视同销售收入		4	0.00			0.00
二、扣除项目金额合计 5=6+7+14+17+21			5	84 699 237.7			84 699 237.7
1. 取得土地使用权所支付的金额			6	30 000 000.00			30 000 000.00
2. 房地产开发成本 7=8+9+10+11+12+13			7	34 650 034.65			34 650 034.65
其中	土地征用及拆迁补偿费		8				
	前期工程费		9				
	建筑安装工程费		10	34 650 034.65			34 650 034.65
	基础设施费		11				
	公共配套设施费		12				
	开发间接费用		13				
3. 房地产开发费用 14=15+16			14	6 465 003.47			6 465 003.47
其中	利息支出		15				
	其他房地产开发费用		16				
4. 与转让房地产有关的税金等 17=18+19			17	654 192.65			654 192.65
其中	城市维护建设税		18	457 934.86			457 934.86
	教育费附加		19	196 257.79			196 257.79
5. 财政部规定的其他扣除项目			20	12 930 006.93			12 930 006.93
6. 代收费用			21				
三、增值额 23=1−5			22	50 435 897.44			50 435 897.44
四、增值额与扣除项目金额之比（%）24=23÷5			23	59.55%			59.55%
五、适用税率（%）			24	40%			40%
六、速算扣除系数（%）			25	5%			5%
七、应缴土地增值税税额 27=23×25−5×26			26	15 939 397.09			15 939 397.09
八、减免税额 28=30+32+34			27	0.00			0.00
其中	减免税（1）	减免性质代码	28				
		减免税额	29				
	减免税（2）	减免性质代码	30				
		减免税额	31				
	减免税（3）	减免性质代码	32				
		减免税额	33				

续表

<table>
<tr><td rowspan="2" colspan="2">项　目</td><td rowspan="2">行次</td><td colspan="4">金　额</td></tr>
<tr><td>普通住宅</td><td>非普通住宅</td><td>其他类型房地产</td><td>合计</td></tr>
<tr><td colspan="2">九、已缴土地增值税税额</td><td>34</td><td>0</td><td></td><td></td><td>0</td></tr>
<tr><td colspan="2">十、应补（退）土地增值税税额 36=27-28-35</td><td>35</td><td>15 939 397.09</td><td></td><td></td><td>15 939 397.09</td></tr>
<tr><td>授权代理人</td><td>（如果你已委托代理申报人，请填写下列资料）
为代理一切税务事宜，现授权________（地址）________为本纳税人的代理申报人，任何与本报表有关的来往文件都可寄与此人。
授权人签字：__________</td><td>纳税人声明</td><td colspan="4">此纳税申报表是根据《中华人民共和国土地增值税暂行条例》及其实施细则的规定填报的，是真实的、可靠的、完整的。
声明人签字：略__________</td></tr>
</table>

纳税人公　章	略	法人代表签　章	略	经办人员（代理申报人）签章	略	备注	

（以下部分由主管税务机关负责填写）

<table>
<tr><td>主管税务机关收到日期</td><td></td><td>接收人</td><td></td><td>审核日期</td><td></td><td>税务审核人员签章</td><td></td></tr>
<tr><td>审核记录</td><td colspan="5"></td><td>主管税务机关盖章</td><td></td></tr>
</table>

【情境实战 7-3】

1. 工作任务要求

（1）计算北京立信房地产有限开发公司应纳的土地增值税。

（2）北京立信房地产开发有限公司于2017年2月5日进行土地增值税纳税申报，填写“土地增值税纳税申报表”。

2. 情境实战设计

北京立信房地产开发有限公司（地处市区，具体地址为：北京市海淀区玉泉路5号，纳税人识别号为：91370222333888999P，主管部门为北京市建设局，该公司开户银行为中国工商银行北京玉泉路支行，银行账号为350001547865412312，该公司电话为：010-81454653），在2017年1月整体转让一栋普通住宅（金都阳光1期，该项目为新项目，具体地址为：北京市海淀区玉泉路88号），转让取得含税收入为15 000万元，扣除项目中，土地出让金3 000万元，房地产开发成本假设只有建筑安装工程费，包括购买的建筑材料3 000万元（含增值税，取得增值税专用发票，税率17%），支付给建筑公司建设工程款1 000万元（含增值税，取得增值税专用发票，税率11%），房地产开发费用中的利息支出为1 200万元（不能按转让房地产项目计算分摊利息支出，也不能提供金融机构证明），房地产开发费用的计算扣除比例为10%。假设只考虑城建税和教育费附加，不考虑地方教育附加。

3. 实战操作步骤

第一步：根据经济业务计算土地增值税应纳税额。

(1) 销售房地产应纳增值税=(全部价款和价外费用-当期允许扣除的土地价款)÷(1+11%)×11%-进项税额=[(150 000 000-30 000 000)/(1+11%)]×11%-[30 000 000/(1+17%)]×17%-[10 000 000/(1+11%)]×11%=6 541 926.54(元);

营业税改征增值税后,土地增值税纳税人转让房地产取得的收入为不含增值税收入。转让房地产的收入(不含增值税收入)=150 000 000/(1+11%)=135 135 135.14(元)。

(2) 取得土地使用权所支付的金额(土地价款)为30 000 000元;

房地产开发成本=30 000 000/(1+17%)+10 000 000/(1+11%)=25 641 025.64+9 009 009.01=34 650 034.65(元);

房地产开发费用=(取得土地使用权所支付的金额+房地产开发成本)×10%=(30 000 000+34 650 034.65)×10%=6 465 003.47(元);

与转让房地产有关的税金=城市维护建设税+教育费附加=6 541 926.54×(7%+3%)=654 192.65(元);

加计扣除=(取得土地使用权所支付的金额+房地产开发成本)×20%=(30 000 000+34 650 034.65)×20%=12 930 006.93(元);

转让房地产的扣除项目金额合计=30 000 000+34 650 034.65+6 465 003.47+654 192.65+12 930 006.93=84 699 237.7(元)。

(3) 转让房地产的增值额=135 135 135.14-84 699 237.7=50 435 897.44(元)。

(4) 增值额与扣除项目金额之间的比率(增值率)=(50 435 897.44/84 699 237.7)×100%=59.55%;

适用税率为40%,速算扣除系数为5%;

应纳土地增值税=50 435 897.44×40%-84 699 237.7×5%=15 939 397.09(元)。

第二步:对土地增值税进行纳税申报。

填写“土地增值税纳税申报表”(表7-6)。

任务四 房产税纳税申报实务

【情境引例】

利德公司按揭买房产生了利息支出,请问该利息支出是否计入房屋原值计征房产税?

一、房产税的认知

1. 房产税纳税人的确定

房产税的纳税人是指在我国城市、县城、建制镇和工矿区(不包括农村)内拥有房屋产权的单位和个人,具体包括产权所有人、承典人、房产代管人或使用人。

(1) 产权属于国家的,其经营管理的单位为纳税人。

(2) 产权属于集体和个人的,集体单位和个人为纳税人。

(3) 产权出典的,承典人为纳税人。

产权出典是指产权所有人为了某种需要,将自己的房屋在一定的期限内转让给他人使用，以押金形式换取一定数额的现金（或者实物），并立有某种合同（契约）的行为。在此，房屋所有人称为房屋“出典人”，支付现金（或者实物）的人称为房屋的“承典人”。

（4）产权所有人、承典人均不在房产所在地的，房产代管人或使用人为纳税人。

（5）产权未确定及租典（租赁、出典）纠纷未解决的，房产代管人或使用人为纳税人。

（6）纳税单位和个人无租使用房产管理部门、免税单位及纳税单位的房产，由使用人代为缴纳房产税。

（7）房地产开发企业建造的商品房，在出售前，不征收房产税，但对出售前房地产开发企业已使用或出租、出借的商品房应按规定征收房产税。

实务咨询：我公司（甲企业）与乙企业合作建房，在建工程的成本仅在甲企业账上反映，工程尚未竣工，产权证也没有办理。现甲、乙两企业已将房产投入使用，请问房产税由哪方缴纳？

2. 房产税征税范围的确定

房产税的征税对象是房产，即有屋面和围护结构（有墙或两边有柱），能够遮风避雨，可提供人们在其中生产、学习、工作、娱乐、居住或储藏物资的场所。

房产税的征税范围是城市、县城、建制镇和工矿区的房屋，不包括农村。

二、房产税的计算

1. 房产税计税依据的确定及税率

1）从价计征的计税依据及税率

从价计征的计税依据为按照房产原值一次减除 10%～30% 损耗后的余值（扣除比例由省、自治区、直辖市人民政府确定）。从价计征的年税率为 1.2%。

对于房产原值的规定主要有以下方面。

（1）房产原值是指纳税人按照会计制度规定，在账簿“固定资产”科目中记载的房屋原价。因此，凡按会计制度规定在账簿中记载有房屋原价的，应以房屋原价按规定减除一定比例后作为房产余值计征房产税；没有记载房屋原价的，按照上述原则，并参照同类房屋确定房产原值，按规定计征房产税。

值得注意的是，自 2009 年 1 月 1 日起，对依照房产原值计税的房产，无论是否记载在会计账簿“固定资产”科目中，均应按照房屋原价计算缴纳房产税。房屋原价应根据国家有关会计制度规定进行核算。对纳税人未按国家会计制度规定核算并记载的，应按规定予以调整或重新评估。

【情境引例解析】

根据《财政部、国家税务总局关于房产税、城镇土地使用税有关问题的通知》（财税〔2008〕152 号）第一条的规定，对依照房产原值计税的房产，无论是否记载在会计账簿固定资产科目中，均应按照房屋原价计算缴纳房产税。房屋原价应根据国家有关会计制度规定进行核算。对纳税人未按国家会计制度规定核算并记载的，应按规定予以调整或重新评估。因此，利德公司按揭买房发生的利息支出，凡按照国家会计制度规定应该计入房产原价的，需要计征房产税。

（2）房产原值应包括与房屋不可分割的各种附属设备或一般不单独计算价值的配套设

施。其主要有暖气、卫生、通风、照明、煤气等设备；各种管线，如蒸汽、压缩空气、石油、给水排水等管道，以及电力、电讯、电缆导线；电梯、升降机、过道、晒台等。属于房屋附属设备的水管、下水道、暖气管、煤气管等应从最近的探视井或三通管起，计算原值；电灯网、照明线从进线盒连接管起，计算原值。

(3) 纳税人对原有房屋进行改建、扩施，要相应增加房屋的原值。

2) 从租计征的计税依据及税率

从租计征的计税依据为租金收入（包括实物收入和货币收入）。以劳务或其他形式抵付房租收入的，按当地同类房产租金水平确定。从租计征的税率为12%。从2001年1月1日起个人按市场价格出租的居民用房（出租后用于居住的居民住房），税率为4%，但根据《关于廉租住房、经济适用房和住房租赁有关税收政策的通知》（财税〔2008〕24号）的规定，对个人出租住房，不区分用途，按4%的税率征收房产税；对企事业单位、社会团体及其他组织按市场价格向个人出租用于居住的住房，减按4%的税率征收房产税。

营业税改征增值税后，房产出租的，计征房产税的租金收入不含增值税。免征增值税的，确定计税依据时，租金收入不扣减增值税额。

实务咨询：我公司为房产出租方（产权人），将房产交由承租方进行装修后无偿使用一定时间，请问无偿使用期间房产税应如何缴纳？

2. 房产税优惠政策的运用

房产税的税收优惠政策主要有以下7项。

(1) 国家机关、人民团体、军队自用的房产免征房产税。但对出租房产，以及非自身业务使用的生产、营业用房，不属于免税范围。

(2) 由国家财政部门拨付事业经费的单位（全额或差额预算管理的事业单位），本身业务范围内使用的房产免征房产税。对于其所属的附属工厂、商店、招待所等不属单位公务、业务的用房，应照章纳税。

(3) 宗教寺庙、公园、名胜古迹自用的房产免征房产税。但宗教寺庙、公园、名胜古迹中附设的营业单位，如影剧院、饮食部、茶社、照相馆等所使用的房产及出租的房产，不属于免税范围，应照章纳税。

(4) 个人所有非营业用的房产免征房产税。对个人拥有的营业用房或出租的房产，不属于免税房产，应照章纳税。

(5) 央行（含外管局）所属分支机构自用的房产，免征房产税。

(6) 在基建工地为基建工地服务的各种工棚、材料棚、休息棚和办公室，食堂、茶炉房、汽车房等临时性房屋，在施工期间，一律免征房产税。但工程结束后，施工企业将这种临时性房屋交还或估价转让给基建单位的，应从基建单位接收的次月起，照章纳税。

(7) 经财政部批准免税的其他房产。

3. 房产税应纳税额的计算

(1) 从价计征房产税的：

$$应纳税额=房产原值\times(1-扣除比例)\times1.2\%$$

由此公式计算出来的房产税税额是年税额。

(2) 从租计征房产税的：

$$应纳税额=租金收入\times12\%（或4\%）$$

三、房产税的纳税申报

1. 房产税的纳税义务发生时间

（1）纳税人将原有房产用于生产经营，从生产经营之月起，缴纳房产税。

（2）纳税人自行新建房屋用于生产经营，从建成之日的次月起，缴纳房产税。

（3）纳税人委托施工企业建设的房屋，从办理验收手续的次月起，缴纳房产税。

（4）纳税人购置新建商品房，自房屋交付使用的次月起，缴纳房产税。

（5）纳税人购置存量房，自办理房屋权属转移、变更登记手续，房地产权属登记机关签发房屋权属证书的次月起，缴纳房产税。

（6）纳税人出租、出借房产，自交付出租、出借房产之次月起，缴纳房产税。

（7）房地产开发企业自用、出租、出借本企业建造的商品房，自房屋使用或交付之次月起，缴纳房产税。

（8）自2009年起，纳税人因房产的实物或权利状态发生变化而依法终止房产税的纳税义务的，其应纳税款的计算应截止到房产的实物或权利发生变化的当月末。

2. 房产税的纳税期限

房产税实行按年计算，分期缴纳的征收办法。具体纳税期限由省、自治区、直辖市人民政府规定。一般可采取按季或半年缴纳，按季缴纳的可在1月份、4月份、7月份、10月份缴纳；按半年缴纳的可在1月份、7月份缴纳；税额比较大的，可按月缴纳；个人出租房产的可按次缴纳。

3. 房产税的纳税地点

房产税在房产所在地缴纳。对房产不在同一地方的纳税人，应按房产的坐落地点分别向房产所在地的税务机关缴纳。

4. 房产税的纳税申报实战

纳税人对从价计征房产税进行纳税申报时，应填报“房产税纳税申报表”（表7-7）、“从价计征房产税税源明细表”（表7-8）。

【情境实战7-4】

1. 工作任务要求

（1）计算山东宏达有限责任公司2016年第四季度应缴纳的房产税。

（2）山东宏达有限责任公司于2017年1月8日对其2016年第四季度房产税进行纳税申报，填写“房产税纳税申报表”和“从价计征房产税税源明细表”。

2. 情境实战设计

山东宏达有限责任公司（纳税人识别号为91370723478900321V）2016年度拥有办公用房房产原值为300万元，按照当地规定，房产税按季度进行纳税申报（房产原值的扣除比例为30%），房源编号为：F37070020136209874，该房产坐落于山东省潍坊市吉祥路8号。该公司于2017年1月8日对其2016年第四季度房产税进行纳税申报。

3. 实战操作步骤

第一步：根据经济业务计算2016年第四季度房产税应纳税额。

$$2016\text{年应纳房产税}=3\ 000\ 000\times(1-30\%)\times1.2\%=25\ 200\ (\text{元})$$

其中，2016年第四季度应纳房产税=25 200/4=6 300（元）。

第二步：对房产税进行纳税申报。

填写2016年第四季度“房产税纳税申报表”和“从价计征房产税税源明细表”，如表7-8所示。

表 7-7　房产税纳税申报表

税款所属期：自 2016 年 10 月 01 日至 2016 年 12 月 31 日　　填表日期：2017 年 01 月 08 日　　金额单位：元至角分；面积单位：平方米

纳税人识别号　91370723478900321V

纳税人信息			
名称	山东宏达有限责任公司	纳税人分类	单位☑　个人□
登记注册类型	*	所属行业	*
身份证件类型	身份证□　护照□　其他□	身份证件号码	
联系人	张三	联系方式	1320531××××

一、从价计征房产税

	房产编号	房产原值	其中：出租房产原值	计税比例	税率	所属期起	所属期止	本期应纳税额	本期减免税额	本期已缴税额	本期应补（退）税额
1	*	3 000 000.00		70%	1.2%	2016 年 10 月 01 日	2016 年 12 月 31 日	6 300.00	0.00	0.00	6 300.00
2	*										
3	*										
4	*										
5	*										
6	*										
7	*										
8	*										
9	*										
10	*										
合计	*	*	*	*	*	*	*	6 300.00	0.00	0.00	6 300.00

二、从租计征房产税

	本期申报租金收入	税率	本期应纳税额	本期减免税额	本期已缴税额	本期应补（退）税额
1						
2						
3						
合计		*				

以下由纳税人填写：

纳税人声明	此纳税申报表是根据《中华人民共和国房产税暂行条例》和国家有关税收规定填报的，是真实的、可靠的、完整的。				
纳税人签章	略	代理人签章		代理人身份证号	

以下由税务机关填写：

受理人		受理日期	年　月　日	受理税务机关签章	

本表一式两份，一份纳税人留存，一份税务机关留存。

表 7-8　从价计征房产税税源明细表

纳税人名称：山东宏达有限责任公司　　纳税人分类：单位☑　个人□　　填表日期：2017 年 01 月 08 日　　金额单位：元至角分；面积单位：平方米

纳税人识别号：9 1 3 7 0 7 2 3 4 7 8 9 0 0 3 2 1 V

<table>
<tr><td colspan="2">身份证件类型</td><td colspan="4">身份证□　护照□　其他□</td><td colspan="3">身份证件号码</td><td colspan="3"></td></tr>
<tr><td colspan="2">房产编号</td><td colspan="4">*</td><td colspan="3">产权证书号</td><td colspan="3"></td></tr>
<tr><td colspan="2">房产名称</td><td colspan="10">办公楼</td></tr>
<tr><td colspan="2">房屋坐落地址
（详细地址）</td><td colspan="10">山东省（自治区、市）潍坊市（区）　　县（区）吉祥路街道 8 号</td></tr>
<tr><td colspan="2">房产所属主管税务所
（科、分局）</td><td colspan="10">该房产的房产税收入所属的主管税务机关。系统允许各地配置该项的确定规则。该项不需纳税人手动填写，根据确定规则自动带出。</td></tr>
<tr><td colspan="2">纳税人类型</td><td colspan="3">产权所有人☑、经营管理人□、承典人□、房屋代管人□、房屋使用人□、融资租赁承租人□</td><td colspan="2">所有权人纳税识别码</td><td colspan="3">91370723478900321V</td><td>所有权人名称</td><td>山东宏达有限责任公司</td></tr>
<tr><td colspan="2">房屋所在土地编号</td><td colspan="3">*</td><td colspan="2">房产用途</td><td colspan="5">工业□ 商业及办公☑ 住房□　其他□</td></tr>
<tr><td colspan="2">房产取得时间</td><td colspan="2">年　月</td><td>变更类型</td><td colspan="5">纳税义务终止（权属转移□　其他□）
信息项变更（房产原值变更□
出租房产原值变更□　减免税变更□　其他□）</td><td>变更时间</td><td>年　月</td></tr>
<tr><td colspan="2">建筑面积</td><td colspan="3">260 平方米</td><td colspan="3">其中：出租房产面积</td><td colspan="4"></td></tr>
<tr><td colspan="2">房产原值</td><td colspan="3">3 000 000.00</td><td colspan="3">其中：出租房产原值</td><td colspan="2"></td><td>计税比例</td><td>系统设定</td></tr>
<tr><td rowspan="5">减免税部分</td><td rowspan="2">序号</td><td colspan="3" rowspan="2">减免性质代码</td><td rowspan="2">减免项目名称</td><td colspan="4">经核准的困难减免起止时间</td><td rowspan="2">减免税房产原值</td><td rowspan="2">月减免税金额</td></tr>
<tr><td colspan="2">起始月份</td><td colspan="2">终止月份</td></tr>
<tr><td>1</td><td colspan="3"></td><td></td><td colspan="2"></td><td colspan="2"></td><td></td><td></td></tr>
<tr><td>2</td><td colspan="3"></td><td></td><td colspan="2"></td><td colspan="2"></td><td></td><td></td></tr>
<tr><td>3</td><td colspan="3"></td><td></td><td colspan="2"></td><td colspan="2"></td><td></td><td></td></tr>
<tr><td colspan="12">以下由纳税人填写：</td></tr>
<tr><td colspan="2">纳税人声明</td><td colspan="10">此纳税申报表是根据《中华人民共和国房产税暂行条例》和国家有关税收规定填报的，是真实的、可靠的、完整的。</td></tr>
<tr><td colspan="2">纳税人签章</td><td></td><td colspan="2">代理人签章</td><td></td><td colspan="3">代理人身份证号</td><td colspan="3"></td></tr>
<tr><td colspan="12">以下由税务机关填写：</td></tr>
<tr><td colspan="2">受理人</td><td></td><td colspan="2">受理日期</td><td>年　月　日</td><td colspan="3">受理税务机关签章</td><td colspan="3"></td></tr>
</table>

本表一式两份，一份纳税人留存，一份税务机关留存。　注：在实际操作中带星号（*）的项目不需要纳税人填写。

任务五 资源税的纳税申报实务

【情境引例】

甲煤矿2017年10月开采原煤100万吨，当月对外销售90万吨；为职工宿舍供暖，使用本月开采的原煤2万吨；向洗煤车间移送本月开采的原煤5万吨加工洗煤，尚未对外销售；其余3万吨原煤待售。已知该煤矿每吨原煤不含增值税售价为500元（不含从坑口到车站、码头等的运输费用），适用的资源税税率为6%。要求：计算甲煤矿2017年10月应缴纳的资源税税额。

一、资源税的认知

（一）资源税纳税人的确定

资源税的纳税人，是指在中华人民共和国领域及管辖海域开采应税资源的矿产品或者生产盐（以下称开采或者生产应税产品）的单位和个人。

对资源税纳税义务人的理解，应注意以下3点：

（1）资源税规定仅对在中国领域及管辖海域从事应税矿产品开采或生产应税产品和盐的单位和个人征收，进口的矿产品和盐不征收资源税；

（2）资源税纳税义务人不仅包括符合规定的中国企业和个人，还包括外商投资企业和外国企业；

（3）独立矿山、联合企业和其他收购未税矿产品的单位为资源税的扣缴义务人。

实务咨询：我公司是一家生产建材产品的企业，在当地主管税务机关没有书面资料委托或者口头通知的情况下，我公司在收购未税矿产品时应该代扣代缴资源税吗？

（二）资源税税目的确定

资源税税目包括6大类，在6个税目下面又设有若干个子目。

（1）原油：指开采的天然原油，不包括人造原油。

（2）天然气：指专门开采的天然气和与原油同时开采的天然气。煤矿生产的天然气暂不征税。

（3）煤炭：包括原煤和以未税原煤加工的洗煤、选煤（以下简称洗选煤）。

（4）其他非金属矿：指除了原油、天然气、煤炭以外的金属矿，包括石墨、硅藻土、高岭土、萤石、石灰石、硫铁矿、磷矿、氯化钾、硫酸钾、井矿盐、湖盐、提取地下卤水晒制的盐、煤层（成）气、黏土及砂石，以及未列举名称的其他非金属矿产品。

（5）金属矿产品：包括铁矿、金矿、铜矿、铝土矿、铅锌矿、镍矿、锡矿、稀土矿、钨、钼，以及未列举名称的其他金属矿产品。

（6）海盐。

其中，原油是指开采的天然原油，不包括人造原油。天然气是指专门开采的天然气和与原油同时开采的天然气。煤矿生产的天然气暂不征税。煤炭包括原煤和以未税原煤加工的洗煤、选煤（以下简称洗选煤）。

另外，自2016年7月1日起，河北省开征水资源税试点，水资源费改税方式，将地表水和地下水纳入征税范围，实行从量定额计征。

纳税人在开采主矿产品的过程中伴采的其他应税矿产品，凡未单独规定适用税额的，一律按主矿产品或视同主矿产品税目征收资源税。

二、资源税的计算

（一）资源税计税依据的确定

资源税的计税依据为应税产品的销售额或销售量。

对《资源税税目税率表》中列举名称的27种资源品目和未列举名称的其他金属矿实行从价计征。对经营分散、多为现金交易且难以控管的黏土、砂石，按照便利征管原则，仍实行从量定额计征。对未列举名称的其他非金属矿产品，按照从价计征为主、从量计征为辅的原则，由省级人民政府确定计征方式。

1. 资源税从价定率征收的计税依据

资源税从价定率征收的计税依据为应税产品的销售额。

（1）关于销售额的认定。

销售额是指纳税人销售应税产品向购买方收取的全部价款和价外费用，不包括增值税销项税额和运杂费用。

运杂费用是指应税产品从坑口或洗选（加工）地到车站、码头或购买方指定地点的运输费用、建设基金以及随运销产生的装卸费、仓储费、港杂费。运杂费用应与销售额分别核算，凡未取得相应凭据或不能与销售额分别核算的，应当一并计征资源税。

（2）原矿销售额与精矿销售额的换算或折算。

为公平原矿与精矿之间的税负，对同一种应税产品，征税对象为精矿的，纳税人销售原矿时，应将原矿销售额换算为精矿销售额缴纳资源税；征税对象为原矿的，纳税人销售自采原矿加工的精矿，应将精矿销售额折算为原矿销售额缴纳资源税。换算比或折算率原则上应通过原矿售价、精矿售价和选矿比计算，也可通过原矿销售额、加工环节平均成本和利润计算。

金矿以标准金锭为征税对象，纳税人销售金原矿、金精矿的，应比照上述规定将其销售额换算为金锭销售额缴纳资源税。

换算比或折算率应按简便可行、公平合理的原则，由省级财税部门确定，并报财政部、国家税务总局备案。

纳税人将其开采的原矿加工为精矿销售的，按精矿销售额（不含增值税）和适用税率计算缴纳资源税。纳税人开采并销售原矿的，将原矿销售额（不含增值税）换算为精矿销售额计算缴纳资源税。精矿销售额不包括从洗选厂到车站、码头或用户指定运达地点的运输费用。

纳税人销售（或者视同销售）其自采原矿的，可采用成本法或市场法将原矿销售额换算为精矿销售额计算缴纳资源税。其中成本法公式为：

精矿销售额=原矿销售额+原矿加工为精矿的成本×（1+成本利润率）

市场法公式为：

精矿销售额=原矿销售额×换算比

换算比=同类精矿单位价格÷（原矿单位价格×选矿比）

选矿比=加工精矿耗用的原矿数量÷精矿数量

原矿销售额不包括从矿区到车站、码头或用户指定运达地点的运输费用。

2. 资源税从量定额征收的计税依据

资源税从量定额征收的计税依据为应税产品的销售数量。销售数量的具体规定为：

（1）销售数量，包括纳税人开采或者生产应税产品的实际销售数量和视同销售的自用数量。

（2）纳税人不能准确提供应税产品销售数量的，以应税产品的产量或者主管税务机关确定的折算比换算成的数量为计征资源税的销售数量。

（二）资源税税率的判定

资源税采用比例税率和定额税率两种形式。资源税税目税率表，如表 7-9 所示。

表 7-9　资源税税目税率表

税目		征税对象	税率幅度
一、原油		原矿	6%～10%
二、天然气		原矿	6%～10%
三、煤炭		原矿	2%～10%
四、其他非金属矿	石墨	精矿	3%～10%
	硅藻土	精矿	1%～6%
	高岭土	原矿	1%～6%
	萤石	精矿	1%～6%
	石灰石	原矿	1%～6%
	硫铁矿	精矿	1%～6%
	磷矿	原矿	3%～8%
	氯化钾	精矿	3%～8%
	硫酸钾	精矿	6%～12%
	井矿盐	氯化钠初级产品	1%～6%
	湖盐	氯化钠初级产品	1%～6%
	提取地下卤水晒制的盐	氯化钠初级产品	3%～15%
	煤层（成）气	原矿	1%～2%
	黏土、砂石	原矿	每吨或立方米 0.1～5 元
	未列举名称的其他非金属矿产品	原矿或精矿	从量税率每吨或立方米不超过 30 元；从价税率不超过 20%

续表

税　目		征税对象	税率幅度
五、金属矿	铁矿	精矿	1%～6%
	金矿	金锭	1%～4%
	铜矿	精矿	2%～8%
	铝土矿	原矿	3%～9%
	铅锌矿	精矿	2%～6%
	镍矿	精矿	2%～6%
	锡矿	精矿	2%～6%
	稀土矿	原矿或精矿	轻稀土按地区执行不同的适用税率， 其中，内蒙古为11.5%、 四川为9.5%、 山东为7.5%。 中重稀土资源税适用税率为27%
	钨	原矿或精矿	6.5%
	钼	原矿或精矿	11%
	未列举名称的其他金属矿产品	原矿或精矿	税率不超过20%
六、海盐		氯化钠初级产品	1%～5%

各省级人民政府应当按《财政部 国家税务总局关于全面推进资源税改革的通知》（财税〔2016〕53号）要求提出或确定本地区资源税适用税率。测算具体适用税率时，要充分考虑本地区资源禀赋、企业承受能力和清理收费基金等因素，按照改革前后税费平移原则，以近几年企业缴纳资源税、矿产资源补偿费金额（铁矿石开采企业缴纳资源税金额按40%税额标准测算）和矿产品市场价格水平为依据确定。一个矿种原则上设定一档税率，少数资源条件差异较大的矿种可按不同资源条件、不同地区设定两档税率。

扣缴义务人自身情况不同，使用扣缴税率情况也不同。独立矿山、联合企业收购未税矿产品的单位，按照本单位应税产品税额、税率标准。其他收购单位收购的未税矿产品，按税务机关核定的应税产品税额、税率标准。

（三）资源税优惠政策的运用

（1）采原油过程中用于加热、修井的原油免税。

（2）我国油气田稠油、高凝油和高含硫天然气资源税减征40%；三次采油资源税减征30%；低丰度油气田资源税暂减征20%；深水油气田减征30%；油田范围内运输稠油过程中用于加热的原油天然气免征资源税。纳税人开采的原油、天然气同时符合上述两项及两项以上减税规定的，只能选择其中一项执行，不能叠加适用。

（3）对依法在建筑物下、铁路下、水体下通过充填开采方式采出的矿产资源，资源税减征50%。

充填开采是指随着回采工作面的推进，向采空区或离层带等空间充填废石、尾矿、废渣、建筑废料以及专用充填合格材料等采出矿产品的开采方法。

（4）对实际开采年限在 15 年以上的衰竭期矿山开采的矿产资源，资源税减征 30%。

衰竭期矿山是指剩余可采储量下降到原设计可采储量的 20%（含）以下或剩余服务年限不超过 5 年的矿山，以开采企业下属的单个矿山为单位确定。

（5）对鼓励利用的低品位矿、废石、尾矿、废渣、废水、废气等提取的矿产品，由省级人民政府根据实际情况确定是否给予减税或免税。

（6）为促进共伴生矿的综合利用，纳税人开采销售共伴生矿，共伴生矿与主矿产品销售额分开核算的，对共伴生矿暂不计征资源税；没有分开核算的，共伴生矿按主矿产品的税目和适用税率计征资源税。财政部、国家税务总局另有规定的，从其规定。

纳税人的减税、免税项目，应当单独核算销售额或者销售数量；未单独核算或者不能准确提供销售额或者销售数量的，不予减税或者免税。

（四）资源税应纳税额的计算

资源税的应纳税额，按照从价定率或者从量定额的办法，分别以应税产品的销售额乘以纳税人具体适用的比例税率或者以应税产品的销售数量乘以纳税人具体适用的定额税率计算。

纳税人开采或者生产不同税目应税产品的，应当分别核算不同税目应税产品的销售额或者销售数量；未分别核算或者不能准确提供不同税目应税产品的销售额或者销售数量的，从高适用税率。

（1）采用从价定率办法应纳税额的计算公式：

应纳税额＝应税产品的销售额×比例税率

【情境引例解析】

甲煤矿 2017 年 10 月应缴纳的资源税＝（90+2）×500×6%＝2 850（万元）

（2）采用从量定额办法应纳税额的计算公式：

应纳税额＝应税产品的销售数量×定额税率

纳税人开采或者生产应税产品，自用于连续生产应税产品的，不缴纳资源税；自用于其他方面的，视同销售，缴纳资源税。

（3）原煤加工为洗选煤的资源税应纳税额的计算

纳税人将其开采的原煤加工为洗选煤销售的，以洗选煤销售额乘以折算率作为应税煤炭销售额计算缴纳资源税。

洗选煤应纳税额＝洗选煤销售额×折算率×适用税率

洗选煤销售额包括洗选副产品的销售额，不包括洗选煤从洗选煤厂到车站、码头等的运输费用。

折算率可通过洗选煤销售额扣除洗选环节成本、利润计算，也可通过洗选煤市场价格与其所用同类原煤市场价格的差额及综合回收率计算。折算率由省、自治区、直辖市财税部门或其授权地市级财税部门确定。

（4）已税产品的税务处理

纳税人用已纳资源税的应税产品进一步加工应税产品销售的，不再缴纳资源税。纳税人以未税产品和已税产品混合销售或者混合加工为应税产品销售的，应当准确核算已税产品的购进金额，在计算加工后的应税产品销售额时，准予扣减已税产品的购进金额；未分别核算的，一并计算缴纳资源税。

三、资源税的纳税申报

1. 源税的纳税义务发生时间

（1）纳税人销售应税产品采取分期收款结算方式的，其纳税义务发生时间，为销售合同规定的收款日期的当天。

（2）纳税人销售应税产品采取预收货款结算方式的，其纳税义务发生时间，为发出应税产品的当天。

（3）纳税人销售应税产品采取其他结算方式的，其纳税义务发生时间，为收讫销售款或者取得索取销售款凭据的当天。

（4）纳税人自产自用应税产品的纳税义务发生时间，为移送使用应税产品的当天。

（5）扣缴义务人代扣代缴税款的纳税义务发生时间，为支付首笔货款或者开具应支付货款凭据的当天。

2. 资源税的纳税期限

资源税的纳税期限为 1 日、3 日、5 日、10 日、15 日或者 1 个月，由主管税务机关根据实际情况具体核定。不能按固定期限计算纳税的，可以按次进行纳税。

纳税人以 1 个月为一期纳税的，自期满之日起 10 日内申报纳税；以 1 日、3 日、5 日、10 日或者 15 日为一期纳税的，自期满之日起 5 日内预缴税款，于次月 1 日起 10 日内申报纳税并结清上月税款。扣缴义务人的解缴税款期限，比照上述规定执行。

3. 资源税的纳税地点

（1）凡是缴纳增值税的纳税人，都应当向应税产品的开采或者生产所在地主管税务机关缴纳税款。

（2）纳税人在本省、自治区、直辖市范围内开采或者生产应税产品，其纳税地点需要调整的，由所在省、自治区、直辖市税务机关决定。

（3）纳税人跨省开采资源税应税产品，其下属生产单位与核算单位不在同一省、自治区、直辖市的，对其开采的矿产品一律在开采地纳税，其应纳税款由独立核算、自负盈亏的单位，按照开采地的实际销售量（或者自用量）及适用的单位税额计算划拨。

（4）扣缴义务人代扣代缴的资源税，应当向收购地主管税务机关纳税。

4. 资源税的纳税申报实务

纳税人对资源税进行纳税申报时，应填报“资源税纳税申报表附表”（表 7-10）、“资源税纳税申报表”（表 7-11）。

表 7-10 资源税纳税申报表附表

（原矿类税目适用）

纳税人识别号 9 1 3 7 0 7 0 9 8 6 4 2 2 0 0 8 6 Y

纳税人名称：山东华东冶金有限责任公司（公章）

税款所属时间：自 2016 年 09 月 01 日至 2016 年 09 月 30 日

金额单位：元至角分

序号	税目	子目	原矿销售额	精矿销售额	折算率	精矿折算为原矿的销售额	允许扣减的运杂费	允许扣减的外购矿购进金额	计税销售额	计量单位	原矿销售量	精矿销售量	平均选矿比	精矿换算为原矿的销售量	计税销售量
	1	2	3	4	5	6=4×5	7	8	9=3+6−7−8	10	11	12	13	14=12×13	15=11+14
1	铝土矿		28 000 000.00	0.00		0.00	0.00	0.00	28 000 000.00	吨	4 000.00 吨	0.00		0.00	4 000.00 吨
2															
3															
4															
5															
6															
7															
8															
合计			28 000 000.00	0.00		0.00	0.00	0.00	28 000 000.00		4 000.00 吨	0.00		0.00	4 000.00 吨

表 7-11　资源税纳税申报表

根据国家税收法律法规及资源税有关规定制定本表。纳税人不论有无销售额，均应按照税务机关核定的纳税期限填写本表，并向当地税务机关申报。

税款所属时间：自 2016 年 09 月 01 日至 2016 年 09 月 30 日　　填表日期：2016 年 10 月 07 日　　金额单位：元至角分

纳税人识别号　9 1 3 7 0 7 0 9 8 6 4 2 2 0 0 8 6 Y

纳税人名称	山东华东冶金有限责任公司（公章）		法定代表人姓名	张明		注册地址	山东省潍坊市奎文区胜利路 999 号	生产经营地址	山东省潍坊市奎文区胜利路 999 号	
开户银行及账号	中国工商银行胜利路分理处 3301022009011512365			登记注册类型		有限责任公司		电话号码	0536-8888888	
税目	子目	折算率或换算比	计量单位	计税销售量	计税销售额	适用税率	本期应纳税额	本期减免税额	本期已缴税额	本期应补（退）税额
1	2	3	4	5	6	7	8①=6×7；8②=5×7	9	10	11=8-9-10
铝土矿			吨	4 000.00 吨	28 000 000.00	5%	1 400 000.00	0.00	0.00	1 400 000.00
合　计		—	—	4 000.00 吨	28 000 000.00	—	1 400 000.00	0.00	0.00	1 400 000.00
授权声明	如果你已委托代理人申报，请填写下列资料： 为代理一切税务事宜，现授权　　　　（地址） 为本纳税人的代理申报人，任何与本申报表有关的往来文件，都可寄予此人。 授权人签字：						申报人声明	本纳税申报表是根据国家税收法律法规及相关规定填写的，我确定它是真实的、可靠的、完整的。 声明人签字：		

主管税务机关：　　　　接收人：　　　　接收日期：　　年　　月　　日

本表一式两份，一份纳税人留存，一份税务机关留存。

【情境实战 7-5】

1. 工作任务要求

(1) 计算山东华东冶金有限责任公司应缴纳的资源税。

(2) 山东华东冶金有限责任公司于 2016 年 10 月 7 日进行纳税申报，填写“资源税纳税申报表附表”“资源税纳税申报表”。

2. 情境实战设计

山东华东冶金有限责任公司的纳税人识别号为 91370709864220086Y，法定代表人为张明，注册地址和生产经营地址均为山东省潍坊市奎文区胜利路 999 号，开户银行为中国工商银行胜利路分理处，账号 3301022009011512365，电话号码为 0536-8888888，其资源税纳税期限为 1 个月。2016 年 9 月销售铝土矿原矿 4 000 吨，每吨出厂价格为 7 000 元/吨，其规定适用税率为 5%。该公司于 2016 年 10 月 7 日对 2016 年 9 月的资源税进行纳税申报。

3. 实战操作步骤

第一步：根据经济业务计算本月资源税应纳税额。

本月应纳资源税 = 4 000×7 000×5% = 28 000 000×5% = 1 400 000（元）

第二步：对资源税进行纳税申报。

填写“资源税纳税申报表附表”（表 7-10）、“资源税纳税申报表”（表 7-11）。

任务六　城镇土地使用税纳税申报实务

【情境引例】

立德公司有一块地属于用于经营采摘、观光农业的用地，请问该用地是否需要缴纳城镇土地使用税?

一、城镇土地使用税的认知

1. 城镇土地使用税纳税人的确定

城镇土地使用税的纳税人是指在城市、县城、建制镇、工矿区范围内使用土地的单位和个人。单位包括国有企业、集体企业、私营企业、股份制企业、外商投资企业、外国企业及其他企业和事业单位、社会团体、国家机关、军队及其他单位。个人包括个体工商户及其他个人。

具体规定如下。

(1) 拥有土地使用权的单位和个人，为纳税义务人。

(2) 拥有土地使用权的单位和个人不在土地所在地的，其土地的实际使用人和代理人为纳税义务人。

(3) 土地使用权未确定或权属纠纷未解决的，其实际使用人为纳税义务人。

(4) 土地使用权共有的，共有各方都是纳税义务人，以共有各方实际使用土地的面积占总面积的比例，分别计算城镇土地使用税，由共有各方分别缴纳。

实务咨询：我公司向村委会租用村集体用地，请问是否由我公司缴纳城镇土地使用税?

2. 城镇土地使用税征税范围的确定

城镇土地使用税的征税范围是税法规定的纳税区域内的土地。根据《中华人民共和国城镇土地使用税暂行条例》的规定，凡在城市、县城、建制镇、工矿区范围内的土地，无论是属于国家所有的土地，还是集体所有的土地，都属于城镇土地使用税的征税范围。建立在城市、县城、建制镇和工矿区以外的工矿企业则不需缴纳城镇土地使用税。

情境讨论：什么是城市、县城、建制镇、工矿区？

自2009年1月1日起，公园、名胜古迹内的索道公司经营用地，应按规定缴纳城镇土地使用税。

二、城镇土地使用税的计算

1. 城镇土地使用税计税依据的确定

城镇土地使用税以纳税人实际占用的土地面积为计税依据，土地面积计量标准为每平方米。即税务机关根据纳税人实际占用的土地面积，按照规定的税额计算应纳税额，向纳税人征收城镇土地使用税。

纳税人实际占用的土地面积按下列方法确定。

（1）由省、自治区、直辖市人民政府确定的单位组织测定土地面积的，以测定的面积为准。

（2）尚未组织测量，但纳税人持有政府部门核发的土地使用证书的，以证书确认的土地面积为准。

（3）尚未核发土地使用证书的，应由纳税人申报土地面积，据以纳税，待核发土地使用证以后再作调整。

2. 城镇土地使用税的税率

城镇土地使用税采用定额税率，即采用有幅度的差别税额，按大、中、小城市，以及县城、建制镇、工矿区分别规定每平方米城镇土地使用税年应纳税额。

城镇土地使用税税率如表7-12所示。

表7-12　城镇土地使用税税率

级别	人口/人	每平方米税额/元
大城市	50万以上	1.5～30
中等城市	20万～50万	1.2～24
小城市	20万以下	0.9～18
县城、建制镇、工矿区		0.6～12

经济落后地区，城镇土地使用税的适用税额标准可适当降低，但降低幅度不得超过上述规定最低税额的30%。

3. 城镇土地使用税优惠政策的运用

1）城镇土地使用税减免的一般规定

（1）国家机关、人民团体、军队自用的土地（仅指这些单位的办公用地和公务用地），免征城镇土地使用税。

（2）由国家财政部门拨付事业经费的单位自用的土地，免征城镇土地使用税。

（3）宗教寺庙、公园、名胜古迹自用的土地，免征城镇土地使用税（公园、名胜古迹中附设的营业单位、影剧院、饮食部、茶社、照相馆、索道公司经营用地等均应按规定缴纳城镇土地使用税）。

（4）市政街道、广场、绿化地带等公共用地，免征城镇土地使用税。

（5）直接用于农、林、牧、渔业的生产用地，免征城镇土地使用税。

（6）经批准开山填海整治的土地和改造的废弃土地，从使用的月份起免缴城镇土地使用税5年至10年。

（7）由财政部另行规定免税的能源、交通、水利设施用地和其他用地，免征城镇土地使用税。

（8）企业办的学校、医院、托儿所、幼儿园，其用地能与企业其他用地明确区分的，免征城镇土地使用税。

（9）对机场飞行区（包括跑道、滑行道、停机坪、安全带、夜航灯光区）用地，场内外通讯导航设施用地和飞行区四周排水防洪设施用地，免征城镇土地使用税。机场道路，区分为场内、场外道路，场内道路用地免征城镇土地使用税。

（10）对盐场的盐滩、盐矿的矿井用地，暂免征收城镇土地使用税。

实务咨询：我公司2017年8月停产，以后也不准备再恢复生产了，停产以后公司占用的土地，是否可免缴城镇土地使用税？

【情境引例解析】

根据《财政部、国家税务总局关于房产税、城镇土地使用税有关政策的通知》（财税〔2006〕186号）第三条的规定，在城镇土地使用税征税范围内经营采摘、观光农业的单位和个人，其直接用于采摘、观光的种植、养殖、饲养的土地，免征城镇土地使用税，其余用地则应按规定征收城镇土地使用税。

2）城镇土地使用税减免的特殊规定（包括但不限于）

（1）凡是缴纳了耕地占用税的，从批准征用之日起满1年后征收城镇土地使用税；征用非耕地因不需要缴纳耕地占用税，应从批准征用之次月起征收城镇土地使用税。

（2）对免税单位无偿使用纳税单位的土地（如公安、海关等单位使用铁路、民航等单位的土地），免征城镇土地使用税；对纳税单位无偿使用免税单位的土地，纳税单位应照章缴纳城镇土地使用税。

（3）房地产开发公司开发建造商品房的用地，除经批准开发建设经济适用房的用地外，对各类房地产开发用地一律不得减免城镇土地使用税。

（4）老年服务机构自用的土地，免征城镇土地使用税。

（5）对于各类危险品仓库、厂房所需的防火、防爆、防毒等安全防范用地，可由各省、自治区、直辖市地方税务局确定，暂免征收城镇土地使用税。

（6）经贸仓库、冷库均属于征税范围，因此不宜一律免征城镇土地使用税。对纳税确有困难的企业，可根据《中华人民共和国城镇土地使用税暂行条例》第七条的规定，向企业所在地的地方税务机关提出减免税申请，由省、自治区、直辖市地方税务局审核后，报国家税务总局批准，享受减免城镇土地使用税的照顾。

实务咨询：我公司有一批地下建筑用地，请问其城镇土地使用税如何征收？

4. 城镇土地使用税应纳税额的计算

城镇土地使用税应纳税额可以通过纳税人实际占用的土地面积乘以该土地所在地段的适用税率求得。其计算公式为：

全年应纳税额=实际占用应税土地面积（平方米）×适用税率

三、城镇土地使用税的纳税申报

1. 城镇土地使用税的纳税义务发生时间

（1）纳税人购置新建商品房，自房屋交付使用的次月起，缴纳城镇土地使用税。

（2）纳税人购置存量房，自办理房屋权属转移、变更登记手续，房地产权属登记机关签发房屋权属证书的次月起，缴纳城镇土地使用税。

（3）纳税人出租、出借房产（由房产所有人缴纳），自交付出租、出借房产的次月起，缴纳城镇土地使用税。

（4）以出让或转让方式有偿取得土地使用权的，应由受让方从合同约定交付土地时间的次月起缴纳城镇土地使用税；合同未约定交付时间的，由受让方从合同签订的次月起缴纳城镇土地使用税。

（5）纳税人新征用的耕地，自批准征用之日起满1年时开始缴纳城镇土地使用税。

（6）纳税人新征用的非耕地，自批准征用次月起缴纳城镇土地使用税。

（7）自2009年1月1日起，纳税人因土地的权利发生变化而依法终止城镇土地使用税纳税义务的，其应纳税款的计算应截止到土地权利发生变化的当月末。

2. 城镇土地使用税的纳税期限

城镇土地使用税适用按年计算、分期缴纳的征收方法，具体纳税期限由省、自治区、直辖市人民政府确定。

3. 城镇土地使用税的纳税地点

城镇土地使用税在土地所在地缴纳。

纳税人使用的土地不属于同一省、自治区、直辖市管辖的，由纳税人分别向土地所在地的税务机关缴纳城镇土地使用税；在同一省、自治区、直辖市管辖范围内，纳税人跨地区使用的土地，其纳税地点由各省、自治区、直辖市地方税务局确定。

4. 城镇土地使用税的纳税申报实务

纳税人对城镇土地使用税进行纳税申报时，应填报“城镇土地使用税纳税申报表”及其明细表（表7-13、7-14、7-15、7-16）。

表 7-13　城镇土地使用税纳税申报表

税款所属期：自 2016 年 10 月 01 日至 2016 年 12 月 31 日　　填表日期：2017 年 01 月 10 日　　金额单位：元至角分；面积单位：平方米

纳税人识别号 | 9 | 1 | 3 | 7 | 0 | 7 | 0 | 0 | 3 | 5 | 4 | 1 | 0 | 2 | 1 | 5 | 6 | C |

纳税人信息	名称			北京天和有限责任公司			纳税人分类		单位☑　个人☐		
	登记注册类型			*			所属行业		*		
	身份证件类型			身份证☐　护照☐　其他☐			身份证件号码				
	联系人			王华			联系方式		1780234××××		
申报纳税信息	土地编号	宗地的地号	土地等级	税额标准	土地总面积	所属期起	所属期止	本期应纳税额	本期减免税额	本期已缴税额	本期应补（退）税额
	*		1 级	7.00	19 000.00	2016 年 10 月 01 日	2016 年 12 月 31 日	33 250.00	0.00	0.00	33 250.00
	*		2 级	5.00	6 000.00	2016 年 10 月 01 日	2016 年 12 月 31 日	7 500.00	0.00	0.00	7 500.00
	*										
	*										
	*										
	*										
	*										
	*										
	*										
	*										
	合计			*		*	*	40 750.00	0.00	0.00	40 750.00
以下由纳税人填写：											
纳税人声明	此纳税申报表是根据《中华人民共和国城镇土地使用税暂行条例》和国家有关税收规定填报的，是真实的、可靠的、完整的。										
纳税人签章				代理人签章			代理人身份证号				
以下由税务机关填写：											
受理人				受理日期		年　月　日	受理税务机关签章				

本表一式两份，一份纳税人留存，一份税务机关留存。

表 7-14　城镇土地使用税减免税明细申报表

税款所属期：自 2016 年 10 月 01 日至 2016 年 12 月 31 日　　填表日期：2017 年 01 月 10 日　　金额单位：元至角分；面积单位：平方米

纳税人识别号　9 1 3 7 0 7 0 0 3 5 4 1 0 2 1 5 6 C

纳税人名称：北京天和有限责任公司

序号	土地编号	所属期起	所属期止	减免性质代码	减免项目名称	减免税面积	土地等级	税额标准	本期减免税额
1		2016 年 10 月 01 日	2016 年 12 月 31 日		幼儿园	1 000.00	1 级	7.00	1 750.00
2									
3									
4									
5									
6									
7									
8									
9									
10									
合计		*	*	*	*	1 000.00	*	*	1 750.00
以下由纳税人填写：									
纳税人声明	此纳税申报表是根据《中华人民共和国城镇土地使用税暂行条例》和国家有关税收规定填报的，是真实的、可靠的、完整的。								
纳税人签章		代理人签章		代理人身份证号					
以下由税务机关填写：									
受理人		受理日期	年　月　日	受理税务机关签章					

表 7-15　城镇土地使用税税源明细表（一）

纳税人名称：北京天和有限责任公司　纳税人分类：单位☑　个人□　填表日期：2017 年 01 月 10 日　　　金额单位：元至角分；面积单位：平方米

纳税人识别号	9	1	3	7	0	7	0	0	3	5	4	1	0	2	1	5	6	C

<table>
<tr><td colspan="2">身份证件类型</td><td colspan="2">身份证□　护照□　其他□</td><td colspan="2">身份证件号码</td><td colspan="2"></td></tr>
<tr><td colspan="2">土地编号</td><td colspan="2">*</td><td>地号</td><td></td><td>土地名称</td><td></td></tr>
<tr><td colspan="2">纳税人类型</td><td colspan="2">土地使用权人□　集体土地使用人□
无偿使用人□　代管人□
实际使用人☑（必选）</td><td>土地使用权人纳税识别号</td><td>91370700354102156C</td><td>土地使用权人名称</td><td>北京天和有限责任公司</td></tr>
<tr><td colspan="2">土地使用权证号</td><td colspan="2"></td><td>土地性质</td><td colspan="3">国有□　集体☑</td></tr>
<tr><td colspan="2">土地取得方式</td><td colspan="2">划拨□ 出让□ 转让□ 租赁□
其他☑</td><td>土地用途</td><td colspan="3">工业□　商业☑　居住□　综合□
房地产开发企业的开发用地□　其他□</td></tr>
<tr><td colspan="2">土地坐落地址（详细地址）</td><td colspan="6">北京市（自治区、市）海淀（区）　县（区）和平路 22 号</td></tr>
<tr><td colspan="2">土地所属主管税务所（科、分局）</td><td colspan="6">该土地的城镇土地使用税收入所属的主管税务机关。系统允许各地配置该项的确定规则。该项不需纳税人手动填写，根据确定规则自动带出。</td></tr>
<tr><td colspan="2">土地取得时间</td><td>2016 年 01 月</td><td>变更类型</td><td colspan="2">纳税义务终止（权属转移□　其他□）
信息项变更（土地面积变更□
土地等级变更□　减免税变更□　其他□）</td><td>变更时间</td><td>年　月</td></tr>
<tr><td colspan="2">占用土地面积</td><td>20 000.00</td><td colspan="2">土地等级</td><td>1 级</td><td>税额标准</td><td>7.00</td></tr>
<tr><td colspan="2">地价</td><td></td><td colspan="2">其中取得土地使用权支付金额</td><td></td><td>其中土地开发成本</td><td></td></tr>
<tr><td rowspan="5">减免税部分</td><td rowspan="2">序号</td><td rowspan="2">减免性质代码</td><td rowspan="2">减免项目名称</td><td colspan="2">经核准的困难减免起止时间</td><td rowspan="2">减免税土地面积</td><td rowspan="2">月减免税金额</td></tr>
<tr><td>起始月份</td><td>终止月份</td></tr>
<tr><td>1</td><td></td><td>幼儿园</td><td>年　月</td><td>年　月</td><td>1 000.00</td><td>583.33</td></tr>
<tr><td>2</td><td></td><td></td><td></td><td></td><td></td><td></td></tr>
<tr><td>3</td><td></td><td></td><td></td><td></td><td></td><td></td></tr>
<tr><td colspan="8">以下由纳税人填写：</td></tr>
<tr><td>纳税人声明</td><td colspan="7">此纳税申报表是根据《中华人民共和国城镇土地使用税暂行条例》和国家有关税收规定填报的，是真实的、可靠的、完整的。</td></tr>
<tr><td>纳税人签章</td><td></td><td>代理人签章</td><td colspan="2"></td><td>代理人身份证号</td><td colspan="2"></td></tr>
<tr><td colspan="8">以下由税务机关填写：</td></tr>
<tr><td>受理人</td><td></td><td>受理日期</td><td colspan="2">年　月　日</td><td>受理税务机关签章</td><td colspan="2"></td></tr>
</table>

本表一式两份，一份纳税人留存，一份税务机关留存。

表 7-16　城镇土地使用税税源明细表（二）

纳税人名称：北京天和有限责任公司　　纳税人分类：单位☑　　个人□　　填表日期：2017 年 01 月 10 日　　金额单位：元至角分；面积单位：平方米

纳税人识别号 | 9 | 1 | 3 | 7 | 0 | 7 | 0 | 0 | 3 | 5 | 4 | 1 | 0 | 2 | 1 | 5 | 6 | C |

身份证件类型		身份证□　护照□　其他□			身份证件号码		
土地编号		*		地号		土地名称	
纳税人类型		土地使用权人□　集体土地使用人□　无偿使用人□　代管人□　实际使用人☑（必选）		土地使用权人纳税识别号	91370700354102156C	土地使用权人名称	北京天和有限责任公司
土地使用权证号				土地性质	国有□　集体☑		
土地取得方式		划拨□　出让□　转让□　租赁□　其他☑		土地用途	工业□　商业☑　居住□　综合□　房地产开发企业的开发用地□　其他□		
土地坐落地址（详细地址）		北京市（自治区、市）海淀（区）　　县（区）和平路 22 号					
土地所属主管税务所（科、分局）		该土地的城镇土地使用税收入所属的主管税务机关。系统允许各地配置该项的确定规则。该项不需纳税人手动填写，根据确定规则自动带出。					
土地取得时间		2016 年 01 月	变更类型	纳税义务终止（权属转移□　其他□）信息项变更（土地面积变更□　土地等级变更□　减免税变更□　其他□）		变更时间	年　月
占用土地面积		6 000. 00	土地等级		2 级	税额标准	5. 00
地价			其中取得土地使用权支付金额			其中土地开发成本	
减免税部分	序号	减免性质代码	减免项目名称	经核准的困难减免起止时间		减免税土地面积	月减免税金额
				起始月份	终止月份		
	1			年　月	年　月		
	2						
	3						
以下由纳税人填写：							
纳税人声明	此纳税申报表是根据《中华人民共和国城镇土地使用税暂行条例》和国家有关税收规定填报的，是真实的、可靠的、完整的。						
纳税人签章		代理人签章		代理人身份证号			
以下由税务机关填写：							
受理人		受理日期	年　月　日	受理税务机关签章			

本表一式两份，一份纳税人留存，一份税务机关留存。

（注：《城镇土地使用税税源明细表》为《城镇土地使用税纳税申报表》的明细附表，填写本表后，系统根据本表数据自动计算生成《城镇土地使用税纳税申报表》和《城镇土地使用税纳税申报表减免税附表》；在实际操作中带星号（ * ）的项目不需要纳税人填写。）

【情境实战 7-6】

1. 工作任务要求

(1) 计算北京天和有限责任公司 2016 年第四季度应缴纳的城镇土地使用税。

(2) 北京天和有限责任公司于 2017 年 1 月 10 日对 2016 年第四季度的城镇土地使用税进行纳税申报，填写“城镇土地使用税纳税申报表”及其明细表。

2. 情境实战设计

北京天和有限责任公司坐落于北京市海淀区和平路 22 号，其纳税人识别号为 91370700354102156C，土地税源编号为 A01T37070022000，该公司生产经营用地面积 20 000 平方米，其中幼儿园占地 1 000 平方米，公司绿化占地 3 000 平方米，该土地为一级土地，城镇土地使用税的单位税额为每平方米 7 元。2016 年 1 月 1 日又受让面积为 6 000 平方米的土地使用权，该土地为二级土地，城镇土地使用税的单位税额为每平方米 5 元。按照当地规定，城镇土地使用税按年计算、每季度缴纳一次。该公司于 2017 年 1 月 10 日对 2016 年第四季度的城镇土地使用税进行纳税申报。

3. 实战操作步骤

第一步：根据经济业务计算 2016 年第四季度城镇土地使用税应纳税额。

2016 年应纳城镇土地使用税 = (20 000−1 000)×7+6 000×5 = 133 000+30 000
= 163 000（元）

2016 年第四季度应纳城镇土地使用税 = 133 000/4+30 000/4 = 33 250+7 500 = 40 750（元）

第二步：对城镇土地使用税进行纳税申报。

填写“城镇土地使用税纳税申报表”及其明细表，如表 7-12、7-13、7-14、7-15 所示。

■ 技能训练

一、单项选择题

1. 下列各项中，属于土地增值税征税范围的是（　　）。

A. 房产交换

B. 企业将房产通过中国红十字会赠与福利院

C. 父亲将房产赠与儿子

D. 房屋出租

2. 下列情况中免征房产税的有（　　）。

A. 外贸出口企业仓库用房

B. 个人出租使用免税单位房屋用于经营

C. 个人出租的房屋

D. 个人自住的 200 平方米的别墅

3. 某企业 2017 年 2 月将境内开采的原油 200 吨交由关联企业对外销售，该企业原油平均含增值税销售价格每吨 6 435 元，关联企业对外含增值税销售额每吨 6 552 元，当月全部销售。已知该企业原油适用资源税税率为 6%，该企业此业务应纳资源税（　　）元。

A. 0　　B. 66 000　　C. 66 600　　D. 67 200

4. 某镇一企业 10 月份被查补的增值税为 45 000 元、房产税 15 000 元，被加收滞纳金

1 000 元，被处罚款 5 000 元。该企业应补缴城市维护建设税和教育费附加为（　　）。（纳税人所在地区为县城、镇的，城市维护建设税的税率是 5%；教育费附加的征收比率为 3%）

A. 45 000×（5%+3%）　　B. （45 000+1 000）×（5%+3%）

C. （45 000+15 000）×（5%+3%）　　D. （45 000+1 000+5 000）×（5%+3%）

5. 城镇土地使用税的纳税办法（　　）。

A. 按日计算，按期缴纳　　B. 按季计算，按期缴纳

C. 按年计算，分期缴纳　　D. 按年计算，按期缴纳

二、多项选择题

1. 下列情形中，纳税人应进行土地增值税清算的有（　　）。

A. 直接转让土地使用权的

B. 房地产开发项目全部竣工、完成销售的

C. 整体转让未竣工决算房地产开发项目的

D. 纳税人申请注销税务登记但未办理土地增值税清算手续的

2. 下列各项中，免于征收房产税的有（　　）。

A. 企业内行政管理部门办公用房产

B. 个人所有非营业用的房产

C. 施工期间施工企业在基建工地搭建的临时办公用房屋

D. 因停工大修导致连续停用半年以上的，房屋处于大修期间

3. 教育费附加和地方教育附加以纳税人实际缴纳的（　　）税额为计征依据。

A. 增值税　　B. 消费税　　C. 关税　　D. 城市维护建设税

4. 下列说法不正确的有（　　）。

A. 原油是资源税的应税资源，包括天然原油和人造石油

B. 出口应税资源免征资源税

C. 纳税人以自产的液体盐加工成固体盐销售的，以加工的固体盐数量为课税数量

D. 扣缴义务人代扣代缴税款，其纳税义务发生时间为收到应税资源的当天

5. 下列可以成为城镇土地使用税纳税人的有（　　）。

A. 拥有土地使用权的单位或个人　　B. 土地的实际使用人

C. 土地的代管人　　D. 共有土地使用权的各方

三、判断题

1. 城建税、教育费附加与增值税、消费税税款同时缴纳。（　　）

2. 扣缴义务人代扣代缴的资源税，应当向其机构所在地主管税务机关缴纳。（　　）

3. 土地增值税的纳税人为自然人时，当转让的房地产坐落地与其居住所在地不一致时，在办理过户手续所在地的税务机关申报纳税。（　　）

4. 张某将个人拥有产权的房屋出典给贾某，则贾某为该房屋房产税的纳税人。（　　）

5. 城镇土地使用税应纳税额可以通过纳税人实际占用的土地面积乘以该土地所在地段的适用税率求得。（　　）

四、实务题

1. 2017 年甲服装公司（位于某县城）实际占地面积 19 600 平方米，其中，办公楼占地面积 500 平方米，厂房仓库占地面积 11 600 平方米，厂区内铁路专用线、公路等用地 7 500

平方米，已知当地规定的城镇土地使用税每平方米年税额为5元。

要求：计算甲服装公司当年应缴纳的城镇土地使用税。

2. 甲企业2017年年初拥有一栋房产，房产原值1 000万元，3月31日将其对外出租，租期1年，每月收取租金1万元（不含增值税）。已知从价计征房产税税率为1.2%，从租计征房产税税率为12%，当地省政府规定计算房产余值的减除比例为30%。

要求：计算2017年甲企业上述房产应缴纳的房产税。

项目八

其他税种纳税申报实务（下）

■ 职业能力目标

（1）能够判定哪些业务应缴纳耕地占用税，并能根据相关业务资料计算耕地占用税；能根据相关业务资料填写耕地占用税纳税申报表，并能进行手工纳税申报及网上纳税申报。

（2）能够判定哪些业务应缴纳印花税，并能根据相关业务资料计算印花税；能根据相关业务资料填写印花税纳税申报表，并能进行手工纳税申报及网上纳税申报。

（3）能够判定哪些业务应缴纳契税，并能根据相关业务资料计算契税；能根据相关业务资料填写契税纳税申报表，并能进行手工纳税申报及网上纳税申报。

（4）能够判定哪些业务应缴纳车船税，并能根据相关业务资料计算车船税；能根据相关业务资料填写车船税纳税申报表，并能进行手工纳税申报及网上纳税申报。

（5）能够判定哪些业务应缴纳车辆购置税，并能根据相关业务资料计算车辆购置税；能根据相关业务资料填写车辆购置税纳税申报表，并能进行手工纳税申报及网上纳税申报。

（6）能够判定哪些业务应缴纳烟叶税，并能根据相关业务资料计算烟叶税；能根据相关业务资料填写烟叶税申报表，并能进行手工纳税申报及网上纳税申报。

任务一　耕地占用税纳税申报实务

【情境引例】

永拓公司新占用了耕地，已经缴纳了耕地占用税，请问是否还需要再缴纳城镇土地使用税？

一、耕地占用税的认知

1. 耕地占用税纳税人的确定

耕地占用税的纳税人是在全国范围内，对占用耕地建房或从事其他非农业建设的单位和个人。

单位包括国有企业、集体企业、私营企业、股份制企业、外商投资企业、外国企业以及其他企业、事业单位、社会团体、国家机关、军队以及其他单位；个人包括个体工商户及其他个人。

2. 耕地占用税征税范围的确定

耕地占用税的征税范围包括纳税人为建房或从事其他非农业建设而占用的国家所有和集

体所有的耕地。

所谓“耕地”，是指种植农业作物的土地，包括菜地、园地。其中，园地包括花圃、苗圃、茶园、果园、桑园和其他种植经济林木的土地。

占用鱼塘及其他农用土地建房或从事其他非农业建设，也视同占用耕地，必须依法征收耕地占用税。占用已开发从事种植、养殖的滩涂、草场、水面和林地等从事非农业建设，由省、自治区、直辖市本着有利于保护土地资源和生态平衡的原则，结合具体情况确定是否征收耕地占用税。

此外，在占用之前3年内属于上述范围的耕地或农用土地，也视为耕地。

情境讨论：农民占用耕地新建房屋是否缴纳耕地占用税？

【情境引例解析】

城镇土地使用税和耕地占用税的不同点是耕地占用税是在全国范围内，就改变耕地用途的行为在土地取得环节一次性征收的税收，目的是保护耕地。而城镇土地使用税是在城市、县城、建制镇和工矿区范围内，在土地的持有和使用环节征收的一种税，目的是引导企业集约、节约土地，促进土地资源的合理配置。城镇土地使用税按年计算，分期缴纳。

城镇土地使用税和耕地占用税是在不同环节征收的税种，因此占用耕地的纳税人在缴纳耕地占用税以后，在土地的持有和使用过程中还要继续缴纳城镇土地使用税。但是，在占用耕地的当年，考虑到纳税人已经支付了较高的补偿费、缴纳了耕地占用税，因此《中华人民共和国城镇土地使用税暂行条例》对于占用耕地的情形将其缴纳城镇土地使用税的纳税义务发生时间设置为批准征用耕地的1年以后，从而保证耕地占用税和城镇土地使用税的合理衔接。所以，永拓公司对于新占用的耕地，在1年以后再缴纳城镇土地使用税。

二、耕地占用税的计算

1. 耕地占用税计税依据的确定

耕地占用税以纳税人实际占用耕地的面积为计税依据，以每平方米为计量单位。

2. 耕地占用税的税率

耕地占用税实行幅度地区差别定额税率，以县为单位，按人均占有耕地面积分设4档定额。其具体规定如表8-1所示。

表8-1 耕地占用税税率表

级数	县人均耕地面积	每平方米税额/元
1	1亩以下（含1亩）	10～50
2	1～2亩（含2亩）	8～40
3	2～3亩（含3亩）	6～30
4	3亩以上	5～25

经济特区、经济技术开发区和经济发达、人均占有耕地较少的地区，税额可以适当提高，但是最多不得超过规定税额标准的50%。

3. 耕地占用税优惠政策的运用

1）免征规定

（1）军事设施占用耕地。

（2）学校、幼儿园、养老院、医院占用耕地。

2）减税规定及其他规定

（1）铁路线路、公路线路、飞机场跑道、停机坪、港口、航道占用耕地，减按每平方米2元的税额征收耕地占用税。

根据实际需要，国务院财政、税务主管部门商国务院有关部门并报国务院批准后，可以对以上情形免征或减征耕地占用税。

（2）农村居民占用耕地新建住宅，按照当地适用税额减半征收耕地占用税。

农村烈士家属、残疾军人、鳏寡孤独，以及革命老根据地、少数民族聚居区和边远贫困山区生活困难的农村居民，在规定用地标准以内新建住宅缴纳耕地占用税确有困难的，经所在地乡（镇）人民政府审核，报经县级人民政府批准后，可以免征或减征耕地占用税。

免征或减征耕地占用税后，纳税人改变原占地用途，不再属于免征或减征耕地占用税情形的，应当按照当地适用税额补缴耕地占用税。

纳税人临时占用耕地，应当依照规定缴纳耕地占用税，在批准临时占用耕地的期限内恢复原状的，全额退还已经缴纳的耕地占用税。

建设直接为农业生产服务的生产设施占用林地等规定的农用地的，不征收耕地占用税。

4. 耕地占用税应纳税额的计算

耕地占用税以纳税人实际占用的耕地面积为计税依据，以每平方米为计税单位，按照适用的定额税率计税。其计算公式为：

应纳税额=实际占用耕地面积(平方米)×适用定额税率

三、耕地占用税的纳税申报

1. 耕地占用税的纳税时间

耕地占用税由地方税务机关负责征收。土地管理部门在通知单位或个人办理占用耕地手续时，应当同时通知耕地所在地同级地方税务机关。

获准占用耕地的单位或个人应当在收到土地管理部门的通知之日起30日内缴纳耕地占用税。土地管理部门凭耕地占用税完税凭证或免税凭证和其他有关文件发放建设用地批准书。

2. 耕地占用税的纳税地点

耕地占用税由地方税务机关负责征收。纳税人占用耕地或其他农用地，应当在耕地或其他农用地所在地申报纳税。

3. 耕地占用税的纳税申报实务

纳税人对耕地占用税进行纳税申报时，应填报“耕地占用税纳税申报表”（表8-2）。

表 8-2　耕地占用税纳税申报表

填表日期：2017 年 02 月 07 日　　　　金额单位：元至角分；面积单位：平方米

纳税人识别号	91110120020987654E										
纳税人信息	纳税人名称	北京人和有限责任公司						☑单位　□个人			
	登记注册类型	有限责任公司		所属行业	略						
	身份证照类型	略		联系人	略		联系方式	略			
耕地占用信息	项目（批次）名称	略		批准占地部门	略		批准占地文号	略		批准日期	略
	占地位置	北京市海淀区学院路 18 号		占地用途	工业建设		占地方式	略		占地日期	2017 年 1 月
	经批准占地面积	19 800.00		实际占地面积	19 800.00		经济开发区	□是　☑否	税额提高比例（%）		略
计税信息	类别＼项目	计税面积	其中：减税面积	其中：免税面积	适用税额	计征税额	减免性质代码	减税税额	免税税额	已缴税额	应缴税额
	总计	19 800.00	0.00	0.00		396 000.00		0.00	0.00	0.00	396 000.00
	耕地（基本农田）	19 800.00	0.00	0.00	20.00 元/m^2	396 000.00		0.00	0.00	0.00	396 000.00
	耕地（非基本农田）										
	园地										
	林地										
	牧草地										
	农田水利用地										
	养殖水面										
	渔业水域滩涂										
	草地										
	苇田										
	其他类型土地										
纳税人声明	此纳税申报表是根据《中华人民共和国耕地占用税暂行条例》和国家有关税收规定填报的，是真实的、可靠的、完整的。										
纳税人签章	略			代理人签章			代理人身份证号				
以下由税务机关填写：											
受理人		受理日期	年　月　日			受理税务机关签章					

本表一式两份，一份纳税人留存，一份税务机关留存。

【情境实战 8-1】

1. 工作任务要求

（1）计算北京人和有限责任公司应缴纳的耕地占用税。

（2）北京人和有限责任公司于 2017 年 2 月 7 日进行纳税申报，填写“耕地占用税纳税申报表”。

2. 情境实战设计

北京人和有限责任公司（纳税人识别号为 91110120020987654E）2017 年 1 月新占用 19 800 平方米耕地（位于北京市海淀区学院路 18 号）用于工业建设，所占耕地适用的定额税率为 20 元/平方米。2017 年 1 月 20 日接到土地管理部门通知需缴纳耕地占用税。

3. 实战操作步骤

第一步：根据经济业务计算耕地占用税应纳税额。

应纳耕地占用税＝19 800×20＝396 000（元）

第二步：对耕地占用税进行纳税申报。

填写“耕地占用税纳税申报表”，如表 8-2 所示。

任务二 印花税纳税申报实务

【情境引例】

华云公司签订了一份土地租赁合同，请问是否需要缴纳印花税？

一、印花税的认知

1. 印花税纳税人的确定

（1）印花税的纳税人是指在中国境内书立、领受、使用税法所列凭证的单位和个人，主要包括立合同人、立账簿人、立据人、领受人和使用人。

（2）签订合同的各方当事人都是印花税的纳税人，但不包括合同的担保人、证人和鉴定人。

（3）在国外书立、领受，但在国内使用的应税凭证，其使用人为纳税人。

2. 印花税征税范围的确定

印花税共 13 个税目，包括的 10 类经济合同分别是购销合同、加工承揽合同、建设工程勘察设计合同、建筑安装工程承包合同、财产租赁合同、货物运输合同、仓储保管合同、借款合同、财产保险合同、技术合同。除合同之外的征税项目还包括产权转移书据，营业账簿，权利、许可证照。

这里所说的合同不仅是指具有正规格式的合同，也包括具有合同性质的单据、凭证。不同合同、凭证的项目范围存在着差异。

（1）出版单位与发行单位之间订立的书刊、音像制品的应税凭证如订购单、订数单等属于购销合同。

（2）融资租赁合同属于借款合同，不属于财产租赁合同。

（3）一般的法律、会计、审计等方面的咨询不属于技术咨询，此类咨询合同不贴印花。

（4）财产所有权、版权、商标专用权、专利权、专有技术使用权、土地使用权出让合同、土地使用权转让合同、商品房销售合同、个人无偿赠与不动产登记表都按照产权转移书据征收。

（5）技术合同和产权转移书据中都有与专利有关的项目，二者适用税率不同。

技术转让合同中与专利有关的项目有专利申请权转让合同和非专利技术转让。

产权转移书据中与专利有关的项目有专利权转让、专利实施许可和专有技术使用权等的转移。

（6）营业账簿是指单位或个人记载生产经营活动的财务会计核算账簿。营业账簿按其反映内容的不同，可分为记载资金的营业账簿和其他账簿。

记载资金的营业账簿是指反映生产经营的单位资本金数额增减变化的账簿。其他账簿是指除上述账簿以外的有关其他生产经营活动内容的账簿，包括日记账簿和各明细分类账簿。

（7）权利、许可证照包括政府部门发给的房屋产权证、工商营业执照、商标注册证、专利证、土地使用证。

实务咨询：（1）我公司通过互联网签订电子形式的合约是否要缴纳印花税？
（2）我公司与某劳务输出单位签订用工合同，请问该合同需缴纳印花税吗？

【情境引例解析】

不需要贴花。

土地租赁合同和房屋租赁合同不一样，不是印花税应税凭证。《中华人民共和国印花税暂行条例》第一条规定，在中华人民共和国境内书立、领受本条例所列举凭证的单位和个人，都是印花税的纳税义务人，应当按照本条例规定缴纳印花税。《中华人民共和国印花税暂行条例实施细则》第十条规定，印花税只对税目税率表中列举的凭证和经财政部确定征税的其他凭证征税。也就是说，印花税的征收范围采用列举的方式，没有列举的凭证，则不需要贴花。由于在印花税税目表的财产租赁合同税目中并没有列举土地租赁合同，因此华云公司签订的土地租赁合同不属于印花税应税凭证，不需要贴花。

实务咨询：我公司作为代理方与委托方签订的代理合同是否需要缴纳印花税？

二、印花税的计算

1. 印花税计税依据的确定及税率

印花税计税依据的确定及税率的选择的一般规定如表 8-3 所示。

表 8-3 印花税计税依据的确定及税率的选择的一般规定

合同或凭证	计税依据	税率
购销合同	购销金额	万分之三
加工承揽合同	受托方提供原材料的加工、定做合同，材料和加工费分别按照购销合同和加工承揽合同贴花，未分别记载材料费和加工费的，应就全部金额依照加工承揽合同计税贴花； 委托方提供主要材料或原料的加工合同，按照合同中规定的受托方收取的加工费收入和提供的辅助材料金额之和依照加工承揽合同贴花，对委托方提供的主要材料或原料金额不计税贴花	万分之五
建设工程勘察设计合同	收取的费用	万分之五
建筑安装工程承包合同	承包金额	万分之三
财产租赁合同	租赁金额。如果经计算，税额不足1元的，按1元贴花	千分之一
货物运输合同	运输费用，但不包括所运货物的金额，以及装卸费用和保险费用等	万分之五
仓储保管合同	仓储保管费用，但不包括所保财产金额	千分之一
借款合同	借款金额，具体规定如表 8-4 所示	万分之零点五
财产保险合同	保险费收入	千分之一
技术合同	合同所载金额	万分之三
产权转移书据	所载金额	万分之五
营业账簿	记载资金的账簿的计税依据为“实收资本”与“资本公积”两项合计金额	万分之五
	其他账簿按件计税	5元
权利许可证照	按件计税	5元

表 8-4 借款合同的具体计税依据

具体形式	计税方法
（1）一项信贷业务既鉴定整体借款合同，又一次或分次填开借据的	以借款合同所载金额为依据计税贴花
（2）一项信贷业务只填开借据作为合同使用的	以借据所载金额为依据计税贴花
（3）流动资金周转性借款合同，规定最高限额，借款人在规定期限和最高限额内随借随还，该合同一般按年（期）签订	以其规定的最高限额为依据，在签订时贴花一次；在期限及限额内不签订新合同的，不再另贴印花
（4）借款方以财产作抵押取得抵押贷款的合同	按借款合同贴花
（5）借款方因无力偿还借款而将抵押财产转移给贷款方时	就双方签订的产权转移书据，按产权转移书据的规定计税贴花
（6）银行及其他金融组织融资租赁业务签订的融资租赁合同	按合同所载租金总额，暂按借款合同计税贴花
（7）银团借款	各方分别在所执合同正本上，按各自的借款金额计税贴花
（8）基建贷款按年度用款计划分年签订借款合同，最后一年签订包含分合同的总借款合同	按分合同分别贴花，最后签订的总合同只就借款总额扣除分合同借款金额后的余额计税贴花

2. 印花税计税依据的特殊规定

（1）作为计税依据的凭证金额不能随意做扣除。

（2）同一凭证记载两个或两个以上不同税率经济事项的，分别记载金额的，应分别计算税额加总贴花，未分别记载金额的，按税率高的计税贴花。

（3）未标明金额的应税凭证按凭证所载数量及国家牌价（无国家牌价的按市场牌价）计算金额，然后按规定税率计税贴花。

（4）外币折算人民币金额的汇率采用凭证书立日国家外汇管理局公布的汇率。

（5）应纳税额不足 1 角的免纳印花税；1 角以上的分位四舍五入。

（6）签订时无法确定金额的合同先定额贴花 5 元，待结算实际金额时补贴印花税票。

（7）订立合同无论是否兑现均应依合同金额贴花。

（8）对有经营收入的事业单位，凡属由国家财政拨付事业经费，实行差额预算管理的单位，其记载经营业务的账簿，按其他账簿定额贴花，不记载经营业务的账簿不贴花；凡属经费来源实行自收自支的单位，其营业账簿，应对记载资金的账簿和其他账簿分别计算应纳税额。

（9）商品购销中以货易货，交易双方既购又销，均应按其购、销合计金额贴花。

（10）施工单位将自己承包的建设项目分包或转包给其他施工单位的，所签订的分包转包合同还要计税贴花。

（11）股票交易的转让书据，依书立时证券市场当日实际成交价格计算的金额为计税金额。

（12）国内货物联运，结算单据（合同）所列运费的结算方式不同而计税依据不同，即起运地全程结算运费的，按全程运费为计税依据；分程结算运费的，应以分程运费为计税依据。

国际货运，托运方全程计税。承运方为我国运输企业的按本程运费计算贴花，承运方为外国运输企业的免纳印花税。

实务咨询：我公司一次性签订 3 年的房屋租赁合同如何缴纳印花税？

3. 印花税优惠政策的运用

（1）应税合同凭证的正本贴花之后，副本、抄本不再贴花。

（2）将财产赠给政府、社会福利单位、学校所立的书据免税。

（3）国家指定的收购部门与村民委员会、农民个人书立的农副产品收购合同免税。

（4）无息、贴息贷款合同免税。

（5）外国政府或国际金融组织向我国政府及国家金融机构提供优惠贷款所书立的合同免税。

（6）房地产管理部门与个人签订的用于生活居住的租赁合同免税。

（7）农牧业保险合同免税。

（8）军事、救灾、新铁路施工运料等特殊运输合同免税。

（9）对与高校学生签订的高校学生公寓租赁合同，免征印花税。“高校学生公寓”是指为高校学生提供住宿服务，按照国家规定的收费标准收取住宿费的学生公寓。

（10）自 2014 年 1 月 1 日起至 2018 年 12 月 31 日止，暂免征收飞机租赁企业购机环节购销合同印花税。

情境讨论：个人出租房屋签订的租赁合同需要缴纳印花税吗？

4. 印花税应纳税额的计算

（1）按比例税率计算应纳税额的公式：

应纳税额=计税金额×适用税率

（2）按件定额计算应纳税额的公式：

应纳税额=应税凭证数量×单位税额

三、印花税的纳税申报

1. 印花税的纳税要求与方法

纳税人应当如实提供、妥善保存印花税应纳税凭证（以下简称“应纳税凭证”）等有关纳税资料，统一设置、登记和保管《印花税应纳税凭证登记簿》（以下简称《登记簿》），及时、准确、完整记录应纳税凭证的书立、领受情况。《登记簿》的内容包括：应纳税凭证种类、应纳税凭证编号、凭证书立各方（或领受人）名称、书立（领受）时间、应纳税凭证金额、件数等。纳税人应按规定据实计算、缴纳印花税。根据税额大小、贴花次数以及税收征收管理的需要，印花税采用以下申报方法。

1）自行贴花

“自行贴花”是指纳税人书立、领受或者使用应纳税凭证和经财政部确定征税的其他凭证时，即发生纳税义务，应当根据应纳税凭证的性质和对应的税目、税率，自行计算应纳税额，购买并一次贴足印花税票（以下简称“贴花”）并加以注销或划销，纳税义务才算全部履行完毕。该方法一般适用于应税凭证较少或者贴花次数较少的纳税人。

对已贴花的凭证，修改后所记载金额增加的，其增加部分应当补贴印花税票。凡多贴印花税票者，不得申请退税或者抵用。

2）汇贴或汇缴

该办法一般适用于应纳税额较大或者贴花次数频繁的纳税人。

一份凭证应纳税额超过500元的，纳税人可以采取将税收缴款书、完税证明其中一联粘贴在凭证上或者由地方税务机关在凭证上加注完税标记代替贴花。这就是所谓的“汇贴”。

同一种类应纳税凭证，需频繁贴花的，可由纳税人根据实际情况自行决定是否采用按期汇总申报缴纳印花税的方式。汇总申报缴纳的期限不得超过一个月。这就是所谓的“汇缴”。

采用按期汇总申报缴纳方式的，一年内不得改变。

3）核定征收

税务机关可以根据《税收征管法》及相关规定核定纳税人应纳税额。实行核定征收印花税的，纳税期限为一个月，税额较小的，纳税期限可为一个季度，具体由主管税务机关确定。纳税人应当自纳税期满之日起15日内，填写国家税务总局统一制定的纳税申报表申报缴纳核定征收的印花税。

4）委托代征

税务机关根据印花税征收管理的需要，本着既加强源泉控管，又方便纳税人的原则，按照《国家税务总局关于发布〈委托代征管理办法〉的公告》（国家税务总局公告 2013 年第 24 号）有关规定，可委托银行、保险、工商、房地产管理等有关部门，代征借款合同、财产保险合同、权利许可证照、产权转移书据、建设工程承包合同等的印花税。

2. 印花税的违章处理

印花税纳税人有下列行为之一的，由税务机关根据情节轻重予以处罚。

（1）在应纳税凭证上未贴或少贴印花税票的，或者已黏贴在应税凭证上的印花税票未注销或未划销的，由税务机关追缴其不缴或少缴的税款、滞纳金，并处不缴或少缴的税款 50% 以上 5 倍以下的罚款。

（2）已贴用的印花税票揭下重用造成未缴或少缴印花税的，由税务机关追缴其不缴或少缴的税款、滞纳金，并处不缴或少缴的税款 50% 以上 5 倍以下的罚款；构成犯罪的，依法追究刑事责任。

（3）伪造印花税票的，由税务机关责令改正，处以 2 000 元以上 1 万元以下的罚款；情节严重的，处以 1 万元以上 5 万元以下的罚款；构成犯罪的，依法追究刑事责任。

（4）按期汇总缴纳印花税的纳税人，超过税务机关核定的纳税期限，未缴或少缴印花税款的，由税务机关追缴其不缴或少缴的税款、滞纳金，并处不缴或少缴的税款 50% 以上 5 倍以下的罚款；情节严重的，同时撤销其汇缴许可证；构成犯罪的，依法追究刑事责任。

（5）纳税人违反以下规定的，由税务机关责令限期改正，可处以 2 000 元以下的罚款；情节严重的，处以 2 000 元以上 1 万元以下的罚款。

① 凡汇总缴纳印花税的凭证，应加注税务机关指定的汇缴戳记，编号并装订成册后，将已贴印花或缴款书的一联黏附册后，盖章注销，保存备查。

② 纳税人对纳税凭证应妥善保存。凭证的保存期限，凡国家已有明确规定的，按规定办；没有明确规定的其余凭证均应在履行完毕后保存 1 年。

（6）代售户对取得的税款逾期不缴或挪作他用，或者违反合同将所领印花税票转托他人代售或转至其他地区销售，或者未按规定详细提供领、售印花税票情况的，税务机关视其情节轻重，给予警告或取消其代售资格的处罚。

3. 印花税的纳税地点

印花税一般实行就地纳税。对于全国性商品物资订货会（包括展销会、交易会等）上所签订合同应纳的印花税，由纳税人回其所在地后及时办理贴花完税手续；对地方主办、不涉及省际关系的订货会、展销会上所签合同的印花税，其纳税地点由各省、自治区、直辖市人民政府自行确定。

4. 印花税的纳税申报实务

纳税人对印花税进行纳税申报时，应填报“印花税纳税申报（报告）表”（表 8-5）。“印花税纳税申报（报告）表”适用于中国境内各类印花税纳税人填报。它能够将应税凭证当月申报与及时贴花完税的情况作全面综合的反映。

表 8-5　印花税纳税申报（报告）表

税款所属期限：自 2016 年 11 月 01 日至 2016 年 11 月 30 日　　填表日期：2016 年 12 月 10 日　　金额单位：元至角分

纳税人识别号：9 1 3 7 0 7 5 5 4 3 2 2 2 0 8 9 0 S

纳税人信息			
名称	山东长江有限责任公司	☑单位　□个人	
登记注册类型	略	所属行业	略
身份证件类型	略	身份证件号码	略
联系方式	略		

应税凭证	计税金额或件数	核定征收		适用税率	本期应纳税额	本期已缴税额	本期减免税额		本期应补（退）税额
		核定依据	核定比例				减免性质代码	减免额	
	1	2	3	4	5=1×4+2×3×4	6	7	8	9=5-6-8
购销合同	500 000.00			0.3‰	150.00	0.00		0.00	150.00
加工承揽合同				0.5‰					
建设工程勘察设计合同				0.5‰					
建筑安装工程承包合同				0.3‰					
财产租赁合同				1‰					
货物运输合同				0.5‰					
仓储保管合同				1‰					
借款合同				0.05‰					
财产保险合同	50 000.00			1‰	50.00	0.00		0.00	50.00
技术合同				0.3‰					
产权转移书据				0.5‰					
营业账簿（记载资金的账簿）	5 000 000.00	—		0.5‰	2 500.00	0.00		0.00	2 500.00
营业账簿（其他账簿）	6.00	—		5	30.00	0.00		0.00	30.00
权利、许可证照	4.00	—		5	20.00	0.00		0.00	20.00
合计	—	—		—					¥2 750.00

以下由纳税人填写：					
纳税人声明	此纳税申报表是根据《中华人民共和国印花税暂行条例》和国家有关税收规定填报的，是真实的、可靠的、完整的。				
纳税人签章	略	代理人签章		代理人身份证号	
以下由税务机关填写：					
受理人		受理日期	年　月　日	受理税务机关签章	

本表一式两份，一份纳税人留存，一份税务机关留存。

【情境实战 8-2】

1. 工作任务要求

(1) 计算山东长江有限责任公司 2016 年 11 月份应缴纳的印花税。

(2) 山东长江有限责任公司于 2016 年 12 月 10 日对印花税进行纳税申报，填写“印花税纳税申报表”。

2. 情境实战设计

山东长江有限责任公司（纳税人识别号为 91370755432220890S）2016 年 11 月份开业，当月发生以下交易或事项：领取“一照一码”营业执照正副本各 1 件，房屋产权证 2 件，商标注册证 1 件，公司注册资本为 5 000 000 元，其他营业账簿 6 本；签订财产保险合同 1 份，投保金额为 3 000 000 元，交保险费 50 000 元；签订货物买卖合同 1 份，合同金额为 500 000 元。

3. 实战操作步骤

第一步：根据经济业务计算印花税应纳税额。

权利许可证照应纳税额=(1+2+1)×5=20（元）

记载资金账簿应纳税额=5 000 000×0. 5‰=2 500（元）

其他营业账簿应纳税额=6×5=30（元）

财产保险合同应纳税额=50 000×1‰=50（元）

购销合同应纳税额=500 000×0. 3‰=150（元）

应缴纳的印花税额合计=20+2 500+30+50+150=2 750（元）

第二步：对印花税进行纳税申报。

填写“印花税纳税申报表”，如表 8-5 所示。

任务三　契税纳税申报实务

【情境引例】

张三将个人拥有的房地产投入自己投资的个人独资企业，请问是否需要缴纳契税？

一、契税的认知

1. 契税纳税人的确定

契税的纳税人是在我国境内承受土地、房屋权属转移的单位和个人。境内是指在中华人民共和国实际税收行政管辖范围内。土地、房屋权属是指土地使用权和房屋所有权。单位是指企业单位、事业单位、国家机关、军事单位和社会团体及其他组织。个人是指个体经营者及其他个人，包括中国公民和外籍人员。

2. 契税征税范围的确定

(1) 国有土地使用权出让。

（2）土地使用权转让（包括出售、赠与、交换）。

（3）房屋买卖、赠与、交换。

需要注意以下三点。

（1）土地使用权的转让不包括农村集体土地承包经营权的转移。

（2）土地与房屋权属的典当、继承、分拆（分割）、出租、抵押，不属于契税的征税范围。

（3）视同转移应当缴纳契税的特殊情况如下。

① 以土地与房屋权属作价投资、入股。

② 以土地、房屋权属抵债。

③ 以获奖方式承受土地、房屋权属。

④ 以预购方式或预付集资建房款方式承受土地、房屋权属。

情境讨论：购房者在向房地产开发公司退房时，对已缴纳的契税是否可办理退税？

实务咨询：本人成立的两个公司之间土地权属转移是否征收契税？

【情境引例解析】

不需要缴纳契税。《财政部国家税务总局关于企业事业单位改制重组契税政策的通知》（财税〔2012〕4号）规定，同一投资主体内部所属企业之间土地、房屋权属的划转，包括母公司与其全资子公司之间，同一公司所属全资子公司之间，同一自然人与其设立的个人独资企业、一人有限公司之间土地、房屋权属的划转，免征契税。

实务咨询：我公司完成购置房屋的交易后，已按规定缴纳了契税，但后来法院判决撤销了房屋所有权证，请问契税是否退还？

二、契税的计算

1. 契税计税依据的确定

营业税改征增值税后计征契税的成交价格不含增值税。免征增值税的，确定计税依据时，成交价格不扣减增值税额。

1）只有一个价格的情况

国有土地使用权出让、土地使用权出售、房屋买卖，以成交价格作为计税依据。

2）无价格的情况

土地使用权赠与、房屋赠与，由征收机关参照土地使用权出售、房屋买卖的市场价格确定。

3）有两个价格的情况

土地使用权交换、房屋交换，为所交换土地使用权、房屋的“价格差额”；交换价格不相等的，由多交付货币的一方缴纳契税；交换价格相等的，免征契税。

4）补交契税的情况

以划拨方式取得的土地使用权，经批准转让房地产时，以补交的土地使用权出让费用或土地收益为计税依据。

实务咨询：房地产开发企业以竞标方式取得一处国有土地使用权，请问契税的计税依据如何确定？

2. 契税的税率

契税采用比例税率，并实行3%～5%的幅度税率。具体税率由各省、自治区、直辖市人民政府在幅度税率规定范围内，按照本地区的实际情况确定，以适应不同地区纳税人的负担水平和调控房地产交易的市场价格。

3. 契税优惠政策的运用

1）契税优惠的一般规定

（1）个人购买住房有不同的契税优惠政策。

① 对个人购买家庭唯一住房（家庭成员范围包括购房人、配偶以及未成年子女，下同），面积为90平方米及以下的，减按1%的税率征收契税；面积为90平方米以上的，减按1.5%的税率征收契税。

② 对个人购买家庭第二套改善性住房，面积为90平方米及以下的，减按1%的税率征收契税；面积为90平方米以上的，减按2%的税率征收契税。本规定对于北京市、上海市、广州市、深圳市暂不实施。

家庭第二套改善性住房是指已拥有一套住房的家庭，购买的家庭第二套住房。

（2）国家机关、事业单位、社会团体、军事单位承受土地、房屋用于办公、教学、医疗、科研和军事设施，免征契税。

（3）因不可抗力灭失住房而重新购买住房的，酌情减免。不可抗力是指自然灾害、战争等不能预见、不可避免并不能克服的客观情况。

（4）土地、房屋被县级以上人民政府征用、占用后，重新承受土地、房屋权属的，有省级人民政府确定是否免税。

（5）承受荒山、荒沟、荒丘、荒滩土地使用权，并用于农、林、牧、渔业生产的，免征契税。

（6）经外交部确认，依照我国有关法律规定，以及我国缔结或参加的双边和多边条约或协议，应当予以免税的外国驻华使馆、领事馆、联合国驻华机构及其外交代表、领事官员和其他外交人员承受土地、房屋权属，免征契税。

2）企业事业单位改制重组的契税优惠政策

（1）企业改制。

企业按照《中华人民共和国公司法》有关规定整体改制，包括非公司制企业改制为有限责任公司或股份有限公司，有限责任公司变更为股份有限公司，股份有限公司变更为有限责任公司，原企业投资主体存续并在改制（变更）后的公司中所持股权（股份）比例超过75%，且改制（变更）后公司承继原企业权利、义务的，对改制（变更）后公司承受原企业土地、房屋权属，免征契税。

（2）事业单位改制。

事业单位按照国家有关规定改制为企业，原投资主体存续并在改制后企业中出资（股权、股份）比例超过50%的，对改制后企业承受原事业单位土地、房屋权属，免征契税。

（3）公司合并。

两个或两个以上的公司，依照法律规定、合同约定，合并为一个公司，且原投资主体存续的，对合并后公司承受原合并各方土地、房屋权属，免征契税。

（4）公司分立。

公司依照法律规定、合同约定分立为两个或两个以上与原公司投资主体相同的公司，对分立后公司承受原公司土地、房屋权属，免征契税。

（5）企业破产。

企业依照有关法律法规规定实施破产，债权人（包括破产企业职工）承受破产企业抵偿债务的土地、房屋权属，免征契税；对非债权人承受破产企业土地、房屋权属，凡按照《中华人民共和国劳动法》等国家有关法律法规政策妥善安置原企业全部职工，与原企业全部职工签订服务年限不少于三年的劳动用工合同的，对其承受所购企业土地、房屋权属，免征契税；与原企业超过30%的职工签订服务年限不少于三年的劳动用工合同的，减半征收契税。

（6）资产划转。

对承受县级以上人民政府或国有资产管理部门按规定进行行政性调整、划转国有土地、房屋权属的单位，免征契税。

同一投资主体内部所属企业之间土地、房屋权属的划转，包括母公司与其全资子公司之间，同一公司所属全资子公司之间，同一自然人与其设立的个人独资企业、一人有限公司之间土地、房屋权属的划转，免征契税。

（7）债权转股权。

经国务院批准实施债权转股权的企业，对债权转股权后新设立的公司承受原企业的土地、房屋权属，免征契税。

（8）划拨用地出让或作价出资。

以出让方式或国家作价出资（入股）方式承受原改制重组企业、事业单位划拨用地的，不属上述规定的免税范围，对承受方应按规定征收契税。

（9）公司股权（股份）转让。

在股权（股份）转让中，单位、个人承受公司股权（股份），公司土地、房屋权属不发生转移，不征收契税。

4. 契税应纳税额的计算

契税应纳税额依照省、自治区、直辖市人民政府确定的适用税率和税法规定的计税依据计算征收。其计算公式为：

$$应纳税额=计税依据\times税率$$

【情境实例8-1】

1. 工作任务要求

（1）计算居民甲应缴纳的契税。

（2）计算居民乙应缴纳的契税。

（3）计算居民丙应缴纳的契税。

2. 情境实例设计

居民甲有两套住房，将一套出售给居民乙，成交价格为200 000元；将另一套两室住房与居民丙交换成两处一室住房，并支付给丙换房差价款60 000元（假定税率为3%）。

3. 任务实施过程

（1）甲应缴纳的契税=60 000×3%=1 800（元）。

（2）乙应缴纳的契税=200 000×3%=6 000（元）。

（3）丙不缴纳契税。

三、契税的纳税申报

1. 契税的纳税义务发生时间

契税的纳税环节是纳税人签订土地、房屋权属转移合同的当天，或者纳税人取得其他具有土地、房屋权属转移合同性质凭证的当天。

2. 契税的纳税期限

纳税人应当自纳税义务发生之日起10日内，向土地、房屋所在地的税务机关办理纳税申报，并在税务机关核定的期限内缴纳税款。

3. 契税的纳税地点

契税实行属地征收管理。纳税人发生契税纳税义务时，应向土地、房屋所在地的税务机关申报纳税。

4. 契税的纳税申报实务

纳税人对契税进行纳税申报时，应填报“契税纳税申报表”（表8-6）。

【情境实战8-3】

1. 工作任务要求

（1）计算山东信达设备股份有限公司按规定应当缴纳的契税。

（2）山东信达设备股份有限公司于2017年1月10日进行纳税申报，填写“契税纳税申报表”。

2. 情境实战设计

山东信达设备股份有限公司（纳税人识别号为91370209092220087T）2013年12月8日从山东运达房地产开发股份有限公司（纳税人识别号为91370209092090765A）手中购入一套办公用房，该商品房位于潍坊市光明路3号，面积为10 000平方米，成交价格为200 000 000元，省政府规定契税税率为5%。

3. 实战操作步骤

第一步：根据经济业务计算契税应纳税额。

应纳契税=200 000 000×5%=10 000 000（元）

第二步：对契税进行纳税申报。

填写“契税纳税申报表”，如表8-6所示。

表 8-6　契税纳税申报表

填表日期：2017 年 01 月 10 日　　　　金额单位：元至角分；面积单位：平方米

纳税人识别号　9 1 3 7 0 2 0 9 0 9 2 2 2 0 0 8 7 T

<table>
<tr><td rowspan="4">承受方信息</td><td>名　称</td><td colspan="3">山东信达设备股份有限公司</td><td colspan="4">☑单位　□个人</td></tr>
<tr><td>登记注册类型</td><td colspan="3">股份有限公司</td><td colspan="2">所属行业</td><td colspan="2">通用设备和专用设备制造业</td></tr>
<tr><td>身份证件类型</td><td colspan="3">身份证□　护照□　其他□</td><td colspan="2">身份证件号码</td><td colspan="2"></td></tr>
<tr><td>联系人</td><td colspan="3">张三</td><td colspan="2">联系方式</td><td colspan="2">1320531XXXX</td></tr>
<tr><td rowspan="3">转让方信息</td><td>名　称</td><td colspan="3">山东运达房地产开发股份有限公司</td><td colspan="4">☑单位　□个人</td></tr>
<tr><td>纳税人识别号</td><td>91370209092090765A</td><td colspan="2">登记注册类型</td><td colspan="2">股份有限公司</td><td>所属行业</td><td>房地产业</td></tr>
<tr><td>身份证件类型</td><td></td><td colspan="2">身份证件号码</td><td colspan="2"></td><td>联系方式</td><td></td></tr>
<tr><td rowspan="3">土地房屋权属转移信息</td><td>合同签订日期</td><td>2016 年 12 月 28 日</td><td colspan="2">土地房屋坐落地址</td><td colspan="2">潍坊市光明路 3 号</td><td>权属转移对象</td><td>普通商品住房</td></tr>
<tr><td>权属转移方式</td><td>房屋买卖</td><td colspan="2">用途</td><td colspan="2">办公</td><td>家庭唯一普通住房</td><td>□90 平方米以上
□90 平方米及以下</td></tr>
<tr><td>权属转移面积</td><td>10 000. 00</td><td colspan="2">成交价格</td><td colspan="2">200 000 000. 00</td><td>成交单价</td><td>20 000. 00</td></tr>
<tr><td rowspan="2">税款征收信息</td><td>评估价格</td><td></td><td colspan="2">计税价格</td><td colspan="2">200 000 000. 00</td><td>税率</td><td>5%</td></tr>
<tr><td>计征税额</td><td>10 000 000. 00</td><td>减免性质代码</td><td></td><td>减免税额</td><td>0. 00</td><td>应纳税额</td><td>10 000 000. 00</td></tr>
<tr><td colspan="9">以下由纳税人填写：</td></tr>
<tr><td>纳税人声明</td><td colspan="8">此纳税申报表是根据《中华人民共和国契税暂行条例》和国家有关税收规定填报的，是真实的、可靠的、完整的。</td></tr>
<tr><td>纳税人签章</td><td>略</td><td>代理人签章</td><td colspan="2"></td><td colspan="2">代理人身份证号</td><td colspan="2"></td></tr>
<tr><td colspan="9">以下由税务机关填写：</td></tr>
<tr><td>受理人</td><td></td><td>受理日期</td><td colspan="2">年　月　日</td><td colspan="2">受理税务机关签章</td><td colspan="2"></td></tr>
</table>

本表一式两份，一份纳税人留存，一份税务机关留存。

任务四　车船税纳税申报实务

【情境引例】

瑞达公司将使用了2年的车辆出售给丰华公司，但是今年的车船税在出售之前已经缴纳，请问能否申请退税，然后由购买方履行纳税义务？

一、车船税的认知

1. 车船税纳税人的确定

车船的所有人或管理人是车船税的纳税义务人。其中，所有人是指在我国境内拥有车船的单位和个人，对于私家车来说，也就是通常所说的车主；管理人是指对车船具有管理权或使用权，不具有所有权的单位。外商投资企业、外国企业、华侨、外籍人员和港澳台同胞，也属于车船税的纳税人。境内单位和个人租入外国籍船舶的，不征收车船税；境内单位和个人将船舶出租到境外的，应依法征收车船税。

2. 车船税征税范围的确定

"车辆、船舶"是指依法在车船登记管理部门登记的机动车辆和船舶，以及依法不需要在车船登记管理部门登记的在单位内部场所行驶或作业的机动车辆和船舶。

1）车辆

（1）乘用车。

（2）商用车客车（包括电车）。

（3）商用货车（包括半挂牵引车、三轮汽车和低速载货汽车等）。

（4）挂车。

（5）摩托车。

（6）其他车辆（不包括拖拉机）。

2）船舶

船舶包括机动船舶、游艇。

二、车船税的计算

1. 车船税计税依据的确定

1）车船税计税依据的一般规定

（1）乘用车、商用车客车、摩托车，以辆为计税依据。

（2）商用车货车、挂车、其他车辆，按整备质量每吨为计税依据。

（3）机动船舶按净吨位每吨为计税依据。

（4）游艇按艇身长度为计税依据。

2）车船税计税依据的特殊规定

（1）拖船按照发动机功率每1千瓦折合净吨位0.67吨计算征收车船税。

（2）车船税法及其实施条例涉及的整备质量、净吨位、艇身长度等计税单位，有尾数的一律按照含尾数的计税单位据实计算车船税应纳税额。计算得出的应纳税额小数点后超过两位的可四舍五入保留两位小数。

（3）乘用车以车辆登记管理部门核发的机动车登记证书或行驶证书所载的排气量毫升数确定税额区间。

【情境实例 8-2】

1. 工作任务要求

计算甲公司 2017 年应纳车船税税额。

2. 情境实例设计

甲公司 2017 年拥有机动船 4 艘，每艘净吨位为 3 000 吨；拖船 1 艘，发动机功率为 3 200 马力。机动船舶车船税计税标准为净吨位 201 吨至 2 000 吨的，每吨 4 元；净吨位 2 001 吨至 10 000 吨的，每吨 5 元。

3. 任务实施过程

甲公司 2017 年应纳车船税=3 000×4×5+[（3 200）/2]×4=66 400（元）

2. 车船税的税率

车船税采用定额税率，又称固定税额。省、自治区、直辖市人民政府根据车船税法所附“车船税税目税额表”确定车辆具体适用税额时，应当遵循以下原则。

（1）乘用车依排气量从小到大递增税额。

（2）客车按照核定载客人数 20 人以下和 20 人（含）以上两档划分，递增税额。

省、自治区、直辖市人民政府确定的车辆具体适用税额，应当报国务院备案。车船税税目税额表如表 8-7 所示。

表 8-7　车船税税目税额表

<table>
<tr><th colspan="2">税　目</th><th>计税单位</th><th>年基准税额</th><th>备注</th></tr>
<tr><td rowspan="7">乘用车
按发动机气缸容量（排气量）分档</td><td>1.0 升（含）以下</td><td rowspan="7">每辆</td><td>60～360 元</td><td rowspan="7">核定载客人数 9 人（含）以下</td></tr>
<tr><td>1.0 升以上至 1.6 升（含）</td><td>300～540 元</td></tr>
<tr><td>1.6 升以上至 2.0 升（含）</td><td>360～660 元</td></tr>
<tr><td>2.0 升以上至 2.5 升（含）</td><td>660～1 200 元</td></tr>
<tr><td>2.5 升以上至 3.0 升（含）</td><td>1 200～2 400 元</td></tr>
<tr><td>3.0 升以上至 4.0 升（含）</td><td>2 400～3 600 元</td></tr>
<tr><td>4.0 升以上</td><td>3 600～5 400 元</td></tr>
<tr><td rowspan="2">商用车</td><td>客车</td><td>每辆</td><td>480～1 440 元</td><td>核定载客人数 9 人以上，包括电车</td></tr>
<tr><td>货车</td><td rowspan="4">整备质量每吨</td><td>16～120 元</td><td>包括半挂牵引车、三轮汽车和低速载货汽车等</td></tr>
<tr><td colspan="2">挂车</td><td>按照货车税额的 50% 计算</td><td></td></tr>
<tr><td rowspan="2">其他车辆</td><td>专用作业车</td><td>16～120 元</td><td rowspan="2">不包括拖拉机</td></tr>
<tr><td>轮式专用机械车</td><td>16～120 元</td></tr>
</table>

续表

<table>
<tr><th colspan="2">税　目</th><th>计税单位</th><th>年基准税额</th><th>备注</th></tr>
<tr><td>摩托车</td><td></td><td>每辆</td><td>36～180元</td><td></td></tr>
<tr><td rowspan="4">机动船舶</td><td>净吨位不超过200吨</td><td rowspan="4">净吨位每吨</td><td>3元</td><td rowspan="9">拖船、非机动驳船分别按照机动船舶税额的50%计算</td></tr>
<tr><td>净吨位200～2 000吨</td><td>4元</td></tr>
<tr><td>净吨位2 000～10 000吨</td><td>5元</td></tr>
<tr><td>净吨位超过10 000吨</td><td>6元</td></tr>
<tr><td rowspan="4">游艇</td><td>艇身长度不超过10米</td><td rowspan="5">艇身长度每米</td><td>600元</td></tr>
<tr><td>艇身长度10～18米</td><td>900元</td></tr>
<tr><td>艇身长度18～30米</td><td>1 300元</td></tr>
<tr><td>艇身长度超过30米</td><td>2 000元</td></tr>
<tr><td colspan="2">辅助动力帆艇</td><td>600元</td></tr>
</table>

其中，对于在设计和技术特性上用于特殊工作，并装置有专用设备或器具的汽车，应认定为专用作业车，如汽车起重机、消防车、混凝土泵车、清障车、高空作业车、洒水车、扫路车等。以载运人员或货物为主要目的的专用汽车，如救护车，不属于专用作业车。

客货两用车又称多用途货车，是指在设计和结构上主要用于载运货物，但在驾驶员座椅后带有固定或折叠式座椅，可运载3人以上乘客的货车。客货两用车依照货车的计税单位和年基准税额计征车船税。

3. 车船税优惠政策的运用

1）法定减免

（1）捕捞、养殖渔船。

（2）军队、武警专用的车船。

（3）警用车船。

（4）对节约能源、使用新能源的车船可以减征或免征车船税；对受严重自然灾害影响纳税困难，以及有其他特殊原因确需减税、免税的，可以减征或免征车船税。节约能源、使用新能源的车辆包括纯电动汽车、燃料电池汽车和混合动力汽车。纯电动汽车、燃料电池汽车和插电式混合动力汽车免征车船税，其他混合动力汽车按照同类车辆适用税额减半征税。

（5）各地根据法律授权，对城乡公共交通车船、农村居民拥有并主要在农村地区使用的摩托车、三轮汽车和低速货车基本上都给予定期减免车船税的税收优惠。

（6）依照我国有关法律和我国缔结或参加的国际条约的规定应当予以免税的外国驻华使馆、领事馆和国际组织驻华机构及其有关人员的车船。

2）特定减免

（1）临时入境的外国车船和香港特别行政区、澳门特别行政区、台湾地区的车船。

（2）按照规定缴纳船舶吨税的机动船舶，自《中华人民共和国车船税法实施条例》实施之日起5年内免征车船税。

（3）依法不需要在车船登记管理部门登记的机场、港口、铁路站场内部行驶或作业的车船，自《中华人民共和国车船税法实施条例》实施之日起 5 年内免征车船税。

4. 车船税应纳税额的计算

购置的新车船，购置当年的应纳税额自纳税义务发生的当月起按月计算。其计算公式为：

应纳税额=(年应纳税额/12)×应纳税月份数

三、车船税的纳税申报

1. 车船税的纳税方式

(1) 自行申报方式：纳税人自行向主管税务机关申报缴纳车船税。

(2) 代收代缴方式：纳税人在办理机动车交通事故责任强制保险时由保险机构作为扣缴义务人代收代缴车船税。

2. 车船税的纳税义务发生时间

(1) 车船税的纳税义务发生时间为取得车船所有权或管理权的当月。

纳税人在首次购买机动车交通事故责任强制保险时缴纳车船税或自行申报缴纳车船税的，应当提供购车发票及反映排气量、整备质量、核定载客人数等与纳税相关的信息及其相应凭证。

(2) 在一个纳税年度内，已完税的车船被盗抢、报废、灭失的，纳税人可以凭有关管理机关出具的证明和完税证明，向纳税所在地的主管税务机关申请退还自被盗抢、报废、灭失月份起至该纳税年度终了期间的税款。

已办理退税的被盗抢车船，失而复得的，纳税人应当从公安机关出具相关证明的当月起计算缴纳车船税。

已经缴纳车船税的车船，因质量原因，车船被退回生产企业或经销商的，纳税人可以向纳税所在地的主管税务机关申请退还自退货月份起至该纳税年度终了期间的税款。退货月份以退货发票所载日期的当月为准。

保险机构作为车船税扣缴义务人，在代收车船税并开具增值税发票时，应在增值税发票备注栏中注明代收车船税税款信息。具体包括：保险单号、税款所属期（详细至月）、代收车船税金额、滞纳金金额、金额合计等。该增值税发票可作为纳税人缴纳车船税及滞纳金的会计核算原始凭证。车船税已经由保险机构代收代缴的，车辆登记地的主管税务机关不再征收该纳税年度的车船税。再次征收的，车辆登记地主管税务机关应予退还。

【情境引例解析】

瑞达公司不能申请退税。

《中华人民共和国车船税法实施条例》第二十条规定："已缴纳车船税的车船在同一纳税年度内办理转让过户的，不另纳税，也不退税。"

3. 车船税的纳税期限

车船税是按年申报，分月计算，一次性缴纳。纳税年度自公历 1 月 1 日起至 12 月 31 日止。具体申报纳税期限由各省、自治区、直辖市人民政府规定。但下列情形的纳税期限按规定执行。

(1) 机动车辆在投保交强险时尚未缴纳当年度车船税的，应当在投保的同时向保险机构缴纳。

（2）新购置的机动车辆，应当在办理缴纳车辆购置税手续的同时缴纳。

（3）新购置的船舶，应当在取得船舶登记证书的当月缴纳。其他应税船舶，应当在办理船舶年度检验之前缴纳。

（4）在申请车船转籍、转让交易、报废时尚未缴纳当年度车船税的，应当在办理相关手续之前缴纳。

（5）已办理退税的被盗抢车船又找回的，纳税人应从公安机关出具相关证明的当月起计算缴纳车船税。

4. 车船税的纳税地点

纳税人自行向主管税务机关申报缴纳车船税的，纳税地点为车船登记地；依法不需要办理登记的车船，纳税地点为车船的所有人或管理人的所在地。由保险机构代收代缴车船税的，纳税地点为保险机构所在地。需要注意的是，由于从事机动车交通事故责任强制保险业务的保险机构为机动车车船税扣缴义务人，因此纳税人在办理机动车交通事故责任强制保险业务时，应当一并缴纳车船税；如果已经自行申报缴纳了车船税，应当提供机动车的完税证明。

5. 车船税的纳税申报实务

纳税人对车船税进行纳税申报时，应填报“车船税纳税申报表”（表 8-8）。

【情境实战 8-4】

1. 工作任务要求

（1）计算山东宏达公司 2017 年应纳车船税。

（2）山东宏达贸易有限公司于 2017 年 1 月 10 日对 2017 年度的车船税进行纳税申报，填写“车船税纳税申报表”。

2. 情境实战设计

山东宏达贸易有限责任公司的纳税人识别号为 91370200221233212R，其 2017 年拥有 2 辆乘用汽车，第 1 辆的车辆识别代号（车架号码）为 ABCD1232565001232，发动机气缸容量均为 1.5 升，载客人数为 4 人；第 2 辆的车辆识别代号（车架号码）为 ABCD1232562236011，发动机气缸容量均为 1.8 升，载客人数为 4 人。按照当地规定，每年年初申报缴纳当年全年的车船税（说明：一般情况下，纳税人在“交强险”时，由扣缴义务人代收代缴车船税了，但本例是特殊情况，即纳税人自行申报缴纳车船税）。车船税税率为：发动机气缸容量为 1.0 升以上至 1.6 升（含）的，载客人数 9 人（含）以下的乘用车每辆 300 元；1.6 升以上至 2.0 升（含）以下的乘用车每辆 360 元。该公司于 2017 年 1 月 10 日对 2017 年度的车船税进行纳税申报。

3. 实战操作步骤

第一步：根据经济业务计算车船税应纳税额。

2017 年全年应纳车船税 = 300+360 = 660（元）

第二步：对车船税进行纳税申报。

填写“车船税纳税申报表”，如表 8-8 所示。

表 8-8　车船税纳税申报表

管理代码：

税款所属期限：自 2017 年 01 月 01 日至 2017 年 12 月 31 日　　填表日期：2017 年 01 月 10 日　　金额单位：元至角分

纳税人识别号 9 1 3 7 0 2 0 0 2 2 1 2 3 3 2 1 2 R

纳税人名称			山东宏达贸易有限责任公司					纳税人身份证照类型			略		
纳税人身份证照号码			略					居住（单位）地址			略		
联系人			略					联系方式			略		
序号	（车辆）号牌号码/（船舶）登记号码	车船识别代码（车架号/船舶识别号）	征收品目	计税单位	计税单位的数量	单位税额	年应缴税额	本年减免税额	减免性质代码	减免税证明号	当年应缴税额	本年已缴税额	本期年应补（退）税额
	1	2	3	4	5	6	7=5×6	8	9	10	11=7−8	12	13=11−12
	略	ABCD1232565001232	1.0 升以上至 1.6 升（含）的乘用车	辆	1	300.00	300.00	0.00	略	略	300.00	0.00	300.00
	略	ABCD1232562236011	1.0 升以上至 1.6 升（含）的乘用车	辆	1	360.00	360.00	0.00	略	略	360.00	0.00	360.00
申报车辆总数（辆）			2				申报船舶总数（艘）			0			
以下由申报人填写：													
纳税人声明	此纳税申报表是根据《中华人民共和国车船税法》和国家有关税收规定填报的，是真实的、可靠的、完整的。												
纳税人签章	略			代理人签章				代理人身份证号					
以下由税务机关填写：													
受理人				受理日期				受理税务机关（签章）					

本表一式两份，一份纳税人留存，一份税务机关留存。

任务五　车辆购置税纳税申报实务

【情境引例】

润祥公司购买车辆，取得了机动车销售发票，其中一联次为报税联，请问该联发票应该由哪方留存？有什么用途？

一、车辆购置税的认知

1. 车辆购置税纳税人的确定

车辆购置税的纳税人是指在我国境内购置应税车辆的单位和个人。所谓“购置”，是指购买使用行为、进口使用行为、受赠使用行为、自产自用行为、获奖使用行为，以及以拍卖、抵债、走私、罚没等方式取得并使用的行为，这些行为都属于车辆购置税的应税行为。

单位包括国有企业、集体企业、私营企业、股份制企业、外商投资企业、外国企业及其他企业，事业单位、社会团体、国家机关、部队及其他单位。个人包括个体工商户及其他个人，既包括中国公民，也包括外国公民。

2. 车辆购置税征税范围的确定

车辆购置税以列举的车辆作为征税对象，未列举的车辆不纳税。其征税范围包括汽车、摩托车、电车、挂车、农用运输车，具体规定如下。

（1）汽车：包括各类汽车。

（2）摩托车。

① 轻便摩托车：最高设计车速不大于 50 千米/小时，发动机气缸总排量不大于 50 立方厘米的 2 个或 3 个车轮的机动车。

② 二轮摩托车：最高设计车速大于 50 千米/小时，或者发动机气缸总排量大于 50 立方厘米的 2 个车轮的机动车。

③ 三轮摩托车：最高设计车速大于 50 千米/小时，发动机气缸总排量大于 50 立方厘米，空车质量不大于 400 千克的 3 个车轮的机动车。

（3）电车。

① 无轨电车：以电能为动力，由专用输电电缆供电的轮式公共车辆。

② 有轨电车：以电能为动力，在轨道上行驶的公共车辆。

（4）挂车。

① 全挂车：无动力设备，独立承载，由牵引车辆牵引行驶的车辆。

② 半挂车：无动力设备，与牵引车共同承载，由牵引车辆牵引行驶的车辆。

（5）农用运输车。

① 三轮农用运输车：柴油发动机，功率不大于 7.4 千瓦，载重量不大于 500 千克，最高车速不大于 40 千米/小时的 3 个车轮的机动车。

② 四轮农用运输车：柴油发动机，功率不大于 28 千瓦，载重量不大于 1 500 千克，最高车速不大于 50 千米/小时的 4 个车轮的机动车。

为了体现税法的统一性、固定性、强制性和法律的严肃性特征，车辆购置税征收范围的调整，由国务院决定，其他任何部门、单位和个人无权擅自扩大或缩小车辆购置税的征税范围。

二、车辆购置税的计算

1. 车辆购置税计税依据的确定

1）计税依据的基本规定

车辆购置税计税依据的基本规定如表 8-9 所示。

表 8-9　车辆购置税计税依据的基本规定

应税行为	计税依据
购买自用应税车辆	以不含增值税价格作为计税价格 计税价格＝含增值税的销售价格/（1+增值税税率或征收率） ＝（含增值税价款+价外费用）/（1+增值税税率或征收率） 购买自用应税车辆计征车辆购置税的计税依据，与销售方计算增值税的计税依据一致
进口自用应税车辆	以组成计税价格作为计税价格 如果进口车辆是属于消费税征税范围的小汽车、摩托车等，则组成计税价格为： 计税价格＝关税完税价格+关税+消费税 ＝（关税完税价格+关税）/（1-消费税税率） 进口自用应税车辆计征车辆购置税的计税依据，与进口方计算增值税的计税依据一致 如果进口车辆是不属于消费税征税范围的大卡车、大客车，则组成计税价格公式简化为： 计税价格＝关税完税价格+关税
其他自用应税车辆	按购置该型号车辆的价格确认。如果不能准确提供车辆价格的，则由主管税务机关参照国家税务总局核定相同类型应税车辆的最低计税价格确定

2）以最低计税价格为计税依据的确定

纳税人购买自用或进口自用应税车辆，申报的计税价格低于同类型应税车辆的最低计税价格，又无正当理由的，按照最低计税价格征收车辆购置税。

最低计税价格是由国家税务总局依据车辆生产企业提供的车辆价格信息并参照市场平均交易价格核定的车辆购置税计税价格。

根据纳税人购置应税车辆的不同情况，国家税务总局对特殊情形应税车辆的最低计税价格规定如表 8-10 所示。

表 8-10　几种特殊情形应税车辆的最低计税价格规定

特殊情形的应税车辆	计税依据
底盘（车架）和发动机发生更换的车辆	计税依据为最新核发的同类型车辆最低计税价格的 70% 此政策只适用于已缴过车辆购置税的已税车辆底盘和发动机发生更换的情况
免税、减税条件消失的车辆	最低计税价格＝同类型新车最低计税价格×［1-(已使用年限/规定使用年限)］×100% 【提示】① 未满一年的应税车辆计税依据为最新核发的同类型车辆最低计税价格；② 使用年限，国产车辆按 10 年计算，进口车辆按 15 年计算；③ 超过规定使用年限的，计税依据为零
非贸易渠道进口的车辆	同类型新车最低计税价格

2. 车辆购置税的税率

车辆购置税实行统一比例税率，税率为10%。

3. 车辆购置税优惠政策的运用

1）法定减免税规定

（1）外国驻华使馆、领事馆和国际组织驻华机构及其外交人员自用车辆免征车辆购置税。

（2）中国人民解放军和中国人民武装警察部队列入军队武器装备订货计划的车辆免征车辆购置税。

（3）设有固定装置的非运输车辆免征车辆购置税。

（4）防汛部门和森林消防部门购置的由指定厂家生产的指定型号的用于指挥、检查、调度、报汛（警）、联络的设有固定装置的专用车辆免征车辆购置税。

（5）回国服务的留学人员用现汇购买1辆自用国产小汽车免征车辆购置税。

（6）长期来华定居专家进口1辆自用小汽车免征车辆购置税。

（7）自2014年9月1日至2017年12月31日，对购置的新能源汽车免征车辆购置税。

（8）有国务院规定予以免税或者减税的其他情形的，按照规定免税或者减税。

2）车辆购置税的退税

（1）公安机关车辆管理机构不予办理车辆登记注册手续的，凭公安机关车辆管理机构出具的证明办理退税手续。

（2）因质量等原因发生退回所购车辆的，凭经销商的退货证明办理退税手续。

4. 车辆购置税应纳税额的计算

车辆购置税实行从价定率的方法计算应纳税额，计算公式为：

$$应纳税额=计税依据\times税率$$

由于应税车辆的来源、应税行为的发生，以及计税依据组成的不同，因而车辆购置税应纳税额的计算方法也有区别。

1）购买自用应税车辆应纳税额的计算

在应纳税额的计算当中，应注意以下费用的计税规定。

（1）购买者随购买车辆支付的工具件和零部件价款应作为购车价款的一部分，并入计税依据中征收车辆购置税。

（2）支付的车辆装饰费应作为价外费用并入计税依据中计税。

（3）代收款项应区别征税。凡使用代收单位（受托方）票据收取的款项，应视作代收单位价外收费，购买者支付的价费款，应并入计税依据中一并征税；凡使用委托方票据收取，受托方只履行代收义务和收取代收手续费的款项，应按其他税收政策规定征税。

情境讨论：如何理解“凡使用委托方票据收取，受托方只履行代收义务和收取代收手续费的款项，应按其他税收政策规定征税”？

（4）销售单位开给购买者的各种发票金额中包含增值税税款，因此计算车辆购置税时，应换算为不含增值税的计税价格。

（5）购买者支付的控购费，是政府部门的行政性收费，不属于销售者的价外费用范围，不应并入计税价格计税。

（6）销售单位开展优质销售活动所开票收取的有关费用，应属于经营性收入，企业在代理过程中按规定支付给有关部门的费用，企业已作经营性支出列支核算，其收取的各项费用并在一张发票上难以划分的，应作为价外收入计算征税。

2）进口自用应税车辆应纳税额的计算

纳税人进口自用的应税车辆应纳税额的计算公式分为以下两种情况。

如果进口车辆是属于消费税征税范围的小汽车、摩托车等，则其应纳税额的计算公式为：

应纳税额=（关税完税价格+关税+消费税）×税率

如果进口车辆是不属于消费税征税范围的大卡车、大客车，则其应纳税额的计算公式为：

应纳税额=（关税完税价格+关税）×税率

3）其他自用应税车辆应纳税额的计算

纳税人自产自用、受赠使用、获奖使用和以其他方式取得并自用应税车辆的，凡不能取得该型车辆的购置价格，或者低于最低计税价格的，以国家税务总局核定的最低计税价格作为计税依据计算征收车辆购置税，其计算公式为：

应纳税额=最低计税价格×税率

4）特殊情形下自用应税车辆应纳税额的计算

（1）减税、免税条件消失车辆应纳税额的计算。对减税、免税条件消失的车辆，纳税人应按现行规定，在办理车辆过户手续前或办理变更车辆登记注册手续前向税务机关缴纳车辆购置税，其计算公式为：

应纳税额=同类型新车最低计税价格×［1-（已使用年限/规定使用年限）］×100%×税率

（2）对已缴纳并办理了登记注册手续的车辆，其底盘发生更换，其最低计税价格按同类型新车最低计税价格的70%计算。

（3）非贸易渠道进口车辆的最低计税价格，为同类型新车最低计税价格。

三、车辆购置税的纳税申报

1. 车辆购置税的纳税环节

车辆购置税是对应税车辆的购置行为课征，选择单一环节，实行一次课征制度。征税环节选择在使用环节（即最终消费环节）。具体而言，车辆购置税是在应税车辆上牌登记注册前的使用环节征收。

购置已征车辆购置税的车辆，不再征收车辆购置税。但减税、免税条件消失的车辆，应按规定缴纳车辆购置税。

【情境引例解析】

《国家税务总局关于使用新版机动车销售统一发票有关问题的通知》（国税函〔2006〕479号）第二条规定："《机动车发票》为电脑六联式发票。即第一联发票联（购货单位付款凭证），第二联抵扣联（购货单位扣税凭证），第三联报税联（车购税征收单位留存），第四联注册登记联（车辆登记单位留存），第五联记账联（销货单位记账凭证），第六联存根联（销货单位留存）。第一联印色为棕色，第二联印色为绿色，第三联印色为紫色，第四联印色为蓝色，第五联印色为红色，第六联印色为黑色。发票代码、发票号码印色为黑色。《机动车发票》规格为 241 mm×177 mm（票样附后）。当购货单位不是增值税一般纳税人时，第二联抵扣联由销货单位留存。”因此，第三联报税联由车辆购置税征收单位留存，用于办理车辆购置税。

2. 车辆购置税的纳税期限

纳税人购买自用的应税车辆，自购买之日起60日内申报纳税；进口自用的应税车辆，应当自进口之日起60日内申报纳税；自产、受赠、获奖和以其他方式取得并自用应税车辆的，应当自取得之日起60日内申报纳税。

车辆购置税税款于纳税人办理纳税申报时一次缴清。纳税人应在向公安机关车辆管理机构办理车辆登记注册前，缴纳车辆购置税。缴税后，主管税务机关应给纳税人开具“车辆购置税完税证明”，纳税人需持“车辆购置税完税证明”，到公安机关办理车辆登记注册手续；“完税证明”每车一证，随车携带，以备检查。

这里的“购买之日”是指纳税人购车发票上注明的销售日期；“进口之日”是指纳税人报关进口的当天。

3. 车辆购置税的纳税地点

纳税人购置应税车辆，应当向车辆登记注册地的主管税务机关申报纳税；购置不需办理车辆登记注册手续的应税车辆，应当向纳税人所在地的主管税务机关申报纳税。车辆登记注册地是指车辆的上牌落籍地或落户地。

4. 车辆购置税的纳税方法

车辆购置税缴纳税款的方法主要有：① 自报核缴；② 集中征收缴纳；③ 代征、代扣、代收。

5. 车辆购置税的纳税申报实务

纳税人对车辆购置税进行纳税申报时，应填报“车辆购置税纳税申报表”（表 8-11）。

表 8-11 车辆购置税纳税申报表

填表日期：2017 年 03 月 25 日

行业代码：2031　　　　注册类型代码：686123

纳税人名称：北京黄河有限责任公司　　　　金额单位：元（列至角分）

<table>
<tr><td>纳税人证件名称</td><td colspan="2">营业执照</td><td>证件号码</td><td colspan="2">91254556541256912N</td></tr>
<tr><td>联系电话</td><td>010-88464125</td><td>邮政编码</td><td>100084</td><td>地址</td><td>北京市海淀区长春桥路 01 号</td></tr>
<tr><td colspan="6">车辆基本情况</td></tr>
<tr><td>车辆类别</td><td colspan="5">1. 汽车√　2. 摩托车　3. 电车　4. 挂车　5. 农用运输车</td></tr>
<tr><td>生产企业名称</td><td colspan="2">美国通用汽车股份有限公司</td><td colspan="2">机动车销售统一发票（或有效凭证）价格</td><td>264 000.00</td></tr>
<tr><td>厂牌型号</td><td colspan="2">DFS1235EQI</td><td colspan="2">关税完税价格</td><td>198 000.00</td></tr>
<tr><td>发动机号码</td><td colspan="2">2568456</td><td colspan="2">关税</td><td>39 600.00</td></tr>
<tr><td>车辆识别代号（车架号码）</td><td colspan="2">666231</td><td colspan="2">消费税</td><td>26 400.00</td></tr>
<tr><td>购置日期</td><td colspan="2">2017 年 03 月 10 日</td><td colspan="2">免（减）税条件</td><td></td></tr>
<tr><td>申报计税价格</td><td>计税价格</td><td>税率</td><td colspan="2">免税、减税额</td><td>应纳税额</td></tr>
<tr><td>1</td><td>2</td><td>3</td><td colspan="2">4=2×3</td><td>5=1×3 或 2×3</td></tr>
<tr><td>264 000.00</td><td>264 000.00</td><td>10%</td><td colspan="2"></td><td>26 400.00</td></tr>
<tr><td></td><td></td><td></td><td colspan="2"></td><td></td></tr>
</table>

续表

<table>
<tr><td colspan="2">申报人声明</td><td colspan="2">授权声明</td></tr>
<tr><td colspan="2">此纳税申报表是根据《中华人民共和国车辆购置税暂行条例》的规定填报的，我相信它是真实的、可靠的、完整的。
声明人签字：</td><td colspan="2">如果你已委托代理人申报，请填写以下资料：
为代理一切税务事宜，现授权（　　　　），地址（　　　　）
为本纳税人的代理申报人，任何与本申报表有关的往来文件，都可寄予此人。
授权人签字：</td></tr>
<tr><td rowspan="5">纳税人签名或盖章</td><td colspan="3">如委托代理人的，代理人应填写以下各栏</td></tr>
<tr><td>代理人名称</td><td></td><td rowspan="4">代理人（章）</td></tr>
<tr><td>地址</td><td></td></tr>
<tr><td>经办人</td><td></td></tr>
<tr><td>电话</td><td></td></tr>
<tr><td colspan="2">接收人：
接收日期：</td><td colspan="2">主管税务机关（签章）：</td></tr>
</table>

【情境实战 8-5】

1. 工作任务要求

（1）计算北京黄河有限责任公司应缴纳的车辆购置税。

（2）北京黄河有限责任公司于 2017 年 3 月 25 日进行纳税申报，填写“车辆购置税纳税申报表”。

2. 情境实战设计

北京黄河有限责任公司 2017 年 3 月 10 日从美国购买一辆发动机号码为 2568456、车架号码为 666231 的别克轿车一辆。该公司进口报关时，经海关核定的关税完税价格为 198 000 元，进口关税税率为 20%，消费税税率为 10%。该公司位于北京市海淀区长春桥路 01 号，注册类型代码为 686123，行业代码为 2031，纳税人证件名称为营业执照，证件号码为 91254556541256912N，联系电话为 010-88464125，邮政编码为 100084。

3. 实战操作步骤

第一步：根据经济业务计算车辆购置税应纳税额。

组成计税价格 =（198 000+198 000×20%）/（1−10%）= 264 000（元）

应纳增值税 = 264 000×17% = 44 880（元）

应纳消费税 = 264 000×10% = 26 400（元）

应纳车辆购置税 = 264 000×10% = 26 400（元）

第二步：对车辆购置税进行纳税申报。

填写“车辆购置税纳税申报表”，如表 8-11 所示。

任务六　烟叶税纳税申报实务

【情境引例】

奇胜卷烟厂从烟农手中收购一批烟叶，货物已验收入库，收购价款 80 000 元，请问奇胜卷烟厂购进烟叶准予抵扣的增值税进项税税额为多少？

一、烟叶税的认知

1. 烟叶税纳税义务人的确定

在中华人民共和国境内收购烟叶的单位为烟叶税的纳税人，应当依照《中华人民共和国烟叶税暂行条例》的规定缴纳烟叶税。

2. 烟叶税征税范围的确定

按照《中华人民共和国烟叶税暂行条例》的规定，烟叶税的征税范围是指晾晒烟叶、烤烟叶。

二、烟叶税的计算

1. 烟叶税计税依据的确定

烟叶税以纳税人收购烟叶的收购金额作为计税依据。

2. 烟叶税的税率

烟叶税实行比例税率，税率为 20%。烟叶税税率的调整，由国务院决定。

3. 烟叶税应纳税额的计算

烟叶税应纳税额按照《中华人民共和国烟叶税暂行条例》的规定，以纳税人收购烟叶的收购金额和规定的税率计算。应纳税额的计算公式为：

应纳税额＝烟叶收购金额×税率

烟叶收购金额＝烟叶收购价款×(1+10%)

【情境引例解析】

从农业生产者手中收购烟叶时，一方面征收烟叶税，烟叶税应纳税额＝烟叶收购金额×税率（20%）＝烟叶收购价款×（1+10%）×20%（“烟叶收购金额”，包括纳税人支付给烟叶销售者的烟叶收购价款和价外补贴。按照简化手续、方便征收的原则，对价外补贴统一暂按烟叶收购价款的 10% 计入烟叶收购金额征税）；另一方面，准予抵扣的增值税进项税额＝（烟叶收购金额+烟叶税应纳税额）×扣除率＝［烟叶收购价款×（1+10%）+烟叶收购价款×（1+10%）×20%］×扣除率＝烟叶收购价款×（1+10%）×（1+20%）×扣除率＝烟叶收购价款×1.1×1.2×扣除率。

烟叶收购金额＝80 000×（1+10%）＝88 000（元）

应纳烟叶税 = 88 000×20% = 17 600（元）

取得（开具）农产品销售发票或收购发票的，以农产品销售发票或收购发票上注明的农产品买价和扣除率计算进项税额（买价，是指纳税人购进农产品在农产品收购发票或者销售发票上注明的价款和按照规定缴纳的烟叶税）。

营业税改征增值税试点期间，纳税人购进用于生产销售或委托受托加工17%税率货物的农产品维持原扣除力度不变（原扣除力度指的是13%的扣除率）。

购进烟叶准予抵扣的增值税进项税额 =（88 000+17 600）×13% = 13 728（元）

或者购进烟叶准予抵扣的增值税进项税额 = 烟叶收购价款×1. 1×1. 2×扣除率 = 80 000×1. 1×1. 2×13% = 13 728（元）

三、烟叶税的纳税申报

烟叶税的征收管理，依照《税收征管法》及《中华人民共和国税收征收管理法暂行条例》（以下简称《税收征管法暂行条例》）的有关规定执行。

1. 烟叶税的纳税义务发生时间

烟叶税的纳税义务发生时间为纳税人收购烟叶的当天。

2. 烟叶税的纳税期限

纳税人应当自纳税义务发生之日起30日内申报纳税。具体纳税期限由主管税务机关核定。

3. 烟叶税的纳税地点

纳税人收购烟叶，应当向烟叶收购地的主管税务机关申报纳税。按照《税收征管法暂行条例》的规定，烟叶税由地方税务机关征收。

4. 烟叶税的纳税申报实务

纳税人对烟叶税进行纳税申报时，应填报“烟叶税纳税申报表”（表8-12）、“烟叶收购情况表”（表8-13）。

表8-12 烟叶税纳税申报表

纳税人识别号：91370202369112002W

纳税人名称（公章）：山东胜达烟草股份有限公司　　填表日期：2017年02月07日

税款所属期：2017年01月01日至2017年01月31日 金额单位：元（列至角分）

烟叶收购金额	税率	应纳税额	已纳税额	应入库税额
1	2	3 = 1×2	4	5 = 3-4
1 100 000. 00	0. 20	220 000. 00	0. 00	220 000. 00
烟叶购买金额	税率	应纳税额	已纳税额	应补（退）税额
0. 00	0. 20	0. 00	0. 00	0. 00
合计		220 000. 00	0. 00	220 000. 00

续表

<table>
<tr><td rowspan="7">纳税人或代理人声明：
此纳税申报表是根据国家税收法律的规定填报的，我确定它是真实的、可靠的、完整的。</td><td colspan="2">如纳税人填报，由纳税人填写以下各栏：</td></tr>
<tr><td>办税人员（签章）：张三</td><td>财务负责人（签章）：王五</td></tr>
<tr><td colspan="2">法定代表人（签章）：李四</td></tr>
<tr><td colspan="2">如委托代理人填报，由代理人填写以下各栏：</td></tr>
<tr><td>代理人名称：</td><td>经办人（签章）：</td></tr>
<tr><td>代理人（公章）：</td><td>联系电话：</td></tr>
</table>

受理人：	受理日期：　　年　月　日	受理税务机关（章）：

表 8-13　烟叶收购情况表

纳税人识别号：91370202369112002W

纳税人名称（公章）：山东胜达烟草股份有限公司　　填表日期：2017 年 02 月 07 日

税款所属期：2017 年 01 月 01 日至 2017 年 01 月 31 日　　金额单位：公斤、元

项目	等级	单价	收购数量	收购价款
收购烟叶	—	1	2	3=1×2
收购烟叶	中橘一	10.00	100 000.00	1 000 000.00
购买烟叶	0.00		0.00	0.00
合计			100 000.00	1 000 000.00
备注				

【情境实战 8-6】

1. 工作任务要求

（1）计算山东胜达烟草股份有限公司 2017 年 1 月收购烟叶应缴纳的烟叶税。

（2）山东胜达烟草股份有限公司于 2017 年 2 月 7 日进行纳税申报，填写“烟叶税纳税申报表”和“烟叶收购情况表”。

2. 情境实战设计

山东胜达烟草股份有限公司是增值税一般纳税人，纳税人识别号为：91370202369112002W，2017 年 1 月收购烟叶 100 000 公斤，烟叶收购价格 10 元/公斤，收购价款总计 1 000 000 元，货款已全部支付。

3. 实战操作步骤

第一步：根据经济业务计算本月烟叶税应纳税额。

烟叶收购金额 = 1 000 000×(1+10%) = 1 100 000（元）

本月应纳烟叶税 = 1 100 000×20% = 220 000（元）

第二步：对烟叶税进行纳税申报。

填写“烟叶税纳税申报表”和“烟叶收购情况表”，如表 8-12 和表 8-13 所示。

技能训练

一、单项选择题

1. 对同一类应税凭证贴花次数频繁的纳税人，适用印花税的纳税办法是（　　）。

A. 汇贴纳税　　B. 自行贴花　　C. 汇缴纳税　　D. 委托代征

2. 下列各项中，符合车船税征收管理规定的是（　　）。

A. 扣缴义务人代收代缴车船税的，纳税地点为车船登记地的主管税务机关所在地

B. 纳税人自行申报缴纳车船税的，纳税地点为车船登记地的主管税务机关所在地

C. 车船税纳税义务发生时间为取得车船所有权或者管理权的次月

D. 不需要办理登记的车船不必缴纳车船税

3. 自产、受赠和以其他方式取得并自用应税车辆的，应当自取得之日起（　　）日内申报缴纳车辆购置税。

A. 10　　B. 30　　C. 60　　D. 90

4. 获准占用耕地的单位或个人应当在收到土地管理部门的通知之日起（　　）日内缴纳耕地占用税。

A. 7　　B. 15　　C. 30　　D. 60

5. 契税的纳税地点是（　　）。

A. 企业的核算地　　B. 土地、房屋所在地

C. 单位的注册地　　D. 纳税人的居住地

6. 某公司 2017 年 3 月收购烟叶 100 000 千克，烟叶收购价格 10 元/千克，收购价款总计 1 000 000 元，该公司当月应缴纳的烟叶税为（　　）元。

A. 220 000　　B. 200 000　　C. 110 000　　D. 100 000

二、多项选择题

1. 以下所列的印花税的计税依据正确的有（　　）。

A. 营业账簿中记载资金的账簿以“实收资本”和“资本公积”两项的合计金额作为计税依据

B. 房屋产权证按件贴花

C. 同一凭证上记载有两个不同税目税率的经济事项，未分别记载金额的，按照较低的税率贴花

D. 各种明细分类账簿按照凭证件数作为计税依据

2. 某机关 2017 年 6 月购车一辆，随购车支付的下列款项中，应并入计税依据征收车辆购置税的有（　　）。

A. 控购费　　B. 增值税税款　　C. 零部件价款　　D. 车辆装饰费

3. 下列情况中，不缴或免缴车船税的有（　　）。

A. 建筑工地的小推车　　B. 公安部门的警车

C. 武警的雷达车　　D. 汽车制造厂尚未销售的汽车

4. 下列属于契税纳税义务发生时间的有（　　）。

A. 取得具有房地产权属转移合同性质凭证的当天

B. 签订房地产权属转移合同的当天

C. 办理房地产产权证的当天

D. 交纳房地产预付款的当天

5. 用于计算烟叶税的“收购金额”包括（　　）。

A. 纳税人支付给烟叶销售者的增值税

B. 纳税人支付给烟叶销售者的烟叶金额

C. 纳税人支付给烟叶销售者的烟叶收购价款

D. 纳税人支付给烟叶销售者的价外补贴

三、判断题

1. 车船税的纳税义务发生时间，为车船管理部门核发的车船登记证书或者行驶证书所记载日期的次月。（　　）

2. 应税合同凭证的正本贴花之后，副本、抄本不再贴花。（　　）

3. 支付的车辆装饰费免征车辆购置税。（　　）

4. 契税的纳税人是在我国境内承受土地、房屋权属转移的单位和个人。（　　）

四、实务题

1. 甲公司于2017年1月开业后，领受了工商营业执照、土地使用证、房屋产权证各一件。已知“权利、许可证照”印花税单位税额为每件5元。

要求：计算甲公司应缴纳的印花税。

2. 甲公司于2017年2月向乙公司购买一处闲置厂房，合同注明的土地使用权价款180万元，厂房及地上附着物价款60万元。已知当地规定的契税税率为3%，以上价格均为不含增值税价格。

要求：计算甲公司应缴纳的契税。

3. 甲烟草公司为一般纳税人，本月向农民收购烟叶，收购价款为16万元，向农民支付价外补贴为收购价款的10%。已知烟叶税的税率为20%，收购农产品增值税扣除率为13%。

要求：计算甲企业收购烟叶准予抵扣的进项税额。

参 考 文 献

［1］中国注册会计师协会．税法．北京：经济科学出版社，2017.
［2］中国注册会计师协会．会计．北京：经济科学出版社，2017.
［3］财政部会计资格评价中心．中级会计实务．北京：经济科学出版社，2017.
［4］东奥会计在线．2017 年注册会计师考试应试指导及全真模拟测试税法．北京：北京大学出版社，2017.
［5］梁文涛．税务会计．2 版．北京：北京交通大学出版社，2014.
［6］梁文涛．纳税筹划．3 版．北京：北京交通大学出版社，2014.
［7］梁文涛．纳税筹划实务．6 版．北京：北京交通大学出版社，2017.
［8］梁文涛．企业纳税方案优化设计 120 例．北京：中国税务出版社，2014.